Stefan Wolter

Hinterm Horizont allein –
Der Prinz von Prora

Stefan Wolter

Hinterm Horizont allein –
Der Prinz von Prora
Erfahrungen eines NVA-Bausoldaten

Projekte-
Verlag
Cornelius

Anmerkung und Dank

Alle Personennamen, die mit Prora in unmittelbarem Zusammenhang stehen, wurden zwecks Wahrung der Persönlichkeitsrechte geändert.

Mein Dank gilt allen, die mich zu diesem Buch ermuntert haben.
Besonders danke ich der Hans-Böckler-Stiftung, die die Drucklegung finanziell gefördert hat.

Impressum

3. Auflage
© Projekte-Verlag Cornelius GmbH, Halle 2010 • www.projekte-verlag.de
Mitglied im Börsenverein des Deutschen Buchhandels

Satz und Druck: Buchfabrik Halle • www.buchfabrik-halle.de

ISBN   3-86634-028-1
Preis: 14,90 EURO

Spätestens seit der Musterung hielt mich das Militär eisern im Griff. Die Abiturstufe brachte mir den hohen Stellenwert der vormilitärischen Ausbildung in der DDR zu Bewusstsein. Zum Sportunterricht gehörte neben dem klassischen Kugelstoßen fortan das Werfen einer Attrappe der Granate F 1. Beim Sportfest hatten wir dann sogar zu schießen. Dem verweigerte ich mich. Anstoß nahm ich insbesondere an den Zielscheiben, auf denen der „Feind" in Andeutung menschlicher Körper abgebildet war. Meine Verweigerung hätte mir beinahe den Rauswurf aus der Schule beschert. Die Methoden, die mich zum Schießen bringen sollten, erinnerten mich an das, was ich aus dem „Dritten Reich" gehört hatte. Ich wurde regelrecht erpresst. Eines Tages ins Direktorenzimmer einbestellt, hatte ich wie auf einem Sünderhöckerchen vor dem Direktor, das war zugleich mein Geschichtslehrer, und der Parteisekretärin, meiner Deutschlehrerin, Platz zu nehmen. Hier wurde ich über die Konsequenzen meines Verhaltens aufgeklärt. Ich sei der Einzige in der Schule, der nicht schießen wolle. Um diese Aussage zu untermauern, wurde ein ähnlich kirchlich gebundener, unangepasster Junge aus der Parallelklasse hereingerufen. Ich staunte über die gute Vorbereitung meines Verhörs. Noch einmal staunte ich, als sie meinem Leidensgenossen vor meinen Augen entlockten, er wolle sich in diesem Falle fügen. „Nun wieder zu Ihnen", wandte sich daraufhin der Direktor an mich, den Qualm seiner Zigarette in meine Richtung blasend. Ich erbat mir Bedenkzeit.

In der nächsten Runde wurde es noch schlimmer. Während einer Mathematikarbeit wurde ich aus dem Unterricht gerufen. Mein Wunsch, die angefangene Aufgabe fertig rechnen zu dürfen, wurde abschlägig beschieden. „Sie haben sich hier und jetzt zu entscheiden, ob Sie die Abiturstufe, die ihnen unser sozialistischer Staat ermöglicht, fortsetzen wollen", so der GST-Beauf-

„Wer das Buch gelesen hat, möchte ein Schlusswort schreiben, wie etwa: Es ist gut, Herr Wolter, dass Sie den Mut fanden, dieses Buch zu verfassen. Sie bewältigten Vergangenheit, fanden die Kraft, über den eigenen Schatten zu springen. Wir sind dankbar, dass Sie uns mitnahmen auf den Weg der Erkenntnis über die seelischen Grausamkeiten einer totalitären Gesellschaft. Wir: Jene, die aus eigenem Erleben mitfühlen können, jene, die in der DDR groß geworden sind und Angehörigen während der Wehrdienst- und Bausoldatenzeit tröstend zur Seite standen, ohne vielleicht je so offen über die seelische Belastung gesprochen zu haben. Jetzt holen wir die Zeit gedanklich zurück und können vieles besser verstehen".

Bad Doberaner Anzeiger

INHALT

PROLOG 9
Hinterm Horizont – Ankunft auf Rügen nach
    fünfzehn Jahren 9
    Auf der „Baustelle" 19
Allein – Tagebucheintragungen zur Musterung 1985 33
Der Prinz – Letzte Monate in Eisenach oder 35
    Eine Freundschaft zwischen
    Freud und Leid
Prora – Die Einberufung 48
    Trauer und Hoffnung – Gedichte 52
    Es geht los ... 55

I – 1986
HOFFNUNG UND ILLUSION 58
Grundausbildung 65
Der erste Ausgang 88
Auf der Baustelle 96
Der Prinz und der Horizont 111

II – 1987
ZERMÜRBUNG UND LÄHMUNG 141

III – 1988
„TAGEDRÜCKEN" 301

EPILOG 346

NACHWORT ZUR DRITTEN AUFLAGE 348

Verwendete Literatur 362

PROLOG

Hinterm Horizont – Ankunft auf Rügen nach fünfzehn Jahren

„Dort am Horizont, das ist Rügen." Der ältere Tourist neben mir drückt sein Fernglas in meine Hände. Ich darf hinüberschauen. „Das sind die Kreidefelsen!", rufe ich aus. Ich lehne eine Weile an der Reling des Schiffes auf der Route Rønne-Saßnitz und starre auf den Punkt, der vor uns rasch größer wird. Der Wind bläst mir ins Gesicht. Ich umfasse mich, so als müsse ich mich schützen.
Plötzlich steht er wieder neben mir, der weißhaarige Herr. Ich kann nicht an mich halten. „Dort hinten, das ist Prora, eine ehemalige Kasernenanlage!", rufe ich ihm entgegen. „KdF-Anlage", verbessert er mich und kommt meinem Ohr näher: „KdF – ‚Kraft durch Freude'. Eine Ferienanlage war das, für 20.000 Urlauber gebaut." Er scheint sich über sein Wissen zu freuen. Ich fühle, dass mich dieser Mann aus Bielefeld gern belehrt.
„Über vier Kilometer ist die Anlage lang. Das Seebad war das erste von fünf geplanten Bädern dieser Art an der Ostsee. Etwa eineinhalb Millionen Menschen pro Jahr sollten in diesen Bädern für wenig Geld einen zehntägigen Urlaub verbringen können", erklärt er mir in scheinbarer Begeisterung.
„Kennen sie auch die Hintergründe?", schalte ich mich ein, ohne mich in dieser Situation auf eine politische Diskussion einlassen zu wollen. „Na, im November 1933 schuf die Deutsche Arbeitsfront die NS-Gemeinschaft ‚Kraft durch Freude'. Das wurde der größte Reiseveranstalter der Welt, mit Millionen preiswerter Urlaubsreisen für die Arbeiter."
Der Herr legt eine kurze Pause ein. Mit verkniffenem Gesicht streicht er sich über den strammen Bauch und räumt ein: „Na ja, da war auch viel Propaganda bei. Das hat doch einen falschen Eindruck vom Regime vermittelt. Na, und wer wür-

de denn heute in so was Urlaub machen wollen. Schauen Sie doch, wie gigantisch er ist, dieser ‚Koloss von Prora'. Den hat übrigens ein Kölner Architekt entworfen: Clemens Klotz!"
‚Koloss von Prora', ja so sagt man heute zu diesem scheinbar unzerstörbaren Betonklotz zwischen Binz und Mukran, denke ich, und unterbreche ihn: „Der Bau der KdF-Anlage, ist ja als solches nie fertig geworden. Die Propaganda ging sogar so weit, dass Zeitungen und Kataloge fertig eingerichtete Zimmer präsentierten, obgleich die Anlage noch im Rohbau stand." Ich überlege kurz, dann erkläre ich ihm das, was ich über die Geschichte Proras gehört hatte: „Während des Zweiten Weltkrieges wurden dort Nachrichtenhelferinnen ausgebildet. Danach wurde das Gelände von der 2. Artilleriebrigade der Roten Armee und bald auch für die Etablierung einer Volkspolizeischule genutzt. 1952 begann der Ausbau der Anlage für die Kasernierte Volkspolizei. Mehr als 19.000 Mann sind damals nach Prora verlegt worden. Das war der Auftakt für eines der großen Militärobjekte der DDR."
Ich halte inne und schaue den Mann erwartungsvoll an. Der aber stiert angestrengt durch sein Fernglas. Ich rufe mir ins Gedächtnis, was dort drüben in Prora in knapp vierzig Jahren alles so stationiert war: ein Motorisiertes Schützen-, ein Panzer- und ein Artillerie-Regiment, eine Flak-Abteilung, ein Pionierbataillon, ein Fallschirmjägerbataillon, ein Ausbildungsregiment für das Militärtransportwesen und das Pionierbaubataillon „Mukran". Und dann gab's da noch eine Militärtechnische Schule der NVA, eine Offiziershochschule und ein Erholungsheim. Ein DDR-Roman der achtziger Jahre „Rückkehr ins Leben" spielte zum Teil dort in diesem Heim. Auch ich bin zurückgekehrt, denke ich und friere.
„Wollen Sie auch noch mal?", versucht mich der Mann an Deck zu halten. Ich ergreife den Fernstecher und suche sofort nach zwei Zimmerfenstern in einem der grauen Blöcke. Von

dort gleitet mein Blick hinüber, den Sand- und Waldstreifen entlang zum Hafen Mukran. Die Natur ist eigentlich viel zu sensibel für das, was dort in Gang gesetzt wurde, fährt es mir durch den Kopf. Bilder ziehen an mir vorüber. Ich sehe mich in Uniform, wie ich sehnsüchtig dorthin blicke, woher ich jetzt komme. Ich begegne mir selbst und fühle Wasser in den Augen. Das kommt nicht von Wind und Meer. „Viel Zeit ist vergangen, fünfzehn Jahre", murmele ich vor mich hin und erinnere mich der Zeiten, in denen ich hier der „Prinz" genannt wurde. „Da schauen Sie, dort ist der Königstuhl", rüttelt mich der Mann aus meinem Tagtraum. Doch die Gegenwart, die interessiert mich jetzt nicht.

Meine bis dahin unbeschwerte Rückfahrt von Bornholm nach Rügen ist zu einer Reise in die Vergangenheit geworden. Ich muss mich mitteilen und wage nochmals einen Vorstoß der Erläuterung: „Den Hafen in Mukran, den habe ich mitgebaut", gelingt es mir, ihn zu interessieren. In der Meinung, nicht richtig verstanden zu haben, sieht er mich erstaunt an. Bis eben noch hielt er mich für einen Studenten aus relativ stabilen Zeiten.

„Seit 1983 war in Prora ein Pionierbaubataillon stationiert", erläutere ich. „Das bestand im Wesentlichen aus Baupionieren und aus Bausoldaten – Verweigerer des Militärdienstes mit der Waffe. Die haben den Bau und die Inbetriebnahme des Hafens Mukran unterstützt." „Wieso ist der gigantische Hafen gebaut worden?", schaltet sich der Herr nun wissbegierig ein. „Das hatte mit der Entwicklung in Polen zu tun, mit den Erfolgen der Gewerkschaft 'Solidarnose'", rufe ich gegen den sich drehenden Wind.

Der Mann streift sich den Fernstecher über den Kopf und deutet an, sich setzen zu wollen. Ich rücke den Liegestuhl in seine Nähe, lege mich aber nicht entspannt zurück. Vor meinem geistigen Auge sehe ich plötzlich, wie der Direktor zur

Klasse hereinkommt, wie wir aufspringen, er uns aber ungeduldig zum Setzen auffordert und mit bedrohlicher Stimme verkündet, in der Volksrepublik Polen sei das Kriegsrecht verhängt worden.

„Die Entwicklungen in Polen", fahre ich fort, mich auf dem Stuhl nun doch bequemer einrichtend, „die wurden von Sowjetunion und DDR mit Sorge betrachtet. Für die Sowjetunion und die DDR schien sich ein unabhängiger Weg für den Warenaustausch notwendig zu machen. Recht rasch kam ein Regierungsabkommen zwischen den Staaten zustande. Die Schiffslinie verlief zwischen Mukran und Klaipeda." „Ja, aber warum das riesige Hinterland des Hafens?", werde ich ungeduldig unterbrochen. „Die Waggons der Deutschen Reichsbahn", erkläre ich, „hatten eine andere Spurbreite als die Waggons der sowjetischen Breitspurbahn. Deshalb wurde ein riesiger Umladebahnhof notwendig. Um das bis dahin unscheinbare Dorf Mukran entfaltete sich binnen Monaten die „sozialistische Großbaustelle Mukran". In fast unberührter Natur auf mehr als zweihundert Hektar vereinnahmten und plattgewalzten Hinterlandes des Ostseestrandes entstanden Gleisanlagen, Umladehallen, Werkstätten sowie Versorgungseinrichtungen für rund 2.400 Beschäftigte. Ich habe dort drüben am Strand an einer Sandsiebanlage gearbeitet. Eine Zeit lang war ich auch in einer Kantine beschäftigt. Ich war Bausoldat." „Ich wusste gar nicht, dass es so etwas in der DDR gab, eine Wehrdienstverweigerung", erwiderte der Mann erstaunt.

Ich halte kurz inne. Alles scheint so weit weg, während der Hafen tatsächlich immer näher rückt. „Es war keine wirkliche Wehrdienstverweigerung, die gestattet wurde", hole ich nun weiter aus: „Nach dem Mauerbau 1961 war das SED-Regime zu einer rigorosen Wehroffensive übergegangen, indem es der Bevölkerung ein Verteidigungsgesetz mit Notstandbeschlüssen und kurz darauf ein Wehrpflichtgesetz zugemutet hatte.

Auf kirchlichen Druck, vor allem wohl aber wegen des Widerstandes aus den Reihen der religiösen Wehrpflichtigen hin, räumte die Staatsmacht im September 1964 das Recht ein, aus Gewissensgründen den Dienst an der Waffe ablehnen zu können. Das war damals einzigartig im Ostblock, doch mussten die Verweigerer mit Nachteilen in der beruflichen Karriere rechnen. Im Gegensatz zu den Soldaten im normalen Grundwehrdienst wurden sie zudem erst relativ spät, oft kurz vor Vollendung des 27. Lebensjahres, eingezogen. Nur wer einen Studienplatz vorweisen konnte, und das waren aufgrund ihrer nonkonformen Grundhaltung die Wenigsten, wurde gleich nach der Schule gezogen. Die Diskriminierung der Bausoldaten lässt sich schon aus den Wortschöpfungen ablesen, die bei der Entstehung des Gesetzestextes gebraucht wurden. Die Begriffe 'Arbeitskompanien' und 'Arbeitsbataillone' erinnerten an die Strafkompanien der Wehrmacht, außerdem war die Rede von Wehrpflichtigen, die ‚nicht würdig sind, während ihres Wehrdienstes mit der Waffe ausgebildet zu werden'. Die Bausoldatenanordnung wurde im Lande nur hinter vorgehaltener Hand publik gemacht, im Jahr des Inkrafttretens beispielsweise in Form von – wahrscheinlich fingierten – Antworten auf Leserfragen in der Zeitung."

Ich blicke auf die Kreidefelsen und denke plötzlich an manche Schikanen in der „Erweiterten Oberschule". Dann erzähle ich weiter: „In der ‚Bausoldatenlösung', die von den Kirchleitungen an sich begrüßt wurde, sahen viele Pazifisten einen faulen Kompromiss. Kritisiert wurde der unbedingte Gehorsam und der Umstand, an militärischen Bauvorhaben mitwirken zu müssen. Der SED-Staat, der darauf bedacht war, die Bausoldaten zu ‚tabuisieren', suchte sie doch militärisch voll und ganz zu vereinnahmen. In den ersten Jahrgängen, in denen jährlich etwa 250 junge Männer eingezogen wurden, gab es daher bis zu zwanzig Totalverweigerer. In den Baueinheiten kam es zu

Arbeitsverweigerungen oder zu Verweigerungen des Gelöbnisses. Die SED reagierte mit einem partiellen Nachgeben. Seit 1973 wurden die Bausoldaten seltener zum Bau von militärischen Anlagen herangezogen. Um gemeinsame Aktionen der Bausoldaten künftig einzuschränken, wurden die bestehenden Baueinheiten wesentlich verkleinert und dezentralisiert."
Ich unterbreche kurz und atme die würzige Meeresluft, die mein Inneres so gut kennt. Nach einer kurzen Pause setze ich meine Aufklärungsarbeit fort: „Um 1982 gab dann die SED-Führung den Einsatz der Bausoldaten in kleineren Gruppen wieder auf. Die Verweigerer der Waffe wurden nun vorwiegend für volkswirtschaftliche Zwecke eingesetzt, etwa in den großen Chemiebetrieben in Bitterfeld oder Schwedt, im Braunkohletagebau, bei der Berliner U-Bahn oder eben beim Bau des Fährhafens Mukran. Damit wurden die Bausoldaten wieder an wenigen Standorten konzentriert, wo sie ausdrücklich „körperlich schwerer Arbeiten" ausgesetzt werden sollten. In Prora wurden ab 1983 vier Bausoldatenkompanien mit zusammen rund 500 Mann kaserniert. Jeder dritte Bausoldat in der DDR war hier stationiert, und nahezu alle Bausoldaten hatten direkt oder indirekt mit dem Bau des Fährhafens zu tun; mangels Technik oft durch schwere Handarbeit. Der Hafenbau hatte den Stellenwert eines Landesverteidigungsobjektes und wurde von der Außenwelt entsprechend abgeschirmt. Die Arbeit glich vor allem in den Anfangsjahren einer Schinderei. Obgleich aber die Bausoldaten mehrere Millionen Mark Bauleistung erbracht haben, wurde das Thema „Bausoldat" weiterhin offiziell tabuisiert. Fotografieren galt in dieser Welt als potentielle Spionage.
Auch schreiben durften wir über den Alltag an sich nichts. Daran hielt sich natürlich kaum jemand. Die Befürchtungen, dass die Briefe geöffnet würden, waren entsprechend groß. Wir rätselten viel darüber, mit welchen Methoden die Staats-

sicherheit die Briefe las. Oft hatten die Umschläge am oberen Ende einen kleinen Schlitz. Wir wickelten sie daher häufig in einen extra Bogen Papier ein, damit die Kontrolle schwieriger würde." Ich seufze und füge hinzu: „Der Alltag war oft schwer zu ertragen."
Ich merke, wie ich in Fahrt gekommen bin. Der Herr neben mir hat es sich bequem gemacht, und er scheint noch zuzuhören.

„Vor allem die Umgangsmethoden der Vorgesetzten mit den Bausoldaten waren recht menschenunwürdig", nehme ich meinen Gedankengang wieder auf. „Sie wurden ja offen zu ,Staatsfeinden' erklärt, weil sie nicht bereit waren, den Sozialismus mit der Waffe zu verteidigen. Erst aufgrund zahlreicher Beschwerdebriefe seitens Proraer Bausoldaten würdigte Verteidigungsminister Heinz Hoffmann deren Arbeitsleistungen bei einem Besuch der Baustelle Mukran im Sommer 1984. Dies trug zu einem besseren öffentlichen Ansehen der Bausoldaten bei. Die Berichterstatter des ,Neuen Deutschland' räumten beispielsweise mit dem Vorurteil auf, Bausoldaten seien arbeitsfaul oder geisteskrank, weshalb sie keine Waffe in die Hand bekommen dürften. An der schwierigen Lage der Bausoldaten vor Ort änderte sich aber kaum etwas. Seit 1984 gab es zwar eine allgemein gültige Ausgangsregelung, doch die wurde durch Strafsanktionen, ein legitimes Mittel der Vorgesetzten, wiederholt durchbrochen. Ich kam zum Beispiel tagemitunter wochenlang nicht aus dem Gelände heraus. Und zeitweilig war ich beinahe täglich rund zwölf Stunden auf der Baustelle in Mukran."

„Oh, haben sie sich nicht zur Wehr setzen können?", möchte der Herr wissen. „Nein, so einfach ging das nicht", lache ich ärgerlich. „Proraer Bausoldaten forderten im Herbst 1984 zumindest eine bessere Information der Kirchen über ihre Lage. In Kursen sollten sich die künftigen Verweigerer auf den vor

Ort zu erwartenden Grundkonflikt einstellen können. Sie sollten Reaktionen auf Zwangsmechanismen einüben lernen, mit einschlägigen Rechtsvorschriften und Gesetzen bekannt gemacht werden, den gewaltfreien Widerstand trainieren und das Verhalten in Grenzsituationen üben können. In der Folge verbesserte sich die Beratung durch ein dichtes Netz von Arbeitskreisen. Kirchliche Verhandlungsführer setzten sich für die Rechte von Bausoldaten ein, sich an ihren Standorten religiös zu betätigen. Die Behandlung der Bausoldaten blieb aber Gegenstand der Kritik. Schikane und Angst bestimmten den Alltag."

„War es wirklich so schlimm"? Mein Nachbar hat sich aufgesetzt und schaut mich ungläubig an. „Die NVA", so setze ich fort, „wurde ja für viele Grundwehrdienstleistende und auch darüber hinaus zum Trauma. Aber wie gesagt, die Bausoldaten wurden gern harter und bisweilen auch gesundheitsschädigender Arbeit ausgesetzt. Bevor ich nach Prora kam, habe ich schreckliche Geschichten darüber gehört. Vor allem in der Anfangsphase sollen dort einige Unfälle durch herabstürzende Molensteine passiert sein."

Ich stehe auf, um von mir abzulenken, schließlich hatte ich mir für viele Monate einen Schonposten erkämpft. Ich möchte das Thema beenden und spanne den Bogen bis zur friedlichen Revolution 1989: „Von der Basis gingen verschiedene Aktivitäten aus, die einen zivilen Friedensdienst forderten. Obgleich Vertreter des Bundes der Evangelischen Kirchen in den achtziger Jahren von der Totalverweigerung abrieten, nahm diese 1986 noch einmal zu. Das konnte aber Gefängnis einbringen. In Berlin bildete sich der ‚Freundeskreis' der Wehrdiensttotalverweigerer, der in den folgenden Jahren eine besondere Bedeutung in der Berliner Opposition bekam."

„Woran erkannte man die Bausoldaten?", bohrte der ältere Herr weiter. „Wir trugen einen Spaten auf den Schulterstücken der Uniform, ansonsten waren wir uniformiert wie Soldaten im Grundwehrdienst." Ich lache. „Eigentlich sollte uns das Spatensymbol von den ‚Ehrenpflichtigen' der NVA diskreditierend abgrenzen. Bei der Ausgangsuniform haben wir aber die graue Plastikumhüllung des Spatens auf den Schulterstücken abgekratzt. Die Spaten leuchteten dann golden. Manch einer von den Militärs, der von den Bausoldaten nichts gehört hatte, wusste dann nicht, wer wen zuerst zu grüßen hatte. So viele von unserer Sorte gab's ja nicht. Knapp 15.000 Wehrpflichtige leisteten zwischen 1964 und 1990 den Dienst ohne Waffe."

Ich triumphiere: „Das Spatensymbol durchbrach die beabsichtigte Tabuisierung der Bausoldaten und brachte ihnen im Volksmund den Namen ‚Spatensoldat' oder ‚Spati' ein. In der Bevölkerung wurden sie mit einer gewissen Genugtuung als Neinsager in einem System wahrgenommen, das auf Anpassung und Unterwerfung abzielte." Und nicht ohne Stolz füge ich hinzu: „Die Wehrdienstverweigerer prägten die Oppositionsszene der achtziger Jahre. Ehemalige Bausoldaten standen an der vordersten Front in der Bürgerrechtsbewegung. Der unblutige Sturz des SED-Regimes ist nicht von der Maxime der meisten Bausoldaten, das Prinzip der unbedingten Gewaltlosigkeit, zu trennen." Mit etwas Nachdruck füge ich hinzu: „Der letzte Verteidigungsminister der DDR, Rainer Eppelmann, war ja auch ein ehemaliger Bausoldat."

„Wann waren Sie in Prora?" Der ältere Mann stellt sich neben mich. Das Panorama des Schicksalsortes liegt nun in fast greifbarer Nähe vor uns. „1986–1988. Ende 1986 ging das erste von sechs Schiffen auf Fahrt. So um 1990 war der Hafen nahezu fertiggestellt. Zu diesem Zeitpunkt aber war der große Umladebahnhof bereits überflüssig. Die Ironie der Geschichte: Das Landesverteidigungsobjekt der DDR trug schließlich zu deren Entmilitarisierung bei. Der Rückzug der sowjetischen

Truppen aus Ostdeutschland wurde vor allem über Mukran abgewickelt. In Prora wehte plötzlich die bundesdeutsche Flagge am Kasernentor. So, als sei nichts gewesen." Ich bin aufgeregt.

„Über Prora gibt es schon einige Bücher", fange ich nun nochmals an, „doch die behandeln fast ausschließlich die Planungen der KdF-Anlage, und das ärgert mich. Es scheint mir, als gäbe es wenig Interesse, der ganzen Geschichte dieses Ortes auf den Grund zu gehen. Über das Leben der Bausoldaten gibt es allgemein recht geringe Informationen."

„Da wartet vielleicht eine Aufgabe auf sie", sagte der Mann. Ich zögere. „Nein, ich habe noch nicht den nötigen Abstand, um mich dieses Themas auf breiter Front annehmen zu können. Ich kann nur mein eigenes Erleben schildern. Über solch ein Buch habe ich schon nachgedacht. Dagegen mag aber sprechen, dass ich einer der Jüngsten und in gewisser Weise ein Sonderling war. Das Buch würde zu persönlich werden."

Ich schweige und sehe die Briefe aus jener Zeit vor mir, wie sie zu Hause auf dem Schreibsekretär meiner Mutter liegen, mit einem roten Band umschlungen, säuberlich nummeriert. „Das ist aber doch ein Mosaikstein, ihre Geschichte", ermuntert mich mein Begleiter. „Stimmt", gebe ich zu.

Während mir in den Sinn kommt, dass die Bausoldaten ohnehin keine homogene Masse waren und bereits zu meiner Zeit einen starken Zulauf von all jenen erhielten, die dem Staat der DDR eine Absage erteilen wollten, ohne dabei besondere Ideale zu verfolgen, baue ich gedanklich an einem bunten Bild. „Der Seitenblick auf meine Kameraden, das sind weitere Steinchen", entfährt es mir fast begeistert. „Das ist doch ein Anfang."

„Das ist ein Anfang", brummt der Herr, plötzlich sehr ernst geworden, während unser Schiff anlegt. „Sie interessiert mich, ihre Geschichte", sagt er noch, dann ist er verschwunden.

Auf der „Baustelle"

Es ist kurz nach fünfzehn Uhr. Ich durchquere den modernen Terminal, in dem mich nichts an die DDR-Vergangenheit erinnert. Ein Schild am Fahrstuhl weist auf den Ausbau des Fährhafens mit Fördermitteln der EU zwischen 1995 und 1998 hin. Kein Wort über den Bau des Hafens an sich, ärgere ich mich und blicke auf den weiten gepflasterten Platz unter mir. Dort scheint alles aus der Zeit nach 1989 herzurühren. Etwas peinlich berührt mich, dass ich vor meinem Reisebegleiter damit kokettiert hatte, den Hafen mitgebaut zu haben. Tatsächlich war es ja nur ein Körnchen eines riesigen Sandberges, das ich hier bewegt hatte. Aber darum geht es ja nicht. Es geht darum, dass ich hier wie ein Sklave ausgebeutet wurde. Dass ich hier wie ein Gefangener behandelt wurde, und dass dies mir ein Stück Jugend geraubt und mich vielleicht auch ein wenig zerstört hat.

Ich möchte eigentlich nach Dubnitz, von wo mich der Bus nach Saßnitz bringt. Wie von einem Magnet angezogen aber laufe ich auf einem Plattenweg geradeaus ins Feld. Ich habe eine dumpfe Erinnerung. Hier war doch irgendeiner jener Sondereinsätze, zu denen wir Bausoldaten im so genannten Freizyklus hinausgeschickt wurden. Diese Einsätze brachten immerhin ein wenig Abwechslung in das tägliche Einerlei. Wo ist nur die Scheune oder Halle, in der wir damals froren? Ja, ich habe damals gefroren, erinnere ich mich jetzt. Plötzlich stehe ich vor einem alten Maschendrahtzaun. Irgendetwas war mit diesem Zaun. Hatten wir nicht die Löcher für die Pfeiler ausheben müssen? Irgendwann im März oder April muss das gewesen sein, denke ich und sehe wieder meine Briefe von damals vor mir, in denen ich das ja mal nachlesen könnte.

Ein ausgetretener Pfad führt mich weiter aufs freie Feld oberhalb der Steilküste hinaus. Der Blick nach rechts trifft auf die weite See. Unter mir glänzt ein neues Fischwerk in der Sonne. Etwa dort am Strand erlebte ich einmal harmonische Minuten mit Thomas. Ich lasse meinen Blick über das Gelände gleiten. Wie sich hier noch immer alles verändert. Vor gut zwanzig Jahren war das alles unberührte Natur. So, wie auch ich, denke ich und blicke wieder suchend nach dieser Scheune.

Ich drehe mich um und sehe hinter dem Zaun ein altes, verrostetes Schild, das schief an einem Mast hängt: „Betreten und Fotografieren der Baustelle verboten". Wie schön, das also ist erhalten geblieben und erinnert an das Gewühle auf diesem Platz vor noch fünfzehn Jahren. Es zeugt davon, dass dieses gesamte Gelände wie ein Hochsicherheitstrakt von der Außenwelt abgeschirmt worden war. Und davon, dass auch wir nicht im Bild festgehalten werden sollten, so wie wir hier im Dreck buddelten.

Ich gehe ein Stück spazieren, lasse mich treiben. Der Feldweg geht in einen Betonplattenweg über, der mich zu einer Gleisanlage führt. Sie ist verlassen, die Gleise sind zum Teil zurückgebaut. Zwei Betonwartehäuschen lassen vermuten, dass hier eine Station geplant war. Mitten hinein in die schönen Felder, relativ weit vom Kern des Umladebahnhofes entfernt, streckte die Hafenanlage ihre Fühler aus. Ich biege nach links ab, Richtung Straße.

Da schimmert sie zwischen Bäumen hindurch, die Scheune, die ich gesucht habe. Also hier war das. Hier wurden wir vom LKW zur Arbeit abgeladen. Es war irgendwie nass und kalt damals, glaube ich mich zu erinnern. Die Scheune aber ist gar keine richtige Scheune, sie ist mit Asbest beschlagen und mit Asbest gedeckt. Nur in den Giebelseiten sind alte Holztore eingelassen. Mit Ersatzteilen wusste man sich im Sozialismus zu helfen.

Ich stapfe durch das fast meterhohe Gras. Schräg gegenüber, dicht am Giebel eines einsamen und verlassenen Hauses, wächst

ein Baum hinauf. Er ist vielleicht zwanzig Jahre alt und verdeckt die Fenster. Diese halten sich ohnehin durch Holzläden verschlossen. So sahen wir damals viele Häuser rund um das Baustellengelände.
Ja, für mich ist das hier noch immer ‚die Baustelle', dabei ist längst Frieden eingekehrt. Frieden? Mir wird bewusst, wie ich sie damals hier empfand, diese riesige Wüstenei des Ortes, vor dem sich die einst in so schöner Landschaft stehenden Häuser verschließen mussten. Schwarze Vögel kreisen über diesem Ort. Mich zieht es weg.
Ich gehe hinab Richtung Straße, die zum Terminal führt. Ihr feiner Belag glänzt schwarz in der Sonne. Der Rasen an den Rändern ist kurz geschnitten und gepflegt. Etwa zehn Meter vor der neuen Straße ist auch der mir bekannte Plattenweg unter diesem Belag verschwunden. Etwa hier beginnt die Zone der aufgepeppten Plattenbauten und Baracken, die heute Firmensitzen dienen. Unbemerkt von den Touristen verstauben, verrotten und verbleichen dahinter die Relikte eines untergegangenen Systems. Die interessieren anscheinend keinen mehr. Diese Vergangenheit hat aber Generationen des Landes geprägt. Und dann und wann meldet sie sich zurück.
Auf der Straße aus „Westzeiten", wer hätte sich das auf Rügen vorstellen können, marschiere ich Richtung Dubnitz. ‚Ich muss etwas Schönes sehen', denke ich, und mein Blick fällt auf einen Reiterhof mit alten, dicken Weidenbäumen, einem kleinen Teich und drum herum saftig grünem Gras. So schön kann es auf Rügen sein!
Da kommt mir eine kleine Ponykutsche mit drei lachenden Mädchen entgegen. Sie haben Sonnenblumen in der Hand. Am Ende des Wagens angebunden trottet ein Pony hinterher. Wie dieses Pony fühle ich mich auf das Gelände gezogen.
„Guten Tag", rufen mir die Mädchen wie auf Kommando zu.
„Frieden, es ist Frieden eingekehrt", durchfährt es mich wie-

der. Kurz vor dem Dorf Wostewitz sehe ich noch einmal eines jener Schilder, die die Baustelle umgaben. Nur Umrisse sind von der ehemaligen Aufschrift erhalten geblieben. Ein nach links abzweigender Plattenweg bringt mich schnurstracks zum damals sogenannten „Versorger Wostewitz". „Versorger", so wurde hier die Kantine genannt. Ich hatte mich schnell daran gewöhnt. Ein Teil der Bausoldaten nahm hier das Mittagessen ein. Plötzlich sehe ich meine schmale Essbestecktasche vor mir. Sie war bunt, wurde mit einem Plastikknopf verschlossen und hatte bald den Geruch nach Abwaschwasser angenommen.
Von der Wendeschleife für die olivgrünen LKWs der NVA führt ein kleines Treppchen auf einen schmalen Betonweg hin zum ehemaligen Speisesaal. An der Treppe hat sich ein Apfelbäumchen Platz geschaffen. Es ist etwa fünfzehn Jahre alt und vermutlich das Produkt eines Apfelkerns, den ein Bausoldat weggeworfen hatte. Vielleicht ich?
Ich pflücke einen kleinen Apfel und beiße hinein. Er schmeckt nicht. Vielleicht hatte die Kerne auch ein Offizier weggeschmissen? Ich entledige mich dieses Apfels in hohem Bogen und spucke aus. So, als sei er vergiftet.
Der Anblick des verwüsteten Gebäudes macht wenig Appetit. Am Boden liegen herausgerissene Asbeststücke aus Dach und Wänden, Plastikfenstergriffe und Splitter von Fensterglas. Die grauen Bodenfliesen des Gebäudes sind fast gänzlich herausgerissen. Von den Neonlampen baumeln nur noch die Fassungen von der Decke. Hier und da liegt ein umgekippter Stuhl. Aus dem braunen Kunstleder quillt Schaumstoff. Ich erinnere mich, wie ich auf solchen Stühlen im „Versorger Mukran", der anderen Kantine der Bausoldaten, öfters geschlafen habe. Sie waren gar nicht so unbequem.
Ich möchte unbedingt wissen, was aus dem „Versorger Mukran" geworden ist. Dort hatte ich monatelang Essen ausgeteilt. Auf der neu gestalteten Straße eile ich in Richtung Fähr-

hafen zurück, rechts immer die ehemalige und nun recht verwaist liegende Baustelle, den Fährbahnhof, im Blick. Was damals so aufgewühlt war, darüber ist jetzt Gras gewachsen. Ich stapfe durch hohes Gestrüpp zu einem der Masten an der Gleisanlage. Auch hier haben wir Löcher für die Fundamente graben müssen. Wie jung wir noch waren, durchzuckt es mich. „Nein, da liegen ja sogar noch Schrauben von damals herum", rufe ich aus und nehme eine in die Hand. Sie ist verrostet. Ich schwenke zum ehemaligen Heizkraftwerk ab. Damals, am Anfang meiner Bausoldatenzeit, wurde das Gebäude als Magazin genutzt. Wie schlecht habe ich mich doch oft in diesem Gelände gefühlt. Nicht nur in Prora, wo wir kaserniert waren, sondern auch hier auf der Baustelle, wohin wir wie das Vieh tagaus, tagein gekarrt wurden.

Ich lasse mich im Gras nieder, kaue auf einem dieser abgestorbenen Halme, die mich stachelig umgeben und schaue hinüber nach Borchtitz. Dort hatte ich ein kleines Abenteuer mit Wildschweinen. Die Naturerlebnisse retteten mich über den Alltag hinweg, und ich berichtete diese Höhepunkte gern nach Hause. Ich musste mir damals selbst Mut zusprechen. Mut für einen Alltag, in dem eine Angst angekrochen kam, mit der ich zunächst nicht umzugehen wusste, weil ich sie in dieser Form nicht kannte. Ein Gefühl, von dem ich mich eingeschlossen fühlte wie in die Arme eines Gespenstes; schlimmer noch, dass in mir heraufkroch und den Atem abzudrücken suchte, den Magen quetschte und schließlich so schwer wurde, dass die Beine zitterten.

In dieser Gegend, kurz vor der Rückfahrt ins grauenerregende Prora, kam dieses kleine Ungeheuer erstmals an und schien meine Existenz in Frage stellen zu wollen. Danach bekam ich Angst davor, weil ich nicht wusste, wann und wo es sich melden würde. So gesellte sich die Angst zur Angst. Mich überwältigte ein Gefühl der absoluten Ohnmacht, des Ausgeliefertseins. „Gefangenschaft" oder so ähnlich muss der Name des Gespenstes gelautet haben.

Mit schweren Gedanken und Beinen bin ich auf der Brücke angelangt, über die die heutige Bundesstraße 196 führt. Ich erinnere mich, wie wir das erste Mal darüber hinweg gefahren sind, hinten auf dem LKW. So weit das Auge reichte dominierte hier der gelbbraune Farbton des aufgewühlten Geländes. Von Wachtürmen, wie ich sie von der Grenze um Eisenach her kannte, schienen wir beobachtet zu werden. Einer steht da noch vor mir. Auf rotem Untersatz thront ein weißer Quader, die Scheiben sind zerschlagen. Angst davor muss ich heute nicht mehr haben. Ich erinnere mich, wie ich dort in der Nähe einmal einen Kabelgraben ausgeschachtet habe, unter dem Helm den Kopfhörer meines verbotenen Walkmans mit der Ermunterung Wolf Maahns:

> „Halt aus, halt aus, nur aus,
> wir beide kommen da raus.
> Halt aus, und aus, nur aus
> Bitte gib jetzt noch nicht auf."

Ich beobachtete damals einen mir einsam erscheinenden Vogel, über den mir gesagt wurde, es sei eine Feldlerche. Aber es wurde mir vieles gesagt. In meiner frühen Jugend wusste ich häufig nicht, was ich wem abnehmen konnte.
Das Bild linker Hand, dort wo das moderne Terminal steht, hat sich vollkommen verändert. Dieser Bereich war bei meiner Ankunft im November 1986 schon in Betrieb genommen und glich einer DDR-Grenzanlage. Das im alten Fährbahnhof dominierende rot-weiß ist hier einem modernen blau-weiß gewichen. Passt gut zum Meer, die Farbgebung, denke ich und freue mich, dass der angsteinflößende Eindruck des Geländes völlig verloren gegangen ist.

Bevor ich nach Neu-Mukran zu meinem Versorger laufe, eile ich hinauf zur kleinen Steilküste in Nähe der Hafenanlage. Hier hatte ein Elektriker von uns Bausoldaten seine Arbeitsbude. Thomas, ein weiterer Mitbewohner aus meinem Zimmer und ich hatten ihn einmal sonntags besucht. Das war eigentlich verboten. Sonntags aber waren wenige Offiziere auf der Baustelle, und so sonnten sich Thomas und ich anschließend in einer Kuhle oberhalb des Meeres. Tom sagte damals, ich sei ein Adonis. Unser Begleiter konterte, ich sei zu spack. Und ich wusste mit keinem der Begriffe etwas anzufangen. So war ich damals.

Ich eile weiter, zu der Stelle, wo das Restaurant „Kogge", ein nachgebautes Schiff, stand. Als der Hafen nahezu fertig war, ging es in Flammen auf. Andere Gaststätten hatten da mehr Glück. Etwa der „Hülsenkrug". Wie alle Häuser hier, sah die alte Traditionsgaststätte zu DDR-Zeiten grau und recht vernachlässigt aus. Mir taten die Leute leid, die in ihrem verträumten Paradies von der Walze des sozialistischen „Freundschaftsprojektes" überrollt worden waren. So, wie ja auch ich. Jetzt ist der „Hülsenkrug" wieder auferstanden, so wie das Gelände gegenüber. Zu Baustellenzeiten wurde bis zum Meer hin ein Barackendorf mit Baubuden errichtet. Verschiedene Hauptauftragnehmer für den Hafenbau hatten dort ihr Domizil. Auch Baumaterialien lagen dort herum. Nun ist hier wieder die Düne zu sehen. Altlasten darunter? Nein, ich will nichts Böses vermuten, alles ist so schön zugedeckt und das Gesträuch darauf schon erstaunlich groß.

Am Strand entdecke ich das alte, verrostete Wrackteil eines Schiffes. Es hatte damals zu Spekulationen Anlass gegeben. Bis hierhin bin ich von meinem Versorger aus manchmal spaziert, häufig sehr einsam, mit schweren Gedanken. Später befanden sich dahinter die Baracken des Arbeitskommandos für das Entleeren der Splittzüge und zum Abladen der Molen-

steine. Ich war eine Zeit lang dort Arbeitsgruppenführer. Wie häufig bin ich von dort quer über das zirka zwei bis drei Fußballfelder große Sandspülfeld zur Sandsiebanlage gelaufen, wie durch eine Wüste, Sonne und Wind wohltuend im Gesicht spürend. Das war damals sehr jung und sehr braun. Schön, dass man sich meist nur an die positiven Dinge zurückerinnert. Wie oft nämlich habe ich mich mit wackeligen, zittrigen Beinen in den schweren Gummistiefeln vom Versorger zur etwa zweihundert Meter entfernten Siebanlage und zurück geschleppt.
Ich laufe quer über einen Campingplatz, der etwa da platziert ist, wo wir des Nachts Schotterzüge zu entleeren hatten. Überall lagerten hier schwarze Schotterberge, daneben reckten sich die Silos der Mischanlage in die Höhe. Mit einem lauten, quietschenden Geräusch kündigten sich die beladenen Züge im Wald an. Wie gespenstisch hatte sich das angehört. Die Gleise sind verschwunden. Auch der Weg zu meiner

Wo sich heute Urlauber tummeln, befanden sich Ladestraße und Spülfeld mit Siebanlage (Hintergrund). Aufnahme 1984.

ehemaligen Siebanlage, an der ich ein Jahr lang tätig war, ist überteert. Alles, was mir bekannt war, ist wie weggefegt.

An seinem Platz steht aber noch immer der „Versorger Mukran", einer der ehemaligen Kantinen der Bausoldaten. Dort, wo es sich Touristen unter großen Sonnenschirmen gut gehen lassen, fühlte ich mich oft recht einsam.

Der Versorger heißt nun „Rüganer", ist eine öffentliche Gaststätte und äußerlich blauweiß übertüncht. Mit Herzklopfen betrete ich diesen „Rüganer" und zwar durch dieselben Türen wie fünfzehn Jahre zuvor. Innen überrascht mich die völlig veränderte Einrichtung im Stil der neunziger Jahre, wobei die Farben lila und rosa dominieren. Alles wirkt vertraut und fremd zugleich. Die Nüchternheit des Saales, in dem wir das Essen ausgeteilt haben, ist nicht mehr zu erkennen.

Unter dem neuen Anstrich der Toilettentüren entdecke ich bei genauem Hinsehen Jahres-, Tages- und Stundenzahlen, wie wir sie damals überall hingeschrieben hatten. Ich bediene

Der Hof des ehemaligen Versorgers im Jahre 2004 – vgl. mit Seite 144.

mich des Plastikwasserhahnes und blicke dabei in den Spiegel. Ich bin zufrieden. Hier, in diesem Umfeld, das mich nur in Uniform kannte, erfreue ich mich in besonderer Weise meiner bunten, leichten Sommerkleidung.

Im Saal höre ich eine leise Musik. Ich stelle mich ans Fenster, um auf jenen Hof zu schauen, den ich bislang nur als Kohlenhof und Appellplatz kannte. Irgendwie passt für mich die Farbigkeit und diese Ausgelassenheit der Leute nicht hierher. Sie wissen nicht, was dieser Ort für mich gewesen ist, ärgere ich mich. Traurigkeit steigt in mir hoch. „Sie können sich ruhig raussetzen", schreckt mich die Kellnerin auf. ‚Ja, ich darf jetzt hinausgehen', sage ich mir, der in diesem Gebäude wie gefangen genommen war, für den es aber auch zu einer Zuflucht und einer kleinen Heimat wurde.

In der Nähe des alten Heizerhäuschens, jetzt eine Fischräucherei, nehme ich Platz. Ich esse gut dort, im ehemaligen Versorger, und ich genieße das in früheren Zeiten hier so streng verbotene Bier. Wieder fühle ich so etwas wie Frieden nach einem dahingefegten Sturm. Gut, dass alles so gekommen ist, freue ich mich. Dann überquere ich die Düne. Die Ausmaße des einstigen Sandspülfeldes sind noch immer erkennbar. Die Siebanlage und meine kleine Hütte am Waldesrand sind natürlich längst verschwunden. Auch der kleine Schuppen am Strand, hinter dem ich mit Thomas manche schöne Stunden erlebt habe, ist nicht mehr vorhanden. Diese Gemeinsamkeit hatte mir damals über viel Schweres hinweg geholfen.

In der Nähe eines Plattenweges entdecke ich aus dem Sand hervor lugende alte Schienen, auf denen in den 1980er Jahren die Fischer ihre Boote ins Wasser geschoben haben. Erschöpft lasse ich mich dort in den Sand sinken, den Blick gen Prora gerichtet. Ich fühle mich allein. Und traurig. Viele Gedanken jagen durch den Kopf. Warum ist in Prora bislang kein Dokumentationszentrum über die Bausoldaten entstanden? Warum wird das Interesse an dieser Anlage auf die KdF-Vergangenheit gelenkt, wo sie doch als solche gar keine Geschichte gemacht hat?

Wie ist es möglich, dass ein Teil der Kasernen gepflegt wird, während gerade die von uns bewohnten Blöcke mutwillig zu Ruinen herabgewirtschaftet werden?

In Prora bin ich nach der friedlichen Revolution mehrmals wieder gewesen. 1991, als die bundesdeutsche Flagge plötzlich am Tor wehte. 1993, als dieser Ort zivil geworden war und von Asylbewerbern bewohnt wurde. 1995, als noch all jenes besichtigt werden konnte, was mich einstmals umgeben hatte. Spinde und Betten standen bereits kreuz und quer in den Zimmern herum, und am Eingang hatten sich viele Besucher mit weißer Kreide verewigt: „Hier ist es schrecklich, die armen Menschen, die hier gelebt haben." Später überdeckten fröhliche Sommercamps den Schrecken dieses Ortes. Gleichzeitig begann die Zerstörung, die Entkernung bis auf die Mauern.

Der Standort Prora wurde zunächst von der Bunderwehr übernommen, Kontrolldurchlass mit bundesdeutscher Flagge, 1991.

Sicherlich melden wir Betroffene uns zu spät zu Wort. Das ist niemandem zu verdenken. Ich jedenfalls hatte Prora lange Zeit verdrängt, um weiterleben zu können.

Unruhig erhebe ich mich aus dem Sand. Ich muss darüber schreiben, denke ich und sehe wieder meine Briefe von damals vor mir, viele davon am oberen Ende mit der aktuellen Tages- und Stundenzahl bis zur Entlassung verziert. Doch da kommen mir neue Zweifel. Habe ich mich mit diesen Briefen nicht selbst trösten wollen? Habe ich nicht häufig die Höhepunkte im öden Alltag erwähnt, und verzerrt das nicht das Bild?

Viele Briefe sollten Augenblicke von Seelenfrieden hinter dem Stacheldraht demonstrieren. Sie geben die Wahrnehmung eines Neunzehnjährigen wieder, der sich mit seinem Schicksal zu arrangieren sucht, der seine Vorgesetzten zunächst kaum in Frage stellt. Tatsächlich werden die Briefe erst zum Ende des eineinhalbjährigen Aufenthaltes in Prora immer schonungsloser.

Ohne große Mühe geben die Briefe aber auch „zwischen den Zeilen" viel von den Beschwernissen des Alltags zu erkennen. Sie lassen das Verhaltensmuster von Insassen einer „Totalen Institution" erkennen. Die von Soziologen mehrfach beschriebenen vier Phasen stellen sich vereinfacht so dar: Der Phase, in der sich der Insasse geistig und seelisch von der Institution distanziert, folgt die Phase, in der das Abschalten, das Herunterspielen und das Unterlaufen der Verhältnisse eine wesentliche Rolle spielt. Dann kommt die Phase der Renitenz und des Aufbaus von Widerstand. Die kann schließlich nach ihrem Scheitern in eine mehr oder weniger beflissene Anpassung und Einordnung umschlagen. Im schlimmsten Fall steht am Ende ein Typus, der aufgrund seiner Deprivation seine existentiellen Bedürfnisse ohne die Zwangsanstalt nicht mehr befriedigen kann. Sie wird zur Versorgungseinrichtung, Widerstand gegen sie erscheint lebensbedrohlich.

Ich erinnere mich an die Umzugskampagnen im November 1986 und 1987, bei denen die Kompanien komplett durcheinander gewürfelt wurden. 1986 haben wir dabei gesungen: „Eins kann uns keiner nehmen, das ist die pure Lust am Leben", 1987 haben wir uns aufgelehnt, waren verzweifelt, was wäre ein Jahr später gewesen? Viele Menschen, die mich umgaben, haben sich in den anderthalb Jahren merklich verändert, waren zum Ende hin immer unnahbarer geworden, in sich gekehrt, hatten körperliche Leiden bekommen. Ich konnte mich nach der Zeit in Prora etwa zwei Jahre lang nicht mehr unbeschwert freuen. Ich konnte auch nicht mehr richtig traurig sein. Ich fror und schwitzte selten, und ich „latschte" durch jede Pfütze auf dem Weg. Das war der Preis monatelanger Unterdrückung der Gefühle. Vieles konnte ich überspielen, manches nicht. Dann fühlte ich mich ertappt und geriet in Panik, denn ich versuchte doch zu funktionieren. Ich schien funktionieren zu müssen. Vieles von meinem inneren Schmerz konnte ich später auf Leipzigs Straßen herausschreien. Da hatte ich inzwischen auch in Ungarn festgesessen, mit der Aussicht in den Staatssicherheitsknast in Berlin-Hohenschönhausen überführt zu werden. Ich kam da herum, ich hatte Glück. Aber das ist eine andere Geschichte. Die Begegnung mit Thomas hat mir in Prora über vieles hinweggeholfen. Wir Jüngsten unter den Bausoldaten hatten es in manchem recht schwer. ‚Thomas', denke ich und lehne mich zurück, im Ohr das neuere Lied von Udo Lindenberg: „Airport". Wie gut haben doch viele der Songs von Lindenberg zu unserer Situation gepasst. Gehört die Geschichte mit Thomas nicht auch zu meiner ehrlichen Aufarbeitung?

Ich denke an das Gespräch mit dem älteren Herrn und fühle, dass ich mich vor der Veröffentlichung meiner ganz privaten Geschichte nicht mehr scheue. Ich möchte ein Buch schreiben, das die Dokumentation meiner über hundert Briefe und die schonungslose Reflexion darüber verbindet. Je mehr Leute sich in dieser oder ähnlicher Weise zu Wort melden, umso größer ist das Potenzial für eine wissenschaftliche Aufarbeitung. Entschlossen erhebe ich mich aus dem Sand. Ich nehme mir vor, das Buch mit meinen Ängsten vor der Militärzeit, mit meiner Schulzeit und mit meinem Freundeskreis zu beginnen. Und während ich einsam am Strand entlang laufe, weit ab von meinem Leben auf dem Festland, fällt mir der passende Titel zu meiner Geschichte ein: „Hinterm Horizont allein. Der ‚Prinz' von Prora".

An dieser Stelle verbrachte ich oft meine Mittagsstunden. Aufnahme 2004.

Allein –
Tagebucheintragungen zur Musterung 1985

16. Januar
Heute kam die Karte zum Lungenröntgen für den Wehrdienst.

29. Januar
Auf dem Heimweg (von der Schule) sah ich heute das Plakat: „Musterung des Jahrganges 1967". Dieses ganze Problem bereitet mir jetzt mehr Sorgen als alles andere. Am Donnerstag werde ich mal Frau Dr. Stelzig aufsuchen.

31. Januar
Heute waren einige Diakonissen zu Mamas Geburtstag da. Ich war heute bei Frau Dr. Stelzig wegen des Wehrdienstes. Bin wie zerschlagen. Sie meint, die nehmen mich, und ich soll normal 1 ½ Jahre machen. Ich weiß nicht mehr ein noch aus.

1. Februar
Heute kam die Musterungsaufforderung (29.3.). Ich weiß nicht, was ich machen soll. Fast bin ich jetzt bei normal 1 ½ Jahre stehengeblieben. Das rät mir auch fast jeder. Ich weiß nicht. Vielleicht werde ich doch ausgemustert?! Zuversicht.

17. März
Ich hoffe und bete weiter, dass ich ausgemustert werde.

28. März
Heute Vormittag mußte ich zum Direktor. Er wollte wissen, ob ich nun Bausoldat mache oder nicht. Er war aber nett. Heute Nachmittag konnte ich nicht viel machen. Ich bete für morgen und hoffe. Eben las ich ein paar Psalmen, eigentlich habe ich großes Vertrauen auf Gottes Hilfe. Ich kann heute getrost schlafen.

29. März

[krakelige Schrift]: Ein ganz furchtbarer Tag. Ich bin diensttauglich und war zunächst sehr, sehr niedergeschlagen. Papa hatte heute wieder sehr großen Ärger mit dem Krankenhaus. Vielleicht ziehen wir bald fort von diesem Schicksalsort. So geht es ja nicht weiter! Ich bin jedenfalls ziemlich bedient und hoffe heute trotzdem gut schlafen zu können. Ach, ich hatte mir das alles so schön ausgemalt. Heute fand auch der Jugendkreuzweg statt.

Die Aufforderung zur Musterung, 1985.

Der Prinz –
letzte Monate in Eisenach
oder
Eine Freundschaft zwischen Freud und Leid

„Ich darf Sie zu ihrer Diensttauglichkeit beglückwünschen." Der einarmige Offizier aus der Musterungskommission schüttelte mir die Hand, und ich starrte fassungslos dorthin, wo nichts mehr war. Eben noch war ich mir fast sicher gewesen, ausgemustert zu werden. Verschiedene Atteste, etwa wegen meines Heuschnupfens, meiner Knickfüße und meiner Haltungsschwäche, hatte ich eingereicht. Der Kommission, vor der ich auf ein niedriges Höckerchen in einiger Entfernung platziert wurde, hatte ich außerdem meine Begründung der Verweigerung der Waffe übergeben. Die hatte die Sekretärin meines Vaters auf ihrer besseren Schreibmaschine getippt: „Als Christ gilt für mich das 5. Gebot: ‚Du sollst nicht töten'. Von daher kann ich es mit meinem Glauben nicht vereinbaren, eine Waffe in die Hand zu nehmen ..."
Die Untersuchung, bei der ich in Turnhose bekleidet von einem Zimmer zum anderen geschickt wurde, hatte eine ganze Reihe Unzulänglichkeiten ergeben. Von 38 Verwendungsgruppen kam ich nur für vier in Frage. Aber das waren anscheinend vier zu viel. „Sie werden einen Platz in einer Schreibstube oder in einem Magazin bekommen", vertröstete mich der offensichtlich kampfversehrte Offizier. Mit meinem grauen Wehrdienstausweis mit der großen blechernen „Hundemarke" darin wurde ich nach Hause geschickt. Ich weinte.
Der Militärdienst war für mich so unvorstellbar wie der Tod. Er bedeutete für mich die absolute Entwurzelung aus allem, was mir vertraut und bekannt war. Er nahm mir alle Sicherheiten, allen Schutz, den ich zu Hause genoss. Aufgewachsen in einer Pfarrersfamilie erlebte ich die DDR in einer relativ

geschützten Nische. In meinem zu Hause sah ich ein recht sicheres Refugium vor den Stürmen des real existierenden Sozialismus. In der Schule hatte ich so eine Art Sonderstatus. Ich war nicht den Pionieren und folglich auch nicht der FDJ beigetreten – als Einziger der Klasse. Und da ich aus einem Pfarrhaus stammte, schienen den Lehrern in der „Polytechnischen Oberschule" alle Bemühungen um mich fruchtlos.

Kleinere Schikanen kamen allerdings zur Hintertür herein, etwa in Form einer zeitweilig schrofferen Behandlung von verschiedenen Lehrern, beispielsweise nach der „Jugendweihe": „Nun seid ihr ja alle in den Kreis der Erwachsenen aufgenommen worden, mit Ausnahme von Stefan." So etwas verfehlte seine Wirkung nicht, auch nicht bei mir. Doch gab es einmal größeren Ärger, dann ging mein Vater in die Schule. Mitunter setzte sich auch mal die Kirchenleitung für mich ein. Dann wurden kleinere Schikanen auf die Ebene der grundsätzlichen Beziehungen zwischen Kirche und Staat gehoben.

Mein Vater musste des Öfteren ein klärendes Gespräch führen. Der Landesbischof wurde wegen meiner Ablehnung zur Erweiterten Oberschule beim Kreisschulrat vorstellig. Trotz meines Notendurchschnitts von 1,04 durfte ich dann erst nach der zehnten Klasse zur „EOS" gehen, und auch nur deshalb, weil ich den Berufswunsch Theologie angegeben hatte. Der altsprachliche Zweig, mit dem ich mich nach der 8. Klasse auf Latein und Griechisch hätte vorbereiten können, blieb mir aber verwehrt. Eine Alternative wäre der kirchliche Weg der Ausbildung, etwa in Naumburg oder Potsdam-Hermannswerder, gewesen. Meinen Eltern erschien mein Fortgang von zu Hause mit sechzehn Jahren jedoch zu früh. Ich war ein Spätentwickler. Die zweijährige Abiturausbildung in der Ernst-Abbe-Schule ab September 1984 gestattete mir zwei weitere Jahre im Elternhaus. Die Einberufung zur NVA aber kam dann einem umso größeren Sprung ins tiefe Wasser gleich.

tragte, mein Geographielehrer. Eine Rücksprache mit meinen Eltern wurde mir nicht gestattet. Der mittlere Flur der Ernst-Abbe-Schule begann sich allmählich zu drehen, und am Ende meiner Kraft presste ich heraus: „Na gut, dann schieße ich eben mit." „So, sie wollen also schießen, das geben Sie mir jetzt schriftlich", verdrehte dieser Lehrer meine Worte, und ich floh, den Tränen nahe, zu meiner Mathematikarbeit.

Mein Vater ging in die Schule, um sich gegen diese Einschüchterungsmethoden zur Wehr zu setzen. Das änderte aber nichts an der Tatsache, dass ich am Schießen und auch am „Zentralen Ausbildungslager" der „Gesellschaft für Sport und Technik", einer zweiwöchigen vormilitärischen Ausbildung, teilzunehmen hatte. Beides waren angeblich Teile des gesetzlich verankerten Schulprogammes. Vermutlich war es kein Zufall, dass der GST-Beauftragte und der Direktor während des Sportfestes hinter mir standen, um zu verfolgen, ob ich auch wirklich schoss.

Mein Geographielehrer leitete übrigens auch das „Zentrale Ausbildungslager" in Tambach-Dietharz. Das Lager, dem ich mich mit einer Krankschreibung wegen meines Heuschnupfens entziehen konnte, trug den bezeichnenden Namen „Rote Jungfront". Der „Tagesablaufplan" des Lagers war ein eindeutiger Vorgeschmack auf die Grundausbildung bei der NVA:

6.00	Wecken
6.05 – 6.20	Frühsport
6.20 – 6.55	Morgentoilette und Revierreinigen
7.00 – 7.40	Frühstück
7.45 – 7.55	Morgenappell
8.00 – 11.20	Ausbildung
11.30 – 12.45	Mittag
12.55 – 16.10	Ausbildung
16.15 – 17.30	Dienstvorbereitung

17.20 – 17.30   Tischdienste
17.38 – 18.45   Abendessen
19.00 – 21.30   Freizeitgestaltung
21.30 – 21.45   Vorbereitung zur Nachtruhe
22.00   Nachtruhe.

Die Methoden in der Ernst-Abbe-Schule waren auch sonst recht rau. Für den Sportlehrer, der gern mal erzählte, dass er während des Zweiten Weltkrieges an Fliegerangriffen teilgenommen hatte, war ich ein „Weichei". Am 8. April 1985 notierte ich in mein Tagebuch: „Sport machte ich heute nicht mit, weil ich mir ja am Donnerstag beim Hochsprung den linken Fuß verstaucht habe. Der Sportlehrer wollte das aber nicht glauben und sagte: ‚Pack dich in Watte'. So unverschämt ist der nun einmal." Er sagte noch ganz anderes, wie etwa beim Geräteturnen: „Du hängst am Gerät wie Rotze an der Wand."

Die „Erweiterte Oberschule" (EOS) in Eisenach war für ihre strenge Kursrichtung bekannt. Neben den üblichen Appellen auf dem Schulhof gab es hier in Abständen sogenannte Arbeitsappelle. Dort wurde ich mal vorzitiert, da ich meist zwei bis drei Minuten zu spät im Schulhaus erschien. Jeden Morgen empfing uns die stellvertretende Direktorin mit einem Buch an der Tür, in das sie all jene notierte, die weniger als fünf Minuten vor Unterrichtsbeginn das Haus betraten. Ich bin nie zu spät zum Unterricht erschienen, dennoch war das Maß bald voll. Als sich mein Verhalten nicht änderte, wurde ich vor den „Pädagogischen Rat" geladen. Als Klassenbester hatte ich mich dann dort zusammen mit all jenen zu verantworten, die Leistungsprobleme hatten.

Wie in anderen Schulen der DDR wurde ein besonderer Druck auch durch die Unterrichtsmethoden ausgeübt, etwa in Form der zu jeder Zeit drohenden unangekündigten „Leistungskontrollen". Eine wichtige Zuflucht in diesem Alltag waren meine Familie, die Aktivitäten in der Jungen Gemeinde und mein Freundeskreis.

Zu Hause herrschte stets ein lebhaftes Treiben. Das war auch noch in den Jahren meiner EOS-Zeit der Fall, obgleich meine beiden älteren Schwestern, Silke und Ulrike, das Haus bereits verlassen hatten. Silke hatte einen Studienplatz an der Musikhochschule „Franz Liszt" in Weimar erhalten. Ulrike arbeitete bis zu ihrem Studium der Theologie in verschiedenen kirchlichen Einrichtungen. So blieben von uns vier Kindern meine jüngste Schwester Erdmute und ich in Eisenach zurück. Dennoch musizierten meine Schwestern und ich am Weihnachtsfest weiterhin im Krankenhaus oder in den beiden Altersheimen des Diakonissenhauses. Silke spielte Oboe, Ulrike Geige und ich Cello – an der wohlklingenden Kombination hatte vor allem mein Vater seine Freude. Die Feiern waren aufregende und schöne Höhepunkte, die für mich durch die Armeezeit abrupt wegfielen.

Meine Mutter arbeitete als Nachtschwester im Diakonissen-Krankenhaus. Mein Vater, von Beruf Pfarrer, war seit 1979 Rektor des Diakonissenhauses Eisenach. Durch politische, ökonomische und personelle Probleme war er sehr beansprucht.

Einen wohltuenden Ausgleich zum Alltag fand ich in der Jungen Gemeinde. Einmal in der Woche ging ich am Pfarrberg außerdem zum Bibelstudium, wo wir fleißig Bibelsprüche lernten und über die Bibel diskutierten.

In der Jungen Gemeinde traf ich mit gleichaltrigen Jugendlichen zusammen, mit denen ich mich über die Probleme des Alltags austauschen konnte. Irgendwann 1985 bahnte sich hier die Freundschaft mit dem Pfarrerssohn Andreas an. Andreas, ein wichtiger Briefpartner in meiner Proraer Zeit, begegnete ich dort seit 1984 immer häufiger. Zunächst hielt ich ihn für ein hübsches Mädchen. Mit blonden langen, gelockten Haaren und feinem Gesicht sang er mit hoher Stimme neben mir unsere Lieblingslieder: „Dass Du mich einstimmen lässt in Deinen Jubel oh Herr" oder „Singt und tanzt und jubelt laut vor Freude". Und dann wurde er plötzlich größer und seine Stimme tiefer. Da hatten wir bereits unsere Freundschaft entdeckt, die sich bald in einen kleinen Freundeskreis erweiterte.

Wir alle trafen uns fast jedes Wochenende, gingen nachmittags in die Waldschänke, einem Café in den Wäldern bei Eisenach und saßen abends oft beieinander, hörten Kofferradio oder sangen ein Volkslied nach dem anderen. Viele davon hatten wir in der Schule gelernt.

Am Sonntagmorgen, nach dem bei mir zu Hause üblichen Frühstück mit knusprigen Brötchen, Ei und Schallplattenmusik, begleitete mich Andreas häufig in den Gottesdienst in die Georgenkirche, um während der Predigt neben mir ein kleines Schläfchen zu halten. Ich verzieh es ihm gern, wenngleich meine Grundsätze andere waren. Wenn wir so nebeneinander saßen, verglichen wir oft unsere Beine und Hände, um festzustellen, wer wohl am meisten gewachsen war. Und gern schlenderten wir schlaksig aufgeschossene Jünglinge eng nebeneinander durch die Fußgängerzone, erzählend, lachend oder auch mal ganz still.

Ein erster kleiner Einschnitt kam dann, als Andreas im September 1985 seine Ausbildung zum Elektromonteur in Bleicherode begann. Wir erwachten morgens nicht mehr mit der gleichen „Pop und Weck" – Musik von hr 3. Und „Kuschelrock" konnte er nun auch nicht mehr empfangen. Ab jetzt sahen wir uns nur noch alle zwei Wochen. Das überbrückten wir mit einem kleinen Briefwechsel, und eine kurze Zeit lang besprachen wir sogar Kassetten, um durch dieses Medium die Zeit der Trennung nicht zu lang werden zu lassen.

1986, das Jahr, welches mir den Aufenthalt in Prora bescherte, begann mit anstrengenden Abiturvorbereitungen. Ausgerechnet einen Tag vor meinem Chemie-Abitur explodierte der Reaktor von Tschernobyl. Während mir mein Lieblingssender hr 3 das Ausmaß der Reaktorkatastrophe ins Zimmer trug, sah ich die Unterstufenkinder fleißig im Schulgarten arbeiten. Es war wie eine Demonstration der Unverletzlichkeit des sozialistischen Systems. Der Himmel aber schien darüber zu weinen. Es regnete und regnete. „Nun hoffe ich, daß es Dir gut ergeht und die Strahlen in Bleicherode nicht zu arg sind", schrieb ich Andreas damals nach Bleicherode: „Es ist erschreckend, daß man heute nicht mehr durch Regen laufen darf ..."
Im Mai feierte Andreas seinen achtzehnten Geburtstag. Ich hatte eben das Zeichnen für mich entdeckt und malte Andreas einen Rosenstrauß mit Bleistift auf Karton. „Oh, für wen ist der denn", hatte meine Mutter gefragt und mich anschließend darüber belehrt, dass Rosen doch ein Liebesbeweis wären. Ich fühlte die Röte in mir aufsteigen, ebenso wie damals, als meine älteste Schwester einmal beobachtet zu haben glaubte, so, wie ich mit Andreas durch die Stadt schlendere, würde ich den Eindruck eines Schwulen machen. Ich hatte dieser Vermutung entschieden widersprochen; darüber traute ich mich nicht einmal nachzudenken. In Eisenach, in meinen kirchlichen Kreisen, war dafür kein Platz. Ich fragte mich aber, wie meine Schwester darauf kam. Ich kannte nicht mal einen Schwulen und wollte vorsichtshalber auch keinen kennen lernen. Vielmehr ärgerte ich mich darüber, dass Mädchen und Frauen engen Körperkontakt pflegen durften, ohne dass dies beargwöhnt oder thematisiert wurde. Die Zuneigung, die ich zu meinem neuen Freund verspürte, wollte ich nicht überbewerten. Und nicht zuletzt aus Angst vor der bevorstehenden Einberufung zur Armee verweigerte ich mich jeglichem Gedanken in dieser Richtung.

Ich hatte mehrere Mädchen in meinem Umfeld, die ich sehr mochte und umgekehrt. Besonders wichtig waren mir Jana aus Eisenach und Anja aus Weimar. Anja hatte schon eine eigene Wohnung, in der wir viele lustige Partys feierten. An der Schlafzimmertür maßen wir regelmäßig unsere Körpergröße, und zum Einschlafen hörten wir Chris de Burghs „Lady in Red". Jana, ein hübsches Mädchen, nannte ich zeitweilig meine Freundin. Erzogen wie ich war, haben wir uns nicht einmal richtig geküsst. „Bist Du eigentlich aufgeklärt worden", hatte mich Andreas eines Tages gefragt, und ich hatte festgestellt, dass auch ich noch Wissenslücken hatte. Wir waren beide 18 und wir besaßen noch keinerlei sexuelle Erfahrungen.

Andreas war ein wichtiger Gesprächspartner auf dem Weg zum Erwachsensein, seine Nähe war mir wichtig. Ich, aufgewachsen mit drei Schwestern in der Umgebung eines Diakonissenhauses, sehnte mich nach einer Orientierung, nach jemandem meines Gleichen. Ich hatte stets eine exponierte Stellung, war zu Hause der „Kronsohn", wie meine Oma sagte, der „Hahn im Korb", wie meine Tante meinte. Und dann gab es ein Bild im Fotoalbum, wie ich in dicke Decken gebettet liege, darunter die Aufschrift „Unser Prinz". Später, kurz vor meiner Abiturzeit, richtete ich mein Zimmer mit alten Stilmöbeln ein. Seither schlief ich in einem echten Fürstenbett. Des Nachts hörte ich oft die nächtlichen Militärübungen auf dem Truppenübungsplatz bei Bad Langensalza. Das flößte mir regelmäßig ein Grauen ein. Darüber konnte ich wenigstens reden. Es gab aber auch genügend unausgesprochene Ängste vor dem Militär. Zwei davon lagen eine lange Zeit unterhalb der Gürtellinie. Ich hatte kaum einmal einen nackten Mann gesehen, und ich schämte mich, mit anderen in einer Reihe zu pinkeln. Ersterem schuf ich während eines Winterurlaubs mit meinen Eltern Abhilfe. „Herrlich!", schrieb ich in Oberhof in mein Tagebuch:

„Gestern kam mir in den Sinn, doch mal in die Sauna zu gehen. Ich hatte natürlich viele Skrupel, war aber fest überzeugt, daß dies für mich mal wichtig ist. Nachts und am heutigen Vormittag machte ich mir noch einige Gedanken darum. Nach dem Mittagessen, Kartoffelsalat mit Würstchen, ging's los. Ich ging in die Sauna im Hotel Panorama. Da kam ein Mann zu mir. Er sagte mir immer was ich machen soll und wir machten alles gemeinsam. Es waren ca. 6 weitere Männer da. 1 Stunde blieb ich dort. Ich war glücklich die Sauna so gut hinter mich gebracht zu haben."

Damit war das letztere Problem noch nicht gelöst, und das machte mir schwer zu schaffen. Zwei Wochen später schrieb ich mit zittriger Schrift in mein Tagebuch: „Darum zu beten ist mir fast zu dumm. Für andere ist das so selbstverständlich, ich komme wie aus einer anderen Welt. Sicher bin ich komisch und muß dafür bezahlen." Andreas hatte es in manchem leichter. Er wuchs mit zwei Brüdern auf.

Den Sommer 1986 erlebte ich nach all den überstandenen Strapazen der Abiturstufe und in furchterregender Erwartung des Kommenden in einem kleinen Vergnügungsrausch. Mein Freundeskreis ermöglichte mir so etwas wie eine verspätete Pubertät. Endlich schien ich mich entfalten und das Leben unbeschwert genießen zu können. 1986 deklarierte ich später zu meinem schönsten Jahr. Ich genoss die sechs Monate bis zum Eintritt in die Armee wie ein Kind, das Schulferien bekommen hat und den Horizont bis zum Ende dieser Ferien weder überblicken kann noch will. Hoffnung auf ein kleines Wunder verband ich mit der Einberufungsüberprüfung im September 1986.

Im Sommer fuhr ich das erste Mal nicht mehr mit meinen Eltern in den Urlaub. Die Reise ging nun mit meinen Freunden nach Ungarn, wo ich während „Modern Talking" – Beschallung Nora kennen lernte. Wenig später hielt ich einen sehnsüchtig erwarteten Brief in den Händen. Wie duftete der nach Parfüm!

Im Juni waren Andreas und ich nach Berlin gefahren, wo meine Schwester Ulrike in der Geschäftsstelle der Evangelischen Studentengemeinde gearbeitet hatte. Stundenlang fuhren wir mit der S-Bahn, die fast nichts gekostet hat, durch die Hauptstadt der DDR. Anschließend saßen wir auf einer Bank vor dem Brandenburger Tor, aßen Grilleta und kritzelten unsere Eindrücke auf eine Fahrscheinrolle, die man so einfach aus dem Automaten in der S-Bahn herausziehen konnte. Andreas hatte in jenen Tagen seine eigenen kleinen und doch existentiellen Sorgen. Angesichts seiner Freunde, die zum Militär eingezogen wurden und deren Leben einen vorprogrammierten Verlauf zu nehmen schien, wuchs sein Wunsch nach Freiheit und Selbstbestimmung. Dieser Wunsch wurde umso größer, als er seine Zukunft durch Schikanen in der Ausbildung gefährdet sah. Auch Andreas war nicht Mitglied der FDJ. Der Kampf gegen den rauen Wind auf unserer Insel inmitten des „roten Meeres" war mit Sicherheit einer der Tragpfeiler unserer Freundschaft.

1986 hegte Andreas eine kleine tragisch-romantische Liebe zu einer Freundin in Köln. Durch sie besaß er immer die neuesten Schallplatten von BAP und anderen westdeutschen Interpreten, und diese Musik begleitete mich bis auf die Baustelle Mukran hinaus. Natürlich war ich ein wenig neidisch auf diese Freundin und auf Andreas: „Stefan hat natürlich gleich Fragen gestellt. So wegen uns", schrieb Andreas in einem seiner Briefe an diese „Westfreundin": „Er hofft nämlich auf eine ähnliche Situation. Zu Euch in den Westen heiraten, könnte er sich gut vorstellen." In einem seiner Briefe interessierte sich Andreas für die Möglichkeiten einer Verweigerung des Militärs in der Bundesrepublik:

„Ich habe gehört, Wehrdienstverweigerer werden einer Gewissensprüfung unterzogen. Bei uns gibt es so etwas nicht. Es gibt aber auch keinen

Zivildienst. Man kann höchstens den Dienst ohne Waffe als Bausoldat machen. Wer studieren will, hat sehr geringe Möglichkeiten dazu. [...] Du fragtest, wie das ist mit dem rüber heiraten. Wie sich das Stefan vorstellt. Erst mal will er jetzt glaube ich doch nicht mehr rüber. Ich weiß nicht warum. Soweit ich das mitbekommen habe, ist das gar nicht so schwierig. Man stellt einen Ausreiseantrag zwecks Eheschließung und dieser soll im allgemeinen sehr schnell bewilligt werden. Wahrscheinlich bekommen wir (die DDR) von Euch (BRD) dafür wieder Devisen."

Meine angepeilte Heirat in den Westen war ein schönes Gedankenspiel, das ich so ganz ernsthaft nie erwogen hatte. Es hätte schon allein meine Erziehung nicht gestattet, dem Schicksal oder meiner „Vorherbestimmung" vorwegzugreifen.

Andreas war sich übrigens bald darüber im Klaren, dass er den Armeedienst vollständig verweigern würde. Da er tatsächlich nicht studierte, hatte er für diese Entscheidung allerdings noch einige Jahre Zeit. Er hatte Glück, vorher kam die friedliche Revolution.

Mit Andreas teilte ich die exponierte Stellung innerhalb der Gesellschaft. Wir waren unangepasst. Wie diese Entwicklung geprägt hat, wurde erst später deutlich.

Einberufungsüberprüfung

A. Allgemeine Angaben

Datum: 03. Sep. 1984

Name: Wolter Vorname: Stefan

geb. am: 24.10.67 in: Eisenach

WKK: _____

Wohnanschrift: 5900 Eisenach, Goethestr. 45

GST-Ausbildung als: _____

B. Medizinische Angaben

Datum der letzten RRU: _____ Med.-Einrichtung: _____

Ergebnis: _____

Besondere berufsbedingte Exposition (Lärm, Strahlen, giftige Substanzen usw.): _____

Impfschutz (Daten der letzten Impfung)

TBK: _____ Pocken: _____ Tetanus: _____

Bei der Musterung festgelegte medizinische Maßnahmen realisiert: ja / nein

Zwischenanamnese: Seit 1979 wegen Pollinosis in HNO-Fachärztl. Behandlung. Seit 10 Jahren belastungsabhängig Colitaren um LWS-Bereich

NVA 60 003   Ag 117/I/2 5181-3

Musterungsbefund (Tauglichkeit):
Pollinosis
....
...

| | 11 | 12 | 13 | 14 | 15 | 16 | 17 |
| | 28 | 29 | 30 | 31 | 32 | 33 | 34 |

tauglich

Unterschrift und Stempel des Arztes

Unterschrift des Wehrpflichtigen

[1] Nichteignung ankreuzen

Die Einberufungsüberprüfung bestätigte das Urteil.

Prora – Die Einberufung

Das Schicksal wollte es, dass ich mir meinen Einberufungsbefehl selber zustellte. In den Wochen vor Armeeeintritt arbeitete ich auf der Post. Jeden Morgen durchstöberte ich die Stapel von Briefen und Karten, die ich zu sortieren hatte, nach dem Befehl. Nichts, wieder nichts. Wurde ich Glücklicher vergessen? Hat man mich übersehen? Aber nein, am 17. Oktober 1986 war er da. In einer grausig unumstößlichen Realität lag die Doppelpostkarte vor mir. Ich traute mich nicht, sie näher anzuschauen. Bloß nicht nach Prora. Bitte, lieber Gott, nicht nach Prora.

Aufgeregt sortierte ich meine Post weiter, und sobald ich alles geordnet und gebündelt und in meiner Brieftasche verstaut hatte gab es kein Halten mehr. Ich eilte zu einer Grünanlage am Rande der Fußgängerzone und las immer wieder dasselbe Wort: PRORA.

Prora. Fünfhundert Kilometer Entfernung, das „Ende" der Welt. Eisiger Wind, Verletzungen durch herunterfallende Molensteine, vielleicht Tod, wenn nicht physisch, dann psychisch. Dort hinter dem Rathaus der Stadt mit Blick auf den Marktplatz, wo ich in der Vergangenheit viele grauenerweckende Vereidigungen gesehen hatte, wusste ich mir keinen Rat mehr. Ich weiß nicht, wie lange ich dort saß. Mit all der Post, die ich zuzustellen hatte, eilte ich nach Hause, in mein sicheres Refugium, in meine Zuflucht vor den Anfeindungen um mich herum. Wortlos zeigte ich das Schreiben, und unter dem bekümmerten Erstaunen, ja Entsetzen, das es auslöste, begannen sich Angst und Schmerz zu lösen. Aufmunternde Worte, wie „das haben schon ganz andere geschafft", erreichten mich nicht mehr. Die Anderen, die waren für mich kein Maßstab. Ich allein wusste, wie es um mich stand. Ich allein fühlte, dass ich diese Einberufung teuer würde bezahlen müs-

sen. Plötzlich, als ich genug betrauert hatte, dass es vor dem langen Leidensweg kein Zurück mehr gab, versuchte ich zu funktionieren. Ich veränderte mich.
Über Prora sprach ich nicht mehr als notwendig. Mitleid wollte ich nicht. Ich verdrängte, und doch suchte ich mit dem Ort, an dem ich mein Schafott zu finden glaubte, konstruktiv umzugehen. Angst machte mir die Willkür, die mich beim Militär erwartete, die Rechtlosigkeit, die ich als Ausgegrenzter der Gesellschaft in Prora in besonderer Weise zu erwarten hatte.
Nur Auserwählte durften mir noch berichten, was sie von Prora gehört oder gesehen hatten. Und nur einem Einzigen vertraute ich. Dieser war in Prora in der 3. Baukompanie stationiert. Er stammte aus einer kleinen „Pastorendynastie", so wie meine Mutter. Über diese Kreise hatten meine Eltern den Kontakt mit ihm hergestellt. Er schrieb mir einen sehr netten, lebensbejahenden Brief, und eines Tages rief er mich sogar an und gab nützliche Tipps. Er hieß Christian.
Durch Christian erfuhr ich von den Erleichterungen, die in Prora zwei Jahre zuvor für die Bausoldaten eingeführt worden waren. Wenn auch selten, so gab es dort seither hin und wieder „Ausgang". Die Arbeit in Mukran war aber noch immer körperlich sehr hart, doch ich gab die Hoffnung auf einen Schonposten nicht auf. Ich beschloss, mich nicht bezwingen zu lassen. Und angesichts der betroffenen Gesichter derer, die von meinem künftigen Aufenthaltsort erfuhren, wuchs in mir der Wunsch, mein inneres Leid später nicht so einfach offenbaren zu wollen. Vor allem die Briefe aus der Anfangszeit in Prora künden von der Hoffnung, die ich mir und anderen geben wollte.
In meinen mir verbleibenden Tagen suchte ich das Leben in noch größerer Intensität als zuvor zu genießen. Nicht mehr im oberflächlichen Vergnügen, so wie ich es bis in den September hinein getan hatte, sondern in einer tiefgründigen

Reflexion. Ein Ventil öffnete sich, indem ich begann, Gedichte zu schreiben. Gewiss hatten sie keinen großen literarischen Wert, doch sie gaben meinen Gefühlen, den Ängsten und Hoffnungen, Ausdruck. Ich wusste nicht genau für wen ich sie schrieb, nur für mich, für Nora vielleicht oder für Andreas?

Reflexionen von Andreas aus seinen Briefen an seine Freundin aus Köln:

18.10.1986
Stefan hat gestern seinen Einberufungsbefehl bekommen. Er muß bis an die Ostsee. Wenn er nach Hause will, muß er 14 h mit dem Zug fahren. Wenn ich mir vorstelle, ich wäre Stefan. Er ist doch nur ein halbes Jahr älter als ich. Ich glaube, ich wäre noch nicht reif genug, so etwas durchzustehen. Andererseits hat er es dann hinter sich und ich noch vor mir.

20.10.1986
Eigentlich wollte ich Dir an dieser Stelle zwei Gedichte von Stefan abschreiben. Er hat sie mir heute gegeben. Im ersten Moment, beim ersten Hören, dachte ich es würde zu uns passen. Aber nach mehrmaligen Hinhören bzw. Lesen bin ich nicht mehr dieser Ansicht. Sie sind wohl doch mehr auf seine jetzige Situation geschnitten. Weißt Du, er muß ja in zwei Wochen fort. Die Gedichte haben eine Abschieds- und Sehnsuchtsstimmung. Eigentlich gar nicht typisch für Stefan. Es ist überhaupt nichts Fröhliches dabei. Stefan ist, glaube ich, sehr talentiert. Er braucht für so ein Gedicht keine zehn Minuten. Wenn es ihn erst einmal gepackt hat. Erst hinterher überlegt er sich, was er eigentlich geschrieben hat. Er schreibt aus dem Gefühl. Ich glaube, man müßte viel mehr aus dem Gefühl leben.

25. 10. 1986
Nächste Woche ist es nun soweit. Stefan muß weg. Gestern feierte er noch einmal. Als Abschluß sozusagen. Er legt aber Wert darauf, daß es kein Abschluß, sondern ein Neuanfang ist. So feierten wir also gestern außer seinem neunzehnten Geburtstag auch einen Neuanfang in seinem Leben. Ein Neuanfangsgeburtstag sozusagen. Anja, ein Mädchen aus Weimar, und ich werden ihn zum ersten Advent gleich einmal besuchen fahren. Am Anfang ist das bestimmt am wichtigsten. Ich bin schon so auf seine Berichte gespannt.

Andreas, Sommer 1986.

Mein erster Zigarettenversuch, Sommer 1986.

Trauer und Hoffnung – Gedichte

In der Ferne

Sommertag –
  welch Glanz der Wiese in der Sonne!

Laß mich schweben über die Blütenflut,
laß mich versinken in den Düften,
  mich zudecken von der Sonnenglut –

Damit –
  auflösend die Gedanken
  durch Lüfte können ranken

von mir – zu Dir!

*

Sehnsucht

Schwere Wolken -
  Schwere Gedanken

Wolken ziehen – Gedanken fliehen
  von hier – zu Dir

Ungesehene Bänder zwischen uns,
bunte leichte Schleifen –

Laß die Freundschaft reifen!

*

Abschied nehmen

Ich gehe durch die Stadt –

sehe:
fröhliche Augen, traurige Augen
lachende Augen, weinende Augen
erzählende Augen, fragende Augen
lebhafte Augen und Augen hart wie Stein –

Ich habe traurige Augen, sehr traurig und matt,

siehst Du es?

Wann kann ich wieder bei Euch sein – bei Euch in der Stadt?

*

Unwirklich erscheinende Silhouetten von Bäumen
umwallt von Nebel im Park –

Ich dringe ein in diesen Zauber –
Es reißt mich fort eine jungfräuliche Schar
Streichelt mein Gesicht – Küsst das Haar
Bunte Bänder streifen meinen Körper
Silberne Gespinste verfangen meine Füße
Ein Sonnenstrahl erhellt mein Gesicht

Zauberhaft – Traumhaft

     wahr!

*

Herbstmorgen

Nebel umwallen die schlafende Stadt,
rauhe Lüfte ziehen durch den Park.
Bunte Blätter fallen von den Bäumen herab –

    – um meine Füße
       raschelnd bewegen sie sich –
       zerstören die Ruhe.

Gehen zur Ruhe – zerstören die Ruhe
Kein Ende   – neuer Anfang

Leben im Park –
Sonnenstrahlen durchbrechen die Nebel

    TAG!

Es geht los ...

Es war ein nebeliger Herbstmorgen, der 3. November 1986. Fast so, wie ich ihn in einem meiner Gedichte beschrieben hatte. An jenem Tag, zwei Wochen nach meinem Einberufungsbefehl, brachten mich meine Eltern zum Bahnhof. Wegen der großen Entfernung reiste ich also einen Tag vor der tatsächlichen Einberufung vom Eisenacher Bahnhof ab. Wie oft hatte ich hier Abschiedszenen mit Armeeangehörigen gesehen. Nun sollte ich einer von ihnen sein. Ich kämpfte gegen den inneren Schmerz, der immer und immer wieder in heißen Wellen die Brust heraufstieg und sich weiter oben entladen wollte. Bloß nicht! Nein, ich lachte, ich überspielte, und das machte es allen leichter. Ein letzter Kuss, eine Umarmung und dann ging es los. Ich kletterte in einen der überfüllten Wagen der Deutschen Reichsbahn, in der Hand meinen karierten Koffer und ein leeres Päckchen zum Zurückschicken meiner Zivilsachen.

Den Gang entlang stolpernd wurde ich von einer grölenden Horde Armeeangehöriger begrüßt. Sie hielten mir abgeschnittene, buntbemalte Maßbänder entgegen und schrieen mir ihre Tageszahlen ins Ohr. „Der wahre ‚E' geht nach dem Schnee, denn vor dem Matsch, das wäre doch Quatsch", zischelte mir ein potentieller Entlassungskandidat (EK) ins Ohr. Ein anderer schrie: „Des Geiers Ruf, des Adlers Schrei EK, EK, bald bist du frei." In einem Kofferradio dudelte der Song von „Status quo": „In the Army now". Keiner hatte es so weit wie ich. Keiner war Bausoldat. Ich traute mich nicht zu sagen, wohin ich fuhr. Ich begann zu frieren. Bereits in Berlin schrieb ich eine erste Karte gen Heimat. Die sollte meine Eltern und vor allem mich beruhigen:

„Hallo ihr Lieben zu Hause!
Anstatt eines schönen Nachmittags in Stralsund habe ich desgleichen hier in Berlin Lichtenberg auf dem Bahnhof. Mein Zug (bis Weißenfels nur

5-7 Grad Celsius) hatte 1 ½ h Verspätung und da war der nach Stralsund natürlich weg. Der nächste fährt in ca. 3 h.
Ich lasse mir die Zeit nicht lang werden und sitze zur Zeit in einer Pizzeria. Vorhin in einer Bierstube habe ich eine nette Bekanntschaft von einem Mann gemacht, der in Bergen, Prora, Binz die Asche abgefahren hat vor kurzer Zeit. Gerade wird ein Zug nach Eisenach angekündigt! (15.17) Jetzt noch 1 h Aufenthalt."

Diese letzte Karte aus der Freiheit sollte von meiner inneren Stärke zeugen. Ich wählte eine Ansichtskarte zum 750. Jubiläum der Stadt Berlin im Jahre 1987. Ein Jahr, das ich fast vollkommen isoliert bei der Nationalen Volksarmee verbringen sollte. Gierig lauschte ich im Lichtenberger Bahnhof den Erzählungen des älteren Mannes, der ausgerechnet an jenem Ort die Asche abgefahren hatte, der für mich doch schlechthin die „Asche" bedeutete. Ich war festen Willens, nur das zu glauben, was ich ertragen konnte. Ganz leicht fiel es mir nicht, denn schon hier hörte ich den bekannten Satz: „Drei Worte genügen, nie wieder Rügen."
Knapp fünf Stunden später tönte am Zielbahnhof eine dunkle Männerstimme gemächlich aus dem Lautsprecher: „Strrolsund, hier Strrolsund." Ich war in Stralsund, der Heimat meines verstorbenen Opas. Die Stadt, von der meine Oma schwärmte, sie habe viel Kopfsteinpflaster und viele Bäcker. Die Stadt vis-à-vis der Insel Rügen. Und wie schön nahm sich die Gegend auf dem riesigen Gemälde in der Bahnhofshalle aus! Das gab mir Mut. In der Meinung, dass sich in einer solch schönen Lage unmöglich mein Schafott befinden konnte, wurde ich zunehmend gefasst. Und die Neugier auf das Kommende, auf die Reise über die Insel Rügen und auf das Meer, überwog die schlimmsten Befürchtungen.
Meine Mutter hatte mir geraten, es mir noch einmal schön zu machen. Ich ging ins Restaurant „Zur Kogge" und trank ein Bier. Wie meine Mutter prophezeit hatte, wurde ich davon

müde und fuhr mit dem Bus zum Schwesternwohnheim, in dem mir mein Vater ein Zimmer besorgt hatte. Dort versank ich in den weichen Kissen. Letztmalig spürte ich den weiblichen fürsorglichen Flair eines Schwesternheimes. Beim Frühstück verschüttete ich den Tee auf das weiße Tischtuch. Ich war aufgeregt. Bald verabschiedete ich mich. Dies fühlte sich nicht anders an, als führe ich zu einem kurzen Urlaubsaufenthalt nach Rügen hinüber. Das, was auf mich wartete, war noch immer unvorstellbar. Zitternden Schrittes erreichte ich Gleis 1. Dort sollte der Zug Richtung Saßnitz abfahren.
Und da warteten die anderen, mit großen Koffern und einem Paket unter dem Arm. Ab jetzt war ich nicht mehr allein mit meinem Schicksal. Meine künftigen Mitstreiter hatten ein Gesicht. Wir beäugten uns vorsichtig, zaghaft lächelnd. Wer wird mit wem auskommen müssen? Als sich der überfüllte Zug in Bewegung setzte, machten sich die Umstehenden bekannt. Tatsächlich kam mit manch einem so etwas wie ein Gespräch auf, wir lachten sogar. Doch je weiter wir uns auf die Insel hinaufbewegten, umso angespannter wurde die Situation. Mal rekelte sich der eine, mal der andere, und dann kam rechts und links das Wasser.
Wir näherten uns Lietzow. Dort stiegen wir um, schweigend, und fuhren nun an eingezäunten Wäldern vorüber: „Betreten und bildliche Darstellung verboten". Es war dies der militärische Sperrbereich der Großbaustelle Mukran. Nun wurde es gespenstisch still. Wer nicht nach draußen stierte, der hatte die Augen geschlossen. Manche Lippen bewegten sich fast unmerklich und lautlos. Sie beteten.

I

1986
HOFFNUNG UND ILLUSION

November

Ankunft
Prora. Schwarze Lettern auf weißem Grund. Ein tristes Schild auf dem einsamen Bahnsteig verkündete mitten im Kiefernwald das verordnete Ziel. Wir stiegen aus. Eingeschlossen von einer Verladerampe auf der einen und Gleisen auf der anderen Seite, schleppten wir uns in Richtung Bahnwärterhäuschen. Das war grau und niedrig. Mit einer Kurbel wurde die Schranke rauf und runter gedreht. Dörflich wirkte das, fast harmlos. Dort stand aber auch ein kleiner Offizier mit regungslosem Gesicht, das etwas zu rot war. Der Körper schien verkrampft. Der Mann wirkte wie aufgeblasen. So, als hätte er sich für Prora ein eigenes Luftreservat anlegen müssen. Der uns dort in Empfang nahm und während der Grundausbildung begleiten sollte erhielt sofort seinen Spitznamen: „Luftpumpe". „Luftpumpe" wies uns den Weg vom Bahnhof zum Kasernentor. Der riesige bunte Haufen wälzte sich langsam dorthin auf einem sich zweimal windenden Plattenweg, links und rechts umgeben von Stacheldraht- und Elektrozäunen. Während die einen schweigend zu Boden blickten, alberten ein paar Leipziger herum. Zwei von ihnen hatten einen Schal extravagant um den Hals geschlungen. Sie lenkten meine Blicke auf sich. Auch ich hatte mich noch einmal schick gemacht: „Karottenjeans", Knöchelturnschuhe, Sweatshirt und bequeme blaue Stoffjacke. Das wichtigste aber war meine angedeutete Pop-

perlocke, mit Wasserstoffperoxyd aus der Apotheke gefärbte Haarsträhnen, durch die ich mich in der Vergnügungsszene der achtziger Jahre von den „Bluesern", den „Punks", den „Heavys" und den „Stinos" [Stinknormalen] unterschied. Ich musste sie ständig aus den Augen streichen.

Die Leipziger dort drüben, diese bunten Vögel, die wohl schon damals manches besser wussten als die meisten von uns, ließen meinen Gang leichter werden. Stiller wurde es als das Kasernentor in Sichtweite rückte. Als es hinter uns krachend ins Schloss fiel, durchzuckte es mich: Jetzt haben sie uns. Und jetzt hatten sie uns. Jetzt wurden wir die Regimentsstraße hinabgeführt, und ich erblickte ein nicht enden wollendes, hellgrau verputztes Gebäude: die Kaserne. Vor ihr bogen wir nach links ab, und weiter ging es geradeaus, links der schwarz geschotterte Exerzierplatz mit Tribüne, rechts die Lichthöfe der Kaserne. Jeden Hof schmückte ein Propagandaschild. „Die DDR bis zum letzten Blutstropfen verteidigen", stach mir eines von ihnen wie ein Messer in die Augen.

Die erste Station war die Turnhalle. Hier ging die äußere Wandlung vor sich. In Zivil betraten wir sie, und in braune Trainingsanzüge mit rot-gelben Streifen gehüllt traten wir wieder unter Gottes freien Himmel. Ein „ASV" (Armeesportverein)-Aufnäher machte unmissverständlich deutlich, wohin wir nun gehörten. Mein Anzug saß, ich schien anpassungsfähig.

Die Initiation geschah an einem Tischchen an der Stirnseite der Halle. Einer nach dem anderen wurde aufgerufen und registriert. ‚Nur nicht auffallen', war mir zu Hause eingetrichtert worden. Nun wurde gerade ich dort besonders lange beäugt. „Hast Du einen Einberufungsbefehl?" „Guckt mal, der ist doch noch nicht mal sechzehn."

Danach begann das Warten in der Kälte. Wir durften uns nicht von der Stelle bewegen. So gab es Gelegenheit, erste Eindrücke zu verarbeiten. So weit das Auge reichte, Stein und

Beton, links und rechts der Regimentstraße aber auch kleine, akkurat gepflanzte Kiefern. Die Lichthöfe machten einen militärisch ordentlichen Eindruck, bis auf eine Ausnahme: der Lichthof, vor dem wir Aufstellung genommen hatten. An dieser Stelle war auch die Kaserne unverputzt geblieben.
In diesem letzten bewohnten Teil der geplanten KdF-Anlage befand sich das Magazin. In dieses wurden wir nun nach und nach hineingelassen. Und dann schleppten sich die ersten von uns mit einem riesigen Bündel, grün und schwer, in die Kaserne hinein. Sie hatten ihre Uniformen und Ausrüstungsgegenstände erhalten; sie waren kaserniert.
Die Macht des Gebäudes, das auch mich gleich verschlingen sollte, wurde hinter einem Zaun sichtbar. Ruinen aus Stahlbeton, an Gerippe erinnernd, hielten dort die Stellung. Offensichtlich hatten sie Sprengungsversuchen getrotzt und heben sich seither gespenstisch vom Dünenwald ab. Es schien, als seien sie niemals wirklich tot zu kriegen. Noch aber hatte

Regimentstraße zwischen Turnhalle und Kaserne, 2004.

mich das Gebäude nicht, noch war ich nicht kaserniert. Noch stand ich unter Gottes freiem Himmel, wenn mit den anderen auch schon äußerlich vereinheitlicht im Dunkelbraun der dünnen Trainingsanzüge.

In diesen Minuten, aus denen Stunden wurden, musterten wir uns gegenseitig mit einem fragenden Blick: Die Kälte, in der wir hier stehen, empfinden wir diese gleich? Während der eine mit blauen Lippen und blassem Gesicht starr auf den Boden blickte, waren andere angeregt im Gespräch vertieft. So etwa der Leipziger dort hinten, der sich wieder den Schal umgeschlungen hatte und wieder erwacht schien.

Mir wurde klar, dass das Erleben für jeden ein anderes werden würde. Ich jedenfalls stand fröstelnd und frierend auf dem Betonweg, den wer weiß wie viele Stiefel getreten hatten. Deren Gestapfe und Getrappel unter Kommandorufen und den schrillen Tönen der Trillerpfeife mischte sich in ein schier unbeschreibliches Tosen und Heulen. Von diesem war es schwer auszumachen, ob es von der Brandung des Meeres, den um Block V pfeifenden Wind oder den sich schüttelnden Wipfeln der Kiefern herrührte. Als wollten diese all die Trostlosigkeit abschütteln, bewegten sie sich hin und her und konnten doch nicht von der Stelle. Da standen sie und da standen wir und konnten nicht weg vom Fleck.

Plötzlich ertönte ein Bläserquartett hinter einem der unzähligen Fenster: „Ein feste Burg ist unser Gott". Es war das Lied, dessen Strophen ich durchweg auswendig kannte, da ich es mit Andreas im letzten Ungarnurlaub eingepaukt hatte. Damit hatten wir unseren Gastgebern in Pécs, ungarischen Lutheranern, imponieren wollen. Das gelang nicht. Übermüdet mussten wir uns im Abendgottesdienst gegenseitig anstupsen, um nicht vom Schlaf überfallen zu werden. Ähnlich müde fühlte ich mich jetzt – und allein. Das Lied ließ eine Traurigkeit in mir hochkriechen. Es gab aber auch Mut. Die etablierten Bausoldaten der 3. Kompanie bekundeten ihre Anteilnahme an unserem Schicksal.

Aus den dunklen Bekleidungskammern wieder ans Tageslicht kommend, begegnete ich den ersten Soldaten mit Spaten auf den Schulterstücken. Hinter jeder Uniform witterte ich Christian, der, wie ich wenig später erfuhr, zu jener Zeit im Lazarett lag. Dieses trug hier die beruhigende Bezeichnung „Med.Punkt", wahrscheinlich von „Medizinischer Stützpunkt" abgeleitet. Soldaten seiner Kompanie halfen mir, mein schweres Bündel die Betontreppen hinauf zu schleppen. Die Tischtennisplatten im „Treppenhaus 9" erinnerten mich an unseren Familienurlaub. Ich schöpfte abermals Mut.

Im dritten Stock angekommen, sah ich links Toiletten- und Waschraum liegen. Wir wendeten uns nach rechts und betraten durch eine niedrige, breite Tür den langen Flur der Kompanie. Das war mein künftiges Zuhause: Etwa dreizehn blaugraue Zimmertüren säumten die eine und ein paar mehr Fenster die andere Seite des Flures. Der machte am hinteren Ende einen Knick und verschwand im Dunkel. Dieser Knick teilte die Kompanie in zwei „Züge" mit je einem Zugführer. Die Wände waren farblich zweigeteilt: Über hellgrauem Ölsockel an kalkweißer Wand hingen wenige hässliche Malereireproduktionen, Genrebilder des sozialistischen Realismus. Neonlampen erleuchteten die kalte Nüchternheit. In diese mischte sich das Brodeln des „Imex" links neben der Tür.

Hier, am Tisch des diensthabenden Bausoldaten, sollten wir uns künftig mit heißem Wasser für Tee und Kaffee eindecken können. Mit einem dunkelbraunen Plastikbecher schlenderten einige meiner Kameraden bereits jetzt zu diesem Wasserkocher. So ein Gerät hatte ich früher nie gesehen, auch nicht diesen Namen gehört. Später verlor der „Imex" an Bedeutung. Er stand direkt vor den Zimmern der Vorgesetzten, und es gab Tage, an denen der bloße Anblick eines Bausoldaten beim

Kompaniechef Misslaunigkeit hervorrief. Einer der Gründe, warum sich die meisten heimlich einen Tauchsieder besorgten. Auf dem Tisch, so sollte ich am folgenden Tag erfahren, lag auch das Kontrollbuch, in dem jedes Verlassen des Flures mit Zielangabe und Uhrzeit eingetragen wurde. An diesem Tischchen sollten wir häufig ausgangsbelehrt werden; hier versammelten wir uns vor dem Marsch zum Speisesaal oder zu den Baustellenfahrzeugen. Ein Telefon an der Wand verband die Kompanie mit dem militärischen Stab.

Auf dem roten Fußboden, der von glattem Steinholz in eine Pflasterung überging und schrecklich nach Bohnerwachs roch, schleppte ich mich zu meinem Zimmer. Dann betrat ich es und sah geradeaus durch die Fenster direkt in die Freiheit – auf das weite Meer. Dieser Anblick, so spürte ich, könnte vieles in Prora und in diesem Zimmer erträglicher werden lassen. Ich sah mich um: Mit seinen aufgereihten Spinden an der linken und den drei nebeneinander stehenden Doppelstockbetten an der gegenüberliegenden Wand wirkte das Zimmer nüchtern. Mit seinen weißen Wänden und dem mit rotem Wachs gebohnerten Fußboden sah es blitzblank und sauber aus. Ich war der vorletzte, der die etwa zwanzig Quadratmeter bezog. Mein Bett, mein Reich, Mitte unten, war mit meinem Namen versehen: BS Wolter. Das wirkte fremd, aber auch irgendwie fürsorglich. Doch so war es nicht gemeint. Die Namensangabe diente ausschließlich Kontrollzwecken. Meine Mitbewohner, zum Teil in Unterwäsche am Tischchen in der Mitte des Raumes sitzend, sprachen zum überwiegenden Teil ein breites sächsisch. Ich verschnaufte kurz auf einem der sechs unbequemen Hocker, die um den Tisch herum standen. Unaufhörlich brandete das Meer in die angebrochene Nacht hinein.

Während wir die Taschen auspackten und uns bekannt machten, kam bei mir so etwas wie Ferienlagerstimmung auf. In

einem Ferienlager war ich allerdings nie. Dann ging noch einmal die Tür auf und ein Junge, etwa in meinem Alter, trat herein. Er schien traurig und nicht bereit, sich mit der Situation anfreunden zu wollen. Selbst bei unserer Vorstellungsrunde abends im Bett schwieg er. Er hieß Markus.
Mit dem Zimmer konnte ich mich arrangieren, und wir Bewohner wetteiferten in Höflichkeiten. Das allerschlimmste erwartend war ich für jede menschliche Geste dankbar. Ermutigend wirkten vor allem die Zuwendungen der ein halbes Jahr vor der Entlassung stehenden 3. Baukompanie. Die in einer Etage über uns untergebrachten Bausoldaten suchten uns den Anfang so erträglich wie nur möglich zu gestalten. So erreichten uns eines Tages Süßigkeiten, die an Stricken an der Außenwand des Gebäudes zu uns herabgelassen wurden.
Die Vorgesetzten waren dagegen machtlos. Sie konnten auch nicht verhindern, dass wir wichtige Informationen für den Kampf ums Überleben in den nächsten anderthalb Jahren erhielten. Sie waren machtlos gegen viele kleine Gesten, die Hoffnung gaben, wie etwa eine fest in einer Pfütze klebende Kirchenzeitung „Glaube und Heimat", die, wer weiß wie, dahin gekommen war. Für uns, heimlich lächelnd darüber hinwegmarschierend, wurde sie zu einem Symbol des Widerstandes.
Am ersten Tag marschierten wir nur den Weg zur Küche. Dazu nahmen wir mit unseren „zivilen", das heißt bunten Essbestecktaschen in Dreierreihen Aufstellung und „Luftpumpe", irgendwie auf mich aufmerksam geworden, kommandierte mich in die erste Reihe. Wegen meines Linksdralls ging das nicht lange gut. Der Marsch in der ersten Reihe aber erfüllte mich irgendwie mit Stolz, dabei hinderte er mich einmal mehr daran, bloß nicht aufzufallen.
Die Küche war etwa zweihundert Meter entfernt und bildete mit dem Essenssaal im Erdgeschossbereich der Kasernenanla-

ge eine Einheit. Der Saal wirkte zwar wie ein Bunker, doch schien er neu angemalt. Die Wände zierten sogar Bilder mit Meeresmotiven. Solche oft kleine Dinge riefen in der an sich unfreundlichen Umgebung positive Wirkungen hervor. Anfänglich machte mir das Essen dort wirklich Spaß. Das ungezwungene Blödeln bei Tisch, nicht wenig angespitzt durch den sich als exzessiv bezeichnenden Leipziger Sven, ermunterte mich. Sven, im Nachbarzimmer untergekommen, imponierte mir. Er strahlte Überlegenheit aus, an seiner Seite fühlte ich mich sicher. Ich freute mich, in Prora anscheinend doch überleben zu können.

Bald aber wurde der Ton der Vorgesetzten schärfer. Bald überwog der Ekel vor der stickigen Luft im Essenssaal und vor dem Essen unter der Aufsicht des diensthabenden Offiziers, der es mit Trillerpfeife zeitlich begrenzte. Es überwog der Ekel vor dem fensterlosen Waschsaal, in dem wir die Teller abzuspülen hatten und aus dessen meist verstopften Waschbecken ein modriger Geruch heraufkroch. Auch der verabreichte Kräutertee wurde nicht gern getrunken. Es ging das Gerücht um, darin sei „Hängolin", ein Mittel zur Verringerung der Potenz, enthalten; belegen konnte das keiner.

Grundausbildung

Der erste Tag in der Kaserne von Prora begann mit der bald an die nervliche Substanz gehenden Trillerpfeife und dem Ruf: „Kompanie aufstehen!" Während sich der Horizont über dem Meer rot einfärbte, wälzten wir uns aus der blauweiß-karierten Bettwäsche. Wir schleppten uns an den Spind und verschwanden fast wortlos mit dem Waschzeug in der Hand in einen der Waschräume. Deren gab es drei: einen im Treppenhaus vorn in der Nähe der Vorgesetzten, einen im Treppen-

haus nahe meines Zimmers und einen im Treppenhaus am hinteren Ende des Kompanieflures.
Durch das mittlere Treppenhaus erreichte man unter anderem den militärischen Stab, in dessen Nähe das einzige Telefon hing, von dem aus nach draußen telefoniert werden konnte. Neben langen Wartezeiten, hohen Kosten und der Gewissheit, dass die Gespräche abgehört wurden, verursachte das Telefonieren bereits im Vorfeld Stress. Stets musste beim zuständigen „Offizier vom Dienst" darum gebeten werden. Und das war nur in vollständiger Uniform, also mit Käppi, möglich. Der Offizier wollte ordnungsgemäß gegrüßt sein. „Genosse so und so, gestatten, dass ich telefoniere." Ich hatte Schwierigkeiten damit, in dieser Blitzesschnelle die Sterne auf den Schulterstücken einem Offiziersrang zuzuordnen. Um nichts falsch zu machen, schaltete ich beim ersten Mal einfach einen höheren Rang bei. Lieber höher als zu niedrig, dachte ich und bat den „Genossen Major-Hauptmann" um ein Telefongespräch. Es wurde mir zum Glück nachgesehen.
Da sich der militärische Stab direkt unter unserer Kompanie befand, erschien es mir als ein Leichtes, unsere Kompanie abzuhören. Unsere Zimmer, so sollte ich später erfahren, waren zum größten Teil verwanzt. Die Bausoldaten, diese „feindlich-negativen" Kräfte im Staat, befanden sich im besonderen Visier der Staatssicherheit.
In den Waschräumen vermissten wir zunächst die Warmwasserleitung. Die wurde erst wenige Wochen später gelegt. Geduscht wurde nur einmal in der Woche. Später besorgten sich die Baustellenkräfte heimlich einen Schlauch, den sie am Abend an einen der Hähne anschlossen. Der Schlauch musste stets gut versteckt werden.
Auch das offizielle Duschen war ein zweifelhaftes Vergnügen. In einem engen Raum mit einer Hakenleiste rundherum hatten wir uns zu entkleiden. Die Augen des Vorgesetzten und

des Bademeisters schienen daran Anteil zu nehmen. Dann wurden wir in einen Saal getrieben. Ein hässlicher Ort war das. Die Wände waren braun gefliest und durch die kleinen vergitterten Fenster flutete nur wenig Licht in das Dunkel des niedrigen Betonbunkers. Der wurde hinter uns verriegelt. An der Decke waren in Reih und Glied die Brauseköpfe angebracht, die vorgaben, wie die rund einhundert nackten Männer Aufstellung zu nehmen hatten. Da standen wir dicht an dicht gedrängt mit unserer Seife in der Hand und warteten auf das Öffnen der Schleusen. Furchterregende Assoziationen blieben nicht aus.

Beim ersten Mal blickte ich mich zaghaft und verschämt um und entdeckte an der hinteren Wand eine verglaste Durchsicht vom Technikraum in diesen Saal hinein. Dahinter stand der Offizier mit dem „Bademeister", von dessen kleinen Schweinsäuglein ich mich irgendwie unangenehm beobachtet fühlte. „Lass hier bloß nicht die Seife fallen", lachten einige neben mir. Ich verstand diesen Scherz nicht, klammerte mich aber umso fester an mein Fläschchen „Duschdas" aus dem Westen.

Der Leipziger Sven hatte sich dem gemeinschaftlichen „duschen" erfolgreich entzogen. Irgendwo hatte er sich „abgeduckt", wie das Verstecken vor den Vorgesetzten in Pro-

Blick in den Duschsaal, 1995.

ra genannt wurde. In meiner Nähe entdeckte ich einen blonden Jungen, der etwa in meinem Alter sein musste und sich ähnlich unwohl wie ich zu fühlen schien. Als endlich die „Schleusen" geöffnet wurden, blickte er fast nur nach unten und ließ es auf sich herabregnen. Beim Ankleiden beäugten wir uns schüchtern und machten uns bekannt. Er hieß Thomas, war Pfarrerssohn, so wie ich, und zuletzt auf einem kirchlichen Proseminar. Daher kannte er auch Markus aus meinem Zimmer, den er ab und zu besuchte. Ich beneidete die beiden um ihre Freundschaft. Auf der 3. Baukompanie, wohin Markus anfangs in jeder freien Stunde flüchtete, hatten sie weitere Freunde und Bekannte. Ich hingegen war von Anfang an auf meine neuen Kameraden angewiesen.

Dem Ankleiden, Revierputzen und Frühstücken folgte in den ersten beiden Wochen die sogenannte Grundausbildung. Sie unterschied sich von der eines gewöhnlichen Armeeangehörigen lediglich im Ausbleiben der Waffenübungen. So wurden wir gedrillt und „geschliffen". Das aber konnte nicht die aufgebrachte Diskussion über eine Spritze verhindern, die wir uns im Medizinischen Stützpunkt in den Arm verabreichen lassen mussten, und von der keiner wusste, was sie tatsächlich beinhaltete. Tatsächlich war es wohl nur eine Grippeschutzimpfung, die in der DDR „planmäßig durchgeführt" wurde. Vor allem Sven hatte versucht, sich gegen das unbekannte Ungeheuer im „Med.Punkt" zu wehren. Vor der Spritze, in der manch einer von uns ein kleines Gift vermutete, konnte aber auch er sich nicht retten. Er war nach mir dran.

Zu jenem Zeitpunkt waren wir längst uniformiert und die Haare geschoren. So war meine „Popperlocke", mein letztes äußeres identitätsstiftendes Merkmal, dem Militär zum Opfer gefallen. Im Einheitsgrau wurden wir aufs Foto für den Wehrdienstausweis gebannt. Dieser Ausweis, seit meinem siebzehnten Lebensjahr wie ein feindseliges graues Monster be-

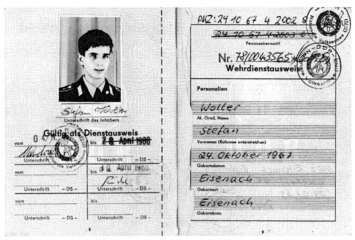

Den Wehrdienstausweis hatte man in Ausgang und Urlaub stets bei sich zu tragen.

trachtet, sollte mein ständiger und gut gehüteter Begleiter bei Ausgang und im Urlaub werden.
In den ersten beiden Wochen kam niemand aus der Kasernenanlage heraus. Später dann durfte ich ein bis zweimal im Monat in den Ausgang gehen, meist nur für einen halben Tag und immer in Uniform. Das Ausgangsgebiet umfasste Binz und Bergen. Vor allem das Ostseebad Binz wimmelte von Soldaten und Offizieren, und in grauen Wintermonaten erschien die Gegend wie ein kleines Kriegsgebiet. Der uns zustehende Urlaub von insgesamt 18 Tagen wurde in kleinen Häppchen gewährt, in der Regel alle vier bis sechs Wochen. Entsprechend kurz war der Aufenthalt zu Hause. Mitunter konnten auch acht oder zehn Wochen vergehen ehe ein kurzer Urlaub bewilligt wurde.
Den ersten Ausgang erhielt ich drei Wochen nach meiner Ankunft in Prora, den ersten Urlaub zu Silvester. Neun Wochen hielt mich Prora gefangen ehe ich die Heimat wiedererblickte. Wie in einem Zeitraffer erlebte ich in diesen Wochen,

was mich in den verbleibenden sechzehn Monaten in noch größerer Intensität erwarten sollte.
Der Kasernenalltag bot auch Freizeit. Wir blieben aber aufeinander angewiesen und hatten daher keine wirkliche Freiheit. Viele von uns nahmen sie sich trotzdem, indem sie sonntags heimlich im Strandbereich der Kaserne spazieren gingen. Das aber war eine Übertretung der Dienstvorschrift, die hart geahndet werden konnte: Der Strand hinter der Kaserne gehörte zum Grenzgebiet der DDR.
Für die Freizeitgestaltung blieben vor allem der Klub- und der Fernsehraum.
Der sogenannte Klubraum strahlte die Gemütlichkeit eines DDR-Wohnzimmers aus. Immerhin beherbergte die Schrankwand eine Stereoanlage, die im Laufe der Zeit sogar durch eine neue ersetzt wurde. Immer und immer wieder hörten wir hier dieselben Schallplatten, darunter beispielsweise City. Sehr beliebt war der Song „Pfefferminzhimmel" mit dem Refrain: „Wo die Palmen sich verneigen, wo die Pupursonne weint, will sie in die Gondel steigen und will ganz woanders sein."
Dann dachten wir uns weit weg aus dem muffigen Zimmer, dessen rotbraun getünchte Deckenbalken aus Beton uns erdrücken zu wollen schienen. Immerhin zierte den Raum eine kitschige Zeichnung der Insel Rügen, die auf bloßen Putz aufgebracht worden war. Für Farbe und Leben sorgte außerdem ein großes Aquarium mit Fischen. Deren Wohlergehen schien dem Kompaniechef wichtiger zu sein als das unsere. Dabei waren diese Wesen doch ungehörig schillernd und bunt und ließen sich so gar nicht abrichten.
Im Fernsehraum mit dem Empfang DDR 1 und 2 hielt ich mich selten auf. Die Sachsen, aus denen die Kompaniebesatzung zum überwiegenden Teil bestand, kannten es ja nicht anders. Ich aber war aus Thüringen ARD und ZDF gewöhnt.

Weitere Freizeitangebote beschränkten sich im Wesentlichen auf die erwähnten Tischtennisplatten in den Fluren, auf Turnhalle und Kraftraum sowie das kostenlose Kino im Regimentsclub. Und dann gab es noch gelegentliche Aktivitäten wie etwa eine Theaterfahrt nach Putbus oder gesellige Abende in der schon unter Hitler im Rohbau ausgeführten Festhalle. Auch einkaufen konnten wir in Prora. Hier in der MHO, dem Laden der Militärischen Handelsorganisation in einem der Lichthöfe, gab es mitunter Dinge, die zu Hause selten zu haben waren. Dazu gehörten Kubaorangen, die uns Bausoldaten in der Regel aber nicht zustanden. Wenn ich meinen Grundwehrdienstsold von monatlich 150 Mark im Zimmer des Hauptfeldwebels abgeholt hatte, belohnte ich mich manchmal mit Waffeln. Auch die waren im Lande bisweilen Mangelware.

In meinen Briefen verlieh ich der Freude darüber Ausdruck, was an Individualität möglich schien, ganz gleich, ob sie um den Preis einer ständig begleitenden Angst vor der oft willkürlichen Bestrafung teuer erkauft oder tatsächlich gestattet war. In der Freizeit erlaubt waren beispielsweise singen, musizieren, schreiben und malen. In Vorbereitung auf mein Theologiestudium beschäftigte ich mich außerdem mit Griechisch und Hebräisch. Für das Selbststudium hatte ich Studienbriefe aus Jena erhalten, die die Fakultät aus dem Westen bezogen hatte.

Wirklich positiv überraschte mich die anfängliche Toleranz bei der Gestaltung der Zimmer. Die Betten stellten wir in Form eines Hufeisens um. Dadurch stand mein Bett mit der Längsseite an der Wand. Wenig später besorgten wir uns ein Radio, das uns die DDR-Sender ins Zimmer spielte. Die richtige Einstellung hatten wir mit Pflasterstreifen zu markieren. „Wir dürfen Blumenfenster einrichten und Bilder an die Wände hängen, sofern kein Spruch darauf steht", schwärmte ich begeistert in einem Brief an Andreas. Später sollte ich begreifen, dass die Zugeständnisse Bestrafungspotentiale boten, die

nach und nach ausgeschöpft wurden. Die willkürliche Zurücknahme des anfangs Erlaubten traf bisweilen hart.
Ich freute mich an jeder Geste, die den verordneten Konformismus störte. Eine zentrale Rolle spielte dabei Sven, der durch ein reiches Innenleben den vorgegebenen Rahmen immer wieder sprengte. Nun, da er im Aussehen allen anderen gleich gemacht worden war, wartete er mit einer kleinen Brillenkollektion und geringfügig abgeänderten Haartrachten auf. Einmal kam er sogar mit einem Schmiss auf der Wange von einem Heimaturlaub zurück. Immer wieder fand er Mittel und Wege aus dem täglichen Einerlei auszubrechen, und er blieb dabei ganz im Rahmen des Legalen. Seine leicht affektierte Gangart, seine rosige Gesichtsfarbe und seine offenkundige Menschenkenntnis beeindruckten mich. Ich fühlte mich geschmeichelt, wenn er mich immer wieder aus dem Zimmer holte, um sich mit mir im Flur zu unterhalten. Hier, gelehnt an eines der Fensterbretter, wusste er stets Erstaunliches zu erzählen. Am liebsten schien er sich mit uns Jüngeren zu umgeben. Und so gehörte auch Thomas bald zu seinen bevorzugten Gesprächspartnern auf dem Flur. Detailliert beschrieb er seine gegenwärtigen und künftigen Wohnverhältnisse in Leipzig, seinen elitären Freundeskreis und so weiter. Dabei hielt er sich immer irgendwie bedeckt, blieb stets schillernd und damit interessant. Erst später begriff ich, dass Sven auch in diesem Geschichtenerzählen viel Phantasie bewies.
Sven hatte zweifellos Humor. Am 11.11., dem Karnevalsbeginn, sorgte er nach Dienstschluss für Leben in der Kaserne und fertigte seinen Freunden Narrenkappen an. Auch ich bekam solch eine Kappe, eine Badekappe, wie sie damals beim Schwimmen üblicherweise getragen wurde, besprüht mit einem farbigen Schaum. Während ich zum Klubraum geführt wurde, schien er vor Lachen bersten zu wollen, und ich war mir nicht sicher, ob ich mich nicht wirklich damit zum Narren machte.

Eine hässliche Fratze zeigte uns der militärische Alltag. Fast unbemerkt wurde in den ersten Wochen Zwietracht gesät. Jedes Zimmer hatte einen „Stubenältesten" zu wählen, der in besonderer Weise zwischen den Vorgesetzten und den Mitbewohnern der „Stube" agierte. Manch einer biederte sich später in besonderer Weise an, hing doch die drohende Strafe „Ausgangs- und Urlaubssperre" (kurz genannt „A und U") wie ein Damoklesschwert über jedem Zimmer und über jedem Einzelnen. Ein schwieriger Posten war auch der 24-Stunden-Dienst, zu dem täglich zwei Bausoldaten vom „Offizier vom Dienst" im militärischen Stab verpflichtet wurden. Sie hatten die schwierige Aufgabe, Befehle von oben nach unten durchzusetzen. Der Dienst, gekennzeichnet durch eine rote Armbinde, konnte jeden treffen. Im Dezember 1987 wäre ich daran fast zerbrochen. Die Vorgesetzten, das sollte erst nach und nach deutlich werden, waren stets darauf bedacht, Harmonie zu stören, uns gegeneinander auszuspielen und geschaffene Nischen aufzulösen. Durch den ständigen Spagat zwischen unauffälliger Anpassung, wütender Ohnmacht und dem Wunsch nach Auflehnung konnte die Stimmung in angespannten Situationen leicht eskalieren. Manch ein sensibler Mensch flüchtete sich bald in innere Emigration.

Doch auch ohne das Zutun der Vorgesetzten war es mit der ungetrübten Harmonie im Zimmer und auf dem Flur der Kompanie bald vorbei. In den ersten Briefen schrieb ich, wie wir am Abend gemeinsam die Losung im Zimmer lasen. Und gegenüber Andreas konnte ich noch am 12. November 1986 schwärmen: „Letzten Sonntag hielten wir zwei Andachten und sangen bzw. beteten viel. Es wurde auch auf meinen Wunsch hin ‚Spielt und tanzt und jubelt laut vor Freude' gesungen. Man fühlt sich doch gleich geborgen und wie in der JG [Jungen Gemeinde]."

Das geistliche Leben wurde nicht lange so durchgehalten. Rasch hatte sich herausgestellt, dass die religiösen Interessen auch unter Bausoldaten höchst unterschiedlich waren. Was gab es da nicht alles: Katholiken, Lutheraner, Methodisten, Adventisten, Quäker und andere Erweckte. Letztere waren recht fromm und hatten sich auch einige Sonderrechte erworben. Adventisten beispielsweise durften samstags in ihren Gottesdienstausgang gehen. Viele Bausoldaten aber waren nicht sonderlich kirchlich engagiert, manche gehörten gar nicht der Kirche an. Es gab ein Zimmer in der Nähe der Vorgesetzen, in dem einige Ausreiseantragsteller untergebracht waren. Bevor sie in den Westen entlassen wurden, sollte ihnen das Leben im Osten noch einmal ordentlich schwer gemacht werden. Man erzählte sich auch, dass sich ehemalige Gefangene unter den Bausoldaten befanden.

Die Bausoldaten waren also keine einheitliche Masse, sondern ein bunt zusammengewürfelter Haufen. Ende der 1980er Jahre war die Zahl der jährlich eingezogenen Bausoldaten von etwa knapp tausend (um 1983) auf rund zweitausend gestiegen. Die Baueinheiten waren zu einem Sammelbecken all jener geworden, die es, aus welchen Gründen auch immer, ablehnten, den DDR-Staat mit der Waffe in der Hand verteidigen zu wollen. Ein Gemeinschaftsgeist ergab sich lediglich aus dieser Position heraus, die uns alle zu „Staatsfeinden" machte und insofern zusammenschweißte. Obgleich religiöse und pazifistische Einstellungen in die Baueinheit geführt hatten, waren persönliche Einstellungen und Charaktere sehr unterschiedlich, und manch einem fiel es schwer, die persönlichen Interessen des Anderen zu tolerieren. Da gab es beispielsweise jene, die die Bibelstelle Römer 13, 1: „Jedermann sei den vorgesetzten Obrigkeiten untertan; denn es gibt keine Obrigkeit außer von Gott, die bestehenden aber sind von Gott eingesetzt" recht ernst nahmen und auf der Baustelle um Höchstleistungen bemüht waren. Daneben gab es diejenigen, die einfach gegen alles waren, was sich ihnen in Prora darbot.

Dazwischen bewegte sich die Masse, die in der Kompromisslösung „Bausoldat" versuchte, unbeschadet über die Runden zu kommen. Unter letzteren bewegten sich wohl die meisten der Jüngeren, die übrigens mitunter den Argwohn derer auf sich zogen, die zu Hause eine Familie zu versorgen hatten.

Gegen Ende unserer Zeit kam bei dem einen oder anderen sogar der Wunsch nach „Spielchen" auf, die bei den „normalen" Soldaten im Grundwehrdienst praktiziert wurden und unter den Bausoldaten eigentlich verpönt waren. Dazu gehörten „Musikbox" und „Schildkröte". Bei der Musikbox wurde ein Soldat in den Spind gesperrt, wo er auf Wunsch der anderen zu singen hatte. Für die „Schildkröte" wurden Arme, Beine und Kopf mit einem Stahlhelm versehen. Mit einem kräftigen Stoß wurde er dann durch den langen Flur geschubst. Das war unter den Bausoldaten mehr oder weniger spaßig gemeint. Es durchbrach aber die seitens der älteren Diensthalbjahre vorgelebten Grundwerte der Bausoldaten, zusammenzuhalten und sich von den gewöhnlichen Militärspielchen bei der NVA zu distanzieren.

In den ersten Wochen waren die Bausoldaten an einem guten Miteinander interessiert. Die beeindruckendste Geschlossenheit erlebte ich im Umgang mit dem Gelöbnis, das anstelle des sonst üblichen Fahneneides abzulegen war. Das Gelöbnis verpflichtete dazu, der DDR „allzeit treu zu dienen" und den Vorgesetzten „unbedingten Gehorsam zu leisten". Wer sich dem Gelöbnis verweigerte, dem drohte eine mehrmonatige Haftstrafe. Später verzichteten die Militärstrafbehörden auf die Strafverfolgung. Es genügte dann die Anwesenheit beim Gelöbnis. Verständlicherweise sorgte der Wortlaut des Gelöbnisses bis zur Auflösung der Baueinheiten Ende 1989 für Beunruhigung unter den Bausoldaten. Die allermeisten wollten sich ja dem Militär verweigern, viele darüber hinaus dem DDR-Regime. Wie sollte man da unbedingten Gehorsam geloben können?

„Der Bericht über Eure ‚Vereidigung' war toll", wertschätzte meine Mutter die Schilderung unseres Gelöbnisses in der Turnhalle. Wie trotzige Kinder standen wir damals aufgereiht vor dem dickbäuchigen Bataillonskommandeur der Baueinheit II. Kaum einer sprach das Gelöbnis wirklich mit. Der Wortlaut wurde uns vorgesprochen und wir hatten zu wiederholen:

„ICH GELOBE:
Der Deutschen Demokratischen Republik, meinem Vaterland, allzeit treu zu dienen und meine Kraft für die Erhöhung ihrer Verteidigungsbereitschaft einzusetzen.

ICH GELOBE:
Als Angehöriger der Baueinheiten durch gute Arbeitsleistungen aktiv dazu beizutragen, daß die Nationale Volksarmee an der Seite der Sowjetarmee und den Armeen der mit uns verbündeten sozialistischen Länder den sozialistischen Staat gegen alle Feinde verteidigen und den Sieg erringen kann.

ICH GELOBE:
Ehrlich, tapfer, diszipliniert und wachsam zu sein, den Vorgesetzten unbedingten Gehorsam zu leisten, ihren Befehl mit aller Entschlossenheit zu erfüllen und die militärischen und staatlichen Geheimnisse immer streng zu wahren.

ICH GELOBE:
Gewissenhaft die zur Erfüllung meiner Aufgaben erforderlichen Kenntnisse zu erwerben, die gesetzlichen und militärischen Bestimmungen zu erfüllen und überall die Ehre unserer Republik und meiner Einheit zu wahren."

Mit dem Gelöbnis war die Grundausbildung beendet, und es folgte der Baustelleneinsatz. Später wurden dann hin und wieder Ausbildungstage eingeschoben, sofern sie den Arbeitsfluss nicht behinderten. Der Staat verdiente an uns. Am Gelöbnissonntag gingen vor allem diejenigen in den Ausgang, die Besuch erhalten hatten. Dazu gehörte Markus. Gespannt lauschten wir den Erzählungen, was in Binz alles so möglich war. Geschwärmt wurde vor allem vom Kurhaus, der Kurhausklause, dem Restaurant „Vineta", der Fischgaststätte „Poseidon", dem „Central-Hotel", dem „Dünenhaus" und den Binzer Bierstuben. Und sehr beliebt war das Café „Möwe". Viel mehr öffentliche Restaurationen gab es nicht. Binz, mit seinen nach dem Krieg vielfach zu Wohnungen umgebauten Kurhäusern, deren einstige Schönheit verblichen war, unterschied sich gewaltig von dem heutigen Seebad.

Prora, 4./5.11.86

Hallo, ihr Lieben zu Hause!

Neun Minuten habe ich heute Zeit, Euch zu schreiben. Gleich ist nämlich 21 Uhr und Bettruhe. Gerade komme ich vom Waschen. Der Tag heute war ziemlich ausgefüllt, denn wir haben sämtliche Ausrüstung bekommen. Zunächst wurden wir in eine große Turnhalle geführt und bekamen Trainingsanzüge an, dann standen wir 3 h in der Kälte, bevor wir die restlichen Sachen bekamen.
Es ist sehr viel und morgen wird dann der Spind eingeräumt. Das Abendbrot war ganz schön. Unser Zimmer ist auch schön und die Leute sind nett. Wir sind 6 Mann. Zwei große Fenster gehen zur Ostsee hinaus, doch bis jetzt ist eben erst alles dunkel. Nachtruhe – ich muß schließen.

Guten Morgen! Gerade fegt einer die Stube und ich habe gerade mein Bett gebaut. Gleich wird zum Frühstück angetreten. Der Blick zur Ostsee ist echt schön, heute Nacht lag ich noch lange wach und habe dem Rauschen zugehört. Gestern im Dunkeln haben wir dann auch noch eine Vorstellungsrunde gemacht. Gerade wird wieder gepfiffen. Jetzt geht es zum Frühstück – noch 5 Min. Zeit.
Viele Grüße von Euerm Stefan.

Prora, 05.11.86

Ihr Lieben!
Vielen, vielen Dank für Eure Briefe. Ich bin der Erste, der heute Post in unserer Stube bekommen hat und gleich 10 Briefe. Es ist so schön, zu wissen, daß man viele Freunde hat – und außerdem einen ewigen Freund, der mich nie allein gelassen hat.
Am Tag herrscht Streß hier, da ständig gepfiffen wird und Befehle erteilt werden, dann kann man oft nur geistlose Briefe schreiben. Jetzt haben wir Freizeit. Die „alten" BS [Bausoldaten] sind unwahrscheinlich nett, vorhin kam ich vom Teetrinken in Christians Stube. Christian ist übrigens zur Zeit krank und liegt im „Med.Punkt". Man macht immer wieder schöne Erfahrungen, die ich mal erzähle. Ich sitze gerade am offenen Fenster und das Meer rauscht. Heute früh flogen unheimlich viele Möwen hier vorbei und man kann sie füttern.
Seit heute trage ich Uniform und zwar als Erster, denn ich mußte vor den Anderen zeigen, wie so etwas sitzen soll. Ab morgen geht wohl die Ausbildung richtig los, obwohl wir schon zum Essen marschieren. Das Essen ist übrigens mit das Schönste. Man sitzt auf zwei langen Bänken, immer 12 Leute und immer ist man mit anderen zusammen, mit denen man sprechen kann. Ich bin der Jüngste und wohl von am Weitesten her. Die meisten sind 26, manche machen schon einen älteren Eindruck. Zwei sind irgendwie behindert beim Laufen, die humpeln vorneweg und wir marschieren hinterher. Einer trägt Halskrause. In meinem Zimmer reicht das Alter von 19 über 21 bis 26. Ich bin froh, schon zwei Wochen 19 zu sein.
Genug für heute, seid herzlich gegrüßt von Euerm Stefan, der keine 1 ½ Jahre mehr hat.

PS: Schickt bitte noch mal Briefmarken! Mir fällt alles durcheinander ein, da zwischen den Befehlen immer nur kurze Zeit ist. Eben waren wir alle beim Arzt und bekamen eine Spritze. Ich erinnerte ihn an seinen Sohn und er war recht freundlich.
Wenn Ihr mal ein Paket schickt, ich brauche noch eine Taschenlampe, ein Geschirrhandtuch und – jetzt weiß ich es schon wieder nicht mehr. Alles schreibt um mich herum, einer spielt auf der Gitarre. Ich habe mich schon beim Chor angemeldet. Viele Grüße, Euer Stefan.

*

Prora, 6.11.86
Ihr Lieben!
Neben mir Gitarrenmusik, vor mir klarer Blick übers Meer und die Schwedenfähre, die gerade von Saßnitz abfährt – und ich bin totmüde. Heute Vormittag hatten wir nur Belehrungen und Unterricht, aber da wird wenigstens nicht so viel gepfiffen auf dem Flur. Bei 1 x muß einer aus dem Zimmer, bei 2 x alle, dann werden die Befehle erteilt. Ab 21.00 bzw. 22.00 Uhr (Wochenende) ist Nachtruhe, da wird Stubendurchgang gemacht und dann muß geschlafen werden. Wir lesen noch mal die Losung und dann schlafen alle auch gleich, aber ich habe da etwas Schwierigkeiten. Ihr könnt Euch das Tosen des Sturmes und des Meeres nicht vorstellen. Es ist unfaßbar dieser Lärm. Selbst in der Kaserne bekommt man mitunter die Türen nur schwer auf, weil so ein Sturm ist. Mich wühlt das irgendwie auf und auch die Gedanken, wenn es dunkel ist.
Eben wurden wir fotographiert, bis jetzt ist kurz noch frei. Ich freue mich schon, wenn ich wieder die anderen Leute besuchen kann heute Abend. Gerade wird im Zimmer der Stubenälteste gewählt. Ich marschiere zum Essen in der ersten Reihe von unserem Zug, das hat sich so ergeben. Das Mittag war übrigens wirklich gut. Gulasch, Kartoffeln und Rotkraut, zum Nachtisch Apfel und Kräpfel.
Viele liebe Grüße, Euer Stefan.

*

Prora/Rügen, 7. 11. 1986
Guten Morgen!
Gerade wurde aufgestanden und die Revierreinigungsarbeiten wurden durchgeführt. Unser Zimmer muß Waschraum und Toiletten schrubben. Ich kenne jetzt eine neue Möglichkeit, Spiegel zu säubern: Wasser wird drangespritzt und mit Zeitungspapier abgerieben. Geht wirklich einwandfrei! Auch Fenster sollen sich so leicht säubern lassen. Es gibt hier an den Waschtrögen fast nur kaltes Wasser.
Also bis jetzt ist 6.00 Morgenpfiff und bis 7.00 müssen Bettenbau, Reinigungsarbeiten und Aufräumen beendet sein. Dann geht es bald zum Frühstück. Bis jetzt sind eigentlich alle ganz nett zu uns. Wir dürfen Pflanzen auf die Fensterbretter stellen, Bilder an die Wand hängen, wenn sie gerahmt sind und genehmigt werden. (Familienbilder, Ansichten ...)

Ich sitze wieder mal auf meinem Lieblingsplatz am Fenster. Das Meer rauscht heute nicht so stark. Gerade geht die Sonne am Horizont auf und Himmel und Meer scheinen wie aus Gold zu sein. Viele Möwen kreischen herum. Ob es Kragenbinden zu kaufen gibt? Es gibt hier nicht so viele und die werden schnell schmutzig.
Geschlafen habe ich heute wunderbar. Heute ist Freitag und zu Hause JG [Junge Gemeinde] oder Treff, aber ich bin hier. Sonntag haben wir, so glaube ich, frei. Aber keinen Ausgang. Ich werde in der Kaserne Leute besuchen gehen. Gestern beim Abendessen habe ich Olaf getroffen. Bei den 240 Mann der beiden Kompanien blickt man nicht ganz durch. Ich werde ihn noch mal besuchen gehen. Christian liegt noch im „Med.Punkt", weil er Grippe hat.
Gleich geht es zum Frühstück, wurde eben gerufen. Übrigens habe ich die „Glaube und Heimat" abonniert und die „Budapester Rundschau". Schön, daß Du lieber Papa schon ein Regal für die Kakteen gebaut hast. Eine Zucht sollen wir hier nämlich nicht anfangen. – Gerade kommen alle Möwen auf den Weg vor unser Fenster. Sie werden gefüttert. Ich hatte nicht mehr gewußt, wie groß die Viecher sind.
Gestern hatten wir, nachdem ich den letzten Brief schrieb, Exerzieren unterm Sternenhimmel in Feldanzug und Stahlhelm, dieser ist ziemlich schwer. Aber nach den 14 Tagen werden wir ihn kaum mehr tragen. Jetzt ist Frühstück, ich muß nun schließen. –
Ich bin wieder da. Es war erst Appell in vollständiger Uniform. Frühstück ist in 5 Min. Heute kommt viel auf mich zu. 3000 m Lauf, 100 m Lauf, 6000 m Dauerlauf, Klimmziehen ...
Aber erst ist Frühstück.
Viele Grüße Euer Stefan.

*

Laß das Leid zur Welle werden – die uns zum ewigen Ufer trägt!

Prora, Sonntag 9.11.86

Liebe Mama, lieber Papa, liebe Erdmute!

Nun die nächsten Grüße vom Ostseestrand. Ich sitze wieder einmal am Fenster, heute ist ein wunderschöner Tag. Strahlendblauer Himmel und

Sonne über dem Meer. Eben habe ich ein paar Muscheln mit einem netten Jungen gesammelt. Es ist ein richtiger Sonnen-Sonntag. Vor einer Stunde etwa haben wir viel gesungen mit Gitarrenbegleitung und mit Taizé-Gesang gebetet. Jetzt habe ich Zeit zum Schreiben. Mit diesem Brief geht das Paket mit meinen Sachen ab. Ich habe einen Hühnergott mit hineingelegt, den ich beim 6 km Lauf am Strand gefunden hatte. Seit gestern 15 Uhr haben wir nun Freizeit. Gestern ging es mir nicht so gut, irgendetwas muß mit dem Essen nicht gestimmt haben. Außerdem habe ich furchtbaren Muskelkater, oder die Knochen tun weh. Es ist immer blöd, wenn es anderen nicht so geht. Wann kommt eigentlich mein At(t)est? Da habe ich wenigstens Grund zum Arzt zu gehen. Einige machen schon Innenarbeiten. Inzwischen humpeln schon 5 zum Essen vorneweg. Gerade schreien die Möwen wieder laut, ich werde sie nachher wieder etwas füttern. Aus einem anderen Zimmer tönt laut Musik. Auf so vieles muß man gar nicht verzichten, wie ich es gedacht hatte. Auf dem Flur steht auch ein großer IMEX, wo man den ganzen Tag heißes Wasser für Tee und Kaffee bekommt. Gerade schaue ich wieder über das sanft bewegte Wasser.
Solche Gedichte wie in Eisenach hätte ich hier nicht schreiben können. Hier ist kein solcher Herbst. Viel Sonne, Wasser (tiefblau), grüne Kiefern und saftiger Rasen. Der Winter wird hier oben noch etwas auf sich warten lassen.
Gestern Nachmittag war Christian lange bei uns im Zimmer, wir haben Kaffee getrunken und Kuchen gegessen, den er mitbrachte. Heute gehe ich noch mal zu ihm rauf. Wie wird es Euch wohl gehen?
Ich habe von Silke und Ulrike noch nicht einmal Post bekommen. Frau Höhn hat mir sehr nett geschrieben und es hat mich riesig gefreut. So, dies war wohl das Neueste. Bitte schickt umgehend das At(t)est, denn man kann nicht alle Tage zum Arzt gehen, bevor es dann zu spät wird.
Gestern hatten wir viel Ausbildung mit Felduniform und Stahlhelm, das war anstrengend. 36 Leute mußten in 30 s. auf den LKW springen und in 10 s. runter. Das wurde bald 10 mal hintereinander geübt, daher sicher der Muskelkater. Bei der Ausbildung in der Woche bleibt nicht so viel freie Zeit.
Viele Grüße nun von Euerm Stefan.

*

Prora, den 10.11.86

Ihr Lieben!
Sehr gefreut habe ich mich über Deinen lieben Brief, lieber Papa. Gleichzeitig kam auch das Schreiben von Mama und Ermute mit dem At(t)est. Vielen, vielen Dank! Ich freue mich immer sehr, von Euch zu hören. Heute ist Montag und gerade empfingen wir die Post noch in Feldanzug und Stahlhelm. Ich bin schon bekannt für viel Post. Heute bekam ich wieder 8 Briefe. Wer alles an mich denkt?! Es ist sicher möglich, daß nicht alle bis zum Schluß durchhalten mit so vielem Schreiben. Wem es aber ein Bedürfnis ist, wird es tun. Sicher bleiben einige.
Umseitiges Gedicht entstand sozusagen unterm Stahlhelm. Das Meer gibt einem so viel Kraft. Wenn ich im Zimmer bin, fühle ich mich fast wie frei. Heute früh standen wir alle staunend am Fenster. Der Himmel stand glutrot überm Meer als die Sonne aufging:

> Aufgewühltes Meer mit schäumender Gischt
> lärmt im morgendlichen Dämmerlicht
> der aufgehenden Sonne am Horizont –
>
> Glühender Himmel über grünlichem Wasser,
> Wasser und Feuer
> wie
> Leben und Tod.
>
> Doch dazwischen die Möwe, die gleitet –
> sie kann fliegen hin und her
> zwischen rötlichem Himmel und grünlichem Meer.
>
> So steht zwischen allem der Segen,
> der den Tod verbindet mit dem Leben.
> Die Möwen ziehen ein großes Band,
> zwischen Wasser, Feuer und ewigem Land.

Zur Zeit ist also Freizeit und nur ab und zu pfeift es auf dem Flur. Im Zimmer duftet es nach Kaffee, vielleicht nehme ich auch noch einen zu mir. Einer aus meinem Zimmer (Kamerad Raschi) hat sich gestern noch einen Kaffee ans Bett tragen lassen. Wir mußten so lachen! Es gibt lustige Typen hier. Einige kamen als totale Popper an, andere total wüst. Einer wirkt wie Hans Moser. Er

ist klein und ziemlich rund. Ich verstehe mich gut mit ihm. Beim Essen sitzen wir oft zusammen. Ich erzähle (wie immer) so viel und werde dann kaum mit Essen fertig, aber es schmeckt ganz gut, denn man hat riesigen Hunger. Wie schon geschrieben, ging es mir gestern nicht so gut. Es war schön, mal zu Christian hochzugehen und zu reden. Dann ging es mir viel besser. Noch was: Ich bin schrecklich häßlich geworden und getraue mich kaum noch in den Spiegel zu schauen. Obwohl einer meint, ich wäre ein richtig hübscher Mustersoldat zum Vorzeigen. Ich finde ihn etwas merkwürdig. Durch die Uniform und das Neonlicht sieht alles grau-grün aus. Morgen ist wieder Dienstag, da kommt der Duschbefehl. Da gehen alle 120 Mann aus der Kompanie in einen riesigen Saal, wo aus der Decke das Wasser regnet. Einmal waren wir schon dort.
Inzwischen ist es dunkel geworden, und über dem rauschenden Meer steht der Mond. Gestern Abend fanden sich wieder einige Leute und wir hielten eine Andacht. Es gibt einem das Gefühl von Geborgenheit. So oft wie hier habe ich nie in der Bibel oder Losung gelesen.
Für heute nun viele liebe Grüße, Schalom, Euer Stefan.

Wenn ihr an mich denken wollt:

6.00 Aufstehen
bis 7.00 Morgentoilette und Revierreinigen (Waschraum und WC)
bis 7.30 Frühstück
13.20 Mittag
ab 16.30 Freizeit
22.00 Nachtruhe

PS: Vergeßt bitte das M hinterm PF nicht!

*

Ostsee, 11.11.86

Heute habe ich einen schrecklich anstrengenden Tag hinter mir. Drei Stunden Übung in Felduniform und Stahlhelm. Wir mußten im Gummianzug und mit Gasmaske und Gepäcktasche durch das Gelände rennen. Da bekommt man richtige Zustände. Aber es ist geschafft. Danach wieder 3000 m Lauf mit anschließendem Fußball – schrecklich! Die 3000 m laufen wir fast jeden Tag und es macht mir nichts mehr aus.

Auch der Muskelkater war auf einmal wieder weg und nachts schlafe ich jetzt herrlich. Das Meer ist ziemlich ruhig und die Luft sehr mild. Ich sitze am offenen Fenster und über dem Meer steht ein ¾ Mond. Schräg rüber bei Saßnitz legt gerade ein großes Schiff an. – Eben mußten wir auf den Exerzierplatz marschieren und bekamen dort die Post ausgehändigt. Es ist jedesmal der spannendste Augenblick des Tages. Gestern durfte ich gleich neben dem Leutnant vor der Kompanie stehenbleiben, weil ich so viel Post bekam (8 Briefe). Heute waren es nur 3, aber Deiner, liebe Mama, war dabei. Ich freue mich immer sehr, von Euch zu hören. Es ist jetzt 16.30 Uhr und Freizeit, da habe ich gleich Zeit zurückzuschreiben. Insgesamt liegen bei mir nun 27 Briefe. Das ist in einer Woche ja ganz schön viel! Es spielt für mich eine große Rolle, Post zu bekommen. Anderen geht es aber genauso. Nachher gehe ich mit Freund Raschi zum Arzt. 19.30 Uhr ist dann Duschbefehl. Mal sehen, was der Arzt zum At(t)est meint. Mein Bett kann ich jetzt auch bauen, in letzter Zeit wurde nichts mehr beanstandet. Am 2. Tag hatte ich doch den schlechtesten Bettenbau (neben Ottokars) der Kompanie. Ich gebe mir Mühe. Was soll ich noch schreiben? Ich bin ziemlich müde. Vielleicht am Ende noch ein Gedicht, was ich in einer kleinen Pause heute schrieb:

MORGEN
Grauer Himmel über grauem Meer
und meine Gedanken sind so schwer.

Keine Alternative – kein Kontrast,
es ist mir eine große Last.

So schau ich in das Grau hinein
und möchte gern woanders sein.

Doch – an einer Stelle nur,
tritt ein Lichtstrahl plötzlich hervor.

Er leuchtet weit am Himmelszelt,
und meine Gedanken werden erhellt.

Wie schön das Farbenspiel der Wolken ist,
die bestrahlt werden vom rötlichen Licht.

Gescheckter Himmel – rot und blau,
hinweggefegt wird so das Grau.
Ich weiß kaum mehr, wie es geschah,
aber in mir ist das Leben plötzlich wieder da!
So froh und frei ich der Möwen Flug sehe,
ich wieder an meinen Arbeitsplatz gehe!

*

II. Brief 11.11.86

Ob Ihr es bald langweilig findet, immerzu von mir Post zu erhalten? Eben war ich beim Arzt. Er war unwahrscheinlich nett und hat mich gründlich untersucht. Er hat gemeint, ich bin nicht all zu viel Wert in körperlicher Beschaffenheit. Vom WKK [Wehrkreiskommando] Eisenach wurde ich als voll diensttauglich geschrieben und auf meinen Einsatzort hat der Arzt keinen Einfluß. Jetzt muß ich durchhalten, hat er gemeint. Er tut aber für mich, was er kann und ich bin vom Marschieren und vom Exerzieren eine Woche befreit erst mal. Schickt mir bitte umgehend per Eilboten die orthopädischen Schuhe!!!
Es sind so viele Kranke und richtig Behinderte hier. Es hat sich schon ein Krankenzug gebildet, der zum Essen vorneweg geht bzw. humpelt. (Inzwischen 15 Mann). Ab morgen bin ich eine Woche dabei. Mal sehen.
Ich freue mich so, wenn ich mal erzählen kann. Vielleicht klappt es noch im Dezember. Na, in einer Woche kommen ja Anja und Andreas.
Seit herzlich gegrüßt von Euerm Stefan.

PS: Zur Zeit im Streß. Will noch mal zu Christian, er hatte heute Ausgang.

*

Ostsee, 12. 11. 86

Ihr Lieben zu Hause!
Gerade kommen wir vom Essen. Es gab Nudeln, Tomatensoße und Jägerschnitzel. Hat ganz gut geschmeckt. Es ist schön, nicht mehr zum Essen marschieren zu müssen. Bis Dienstag habe ich doch Lauf- und Exbefrei-

ung bekommen. Wir sind inzwischen 20 Leute, die vorneweg laufen bzw. humpeln.

Heute hatten wir fast nur theoretische Ausbildung, da saßen wir ca. 5 Stunden im kalten Regimentsclub. Jetzt ist Freizeit und gleich werden die Briefe ausgeteilt. Heute sind auch mehr Pakete dabei. Mal sehen! Übrigens werde ich jetzt schon von den Küchenfräuleins angeredet. Die eine sucht einen Freund aus der Baukompanie. Der eine Soldat hat ihr von dem Prachtsoldaten erzählt, der erst 19 ist. Heute hat sie beim Mittag Ausschau nach diesem gehalten und als ich dran war, hat sie gefragt, ob ich 19 bin. Nach meiner Bejahung gings: „Das ist er" und lächelte mich freundlich an. Vielleicht bekomme ich jetzt wenigstens eine Portion mehr.

Eben habe ich das Päckchen und einen Brief (11.11.) bekommen. Vielen Dank, ehe ich das wieder vergesse! Alle saßen schon gespannt um den Tisch herum, um zu sehen, was da kommt. Der eine tut mir richtig leid. Er wartet schon jeden Tag, daß etwas für ihn ankommt. Er ist auch erst 20 und hatte ein kirchliches Proseminar besucht, wo er scheinbar vom Glauben Abschied genommen hat.

Der Kuchen wird am Wochenende gegessen. Die Wurst ist auch sehr richtig und gut, da hat man vormittags Appetit drauf. Also vielen Dank für alles (auch für die Hündchen).

Die Zeit hier vergeht schnell, trotzdem kommt es mir wie eine halbe Ewigkeit vor, daß ich nicht mehr zu Hause war. Alles ist so weit weg, eine ganz andere unvergleichbare Welt. Ich werde Schwierigkeiten haben, mich darin am Anfang wieder zurechtzufinden. Man muß sich hier um nichts kümmern. Da kommen Befehle und die werden ausgeführt.

Abends komme ich mir vor wie im Kinderzimmer. Wir liegen alle im Bett und ein Diensthabender geht herum, sieht nach, ob die Wäsche richtig gelegt ist und knipst das Licht aus. Hinterher geht es mit Taschenlampe weiter. Aber ich habe festgestellt, daß ich viel zu müde bin dazu.

Ihr habt es gut, fahrt hierhin und dorthin, wie ihr Lust habt. Mit meinen Gedanken fahre ich auch viel umher, besonders übers Meer. (Das reimt sich schon wieder.) Es scheint kalt werden zu wollen. Das Meer rauscht und tobt, wie ein ständiger Wasserfall vorm Fenster. Der Vollmond steht darüber und läßt es weiß glänzen. Die Morgen sind so phantastisch und jeden Morgen ist es anders. Heute war alles in Nebel gehüllt, aber dann ging die Sonne auf. Auf einmal wurde der Nebel rot und weggetragen, dahinter das blaue Meer.

Fährst Du, liebe Mama, nun eigentlich nach drüben? [Westdeutschland] Ich muß alles melden, auch wenn wir Besuch bekommen. Besser es kommt keiner mehr. Jedenfalls darf ich nicht in Kontakt mit denen kommen, wenn ich auf Urlaub bin. Wir dürfen alle 6 Wochen heimfahren. Ab nächste Woche geht es los. Bin gespannt, wann ich dran bin. Der Arzt hat mir auch so was wie Schlangengift zum Einreiben gegeben. Zur Zeit geht es mir aber gut. Wenn die orthopädischen Schuhe kommen, geht die Sache weiter. Der Arzt tut, was er kann.
Am Sonntag haben wir Gelöbnis und wenn Besuch käme, dürften wir Ausgang haben. Nächsten Sonntag kommen ja Anja und Andreas.
Für heute viele liebe Grüße von Euerm Stefan.

*

Prora/Rügen, Sonntag, 16.11.86

Ihr Lieben!
Mit diesem Brief schicke ich gleichzeitig wieder ein Päckchen ab.
Vielen Dank noch mal für Euer letztes Päckchen, der Kuchen hat ganz toll geschmeckt und alle lassen dafür danken. Die Taschenlampe ist auch sehr gut, gestern habe ich sie schon abends benutzt.
Die Grundausbildung ist zu Ende und die Arbeit steht vor der Tür. Ab Morgen geht es los. Wir arbeiten im Zyklus Mittwoch–Mittwoch, immer abwechslungsweise Arbeit und Innendienst. Ich bin gespannt.
Heute ist nun unser großer Tag – wir haben das Gelöbnis abgelegt (wenn man das überhaupt so sagen kann). Alle 240 Mann waren in der Turnhalle versammelt und der Oberst kam. Er sprach die Worte vor, wir sollten nachsprechen. Das 1. Mal sprach er die Worte und kein Mensch wiederholte (sagte etwas) – alle 240 schwiegen. Da verließ er den Saal und die anderen Vorgesetzten mußten noch mit uns „üben". Beim 2. Mal wurde es durchgezogen, aber ich glaube, nicht die Hälfte sprach wirklich mit. Nun ist es überstanden!
Hier sind eine Menge Leute an Grippe erkrankt, einer steckt den anderen an. In nächster Zeit werden es bestimmt noch mehrere werden. Durch meine Marschbefreiung bedingt, wurde ich in den letzten Tagen der Grundausbildung mehr zu Innenarbeiten herangezogen. Da mußten wir im Strandbereich Unkraut hacken und Sand rechen. Außerdem putzten wir fast jeden Tag dieselben Fenster – was soll's!

Heute Abend bin ich bei Christian zum Tee eingeladen. Ich gehe immer gern hoch, denn die Leute wissen halt über vieles besser Bescheid, weil sie schon länger hier sind. Heute Vormittag wurde auch wieder eine Andacht veranstaltet, es war sehr schön. Die Losung von heute paßt ausgesprochen gut für unseren heutigen Festtag.
In das Päckchen habe ich einen Stapel Briefe gelegt, den ihr in meinem Zimmer deponieren sollt. Es wird mir alles zu viel im Spind. Bin sowieso ständig nur auf der Suche nach irgendetwas.
Am Samstag/Sonntag kommen doch Anja und Andreas. Andreas könnt ihr bitte eine große Tasse und eine kleine Pflanze mitgeben. Bisher trinke ich aus einem Plastikbecher und mittlerweile ist es schon ekelig, weil alles gleich schmeckt. Außerdem vertauscht man sie leicht mit anderen. Neulich haben im Zimmer sogar zwei Leute die Unterwäsche vertauscht, so was kommt hier vor.
Für heute nun genug, viele Grüße, Euer Stefan.

PS:
1. Über das Bild von unserem Haus habe ich mich sehr gefreut. Ich sehe es mir manchmal an und stelle mich davor in Zivil vor.
2. Nachher beginne ich den Hebräischkurs mit einem Jungen, der auch Theologie studieren will.

Der erste Ausgang

An kaum einen Ausgang kann ich mich so gut erinnern, wie an den allerersten, drei Wochen nach meiner Einberufung. Endlich sollte ich das umzäunte und bewachte Kasernengelände für Stunden wieder verlassen können – und das sogar an zwei Tagen hintereinander. Da meine Freunde Anja und Andreas ihren Besuch angesagt hatten, wagte ich es, meinen Zugführer um Ausgang für Samstag ab 15 Uhr und Sonntag ab 7 Uhr zu bitten. In den ersten Wochen hatten wir einen recht freundlichen Zugführer, der sehnsüchtig auf das nahe Ende seiner vierjährigen Dienstzeit zu warten schien. Er zeigte sich kulant.

Wie viele der Bausoldatenbesucher wohnten meine Freunde im Binzer Pfarrhaus bei Familie Lütke. Das Haus war eine wirkliche Zuflucht. Bisweilen glich es an den Wochenenden einem Taubenschlag, und es gebietet hohe Bewunderung, wie sich die Pfarrersleute für die Bausoldaten und deren Angehörigen eingesetzt haben. Militärseelsorger an sich gab es in der DDR nicht. An meinem ersten Ausgangstag holten mich meine Freunde vom Kasernentor ab. Dort warteten sie auf mich in einem kleinen eingezäunten Terrain mit Bank und Tisch unter freiem Himmel. Diese Ecke, die an eine Raststätte erinnerte, war der einzige „Raum", der in Prora Begegnungsmöglichkeiten mit Angehörigen bot. Da der Ausgang in der Regel nicht problemlos gestattet wurde, saßen Soldaten mit ihren Angehörigen häufiger dort.

Ich aber durfte nun das erste Mal hinaus. Entsprechend groß waren Aufregung und Erwartung. Viele Kriterien mussten erfüllt sein, um tatsächlich in den Ausgang entlassen werden zu können. Dazu gehörten spiegelblankes Schuhwerk und eine perfekte Kleiderordnung, in der Manteltasche Pass, Nähzeug, Taschentuch und Kamm. Besonderer Wert wurde auf Haarschnitt und Rasur gelegt. Der zur Eile drängende Diensthabende empfahl mir an jenem Tag, mich auf jeden Fall zu rasieren. Außer einem dünnen Flaum an der Oberlippe war da allerdings kaum etwas wegzunehmen. Zu Hause hatte ich mich so gut wie nie rasiert. Für das Militär aber hatte mir meine Mutter die dazugehörigen Utensilien gekauft; ein Muss in der „Kulturtasche" eines jeden „Armisten". Im Rasieren hatte ich keine Erfahrung, und rasch hatte ich mir kleine Schnittstellen zugefügt, die sich noch schneller mit Blut füllten. Natürlich versetzte mich das in eine leichte Panik, und der etwa sechs Jahre ältere Diensthabende, der die Ankunft meines Besuches gemeldet hatte, gab mir den Rat, auf die Schnittstellen ein Stück Klopapier zu kleben. Ich lernte hinzu.

Noch heute sehe ich mich im braungekachelten Waschraum im „Treppenhaus 8" stehen, vor mir der lange steinerne Trog mit den vielen Wasserhähnen, der Raum angefüllt mit beißendem Gestank nach Moder und Urin. Hier erfuhr ich von meinem Besuch, der nur wenige Meter von mir wartete. Ein Eisklumpen schien in mir zu schmelzen. Plötzlich fühlte ich die nachmittäglichen Sonnenstrahlen, die hinter mir durchs Fenster fluteten. Im Spiegel sah ich den blauen, weiten Himmel, darunter die sich im Winde bewegenden Kiefern. Und ich sah mich. Es war, als schaute ich mich nach langer Zeit erstmals wieder gründlich an. Aber der mich da in Uniform ansah, schien ein anderer zu sein, als derjenige, dessen kindlichen Augen sich während des Betrachtens röteten. So beäugte ich mich, bis das Spiegelbild verschwamm.

Das, was hier kurzzeitig brach, war ein Teil des Panzers, mit dem ich mich innerlich umhüllt hatte, mit dem ich mich resistent zu machen suchte vor den Anfeindungen des Alltages. Nach drei Wochen war die Spur von einem Abenteuer

Blick in den Waschraum, der später auch mit Warmwasser versorgt wurde, 1995.

verschwunden. Ich hatte begriffen, wie sehr ich in Prora trotz mancher unerwarteter Annehmlichkeiten ums Überleben meines „Ich" würde kämpfen müssen. Die Schale, die meine Gefühle schützte, andererseits aber auch gegen Gefühle immun machte, sollte sich später verfestigen.

„Schön, daß Anja und Andreas kommen", hatte meine Mutter kurz zuvor geschrieben und dabei mitgeteilt, dass meine „traurigen Kleidungsstücke", d. h. meine nach Eisenach zurückgeschickten Zivilsachen, „schon alle gewaschen sind". „Ich werde", fuhr sie fort, „Dir nachher einen kalten Hund [Kuchen] rühren. Da kannst Du dann ja auch diesem oder jenem eine kleine Freude machen. Der Mensch kann so bescheiden sein und sich über kleine Dinge freuen."

Nun also standen diese meine Freunde mit den Heimatgrüßen am Tor, in weniger als fünfhundert Meter Luftlinie von mir entfernt. Am Tisch des Diensthabenden wurde ich ausgangsbelehrt. Ausgangskarte und Ausweis verstaute ich in meinem langen weiten Filzmantel, und, angetrieben von meinen wiedergekehrten Lebensgeistern, sprang ich, so schnell es die schwere Uniform zuließ, die Treppe hinab. Während mich das große schwarze Lederkoppel mit dem DDR-Symbol auf der Spange zusammenzuhalten schien, wankte ich mit zunehmend zittrigen Beinen die Regimentsstraße Richtung Tor hinauf. Dort lugten meine Freunde neugierig durch den Zaun. Nervös grüßte ich am Tor, dem sogenannten KDL, versehentlich mit der linken statt der rechten Hand, woraufhin ich ernst belehrt wurde, im Wiederholungsfalle würde mein Ausgang sofort gestrichen. Andreas sollte wenig später seiner Kölner Freundin in einem Brief berichten:

„Am Kasernentor waren zwei vollkommen dämliche Armisten. Die haben wirklich nichts kapiert. Ich hätte nie gedacht, daß es so etwas gibt. Obwohl man ja immer sagt, daß zur Armee meist nur die blödesten gehen.

Das ist aber wirklich so. Auch bei mir in der Klasse. Die Schlechtesten gehen 10 bzw. 25 Jahre zur Armee."

Meine Freunde zupften an mir herum, als wäre ich ein Clown. „Andreas und ich stellten beide im Nachhinein fest, daß uns alles wie im Zirkus vorgekommen ist", schrieb mir wenig später meine Weimarer Freundin:

„Ich finde es sehr gut, daß wir Dich besucht haben. Ich hatte vorher wirklich keinen blassen Schimmer, was Armee genau bedeutet. Nach diesem Wochenende ist mein Hass gegenüber dieser Institution auf jeden Fall noch mehr gestiegen, ich finde alles so schlimm und schrecklich. Gut, daß im Rahmen der Emanzipation nicht die Wehrpflicht für Frauen eingeführt wurde. Ich wäre da wirklich ein hoffnungsloser Fall."

Zum gemeinsamen Abendessen mit meinen Freunden suchte ich das Fischrestaurant „Poseidon" auf. Von den Ausgängern der Woche zuvor hatte ich viel Gutes darüber gehört. Es war auch entsprechend voll. „Ach, da ist ja Bausoldat Wolter. Aus Dir werden wir hier noch 'n Mann machen", schallte es mir aus der hinteren Ecke entgegen. Da saß Klaus aus meinem Zimmer, dem Bett über mir. Seiner Gesichtsfarbe nach zu urteilen, hatte er ein paar Bierchen zuviel getrunken. Oh, wie war mir diese Begegnung peinlich vor meinen Freunden, und wie hoffnungslos stand mir das Großprojekt vor Augen, das mein Zimmergenosse mit mir vorhatte. Klaus gehörte sonst zu den ruhigeren und unscheinbareren Mitstreitern, und er verursachte mir viel weniger Kopfzerbrechen als manch anderer.

Als wir dann das Fischrestaurant verließen, wartete vor der Tür eine Schelle auf meinen armen Freund. Diesmal nicht verbal, sondern physisch. Es war ein Baupionier, der ihn mit den Worten „Was glotzt du so blöd" so kräftig ins Gesicht schlug, dass er ein Stück Schneidezahn ausspuckte.

Sonntagfrüh holte ich die beiden aus ihrem Schlaf in der Freiheit. Manche Bausoldaten erhielten später sogar einen Nachtausgang, wenn ihre Frau oder Freundin zu Besuch kam. Ich hatte so etwas nie beantragt, schlafen konnte ich schließlich auch in der Kaserne. Ich weckte Andreas und Anja, die im Pfarrhaus sogar getrennte Zimmer erhalten hatten, da sich ein Zusammenschlafen verschiedener Geschlechter außerhalb des Ehestandes nicht geziemte. Ich kannte das von zu Hause.

Nach Frühstück und Gottesdienstbesuch machten wir viele Bilder am Strand. Andreas fand mich zu komisch in meinem Gewand: „Der sieht vielleicht aus in Uniform", ließ er sich in einem Brief an seine Kölner Freundin aus: „Irgendwie albern. Alles wirkt irgendwie albern. Als wäre Karneval."

In der Ausgangsuniform, November 1986.

Ich muss einen komischen Eindruck hinterlassen haben. Und das schon allein rein äußerlich. Meine graue Ausgangshose war viel zu kurz, ein Umtausch erst Wochen später möglich. Mir war das beinahe gleichgültig. Ich identifizierte mich nicht mit dieser Uniform, in die ich unfreiwillig gesteckt worden war. Belastend war die Tatsache, während des gesamten Armeeaufenthaltes nie offiziell Zivilkleidung tragen zu dürfen. Bis auf wenige Stunden gab es während der gesamten achtzehn Monate keine wirkliche Rückzugsmöglichkeit ins Private, jedenfalls nicht offiziell. Es gab keine reine Geborgenheit, nirgendwo.

Ich freute mich über die Vielzahl der Bilder, über die ich kurze Zeit später ängstlich schrieb: „Gerade habe ich erfahren, daß es überhaupt verboten ist, sich in Uniform fotografieren zu lassen. Schicke die Bilder lieber nicht hierher!!"
Zugegeben: Ich hatte mich geschmeichelt gefühlt als Andreas mit dem Fotoapparat um mich herumhüpfte. Damals schien mir die Aufmerksamkeit zuteil werden zu sollen, von der ich glaubte, sie verdient zu haben. Ich war von Andreas in den Bann gezogen und entsprechend stolz als mein Zimmerkollege Markus, der uns an einem der Tage im Ausgang getroffen hatte, abends in der Kaserne schwärmte: „Stefans Freund, der ist schön, der ist fast noch schicker als Stefan."

„Als die Leute aus meiner Klasse gehört haben, daß ich extra seinetwegen dort hoch gefahren bin und als sie die vielen Bilder gesehen haben", schrieb Andreas im erwähnten Brief an die Westfreundin,

„da haben sie echt gezweifelt. Ich wäre bestimmt bi. Sie hätten das nie gemacht. Finde ich echt schade. Ich dachte, das wäre das natürlichste von der Welt, dass man seinen Freund besucht. Hat mir echt zu denken gegeben. Und dann gleich zu denken, bei mir verhalte sich da was nicht ganz richtig rum ... Komisch. An so etwas hätte ich nie gedacht."

Auch ich wollte diese Freundschaft nicht irgendwie ungewöhnlich finden. „Kürzlich haben wir leider einen Schwulen dazubekommen", schrieb ich Andreas:

„Ich glaube, daß ich ihm ziemlich deutlich zu verstehen gegeben habe, was ich davon halte. Gestern Abend kam er schon ins Zimmer, um Markus und mich zu besuchen. Also das ist schon etwas belastend, fast so, als ob ein bissiger Hund hinter einem herläuft. Markus findet es sogar lustig, aber er gehört ja auch einer Gruppe für ‚bi' an. Ja, ja lustige Typen gibt es hier und vieles stellt sich jetzt erst heraus."

Zweifellos regten Umgebung und Gesellschaft zum Nachdenken auch in dieser Richtung an. Das aber fand ich nervig und lästig. Dennoch hielt ich Andreas über entsprechende Entwicklungen und Beobachtungen auf dem Laufenden: „Ich werde hier an einigen Erfahrungen reicher, das merke ich schon", schrieb ich kurze Zeit später: „Man muß sich mit der Realität mehr auseinandersetzen, trotzdem werde ich in mir das Wichtigste bewahren: den guten Glauben." Gern erläuterte ich in einem der folgenden Briefe die „Bi-Gruppe", von der Markus mir so häufig erzählte, näher:

„In der Gruppe, von der ich Dir schrieb, gibt es fast nur Jungen, die sich sehr mögen und vielleicht auch etwas lieben (geistig!). Es soll z.b. so sein, daß man für ein Mädchen nicht den Freund aufgibt. Ich finde das übrigens auch nicht schlecht. Reinhard May singt auf einer Platte: ‚Für mein Mädchen steck ich die Welt in Brand und meinen besten Freund verkauft ich ...' Das hat mich schon immer gestört."

Wenn ich Andreas über die einschlägigen Beobachtungen um mich herum berichtete, dann hoffte ich wohl auf irgendeine konstruktive Stellungnahme, auf Verständnis und Sensibilität für ein Thema, von dem ich allmählich begriff, mich nicht auf Dauer daran vorbeimogeln zu können. Das mich beängstigte, weil ich fühlte, dass es mich doch tatsächlich angehen könnte. Daher sollte ich auch später noch über meinen Arbeitskollegen scharf und ungerecht urteilen.
Mein Glaube, d. h. meine religiöse Erziehung, schien es zu verbieten, sich der angeblich „sündigen Natur" aufgeschlossen zu stellen. Hätte ich ehrlich in mich hineingehört und wäre vielleicht für mich zu anderen Schlüssen gekommen, als sie mir durch überkommene Wertvorstellungen vermittelt

wurden, was hätte aus mir, der ich den Beruf eines Pfarrers anstrebte, werden sollen? Eine Auseinandersetzung mit meinen Gefühlen gestattete ich mir nicht.
An Verehrerinnen litt ich keinen Mangel, und das gefiel mir. Ich fühlte mich jung und entwicklungsfähig, und alles war offen und sollte möglichst noch lange so bleiben. Wie weit ich von der letztlich doch erhofften Harmonie mit Andreas ohnehin entfernt war, las ich Jahre später in einem seiner Briefe. Gegenüber der Freundin im Westen gestand Andreas über sein Wochenende in Prora: „Komischerweise muß ich, wenn ich daran zurückdenke, immer an Dich denken. Als wärst Du dabei gewesen. [...] Ich habe dort aber auch wirklich unverhältnismäßig oft an Dich gedacht. Es wäre bestimmt besonders schön mit Dir dort geworden."

Auf der Baustelle

„Nun sind schon 2 Tage wieder vergangen, seit ihr hier wart", schrieb ich am 25. November 1986 Andreas:

„Es kommt mir vor wie ein Traum, wie ein kurzzeitiges Eintauchen in das Leben außerhalb dieses Geländes. Es ist so verschieden und daher ist es schwer, sich jeweils wieder umzustellen. Fast drei Wochen träumte ich davon, mal wieder im Café zu sitzen, Musik zu hören ... Und dann ging dieses Wochenende wieder so schnell um.
Am Sonntag kam ich 23.30 Uhr wieder ins Zimmer und fragte, was so gelaufen ist. Die Antwort: Briefe geschrieben, gegessen, geschlafen. Oh weh! Inzwischen führe ich nun wieder dasselbe Dasein. Ich muß mich wirklich zusammenreißen, um etwas zu tun, obwohl ich so viele Dinge vorher tun wollte. Es ist für Dich vielleicht alles etwas unverständlich, aber so ist es."

Als ich meinen ersten Ausgang nach Binz antrat, lag der erste Arbeitszyklus auf der Baustelle hinter mir. Er dauerte sieben

Tage, von Mittwoch bis Mittwoch. Die übrigen Tage verbrachten wir in der Regel in der Kaserne, wo es an sinnvollen Aufgaben mangelte. Stress wurde gern mit Revierreinigen gemacht, mitunter wurden die Bausoldaten auch zu Sondereinsätzen geschickt. Und oft lagen wir nur auf den Betten herum, auf ausgebreiteter Tagesdecke, wohl wissend, dass auch das nicht gestattet war. Die Tage im Freizyklus waren also häufig sehr trist und eintönig. Immer häufiger bekam ich in der Kaserne, diesem monströsen Bau aus der Hitlerzeit, um den sich viele Gerüchte rankten, depressive Verstimmungen.

Für jene, die sich im Arbeitszyklus befanden, wiederholte sich von jetzt an das morgendliche Zeremoniell. In unseren Winterarbeitsklamotten, blaue wattierte Jacken mit gelbem oder weißem Helm, marschierten wir nach dem Ankleiden und Frühstücken zum Stellplatz der LKWs, der sich im Kasernengelände rechts vorm Tor befand. Nach der Zuweisung zu den Arbeitskommandos, hatten wir innerhalb von Minuten auf den Ladeflächen der LKWs vom Typ W 50 „aufzusitzen". Häufig genug hatten wir das während der Grundausbildung geübt. Dicht an dicht gedrängt saßen wir dann dort oben „eingefädelt", jeweils ein Bein des Gegenüber eingeklemmt zwischen den eigenen Beinen.

Und dann öffnete sich das Tor, das uns sonst hinter Schloss und Riegel hielt. Aus dem Sperrbezirk unserer Militäranlage ging es in den der Großbaustelle Mukran. Etwa 20 Minuten dauerte der Weg, der bei Wind und Wetter zurückzulegen war, zwischen den Kiefern hindurch, die die Straße säumten, dazwischen nichts als Zäune, Schlagbäume und Überwachungsanlagen. Am ersten Tag sangen wir im Kanon: „Vom Aufgang der Sonne bis zu ihrem Niedergang sei gelobet der Name des Herrn." Wir sangen der Trostlosigkeit zum Trotz. Doch bald wurde es still. Bald blickten wir nur noch stumm in das nur wenige Zentimeter entfernte Antlitz des Gegenüber.

Am 16. November, an dem wir noch frohen Mutes auf dem LKW ein Lied anstimmten, sah ich zum ersten Mal die Baustelle. Das war ein unendlich großes, ödes Gelände in der gelblichen Farbe des Sandes, erleuchtet von Lampen und Scheinwerfern der Sperranlagen. Darüber spannte sich der graue Herbsthimmel, kreuz und quer durchzogen von Wildgänsen, die in den angenehmeren Süden flogen. Hier im Winter zehn Stunden pro Tag in der Erde wühlen zu müssen, die doch keine war, das war für mich eine grausige Vorstellung.
Bereits am zweiten Tag konnte ich auch hier eine eigene kleine Nische beziehen. Zunächst war es tatsächlich ein Magazin, eine große und fensterlose Halle, vollgestopft bis unter die Decke mit Geräten und Utensilien. Dort, im dunklen Mief, war ich allein, dort musste ich mich mit niemandem arrangieren, musste mit keinem mithalten. Ab und an besuchte mich der fast gleichaltrige Markus, mit dem sich eine Freundschaft anbahnte. Unsere Begegnung brachte fast die einzige Abwechslung in dem zehnstündigen trostlosen Dasein. Ich bekam Zweifel, ob ich es an diesem erkämpften Platz länger als einen Zyklus aushalten könne.
Umso weniger hatte ich dagegen einzuwenden, als ich kurz darauf in der Bausoldatenkantine, dem sogenannten „Versorger Mukran", eingesetzt wurde. Es gab zwei solche Versorger, einen in Wostewitz, mitten auf der Baustelle, und einen am südlichen Einfallstor zur Baustelle in Neu-Mukran. Das langgestreckte einstöckige Gebäude aus Fertigteilplatten bestand aus einem großen Speisesaal, einem Küchenbereich und zwei Appartements für Offiziere. Mit diesen Offizieren hatten wir nichts zu tun, nur einmal lag einer betrunken vor der Tür, als wir den Versorger morgens betraten.
Wir führten also ein recht ungestörtes Leben im Versorger, wo uns neben einer schönen Wohn- und einer Abwaschküche, ein sogenannter Telefonraum, allerdings ohne funktionierendes Telefon, ein Wäscheraum und ein Dusch- und Toiletten-

raum zur Verfügung standen. Sofort begann ich das Gebäude zu lieben. Mit seinen etlichen Zimmern erinnerte es mich an einen Bungalow am Meer. In diese Vorstellung spann ich mich hinein. Viel später sollte ich erfahren, dass auch die beiden Versorger mit Wanzen ausgestattet waren.

Am Versorger vorbei führte die Straße Binz/Saßnitz, die wegen der Baustelle für den gewöhnlichen Autoverkehr gesperrt war. Dahinter schloss sich ein betonierter Hof mit dem kleinen Heizerhäuschen an. Die wenigen Heizerposten waren unter den Bausoldaten recht beliebt, boten sie doch eine recht große Unabhängigkeit von Prora. Den Hof umgab ein Maschendrahtzaun, hinter dem eine Betonmischanlage in die Höhe ragte. Um sie herum lagerten riesige Berge schwarzen Schotters. Weiter rechts schloss sich ein großes Sandfeld an, dahinter schimmerte das Meer.

Es war recht ruhig im Versorger. Das Schönste war, dass mich das Schicksal nun auch auf der Baustelle mit Markus zusammengeführt hatte. Außerdem nahmen hier noch der gelernte

Der „Versorger" im Jahre 1991.

Bäcker Michael, der Musiker Bernd und der künftige Student Jens ihre Arbeit auf.
Zu den Vorteilen gehörte die Dusche. Nicht einmal zu Hause hatten wir solch einen Luxus. Das warme Wasser gab mir Geborgenheit, und ich genoss es, mit meinem duftenden „Duschdas" eine geruchliche Abwechslung im Gebäude zu schaffen. Anstoß nahm ich an den Karo-Zigaretten, die Markus und Jens in nahezu ununterbrochener Kette um die Wette qualmten. Die billigen filterlosen DDR-Zigaretten stanken entsetzlich. Meine Sorge galt nach wie vor dem Wohlergehen meines Freundes Markus, der mich mit seinen glänzenden schwarzen Augen oft so traurig ansah und der so wunderschön singen konnte, dass mein chorbegeisterter Vater seine Freude daran gehabt hätte. Weniger interessierte mich der ungepflegt wirkende Jens. Blass und fahrig und ununterbrochen quasselnd schien er mir für jegliche therapeutische Bemühungen meinerseits nicht empfänglich. Ich fand es nicht schade, als er bald einem anderen Arbeitsgebiet zugeordnet wurde.
Bis zum Eintreffen des Mittagessens betätigten wir uns mit allerlei nützlichen und schönen Dingen, wie etwa hebräisch und griechisch lernen, lesen, basteln und Schachspielen. Manchmal unterhielten wir uns einfach nur. Öfters legten wir uns auch hin, vor allem frühmorgens, wenn wir schlaftrunken aus der Kaserne ankamen. Dazu dienten zunächst Tische und Stühle im Wäscheraum, den wir zuvor abgeschlossen hatten. Bald aber stellte sich das als gefährlich heraus, bekamen wir da drinnen doch nicht mit, wenn uns ein Vorgesetzter auf seinem Kontrollrundgang aufsuchte. Die diensthabenden Vorgesetzten kamen beinahe jeden Tag, jedoch zu unterschiedlicher Stunde. Und das Schlafen am Tage war streng verboten und konnte eine Urlaubs- und Ausgangssperre nach sich ziehen. Sobald ein Geräusch hörbar wurde, sprangen wir aus dem Schlaf auf und rückten die Stühle so zurecht, als sei nichts

gewesen. Wie oft standen wir verschlafen vor den Vorgesetzten, während wir innerlich erst allmählich wieder zu uns kamen. Das zehrte an den Nerven. Doch die Müdigkeit gerade morgens, wenn wir seit fünf bzw. vier Uhr auf den Beinen waren, diktierte die Akzeptanz dieses täglichen Stresses.

Zeitweilig richteten wir ein kleines Warnsystem ein, für das eine im Saal nachträglich eingezogene Kammer eine wesentliche Rolle spielte. Dieses Kabuff, das über jeweils einen Zugang zur Abwaschküche und zum Saal verfügte, war ebenfalls mit Stühlen bestückt. Hier schlief künftig der Vorposten. Vernahm er ein Geräusch an der Saaltür, dann sprang er auf und rannte durch die Abwaschküche, um alle anderen zu wecken. Diese, immer auf dem Sprung, verwischten alle Spuren, bis der Vorgesetzte dort hinten eintraf. Später schlief ich auch im Sitzen.

Jetzt, da wir meinten, dass es sich in Prora und Mukran irgendwie aushalten ließ, kamen die ersten unerwarteten Böswilligkeiten. Da wurde beispielsweise Sonderurlaub ausgesprochen, der dann wieder zurückgenommen wurde. Und am Samstag, bevor ich in meinen ersten Ausgang ging, wurden die entstandenen Zimmergemeinschaften zum Teil wieder auseinander gerissen. Somit begann für viele nach drei Wochen abermals ein Neuanfang. Obgleich das für Etliche schon schwer zu verkraften war, trotzten wir mit dem Lied: „Eins kann uns keiner nehmen, das ist die pure Lust am Leben."

Als fast genau ein Jahr später die Kompanien in noch größerem Stil durcheinandergewürfelt wurden, sang niemand mehr. Genau genommen war den meisten von uns schon Ende November 1986 die Lust am Leben vergangen. „Seit heute bin ich krank geschrieben", teilte ich Andreas zwei Tage nach seinem Kurzbesuch mit: „Gestern nach dem Mittag hatte ich mich übergeben und seitdem gar kein Appetit mehr. Die Erlebnisse der letzten Tage haben mich wohl tatsächlich umgeworfen, und ich versuche damit fertig zu werden."

Prora, 17. 11. 86

Ihr Lieben!
Heute kamen auch 2 Briefe von Euch, vielen Dank. Ich habe das Gefühl, daß sich unsere Briefe ständig kreuzen. Über manches mußte ich ja schmunzeln, z.B. daß Ihr Euch mal hier alles ansehen wollt. Es gibt hier nicht mal einen Besucherraum, und wenn jemand kommt, kann es sein, daß ich diesen nur in einem extra eingezäunten Gebiet vorm Tor sehen darf (unter freiem Himmel). Allerdings bekommt man bei Besuch 1. Grades meistens Ausgang. Es ist aber wirklich besser, ihr kommt erst im Frühjahr hierher. Zur Zeit rechne ich ja mal in nächster Zeit mit Urlaub. Wenn ich die Augen zumache, sehe ich immer Euch oder irgendwelche Szenen aus Eisenach vor mir.
Heute haben die Ersten für gute Leistungen Sonderurlaub bekommen. Für einen netten jungen Mann freue ich mich besonders. Er wohnt im Nachbarzimmer und ist sehr, sehr nett. Wir ähneln uns glaube ich etwas. Er kann zum Beispiel auch kein Fußballspiel leiden und ist Musiker von Beruf. Gestern saß er traurig im Klub und hat sich die Bilder von seiner Frau und seinen zwei Söhnen angesehen. Er ist auch schon 26. Ich habe mir die Bilder auch zeigen lassen und es hat ihm sichtlich viel Spaß gemacht, mir alles zu erklären. Es muß schlimm sein, so eine Familie allein zu lassen, vor allem, wenn die Kinder so klein sind.
Es sind hier fast alle schon so alt. Manchmal ist es gar nicht so leicht für uns Jüngere, uns zu behaupten. Es ist klar, viele Probleme können wir gar nicht verstehen. Ich glaube aber, daß mich viele gut leiden können. Das merke ich daran, daß einige mit mir zusammen in den Ausgang gehen wollen. Öfters bekomme ich auch mal Besuch im Zimmer. Heute war ich das 1. Mal auf der Baustelle im Hafen. Als ich zurückkam, hat einer aus dem Nachbarzimmer (er ist zur Zeit krankgeschrieben) mir einen heißen Tee ins Zimmer gebracht. Da habe ich mich echt gewundert. Es sind so kleine Freuden am Tag.
Dann komme ich aber mitunter auch nicht umhin, zu denken, daß manche neidisch auf einen sind, daß man noch so jung ist bzw. jetzt schon zur Armee kommen konnte. Jemand in meinem Zimmer ist schon 26 und noch völlig ungebunden und bekommt vielleicht höchstens von den Eltern mal Post. Ich dagegen bekomme jeden Tag 6 Briefe, auch von einigen Mädchen. Da muß ich auch oft schreiben, zumal einige Leute mich um meinen Rat in irgendwelchen Angelegenheiten bitten. Das freut mich auch wiederum. Jedenfalls belächelt dieser, so glaube ich, mich manchmal, wenn ich fasziniert aus dem Fenster schaue, Gedichte schreibe, male ... Er ist eben ein Arbeitertyp, der oft Fernsehen guckt. Eben

habe ich aber übrigens auch mal Fernsehen geguckt. Es kam die Klaus Large – Band. In bunt – ganz toll!
Nun zum 1. Arbeitstag. Also die G[rund]A[usbildung] ist beendet und heute standen wir das 1. Mal um 5.00 früh auf. 5.30 gab es Frühstück (immer Brötchen, Marmelade, Wurst) und 6.30 fuhren wir hinten auf einem LKW nach Mukran. 2 Stunden saßen wir dicht gepfercht (40 Mann) und es zog. So wird es nun immer werden, aber man gewöhnt sich an so Vieles. Wir haben gesungen „Vom Aufgang der Sonne...", da wurde es nicht langweilig. Heute hatten wir fast nur gegammelt, weil überhaupt nichts organisiert war. Es wurden auch die Arbeiten verteilt. Ich bin bei den 15 Mann, die für Erdarbeiten (Schaufeln) vorgesehen sind. Ich bin aber gleich zum Bauleiter gegangen und habe von meinen Attesten erzählt. Wahrscheinlich darf ich mit jemanden nun ins Magazin dort, d.h. Arbeitssachen ordnen, ausgeben. Es wäre schön! Nachmittags haben wir heute einen Graben ausgehoben, alles nur Sand. Ich habe nicht gewußt, wie tief 1 Meter sind! Das Gelände der Baustelle ist riesengroß und furchtbar häßlich. Da ist nichts mit Romantik!
Jetzt schreibe ich übrigens schon aus dem Bett, bin nämlich müde. Ich schlafe in einem Doppelstockbett unten. Schlafe sehr gut! (Habe gerade befohlen bekommen, jemanden zu suchen. – Bin wieder da!)
Nun zum Essen, es hängt mir langsam auch schon zum Halse raus, weil sich die Kost so oft wiederholt. Es gibt unheimlich viel Fisch (mitunter Riesenexemplare von Flundern) und Eier.
Beim Essen sitze ich an einem Tisch, wo ich fast nur lachen muß. Der Eine bezeichnet sich als Exzensiv (oder so ähnlich). Er ist eine ausgesprochene Extravaganz und kam hier mit tollem Schal an, so daß er gleich auffiel. Ich habe auch noch nie einen solch zynischen Menschen erlebt.
Wir arbeiten übrigens von 6.30 bis 16.45 draußen am Hafen. Bis jetzt ist also alles zum Aushalten. Bin gespannt, wie es morgen wird.
Tschüß, Euer Stefan.

PS: Werde die Briefe ab jetzt nummerieren, damit ihr die Reihenfolge wißt und ob auch alle ankommen.

Mukran-Hafen, 19.11.86

Hallo, Ihr Lieben!
Viele Grüße aus Mukran! Ich sitze hier nun in „meinem" Zimmer im Magazin. Heute haben wir unsere richtige Arbeitszuweisung bekommen. Ich muß Materialen ausgeben, säubern und zu meinem Unglück auch reparieren, wenn sie kaputt gehen. Na, mal sehen.
Jedenfalls scheine ich fast 10 h am Tag nicht viel zu tun zu haben. Jetzt bin ich schon 4 h hier und habe nur geschlafen oder gegessen. Draußen regnet es und es ist überhaupt ein Mistwetter hier. Im Zimmer ist es schön warm. Schade nur, daß nur einer im Magazin gebraucht wird. Ich hätte gern noch einen guten Kameraden bei mir. Ab und zu kommt Markus (aus meinem Zimmer, der im kirchlichen Proseminar war) mich besuchen. Da sitzen wir dann auf einer Kiste, lassen die Füße baumeln und plaudern. Wir verstehen uns seit dem Arbeitseinsatz hier sehr gut.
Jedenfalls werde ich jetzt öfters Zeit haben, Briefe zu schreiben oder hebräisch zu lernen. Markus will mir griechisch lehren, da habe ich ja mein volles Programm hier. Eigentlich kann man vergessen, daß man bei der Armee ist. Wir werden morgens hierher gebracht auf LKWs und abends abgeholt. Arbeitszuteilung etc. wird von den zivilen Bauleitern gewährleistet.
Mal sehen, wie lange ich hier bleiben kann, wenn ich keine Stile in die Schaufeln bekomme. Aber Wache ist ja auch gefragt und einige Bücher müssen ordentlich geführt werden.
Jetzt esse ich schon mein 5. Brötchen, weil ich sonst ja nichts hier zu tun habe. Vielleicht erhole ich mich hier doch noch ganz gut. Zur Zeit geht aber eine schreckliche Erkältungskrankheit in der Kaserne herum, alles hustet, schnupft. Mich hat es auch wieder etwas erwischt.
Gestern Abend war ich mit Markus noch auf einen Kaffeeabend geladen. Es war sehr schön, nur schlafen konnten wir beide nicht so gut heute Nacht. Übrigens hat er jetzt auch schon einige Post bekommen und sogar einmal Besuch, über den er sich wahnsinnig freute.
Gestern hat es im Objekt die ersten Ärgerlichkeiten gegeben. Der Sonderurlaub, der für 8 Mann ausgesprochen wurde am Abend vorher, ist gestern Abend vorerst wieder gestrichen worden. Erst Anfang Dezember dürfen diese abreisen. Das sind so „Freuden", an die man sich gewöhnen muß. Alle hatten sich gefreut und Andreas hatte schon viel eingekauft für Frau und Kinder. Er tut mir leid. – Hier herrscht absolute Stille, nur der Wind heult um die Ecken.

Ach, ich freue mich schon wieder auf zu Hause. Abends wenn ich die Augen zumache, sehe ich immer irgendwas aus Eisenach vor mir – meistens mein Zimmer: Dann denke ich, daß ich vielleicht nur geträumt habe, hier zu sein und öffne die Augen. Aber ich liege nicht im Fürstenbett, sondern im Eisenbett unten. Über mich habe ich gleich am 1. Tag eine Spruchkarte gehängt: „Stillstand ist nirgends, sondern fortwährender Wandel der Dinge." Die Karte hatte mir Ulrike geschrieben. Jeden Tag freue ich mich daran, obgleich es mir nicht schlecht geht.

Gestern machte ich auch den Anschlägerlehrgang mit, um notfalls als Transportarbeiter eingesetzt zu werden. Allerdings braucht man da ein Gutachten vom Arzt, welches ich ja nicht von „meinem" bekomme. Ich bin auch nicht wild darauf. Den Lehrgang muß jeder mitmachen, aber nur Auserwählte versehen dann diesen Dienst.

Am Schönsten sieht der Hafen nachts aus, wenn die Lichter an den riesigen Schiffen alle an sind. Oft ziehen Wildgänse über Mukran gen Süden.

So, das ist das Neueste.

Viele Grüße, Euer Stefan.

*

19.11. 86

Lieber Papa!

Vielen Dank für Deinen lieben Brief, den ich eben erhalten habe. Ich freue mich sehr darüber, weil Du mich so gut verstehst. Ich weiß, daß ich jetzt hier sein muß und genieße alles Schöne hier – und es gibt viel Schönes hier. (Ob es nette Menschen sind oder die Erinnerungen an zu Hause und die Freunde). So gehe ich bisher eigentlich ziemlich ungetrübt durch den Tag und anderen gefällt das sogar an mir.

Ich habe es schon öfters bedauert, daß ich so jung aussehe. Aber ich bin ja auch noch ziemlich jung. Eigentlich möchte ich auch gar nicht älter wirken oder schon abgestumpft sein, wie manch anderer. Neulich hat einer zu mir gesagt, daß von mir so eine wohltuende Frische ausgeht. Ich glaube, er hat das sogar ernst gemeint.

Das Leben hier ist doch ziemlich anstrengend. Wenn ich nach 10 h bzw. 11 h hier aus Mukran wieder ankomme, denke ich total k.o. zu sein. Aber immer kommt noch irgendetwas, was zu erledigen ist. Freizeit bleibt dann nicht mehr viel, trotzdem schlürfe ich in irgendeinem Zimmer mit jemandem noch einen Tee bzw. Kaffee.

Heute kam auch das Paket an – vielen Dank. Ich freue mich über alles sehr! Ab morgen ist wieder eine Woche Innendienst, dann geht's wieder in den Hafen. Viele Grüße von Deinem Stefan.

*

Prora, 24.11.86

Ihr Lieben!
Zunächst möchte ich mich ganz herzlich für das nette Päckchen und die Pflanze bedanken, die Andreas mitbrachte. Es war so schön, mal wieder Besuch zu haben. Außerdem war es das erste Mal nach 20 Tagen, daß ich hier wieder raus und in die Öffentlichkeit kam. Zunächst hatte ich etwas Angst davor, weil ich nicht genau wußte, wie ich mich zu bewegen und zu geben hatte.

In vielen Instruktionsstunden wurde uns vorgehalten, was alles bestraft werden kann usw. So war ich ganz schön unsicher, als ich das 1. Mal mit Ausgangskarte durch das Tor schritt. Vor allem Anja war wohl ziemlich entsetzt, mich in Uniform zu sehen (was sie sich vorgestellt hat, weiß ich nicht) und daß ich so ernst und durcheinander war. Es war wohl auch ziemlich viel, das 1. Mal Ausgang und gleich Besuch zu haben. Als wir dann in Binz waren, wurde es aber sehr schön und auch ich fühlte mich wieder wohl.

15 Uhr kam ich am Samstag hier raus und am Vormittag herrschte hier viel Trouble. Viele Leute von unserer Kompanie wurden umgesetzt, darunter auch welche, mit denen ich mich sehr gut verstand. Am Abend zuvor besuchte ich jemanden in einem Zimmer auf unserem Flur und die Leute dort verstanden sich sehr gut, worüber sie glücklich waren. Am nächsten Tag wurden sie in eine andere Kompanie gesteckt und jeder Einzelne in ein anderes Zimmer Wir haben in unserem Zimmer nun auch einen neuen Zimmergenossen. Es herrschte viel Traurigkeit als die große Umzugskampagne losging, und zum Trotz sangen viele zum Verwundern der Vorgesetzten: „Eins kann uns keiner nehmen, das ist die Lust am Leben."

Dies war also recht schlimm. Außerdem herrscht hier meistens ein großes Rumgammeln, weil es im Innendienst nur wenige sinnvolle Aufgaben gibt. Ich habe das Gefühl, viele fühlen sich unausgelastet und so entstehen leicht Aggressionen.

Jedenfalls war es wunderschön, als ich mich für den Ausgang fertig machte und ich im Bad [Waschraum] stand und der DH [Diensthabende] mir

sagte, daß der Besuch unten wartet. Da fiel das erste Mal die eiserne Schale ab und mir kamen fast die Tränen. Wie wird es erst werden, wenn ich nach Hause fahren kann!
Ich hatte das große Glück, daß ich Samstag und Sonntag in den Ausgang durfte. So waren wir Samstag von 15.00 – 22.00 zusammen, dann lief ich mit Holger und Markus (beide BS) nach Prora zurück. Am nächsten Tag hatte ich wieder von 7.00–24.00 Ausgang.
Beim Pfarrer aßen wir Frühstück, nachdem ich morgens Anja und Andreas geweckt hatte. Es war sehr gemütlich zu dritt um einen runden Tisch zu sitzen mit richtiger Tischdecke und Porzellangeschirr. Nebenan spielte Bernd (auch BS) Flöte und dann gingen wir in den Gottesdienst. Im Pfarrhaus ist ein ständiges Kommen und Gehen von Bausoldaten und die Leute sind sehr nett. Nachmittags hatte die Frau extra Kuchen gebacken, so daß wir schön Kaffeetrinken konnten. Vorher machten wir einen wunderschönen Spaziergang. 16 Uhr mußten beide wieder abfahren, was für mich wohl wiederum schlimm war. (Ich weiß selbst nicht mehr, was mir zu schaffen macht und was nicht).
Anschließend ging ich mit Sven (dem Exensiven, Elitären) und Bodo ins Café. Wir hatten das so vereinbart vorher und ich kam auf andere Gedanken. Abends gingen wir in eine Kneipe und trafen noch eine Menge anderer Bausoldaten, mit denen tüchtig gezecht wurde. Wir hatten bestimmt 20 Flaschen Bier zu sechst auf dem Tisch stehen.
Sven wohnt in unserem Nachbarzimmer und er ist ganz nett, bloß manchmal spinnt er etwas.
Auch weiß ich nicht genau, wie ich ihn einzuschätzen habe. Er ist von Beruf Kaufmann und wohl sehr gewitzt im Umgang mit Menschen. Öfters sagt er so was, daß er keine physische Gewalt anwendet, weil das schmutzig ist. Da wäre es besser, die Seele auszuquetschen. Oft sagt er, daß ich einen zu guten Menschenglauben oder so hätte, was mir abgewöhnt werden müßte. Ich darf nicht mehr so vielen anderen Menschen glauben und trauen. Aber ich denke, es ist eben nur Gerede. Häufig lädt er mich zum Kaffee ein. Dies alles belastet mich eben etwas und ich weiß nicht, was ich denken soll. Aber oft bin ich ja auch mit anderen Leuten zusammen, die sehr nett sind.
Fast alle haben es hier mit Erkältung zu tun. Jeden Abend legt sich ein Druck auf die Bronchien, manche haben schon fast keine Stimme mehr. Es liegt wohl an der feucht-kalten Witterung hier und der Pfarrer sagte, daß mancher sich nie an das Klima gewöhnt.

Ich werde auch demnächst mal wieder zum Arzt gehen wegen der Schuhe und wegen der Erkältung. Vorhin mußte ich so viel husten, bis ich brechen mußte.
Am Telefon kann man ja nichts sagen, weil die Zeit und das Geld so rennt. 6 Mark habe ich bezahlt gestern für das Gespräch.
Am Mittwoch geht es wieder auf die Baustelle. Heute werde ich versuchen etwas früher zu schlafen, weil ich noch Schlaf nachholen muß. Die letzte Zeit war ziemlich aufregend und stressig. Heute mußten wir das 1. Mal uns alle auf einen Hocker vor die Türen setzen und Schuhe putzen. Weil einige sangen und pfiffen, wurde dieses Unternehmen nach draußen auf den Explatz verlegt.
Viele liebe Grüße, Euer Stefan.
Der kalte Hund schmeckt sehr gut! Vielen Dank besonders auch von Markus!

*

Prora, 26.11.86

Ihr Lieben zu Hause!
Wie wird es Euch wohl so gehen? Ich komme gerade vom Arzt und habe den Gesundheitspass abgeholt, den ich für die Küchentätigkeit brauche. Morgen geht's dann los. Ich freue mich sehr, wieder ein geregeltes Leben zu haben. Jetzt die Woche hatte ich ja fast nichts zu tun, da Freizyklus war. Demnächst werden wir nicht mehr im Zyklus arbeiten, sondern jeden Tag. Aber es ist ja nicht anstrengend. (Essen austeilen, wischen, lüften, abwaschen). Wir sind 5 Leute und alle sind sehr nett. Unter anderem ist auch Markus dabei, der mit in meinem Zimmer wohnt. Wir verstehen uns immer besser, da wir viele gemeinsame Interessen haben. Manchmal sitzen wir am Fenster und malen oder schreiben Gedichte oder lesen welche. Es gibt hier nicht viele, die solche Interessen haben.
Heute früh allerdings war wieder nichts los mit mir. Da lag ich fast die ganze Zeit auf dem Bett rum und es wurde mir immer schlechter. Jetzt geht es mir wieder gut und ich habe Lust, etwas zu machen. Manchmal fehlt mir einfach der Antrieb, etwas zu tun, und ich wollte so viel hier machen. In solchen Augenblicken ist aber alles – sich selbst zureden – sinnlos und man muß warten, bis der Zustand (alles Sch...) vorbei ist. Vielleicht klingt das ein bißchen komisch, und wem es nicht so geht, kann es nicht verstehen. Ich kann es hinterher fast selbst nicht.

Markus ist heute mit mir allein, die anderen arbeiten. Wir unterhielten uns und schliefen. Nun ja, morgen fahren wir in den Versorger Mukran. Wir hatten in dem Gebäude unseren Anschläger-Lehrgang und es liegt ganz idyllisch fast im Wald, nicht weit vom Meer. Wie es mit dem Urlaub wird, weiß ich noch immer nicht. Jegliche Pläne wurden wieder annulliert. Christian war aber gestern bei mir und hat erzählt, daß wir wahrscheinlich alle Weihnachten oder Silvester 1–2 Tage nach Hause kommen. Ansonsten der richtige Urlaub müßte ja am 1. Advent anfangen. Es kann aber sein, daß ich damit erst im Januar dran bin. Jetzt werde ich erst mal schließen und mal Christian besuchen. Das fiel mir eben ein und ich habe Lust dazu. Am WE [Wochenende] fährt er heim, der Glückliche. Da sind schon seit seinem Anruf neulich bei uns wieder 6 Wochen rum. Also Servus, bis dann!

Inzwischen ist schon der 27. 11. Ich sitze in der Küche unseres traumhaften „Versorgungsobjektes" in karierter Hose, weißer Jacke, weißem Tuch und Mütze. Es gibt fürs Personal viele Räume hier, inklusive WC und Dusche. Es ist noch früh am Morgen und wir haben noch nichts zu tun. Ich kann es noch gar nicht fassen, hier zu sein. Wer weiß, wie lange, aber ich habe ja eine Gruppe vom Arzt bescheinigt bekommen und demnächst wahrscheinlich Stiefelbefreiung. Hier gibt es auch einen Telefondienst, ein wichtiger Job. (Allerdings ist das Telefon nicht angeschlossen) (!) Das Fenster steht offen und frische Meeresluft strömt herein. Es ist unwahrscheinlich mild draußen.

Gestern kam auch Dein Brief, liebe Mama. Vielen Dank, ich freue mich immer sehr von Euch zu hören.

Jetzt habe ich mir einen Tee gebrüht und schließe nun, denn wir werden jetzt erst einmal frühstücken.

Viele Grüße, Euer Stefan.

PS: Fühle mich hier sehr wohl.

*

Prora, 28.11.86

Hallo, Ihr Lieben!
Heute kam das tolle Päckchen mit dem netten Inhalt und außerdem nette Briefe. Unter anderem war der dabei, wo die Bilder drin waren. Ihr könnt

Euch nicht vorstellen, was gerade solche Bilder hier bedeuten! Es sind Erinnerungen an einen schönen Traum und doch an das wahre Leben. Wenn ich an zu Hause denke, ist es wie ein Märchen. Beim Einschlafen stelle ich mir immer was Schönes aus Eisenach vor und dann schlafe ich selig. Vielleicht komme ich bald mal wieder.

Am 6. 12. habe ich Ausgangssperre bekommen, da wollte ich mit Sven und Thomas nach Binz. Keiner weiß so richtig, warum gerade wir drei nicht gehen dürfen. Nun geht das Gerücht um, daß wir auch umziehen müssen. Es wäre bestimmt schwer für mich, zumal ich mich mit Markus so gut verstehe, als ob wir uns schon lange kennen. Heute Vormittag haben wir zusammen griechisch gemacht. Leider raucht er wahnsinnig viel.

Gerade als wir heute von der Arbeit kamen, mußten wieder welche von unserer Kompanie in eine andere ziehen. Wieder ist einer dabei, mit dem ich mich sehr gut verstanden habe und der mich öfters im Zimmer besucht hat. Das Briefpapier stammt auch von ihm. Da kommt man von der Arbeit und muß in 2 h das Zimmer geräumt haben. Schön nicht? Hoffentlich behalte ich nur die Arbeit.

Wir sind 5 Leute. 6.30 fahren wir mit dem LKW in den Hafen und 17 Uhr zurück. Im Versorgungsgebäude stehen fürs Personal verschiedene Räumlichkeiten zur Verfügung. In einem Raum steht ein Bett, wo man sich ausruhen kann. Dann habe ich heute auch herrlich geduscht.

Ich freue mich sehr, wenn ich die anderen Bilder noch bekomme! Als ich vorhin das Päckl ausgepackt hatte, saßen wieder alle darum und freuten sich über den Adventszweig und die Atmosphäre, die aus dem Päckchen herauskam. Ich kann gar nicht glauben, daß bald Weihnachten ist. Eben war ich doch erst in Ungarn und Rumänien.

Die Luft ist mild, das Meer ruhig, die Kiefern grün.

Ich schließe jetzt, im Zimmer spielt jemand Gitarre und die nötige Ruhe fehlt. Jetzt bläst ein „E"-Horn draußen, mitunter schreit jemand aus dem Fenster: „Ich will raus" und ähnliches.

PS: Ihr müßt nicht auf jeden Brief antworten, da Ihr ja nicht so viel Zeit wie ich habt. Bekomme ja trotzdem jeden Tag 4 Briefe. Freue mich aber trotzdem besonders, von Euch zu hören!

Der Prinz und der Horizont –
Rückblick auf einen langen Monat

Mit meinen Problemen verzog ich mich gern in selbst gesuchte Nischen. Zu meinem Lieblingsplatz in Prora wurde eine der beiden Fensterbänke unseres Zimmers. Mit dem Meer verbündete ich mich, aus seinem Anblick schöpfte ich Kraft, gemäß einem Spruch, wie ich ihn im Schwesternwohnheim Stralsund gelesen hatte: „Laß das Leid zur Welle werden, die uns zum ewigen Ufer trägt." Zwar mischten sich hier in die Ostseeluft die Gerüche nach Desinfektionsmitteln, die im Medizinischen Stützpunkt im Parterre zum Einsatz kamen, und nach Kaffee aus dem Militärischen Stab direkt unter uns. Zwar wurden die Fenster zum Strand gleichzeitig als Papierkorb genutzt, was die Möwen in Scharen anlockte. Doch hoch über dem „Außenrevier", das eben wegen der Gefahr des Mülls aus der Luft vom Revierdienst nur mit Stahlhelm gereinigt werden durfte, da fühlte ich mich frei. Hier liebte ich es, zu sitzen und dem Spiel der Möwen zuzuschauen, die es sich auf jener kleinen Müllkippe am Fuße des Gebäudes wohl ergehen ließen.

Nebenbei bemerkt, sah ich dort unter mir, zwischen Kaserne und Düne, später öfters einen ranghohen Offizier stehen, der in einem kleinen Backsteinkamin Dokumente verbrannte. Zu gern hätte ich gewusst, worum es sich bei diesen Papieren, welche Stück für Stück in Flammen aufgingen, gehandelt hat. An meinem Fensterbrett, das jemand aus meinem Zimmer irgendwann sogar mit einer Schreibtischplatte versehen sollte, suchte ich, der unbedarft und relativ unvorbereitet in dieses Extremleben gestoßen worden war, zwischenmenschliche Erlebnisse zu verarbeiten. Von manch einem belächelt, schrieb, malte und dichtete ich hier. Ich versuchte, nur das Positive an mich herankommen und das Schöne auf mich wirken zu las-

sen. Diese scheinbare Fähigkeit beeindruckte die einen, die anderen aber neideten sie mir. Auch ich begann mich immer mehr zurückzuziehen, indem ich mir schöne Szenen aus der Heimat vorstellte, nach der ich mich zunehmend sehnte. Irgendwann hatte ich die Idee, private Bilder in die Sprungfedern des Bettes über mir zu stecken. Von den Vorgesetzten unbemerkt, ermöglichten mir diese eine eigene schöne kleine Aussicht von meinem Bett aus.
Ich war zweifellos ein Sonderfall. Ich, der ich nicht auffallen wollte, war rasch der ‚bunte Hund' der Kompanie. Ich war stets derjenige, der die meisten Briefe erhielt und spätestens am zweiten Tag allen als der „Poet" bekannt war. „Ich habe jetzt 32 Briefe in einer Woche bekommen", schrieb ich Andreas am 12. November 1986: „Man bekommt sie vorn beim Appell und neulich durfte ich gleich neben dem Leutnant stehen bleiben, weil so viel Post für mich kam."
Als wäre das nicht genug, wurde ich in den ersten Tagen durch „Luftpumpe" zur „Modenschau" im Fernsehraum der Kompanie bestimmt. Ich hatte vorzuführen, wie eine Uniform zu tragen sei. Seither war ich der „Prachtsoldat". Bald aber gehörte ich zu denjenigen, die aufgrund ihrer ärztlichen Atteste in einem „Krankenzug" der Marschkolonne vornweg liefen bzw. humpelten. Hierfür war die Zuordnung in eine bestimmte Krankheitsgruppe erforderlich, die mit ein bisschen Glück im „Med.Punkt" erteilt wurde. Marsch- und Exerzierbefreiung erforderte die Gruppe 7. Grippe beispielsweise brachte die Gruppe 11 ein.
Der Krankenzug wurde von Tag zu Tag größer. Von Anfang an dabei war einer, dem die Halswirbelsäule angebrochen war und der daher eine „Halskrause" trug. Auch der Musiker Bernd aus dem Versorger humpelte hier in seinen schwarzen Turnschuhen. Ich, mit meinen Knickfüßen und verordneten orthopädischen Einlagen in den Schuhen, glaubte dazuzugehören.

„Gestern Abend", schrieb ich Andreas im erwähnten Brief, „habe ich eine Befreiung für Marschieren und Lauf bekommen. Es ist schon schön, wenn man nicht mehr zum Essen marschieren muß." Mein Kampf um die Anerkennung meiner Atteste und die Einhaltung der Zusagen vom Wehrkreiskommando, welches meinen körperlichen und geistigen Zustand immerhin nur mit „befriedigend" bewertet hatte, brachten mir sowohl Missgunst als auch das Lächeln mancher Mitstreiter ein. Hinzu kam die vordergründige Gelassenheit, mit der ich die Dinge zu sehen suchte. „Momentan sitze ich im Klubraum, weil im Zimmer so viel Betrieb ist" beendete ich den Brief an Andreas, den ich am Fensterbrett mit „klarem Blick über das blaue Meer" begonnen hatte: „An der Wand neben mir befindet sich eine große Karte von Rügen und man kann sich kaum vorstellen, daß man soweit von zu Hause weg ist. Ich denke da auch noch gar nicht dran. Bin halt hier und kann es nicht ändern." Mit diesen Worten versuchte ich mir selbst Mut zuzusprechen. Den ersten Brief an Andreas, verfasst eine Woche zuvor, hatte ich etwas tiefsinniger geendet:

„Es ist ja klar, daß ihr nicht ewig an mich denken werdet, vielleicht in einigen Situationen nur. Für mich ist das hier eine ganz, ganz andere eigene Welt, durch die ich hindurch muß und ich denke auch nicht immerzu an Euch. Das würde mir nicht bekommen, denn ich muß hier sein, verstehst Du, und hier mit den Menschen gut auskommen. Aber was eine richtige Freundschaft war, das geht nie verloren, da bleibt immer etwas zurück. Das zu wissen ist doch schön.
Da fällt mir ein weiser Spruch ein, den ich in einem Schwesternwohnheim las: ‚... Vielleicht ist das die wesentlichste Erkenntnis, die ich von meinem Strandleben mit nach Hause nehme, die Erinnerung, daß jede Phase der Welle gültig ist, daß jede Phase einer Beziehung gültig ist.' Es fällt hier manches schwer, aber es gibt auch immer Kleinigkeiten, die einen aufmuntern. [...]. Es ist schön zu wissen, daß Du jetzt noch öfters an mich denkst, dies sind die ungesehenen Bänder, weißt Du?!"

Damit spielte ich auf eines meiner Gedichte an, von denen ich auch in Prora einige schrieb und die ich dann gern im Zimmer vortrug. Für einige war ich der „Prinz".
Der Spitzname „Prinz" ärgerte mich ungemein. Bald spürte ich, dass ich dem einen oder anderen zu rasch Vertrauen entgegengebracht hatte. Und je mehr ich nach Anerkennung suchte, um so stärker schien ich in die Schranken gewiesen werden zu müssen. Ich fühlte mich als Spielball der Älteren, die meine Offenheit zu missbrauchen schienen; die meinen persönlichen Umgang mit den Dingen, meine innere Freiheit, verachteten oder sogar beneideten. Zu wenig verstand ich mich und die Welt, als dass ich das alles irgendwie hätte einordnen können. Die Zeit im November warf ihre Schatten voraus. Und je näher die Adventszeit rückte, um so länger wurden diese. „Ich kann mich noch sehr gut an die letzte Adventszeit erinnern", versuchte mich mein künftiger Schwager zu trösten, der auch bei den Bausoldaten war:

Noch im Jahre 2004 ist die Zeichnung von der Regimentsstraße aus zu sehen.

„Dort habe ich sehr intensiv erfahren, was Advent bedeutet. Man freut sich auf, aber besonders über so vieles und viele. [...] Ich wünsche Dir, daß Du auch solche Erfahrungen machen kannst [...] Auch ich war übrigens in einer ähnlichen Situation wie Du. Ich war auch mit vielen ‚Alten' zusammen, die mich wegen meiner ‚Freiheit' beneideten. Für sie kann man dann sehr oft geradezu lästig sein. Doch in der Adventszeit war es immer eine herrliche Symbiose. Sie haben uns Jüngeren innere Ruhe gegeben und wir haben sie manchmal aus ihrer Melancholie gerissen."

Ausgerechnet kurz vor dem 1. Advent schienen sich meine Konflikte in Magen und Beinen ballen zu wollen. Ich fürchtete, dass ich die Erfahrungen meines Schwagers nicht würde teilen können. Und die Vorstellung, wie ich hinter den grauen Betonwänden die zu Hause so gemütliche Adventszeit begehen sollte, fiel mir unendlich schwer. Schier verworrene Gedanken über mich, meine Kameraden und das unüberschaubare Dasein in Prora überforderten mich. Jeder Schritt erschien mir plötzlich wie ein Tritt auf den eigenen Magen. Um den 30. November herum schleppte ich mich nach der Rückkehr aus Mukran schwer die Stufen der Kaserne hinauf. Ekel verspürend vor allem, das mich umgab, kämpfte ich mit dem Brechreiz. Ich fühlte mich eingesperrt in dieser Kaserne, in mir selbst. Meine eigene bunte Welt, die ich in meinem Inneren bewahrt hatte, erschien als ein Nichts gegenüber der Übermacht des Grau(en)s, das mich umgab. So stand ich im Flur aus hartem Beton am Fenster zum Lichthof und wollte hinaus und konnte doch nicht. In diesen Minuten drohte mein Lebenswille zu zerbrechen. Dort oben verlor ich den Horizont aus den Augen. Ich glaubte, ihn längst überschritten zu haben, allein. Für Sekunden verspürte ich den Wunsch, mich erlösen zu müssen. Ich wäre nicht der Erste gewesen.

PRORA/RÜGEN
Sonntag
16/11/86

Ihr Lieben!

Mit diesem Brief, schicke ich gleichzeitig wieder ein Päckchen ab. Vielen Dank noch mal für Eur letztes Päckchen, die Kuchen hat ganz toll geschmeckt und alle lassen dafür danken. Die Taschenlampe ist auch sehr gut, gestern habe ich sie schon abends benutzt. — Die Grundausbildung ist zu Ende und die Arbeit steht vor der Tür. Ab morgen geht es los. Wir arbeiten im Zyklus Mittwoch–Mittwoch, immer abwechselnd weise Arbeit und Innendienst. Ich bin gespannt. — Heute ist nun unser großer Tag — wir haben das Gelöbnis abgelegt. (Wenn man das überhaupt so sagen kann) ALLE 240 Mann waren in der Turnhalle versammelt und der Oberst kam. Er sprach die Worte vor, wir sollten nachsprechen. Das 1. Mal sprach er die Worte und kein Mensch (sagte etwas) — alle 240 schwiegen. Da rieffs er "Na?" Beim 2. Mal wurde es durchgezogen, aber ich glaub, nicht die Hälfte sprach wirklich mit. Nun ist es überstanden! Sie sind eine Menge Kerle an Grippe erkrankt, ein steckt den anderen an. In nächster Zeit werden es bestimmt noch mehre werden. Durch meine Maschlehrerin bedingt, wurde ich in den letzten Tagen der Grundausbildung nicht an Innenarbeiten herangezogen. Du mußten wir im Strandlokal Unkraut hacken und Sand rechen. Außerdem putzten wir fast jeden Tag die selben =)

Dezember

„‚Sonntag ist's, ein heiliger Frieden zieht über Wald und Feld'" – sicherlich kennst Du das Lied", schwelgte meine Erfurter Oma in adventlicher Vorfreude in einem ihrer Briefe: „Hörst Du wenigstens von nah oder fern Glockenläuten? Sonntag ist der 1. Advent. Er weckt sicher viele Erinnerungen in Dir wach. Aber die Zeit geht vorüber und dann bist Du wieder unter uns. Hoffentlich behältst Du lange den Job."
Längst war ich ihn damals wieder los, meinen „Job" im Magazin. Den 1. Advent beging ich im Versorger Mukran, wo uns statt fernes Glockengeläut das nahe Scheppern der Essenskübel aus dem Haus rief. Den Höhepunkt des Tages verlebte ich zwischen über hundert Stück Scheiben Rinderbraten und je einem Kübel Kartoffeln und Rotkraut. Mit jenen olivgrünen Kübeln, die uns gegen elf Uhr vom Essensfahrzeug aus Prora gebracht wurden, begann unser täglicher Einsatz. Eine Kette bildend schleppten wir die Ankömmlinge von der Rampe unseres Domizils in den Essenssaal hinein. Und während diese zwischen Küchentür und provisorisch aufgebauter Theke für Stunden einen ruhigen Platz fanden, stürzten sich drei von uns mit Kelle und Fleischspieß bewaffnet ins nahende Gefecht. In diese vorderste Front reihte ich mich anfangs gern mit ein. Dies vor allem deshalb, weil mir mehrere Komplimente für mein Aussehen zu Ohren gekommen waren. Gerade diese meine Ohren sollten jedoch eines Tages für ein kleines Fiasko sorgen, das mich bald hinten an die großen Waschbecken, in die zweite Reihe, zurücktreten ließ.
Ich genoss es, die lästige Uniform für Stunden gegen die mir recht schick erscheinende Küchenkleidung einzutauschen. Vor dem Spiegel des Duschraumes beäugte ich den Sitz meines Küchenanzugs. Die schwarz-weiß-karierte Hose steckte ich so in die Stiefel, dass sie plusternd zur Geltung kam, und das

weiße Dreieckstüchlein, das den unangenehmen Namen „Schweißtuch" trug, fand ich geeignet, den meiner Ansicht nach zu lang geratenen Hals zu verdecken. Markus, der sein Äußeres nicht weniger wichtig nahm, wurde nicht müde, mein Erscheinungsbild zu bewundern. Das spornte zu immer neuen Variationen an. Leicht machte ich es mir damit nicht. Vor allem nicht mit der weißen Kopfbedeckung, von der ich nicht wusste, wie sie mit meinen angeblich etwas zu groß geratenen Ohren vereinbar sei. Die steckte ich zunächst drunter, wodurch mir der Kopf allerdings zu schmal erschien. Draußen lassen aber ging auch nicht, schien das doch den Schlappohransatz zu betonen. So steckte ich eins drunter und ließ eins herausgucken. Das trotz mancher Kommentare unbeirrt beibehaltend, sah ich mich recht schnell dem Gelächter ausgesetzt. „Ich geh da nicht mehr raus", klagte ich bei dieser schallenden Ohrfeige dem Musiker Bernd und verzog mich ans Abwaschbecken.

Meine Minderwertigkeitskomplexe, aus denen diese Aktivitäten ihre Nahrung zogen, siegten. Es schien immer dasselbe zu sein. Suchte ich Gefallen zu finden, misslang mir das zumeist. Geradezu harmlos erschien mir in dieser Situation eine Begebenheit in Eisenach, wo ich mich im Frühjahr 1986 mit Lodenmantel und wehendem Schal in der Eisenacher Fußgängerzone präsentierte. „Adolfs letzte Rache" hatte mir damals im Vorübergehen ein Passant in die Ohren gezischt. Als eine dieser Rachen erschien mir in schwierigen Armeemomenten mein gesamter Aufenthalt rund um den „Koloss von Prora". Der Versorger ermöglichte uns, die wir ein Attest vorweisen konnten, ein recht gemütliches Leben. Gegen fünfzehn Uhr war auch der Abwasch der etwa 150 Teller bewältigt und dann blieb, wie am frühen Vormittag, viel Zeit zum Ausruhen und zum Briefe schreiben. Mit dem Tannengrün in der Vase, den Plätzchen auf dem Tisch und dem wohlschmeckenden

Schwarztee aus dem Westen im Küchenschrank fühlte ich mich zeitweilig recht wohl. Oft streifte ich durch alle zugänglichen Räume und freute mich über den großen „Auslauf", der mir innerhalb des Gebäudes gestattet war. Hinaus durften wir nicht, höchstens einmal auf den Hof. In den ersten Tagen hielt ich mich daran. Dann lief ich mitunter von Fenster zu Fenster und blickte hinaus in die Kälte, die manch einer der mir verordneten Weggefährten am Mittag in meine Gemütlichkeit und Empfindungen hineinbrachte. Wenn ich so durch die Räume stromerte, peinigten mich oft Gedanken über mich und meine Leidensgenossen, denen ich selbst niemals Leiden zuzufügen glaubte, während mir doch einige unter ihnen recht zusetzten.

In diese Welt brach Jan aus der 3. Kompanie herein, ein dunkler Lockenkopf mit stechend blauen Augen, die mich unentwegt anzusehen schienen und dabei durchtrieben, aber auch irgendwie lustig wirkten. Mich verunsicherten diese Augen, dieser ganze Mensch, der mir etwa bis zur Schulter reichte und der mich zu berühren schien, auch wenn er mich nicht wirklich anfasste. Gleich am ersten Tag schnappte mich Jan, um mit mir Tischtücher zu legen. In einem der hinteren Wirtschaftsräume des Versorgers, mit Blick auf den betonierten Hof und das Meer hinaus, zogen und ruckelten wir an unseren Tüchern und gingen dann aufeinander zu, um Ecken und Kanten ordentlich aufeinander zu legen. Genau so, wie es mich meine Mutter einmal gelehrt hatte. Doch selbst hierbei musste ich erkennen, dass der heimatliche sichere Hafen fern war und ich mich in fremden stürmischen Gewässern bewegte. Jedes Mal, wenn diese Ecken aufeinander trafen, berührten sich unnötigerweise auch unsere Hände. Ich entzog mich mit der Ausrede: „Ach, ich glaube, nur Betttücher müssen so zusammengelegt werden, nicht diese Tischtücher." „Oh ja", antwortete dieses kleine, mir unheimliche Wesen mit scharrender,

langgezogener Stimme, begleitet von einem hysterischen Lachen: „Betttücher". „In welchem Zimmer wohnst Du denn?" Für jenen Tag reichte es mir. Jan war auf Christians Kompanie untergebracht, und der bestätigte meine Vermutung, die ich vorsichtig ansprach: „Ja, Jan ist schwul."
Da Jan geoutet schwul war, gehörte er mit einem weiteren Bausoldaten jener Kompanie zu den Glücklichen, die Duschbefreiung erhalten hatten. Er brauchte also nicht mit den anderen dichtgedrängt unter den regnenden Schleusen stehen und sich dort schämen. Das schien beneidenswert. Doch die Erzählungen über seine Liebe in der Heimat belasteten mich. Sie stießen mich einerseits ab, andererseits interessierten sie mich. Häufig tat ich mir leid, detailliert in eine Liebe eingeführt zu werden, die meiner Erziehung nach keine Existenzberechtigung hatte.
Es verging fast kein Tag, an dem Jan sich mir nicht in irgendeiner Weise zu nähern suchte. Er spielte mit mir und ich mit ihm. Nach langem Drängen erlaubte ich ihm einmal, nach dem Abwasch meinen Bauch zu küssen. Als Gegenleistung war eine Tafel Schokolade vereinbart. Zuerst verlangte ich die Schokolade, dann legte ich das vereinbarte Spielfeld zwischen Bauchnabel und Hosenansatz frei. Jan aber schnappte mich ganz und gar und suchte mich in eine Ecke zu ziehen. Ich entriss mich und rannte wie vor einem wild gewordenen Tier durch den Saal des Versorgers, um mich in einer der Toiletten einzuschließen. Die Situation empfand ich als recht aggressiv. Anders jedenfalls, als das Spielchen mit Markus, der mich mitunter in den Telefonraum lockte, um dort mit ihm zu kuscheln. Gut erzogen wie ich war, hatte ich auch bei ihm stets dankend abgelehnt.
Mit der Art, wie mir Jan entgegentrat, erschien mir das Leben als Homosexueller keineswegs erstrebenswert. Andreas schrieb ich irgendwann in diesen Tagen: „Eben habe ich mit dem

Schwulen mein Fotoalbum betrachtet, aber ich hätte es lieber lassen sollen. Er ist nämlich total verschossen in mich, was er mir heute beim Spaziergang am Meer gestand. Wie schlimm für ihn! Aber es ist interessant (manchmal auch belastend) von seinen Erfahrungen zu hören. Jedenfalls erachte ich es für wichtig, auch solche Menschen mal näher kennengelernt zu haben!"
Der Telefonraum schloss sich im Personalbereich an unsere gemütliche Wohnküche an. Er bestand aus einem vielleicht acht Quadratmeter großen Raum, ausgestattet mit einem Schrank, einem Feldbett und einem kleinen Tischchen. Auf diesem stand ein altes Telefon ohne Anschluss. Markus und ich hatten mit diesem oft am Tage herumgespielt. Im Dezember dann wurde allen Ernstes ein „Telefondienst" eingerichtet, der auch des Nachts besetzt werden musste. Dieser Dienst am nicht angeschlossenen Telefon hatte absolut gar nichts zu tun und er mag als Symbol dafür genommen werden können, dass es in Prora am Ende der 1980er Jahre zu viele Bausoldaten und zu wenig Arbeit gab. Bis weit in den Januar hinein verbrachte ich nun häufig auch die Nacht im Versorger, und dessen größter Vorteil, die Ruhe, wurde mir allmählich zum Verhängnis. Stundenlang auf mich selbst geworfen kam ich viel häufiger als zuvor zum Nachdenken über mich und meine Situation, über den drohenden Verlust meiner Freunde in der Heimat und meines Selbst.
Mitunter lag ich lange wach auf dem Metallbett, dessen Gestank aus Matratze und Decken zu meinem Kopf hinaufstieg und dort ein pochendes, lähmendes Gefühl hinterließ. Trost gab dann allein der Gedanke an meine Mutter, die sich in ihrem Nachtdienst als Krankenschwester vielleicht zur selben Stunde wie ich gefordert sah. Ich versuchte herauszufinden, was wir für einen Wochentag hatten. Gebannt in die Lichtfelder blickend, die die Straßenlampen durchs Fenster an die

Wand warfen und in denen irgendwelche Schatten tanzten, zog ich manchmal voller Angst und Ekel in die vertrautere Wohnküche um. Dort machte ich es mir dann auf den kunstlederbezogenen Stühlen bequem. So, wie wir es am Tage häufig genug erprobt hatten.

Neben dem Telefondienst war ich auch Sicherheits- und Brandschutzinspektor, und die Vorstellung, dass vielleicht auch irgendwo ein Feuer ausbrechen können sollte, ließ mich neben meinem kaputten Telefon zusätzlich erschauern. Für einen jungen und phantasiebegabten Menschen hatte dieser Dienst durchaus seine Tücken.

Irgendwann also lähmte das Herumgammeln. Bei so viel Zeit schien es auch keinen Sinn mehr zu machen, sich zum Lernen aufzuraffen. So unendlich viel Zeit lag noch vor mir. „Hier vergeht die Zeit sehr schnell", schrieb mein Vater in seinem Brief Ende November: „Wie ist Dein Zeitempfinden? Die Zeit wird dann auch für Dich immer schneller vergehen. [...] Daß Du aber erst 1 Monat weg bist, kann man sich kaum vorstellen."

Die ersten Wochen mit all ihren neuen Eindrücken erschienen auch mir unendlich lang. Gern erwähnte ich in meinen Briefen Erlebnisse, die das Leben versüßten und die darauf hindeuteten, dass der Alltag beim Militär nicht so grau wie befürchtet werden würde. Meine Briefe gen Heimat zeugen von dem Stolz, den Alltag beim Militär zu überleben.

„Dir scheint es ja ganz gut zu gehen – der Eindruck war für mich, als ob Du aus dem Urlaub schreibst. Aber so wird es schon nicht sein, oder ...?", las ich in einem Brief von meiner ältesten Schwester Silke. Es erleichterte mich, wenn sich meine Familie keine größeren Sorgen um mich machte; wenn ich keinen mitleidswürdigen Eindruck hinterließ, der mir meine unentrinnbare Situation nur noch stärker vor Augen geführt hätte.

Tatsächlich gab es in dieser ersten Zeit viele positive Überraschungen und Höhepunkte, die das Gemüt erheiterten. Dazu gehörten manch schöne Ausgänge, wie etwa auch kleine Aufmerksamkeiten seitens der 3. Baukompanie. Überwältigend war die kleine Freude, die wir am Nikolaustag vor der Tür fanden, bevor die Vorgesetzten uns diese wegnehmen konnten. Bis zur Mitte des Monats sorgte das unerwartete Erlebnis der Adventsstimmung in der Kaserne und am Arbeitsplatz für zusätzliche Freuden. Und gern verschwieg ich in meinen Briefen, dass vieles eigentlich verboten war, wie etwa das Anzünden einer Kerze.

Erste Schikanen aber hatten sich bereits angekündigt. Im November hatte sich das an dem genehmigten und dann wieder zurückgezogenen Sonderurlaub für einige Bausoldaten gezeigt. Im Dezember wurde plötzlich der Weihnachtsschmuck vom Fenster gerissen. Willkür begegnete uns auf breiter Front, und das schüchterte uns ein.

Beeindruckend in dieser Zeit war die wunderschöne Weihnachtsfeier im Hause des Pfarrers Lütke. Dieser Sonntagsaus-

Die Kaserne in Prora-Nord, 1995.

gang mit Markus gehört zu den unvergesslichen positiven Erlebnissen meines unfreiwilligen Rügenaufenthaltes. Nach dem kleinen Ausgangsappell, in dem wir seitens des diensthabenden Vorgesetzten begutachtet und belehrt worden waren, fuhren wir nach Binz. Am leicht gefrorenen Sandstrand erfreuten wir uns der Freiheit, die wir für einen Tag wiedergewonnen hatten. In der Gemütlichkeit des Kurhauses aßen wir knusprige Brötchen mit Ei, so wie ich es von zu Hause her kannte. Wir saßen artig mit Schlips auf blaugrauem Hemd, in grauer Filzhose und Filzjacke in dem großen Saal und unterschieden uns fast gar nicht von denen, durch die der Raum halb ausgefüllt war. Als vor den großen Fenstern die Flocken herabschwebten, schien es, als sei mitten im Krieg ein Tag Ruhe eingekehrt. Am Nachmittag erlebte ich dann die in einem meiner Briefe näher ausgeführte Weihnachtsfeier im Binzer Pfarrhaus. Markus, der im kirchlichen Proseminar irgendein Trauma in punkto Kirche erlebt zu haben glaubte, ging natürlich nicht mit dorthin; wir trafen uns anschließend auf der Hauptstraße wieder und umarmten uns dort in der Freude darüber, dass wir in so kurzer Zeit so gute Freunde geworden waren.

Eine Woche später durfte ich nochmals in den Ausgang gehen. Sven, der Wochen zuvor davon schwärmte, mit anspruchsvollen Leuten einen Literaturkreis gründen zu wollen, lud an jenem Sonntagabend ins Café „Möwe" ein. Einen Literaturabend habe ich nicht erlebt, dafür aber einen netten Umtrunk. Für zehn Leute hatte Sven mit einem Vierfarben-Kugelschreiber Einladungen, sogenannte „Teilnehmer-Ausweise", gestaltet, und ich war die Nr. 2:

„Stefan-Eisenach ist berechtigt, am Sonntag (21.12.) ab 17.30 an der wissenschaftlichen Adventskonferenz teilzunehmen. Tagungsort: „Möwe", Thema: in vino veritas – im Wein liegt die Mähmaschine.

Wir bitten, dieser Einladung zu folgen, freuen uns auf Ihre Teilnahme und erwarten Ihren Beitrag!"

Als ich das Café betrat, saßen die anderen schon in der hinteren Ecke an einem langen Tisch. Sie tranken Wein und aßen die üblichen und sehr begehrten Café „Möwe" – Spezialitäten: Würzfleisch mit Toast, oder noch edler: Karlsbader Schnitte mit einer Scheibe Pfirsich obendrauf. Solche Pfirsiche aus der Büchse waren sonst allenfalls im „Delikatladen" zu haben. Manchmal, recht selten, teilten wir sie auch im Versorger zum Nachtisch aus. Die sahen aber etwas anders aus und kamen im Glas aus Rumänien.

In jenem Café also vergaßen wir für Stunden unser ödes Dasein in Prora. Unsere Erinnerung ertränkten wir im Wein. „Wir hatten schöne Plätze im Café unter Palmen", schwärmte ich gegenüber Andreas: „Wir plauderten, aßen, tranken guten Wein, lauschten der Musik und scherzten mit der netten Kellnerin. Ich fragte, ob sie nicht mal BAP für uns auflegen könnte. Stell Dir vor, die Fischköppe kennen das gar nicht."

Heiter und angetrunken schlüpften wir anschließend in unsere grauen Mäntel, die wir im damaligen Eingangsbereich an der Garderobe abzugeben hatten. Danach kletterten wir unter den Augen der Militärstreife, die ihre Gewehre halb im Anschlag hielt, in den Zug der „Deutschen Reichsbahn". Der füllte sich fast ausschließlich mit angetrunkenen Militärangehörigen, welche laut spektakelnd auf den kunstlederbezogenen roten Sitzen Platz nahmen. Und dann holperten wir in diesen über und über mit Tageszahlen beschmierten Wagen nach Prora zurück.

Solch ein organisierter geselliger Abend sollte sich kaum noch einmal wiederholen. Viele von uns konnten später nicht mehr mit Gewissheit davon ausgehen, dass ihr beantragter Ausgang tatsächlich genehmigt wurde.

Nur anklingen ließ ich in den Briefen eine seltsame Geschichte, die ich einen Tag nach diesem Kaffeehausbesuch erlebte. Einige von uns, darunter Thomas und ich, wurden zu einem

Sondereinsatz in Göhren bestimmt. In einem Militärerholungsheim hatten wir die Spuren eines vorweihnachtlichen Gelages zu beseitigen. Anschließend hatten wir auf Befehl eine Kiste in des Hauptmanns Zimmer schleppen müssen. Diese hatten wir zu öffnen und uns – ebenfalls auf Befehl – mit darin enthaltenen Utensilien zu versorgen. Neben wenigen Würsten lag fast nur Alkohol darin, der für uns in der Kaserne an sich streng verboten war. Wir lehnten also dankend ab. „Nehmt Euch was ihr wollt, das ist ein Befehl", tönte es uns entgegen und wir nahmen notgedrungen jeder eine Knackwurst und verließen aufgeregt das Zimmer dieses undurchsichtigen und übermächtigen Mannes.

Von den Vorgesetzten wusste ich, dass ich mich vor ihnen in Acht zu nehmen hatte. Positive Erfahrungen kamen Erfolgserlebnissen gleich, die ich gern nach Hause berichtete. Ich denke da etwa an unser angeblich „gutes Verhältnis" zu den Offizieren, die mittags mit uns im Versorger aßen. In der Illusion, dass sich vielleicht ein menschliches Verhältnis zu den Vorgesetzten entwickeln ließe, hielt ich mich an solchen Momentaufnahmen gern fest.

Insgesamt beschäftigten mich in den ersten Wochen der Armeezeit weniger die Vorgesetzten, als vielmehr die unterschiedlichsten Charaktere und Typen, die mich unmittelbar umgaben. Ich machte ähnliche Erfahrungen wie ein unerfahrener Mensch bei Eintritt in ein Internat. Dass die Mehrzahl meiner künftigen Mitstreiter älter als ich war, machte es mir nicht leichter.

Meine Erfahrungen schienen mir gelegentlich den Boden unter den Füßen entziehen zu wollen. Und das sollte im Laufe meiner Armeezeit umso schlimmer werden, je mehr der Alltag an Gewicht gewann, je weniger Höhepunkte erkennbar waren. Viele kleine soziale Welten, die wir uns im Kasernenalltag schufen, und in denen sich sowohl Freude als auch ein Zugehörigkeitsgefühl entfalten konnten, brachen im neuen Jahr weg.

Hierzu gehörte die tägliche Andacht, die sich rasch zu einem „Pietistenzirkel" entwickelt hatte, und hierzu gehörte der Chor. So ist es nicht erstaunlich, dass mich zur Weihnachtszeit eine abermalige depressive Phase heimsuchte. Ich gehörte nicht zu den Glücklichen, die Weihnachten nach Hause fahren durften. Für mich, der noch nie so lange von zu Hause weg gewesen war, geschweige denn Weihnachten jemals außerhalb der Familie gefeiert hatte, war das eine harte Probe. Einmal mehr fühlte ich mich hinter dem Horizont allein.

Mukran-Hafen, 01.12.86

Ihr Lieben!

Nun wird es Zeit, daß ich mal wieder etwas von mir hören lasse. Heute ist also schon der 1. 12. und gestern war der 1. Advent – für mich ein Tag wie alle anderen.
Zum Mittag haben wir Rinderbraten, Kartoffeln und Rotkraut ausgeteilt. (Heute soll es Jägerschnitzel geben). Gestern Abend machten wir eine kleine Andacht und sangen auch ein Adventslied. Vorher war ich mit einigen im Kino. Es kam ein sehr guter Film: Mephisto. Hier werde ich ziemlich oft ins Kino gehen, denn es ist kostenlos im Regimentsclub. Heute Abend ist wieder Chor, da singen wir mehrstimmige Sätze und auch schon Weihnachtslieder. Es ist gar nicht so leicht, vom Blatt zu singen, aber es macht Spaß, wenn man es kann.
Ab gestern ist es auch hier oben kälter geworden. Das Meer schimmert grünlich und so viele Möwen fliegen gar nicht mehr herum. Heute war wieder ein ähnlich schöner Sonnenaufgang, wie ich ihn oben darstellte. Hier aus dem Küchenfenster schaut man direkt in den Kiefernwald. Auf dem Tisch steht viel Gebäck und Tee und Kaffee. Ich selbst trinke fast kein Kaffee, aber die anderen lassen herzlich grüßen und danken dafür. Auch die schönen Plätzchen werden gern gegessen. Der absolute Schlager waren ja die Haferflockenplätzchen in der Kaserne. Den Adventsstern und den goldenen Stern habe ich ins Fenster in Prora gehängt.
So jetzt werde ich für heute Vormittag erst einmal schließen, denn ich muß noch griechisch lernen. Markus ist ein strenger Lehrer. Hebräisch

habe ich gar keine rechte Lust mehr zu lernen, weil mir der Junge auf die Nerven geht, der mir das beibringen wollte. Er ist so nervös, raucht fast den ganzen Tag hintereinander weg und quasselt so viel. Gestern, nachdem er 2 x beim Schachspiel verloren hatte, saß er kreidebleich auf dem Stuhl mit Zigarette im Mund und sagte ganz aufgeregt: „Ich werde doch wohl nicht die Nerven hier verlieren." Meines Erachtens hat er schon fast keine mehr. So, jetzt werde ich also erst mal schließen – Ade!
Inzwischen ist es Abend geworden und ich bin wieder in Prora. Gerade haben wir die Post ausgeteilt bekommen. Unter meinen Briefen war auch Deiner, lieber Papa. Vielen Dank, ich freue mich sehr darüber. Ich war übrigens der Erste, der sich traute, 2 Tage hintereinander in den Ausgang zu gehen bzw. dies zu beantragen. Ich fragte den Leutnant, als ich in meinem Bett lag und der Leutnant uns eine gute Nacht wünschte und das Licht löschte, und er war ganz gut gelaunt. Man kann sonst einmal pro Woche in den Ausgang gehen und dann zur JG, in die Kirche oder in die Kneipe. Außerdem gibt es eine sehr schöne Fischgaststätte. Das nächste Mal werde ich am 3. Advent gehen, mit Markus zusammen.
Als wir heute hierher zurück kamen, war der Adventsstern vom Fenster gerissen, es sollen zwei Zacken zu viel dran sein. Mein Adventskalender hängt im Spind. So, gleich gibt es Abendbrot und dann ist Chor. 21.00 ist Nachtruhe.
Viele Grüße für heute, Euer Stefan.

*

Mukran/Hafen, am 3.12.86 (Tauftag)

Guten Tag!
Wieder einmal sitze ich im Versorger und bin gerade mit der Arbeit fertig geworden. Heute waren wir nur 3 Mann und hatten 150 Essen auszuteilen. Es gab Curry-Wurst mit Kartoffeln und Bohnensalat, zum Nachtisch Kompott. Es war heute mal reichlich da und ich habe wieder bis zum Platzen gegessen. Der Arzt hat uns geraten, viel zu essen.
Die Arbeit macht nach wie vor Spaß und ich freue mich über die Ruhe, die man hier hat. Man ist halt sein eigener Herr hier und nur zum Mittag kommen Vorgesetzte, mit denen wir in der Küche um einen Tisch sitzen und essen. Wir haben ein ganz gutes Verhältnis zu den Feldwebeln und Leutnants. Sehr nett ist der LKW-Fahrer, der uns immer hierher bringt.

Gerade trinken wir Kaffee und erholen uns vom Abwasch. Letzte Woche war ziemlich grau, im Nachhinein merke ich, daß es mir wirklich elend ging. Vielleicht nennt man das Depression, was ich da hatte. Hauptsache jetzt geht es mir wieder sehr gut.
Inzwischen haben wir noch einen Mitarbeiter hierher bekommen, der aber leider etwas linksrum ist. Als ich neulich mit ihm Wäsche gelegt habe, kam er mir etwas komisch vor. Bis jetzt tatscht er aber nur etwas herum, und wir passen auf. Markus findet es sogar lustig.
Gestern fand im Saal hier eine FDJ-Veranstaltung für Soldaten statt. Da haben wir hier Würstchen warm gemacht und ausgeteilt. Mittags war ich am Strand spazieren, um das Mittagessen zu verdauen. Es gab Leber mit Zwiebelfett.
Gestern Nacht hatten wir hier einen gewaltigen Sturm, so daß es wieder einmal nur so heulte und pfiff. Durch den Westwind wurde das Meer 10-15 m zurückgetrieben, es war ein interessantes Schauspiel, und es machte Spaß, durch den Schlamm und die Muscheln zu waten. Dann lese ich jetzt Theodor Storm aus unserer Militär-Bücherei. Es ist eigenartig, diese Lektüre zu lesen und beschriebene Naturschauspiele des Meeres hinterm Fenster etwas miterleben zu können. Bei dem Sturm ging immer mal das Licht an und aus und die Kiefern rauschen, das Meer tobt.
Inzwischen ist schon der 4. 12. Gestern Abend kam Dein Brief an, liebe Mama, der sehr nach Krankenhaus gerochen hat und über den ich mich sehr freute. Gestern habe ich hier etwas geschlafen, geduscht und anschließend mit Michael Kaffee getrunken. Wir können uns immer toll unterhalten und haben beide festgestellt, daß wir noch nie so viel verrückte Typen wie hier vorher kennengelernt hatten. Ich werde an vielen Erfahrungen – positiv wie negativ – reicher zurückkehren. Wir haben einen hier, der den ganzen Tag rumquatscht (der mir hebräisch beibringen wollte). Jetzt redet er den ganzen Morgen, daß er psychisch krank wäre.
Am Wochenende fährt er heim für ein paar Tage. Unser Schwuli schläft gerade in einer Ecke, Michael und ich gehen ihm so weit es möglich ist aus dem Weg. Michael ist übrigens schon 26 und hat eine Bäckerei. Er stammt ehemals aus der Rhön.
Nächsten Mittwoch gehe ich mit ein paar Leuten in den Ausgang. Sven hat das organisiert und mich auch dafür eingeladen. Er hat sich jetzt über beiden Ohren kahlrasieren lassen. Sein Freund aus Leipzig übrigens auch.
– Gestern Abend sahen wir im Fernsehen eine tolle Aufführung vom

Royal Philharmonie Orchestra London. Ansonsten bin ich ja den größten Teil des Tages hier draußen. Die Leute kennt ihr ja nun soweit. Gestern wurde gesagt, daß eventuell nächste Woche wieder eine Umbesetzung stattfinden soll. Man soll hier nie irgendwie in Ruhe kommen und sich sicher sein. Wenn ich heute Abend beim Arzt Stiefelbefreiung beantrage, kann ich vielleicht bleiben. Der Arzt hat gesagt, daß ich sofort kommen soll, wenn es um den Job wankelt. Hat sich auch nach meinen Eltern erkundigt.

Ja, vieles bekommt man erst nach einigen Wochen mit, neulich besuchte ich z. B. mal wieder Christian und unterhielt mich auch mit ihm darüber: Bei uns auf der Kompanie wurde ein Gebetskreis gegründet, wo ich einmal war – nie wieder! Da sitzen sie um einen Tisch und einer sagt was, die anderen nuscheln alle in die Hände: „Oh ja, Herr Jesus." „Komm hilf ..." Mir ist fast schlecht geworden. Es gibt viele Theologiestudenten hier, aber ganz normale habe ich noch nicht erlebt. Da macht man sich schon seine Gedanken. Einige wollen Theologie studieren, damit sie nicht arbeiten müssen. Das zum Beispiel belastet auch Michael sehr. Viel lieber gehe ich in die Andacht in Christians Zimmer. Ihm gefällt so etwas (s.o.) auch nicht. Ach ja, er will auch Theologie studieren und er ist o.k.

Ansonsten geht es mir nach wie vor gut. Man muß lernen, wie man die verschiedenen Menschentypen zu nehmen und ihnen zu begegnen hat. Nun hoffe ich, daß ich hier im Versorger bleiben kann.

Viele Grüße, Euer Stefan.

*

Prora/Rügen, 6.12.86

Ihr Lieben zu Hause!

Gestern kam der liebe Brief von Mama. Vielen Dank! Wo werden meine Briefe so lange gewesen sein? Also mir geht es nach wie vor gut, manchmal wünschte ich, daß Ihr mich sehen könntet in verschiedenen Situationen. Heute früh haben Markus und ich das 1. Mal den Abmarsch zu den LKWs verträumt, die uns nach Mukran bringen sollten. Wir hatten uns so über das Nikolausgeschenk vor der Tür gefreut, daß wir gar nicht nach der Uhr gesehen haben.

½ h später fiel uns die Ruhe auf dem Flur auf, da hatten wir es dann eilig und rannten quer durchs Gelände. Gerade konnten wir noch die LKWs von Christians Kompanie erreichen, die nach Saßnitz fuhren. Die nahmen uns mit. Auf der Rücktour hatten wir beide die Ladefläche ganz für uns allein, und wir sangen so laut, daß der Fahrer fast anhielt vor Schreck. So wird das Leben noch lustiger. Eben kam ein schöner Titel nebenan im Radio, da mußte ich mal kurz ins Nachbarzimmer gehen. Wir müssen uns auch unbedingt hier ein Radio anlegen, es bringt bestimmt Abwechslung.

Heute war wieder ein sehr schöner Tag. Zunächst zogen ganz dicke Regenwolken übers Meer, dann brach plötzlich die Sonne hervor. Während dieser Zeit wartete ich gerade draußen auf die Essenkübel und sah das Schiff „Mukran" im Hafen einlaufen. Die Witterung ist unnatürlich mild. Anbei schicke ich eine Aufzeichnung meiner Nacht in der ungarischen Puszta mit. Ihr könnt sie aufheben. Ebenfalls ein Bild von mir in meiner „Tracht".

Markus meint, daß ich das Meiste immer so positiv sehe und oft keine schlechte Laune habe. Er denkt, daß dies wohl an meiner unbeschwerten Kindheit liegt. Er hat es aber, glaube ich, nicht schlechter gehabt: Weihnachten z.b. wird bei ihm zu Hause ganz genauso gefeiert wie bei uns. Wahrscheinlich ist er übersättigt durch das Dasein im Proseminar. Schon wieder wurde der Brief unterbrochen. Christian kam eben und hat mir ein Nikolausgeschenk gebracht. Sehr nett! So habe ich also auch immer irgendwelche Freuden.

Morgen ist der 2. Advent – für mich ein Tag wie alle anderen. Als ich aber heute ins Zimmer kam, da war gerade Kaffeetrinken bei Kerzenschein. Anschließend war ich Tischtennis spielen, jetzt erledige ich Schreibarbeiten. (Jetzt kam gerade ein „Hoher" hier rein mit Funkgerät und roter Armbinde. Hat sich meinen Adventskalender intensiv betrachtet im Spind.)

Liebe Mama, ich wünsche Dir schon mal eine schöne Reise und alles Gute. Wie geht es Dir eigentlich gesundheitlich? Du schreibst nie etwas darüber, aber ich kann es mir ja vorstellen. Mir geht es gesundheitlich sehr gut und meine Hose ist schon bald zu lütte geworden, so viel esse ich. Bald komme ich ja auch vielleicht mal wieder, die Urlaubstermine haben wir immer noch nicht erfahren.

Viele Grüße, Euer Stefan.

*

Mukran/Hafen, 9.12.86

Lieber Papa, liebe Erdmute!

Nun seid ihr zwei also ganz allein zurückgeblieben von der großen Familie! Es ist gerade 20.00 und ich habe Nachtschicht im Hafen. Gestern wurde ein wahrscheinlich demnächst endgültiges Versorgerteam festgelegt. Wir arbeiten nun auch im Zyklus. Drei Leute haben eine Woche Arbeit (Essenausgabe) und drei haben während dieser Zeit Freizyklus. Ich bin für meine Gruppe als Gruppenleiter eingesetzt worden. Heute hatte meine Gruppe den letzten Tag des Arbeitszykluses. Im Freizyklus teilen wir uns für den Telefondienst des Nachts ein. Ich habe also heute gleich diesen Dienst übernommen nach der Arbeit und bin hier im Versorger geblieben.

Es ist schön hier, ich habe ein Einzelzimmer und Dusche. Momentan sitze ich in der warmen Küche am Tisch, und ein duftender Nadelstrauß steht neben mir. Im Gebäude bin ich ganz allein, nur ein Heizer arbeitet im Nachbarhaus. Er ist nett, und wir essen 21.30 „Mittag". Dann werde ich schlafen. Das Telefon ist seit einem ½ Jahr kaputt und ansonsten soll ich nur auf Brandschutz und Sicherheit achten. Überhaupt habe ich noch nirgends so gut wie hier geschlafen. Jetzt bin ich schon wieder todmüde.

Ehrlich gesagt, war ich heute ziemlich traurig, denn Markus wurde in meinem Gegenzyklus eingesetzt. Ich sehe ihn also nur noch morgens oder abends. Wir verstehen uns so gut. Aber mir wurden schon viele Leute hier genommen, mit denen ich mich gut verstand und gerade Freundschaft geschlossen hatte.

Markus hat es auch sehr bedauert, da ich ihn immer aufgeheitert habe, wie er selbst sagt. Außerdem hat er schon das Rauchen stark reduziert und ich habe dafür fleißig griechisch gelernt. Wie er sagt, hat er jetzt erst die Freude am Leben wiedergewonnen. Also wie gesagt, heute war ich mal wieder niedergeschlagen. Außerdem hatte ich Angst vor der Einsamkeit heute Nacht hier allein im Versorger. Aber bis jetzt habe ich mich noch gar nicht gelangweilt. Ich lese, schreibe, wasche oder unterhalte mich mit dem Heizer, wenn er herüber kommt. Etwas bedrückend ist die absolute Stille. Das Meer hört man hier nicht rauschen.

Morgen habe ich dann in Prora meine „Nachtruhe" von dem „anstrengenden" Dienst. Abends gehe ich mal wieder in den Ausgang, da habe ich mir Ersatz für den Telefondienst gesucht. Es ist nicht schlecht, daß ich mir allein einteilen kann, wann ich nachts hier draußen und wann in Prora bin. Es ist ein ganz separates Leben. Gestern wurde auch bekanntgegeben, daß 50 % zu Weihnachten und 50 % zu Silvester nach Hause kommen. Jeweils dann 5 Tage. Außerdem läuft extra noch der Kurzurlaub von 3 Tagen im Abstand von 6 Wochen. Da nun 6 Wochen bald herum sind und ich nicht gefahren bin, kann es sein, daß ich demnächst im Abstand von 14 Tagen oder so mal komme. Liebe Erdmute, über Deine großen Karten habe ich mich sehr gefreut. Zum Glück bekomme ich von Panzern und dgl. gar nichts mit. Hier in Mukran vergißt man sowieso leicht, wo man ist. Vielen Dank auch für die schönen Bilder von Dir. Markus hat sie sich lange betrachtet abends im Bett. Ansonsten nimmt er immer das Bild von seinem Hündchen von der Wand und betrachtet es sich. Er ist nämlich öfters traurig. Grüß doch mal Klaus-Peter von mir.

Viele Grüße von Euerm Stefan.

Viele Mücken plagen einen hier; man kann kaum das Fenster öffnen – und das Mitte Dezember.

II
Jetzt habe ich schon ein schlechtes Gewissen, daß ich den letzten Brief noch nicht abgeschickt habe. Momentan habe ich wieder mal Nachtschicht in Mukran. Hinter mir liegen schon 12 Arbeitsstunden. Dazu war es gegen Abend ziemlich stressig, da hier im Saal eine FDJ-Veranstaltung für Soldaten stattfand. Es kam sogar einer für Propaganda vom Ministerium aus Berlin, der eine Rede hielt. Die anderen von meiner Versorgergruppe waren gerade nach Prora zurück gefahren, als ein Unterleutnant mit 200 zu schmierenden Brötchen in die Küche kam. Da haben wir uns beide ans Werk gemacht, in 1 h mußten sie geschmiert sein. Er schimpfte auch mächtig, weil er selbst es so spät erfahren hat. Wir tappen ja sowieso im Dunkeln. Bis 2 min vorher weiß keiner, was überhaupt los ist und wer kommt.
Meine schön aufgeräumte Küche sah aus wie ein Schweinestall, aber ich bekam eine Cola spendiert. Jetzt ist der Trubel vorbei und ich habe alles wieder unter Dach und Fach gebracht: Neulich Nacht schlief ich übrigens sehr gut und dann den ganzen Tag in der Kaserne. Abends war ich

im Ausgang in Binz. Es war wunderschön. Wir waren acht Mann und saßen in einem noblen Café unter Palmen. Allerdings ist die Rückkehr nach Prora immer nicht so schön, da auf dem Bahnsteig viel Militärstreife bewaffnet steht bis alle im Zug sind. Jetzt verbringe ich bis Samstag die Nächte hier in Mukran und die Tage in der Kaserne. Ich habe dort ja auch Nachtruhe, da kann mir keiner was.
Eigentlich ist das, was ich heute mache ja ein 24 h Dienst. Neulich war ich auch vormittags bei der Essenausgabe und nachts hier. Als ich am nächsten Morgen zur Nachtruhe in die Kaserne fuhr, sollte ich in den Forst gehen, Bäume pflanzen. Da habe ich nur gelacht und mich zu Bett begeben. Hier läuft einiges durcheinander. Sonntag gehe ich mit Markus in den Ausgang nach Binz. Es wird sicherlich sehr schön werden.
Mit 90% Wahrscheinlichkeit komme ich zu Silvester nach Hause. Aber sicher ist ja nie etwas. Zwischen Weihnachten und Neujahr dürfen wir nicht in den Ausgang – wie schrecklich!
Ich wäre gern Heiligabend zur Kirche gegangen; so würde ich jetzt am liebsten arbeiten, aber wir müssen alle in der Kaserne sein. – Das nette Päckchen und noch ein Brief von Mama habe ich auch erhalten und mich sehr gefreut. Vielen Dank! Ist die Mama nun eigentlich gefahren? Die Nächte sind nun doch kälter geworden, heute ist sogar „schon" Bodenfrost. Bis vor 2 Tagen hatten wir tagsüber noch ca. 13 Grad.
Viele Grüße, Euer Stefan.

*

Mukran, 15.12.86

Lieber Papa, liebe Erdmute!

Wieder einmal habe ich jetzt gerade die Nachtschicht hier begonnen. Heute war ich auch aushilfsweise tagsüber mit hier. Es war ein ganz schöner Tag. Heute gab es Nudelsuppe mit Hühnerklein, nachher werde ich als Nachtessen Kaninchenfrikassee bekommen. Ein sehr schönes Wochenende liegt auch hinter mir. Freitag/Samstag hatte ich ja auch Nachtdienst und konnte so Samstag bis 15.00 schlafen, dann war ich bei Christian zum Kaffee eingeladen. Es war sehr schön mit Tannengrün und Pyramide. Dann waren inzwischen auch die anderen von der Arbeit gekommen und Markus, Thomas, Immanuel (alles Proseminaristen) und ich hörten Schallplatten an und machten es uns gemütlich. Abends kam Christian dann

noch dazu, und wir unterhielten uns gut. Er studiert ja auch in Jena, wie schön! Im Januar gehen wir mal zusammen in den Ausgang. Gestern war ich ja nun mit Markus im Ausgang. Dazu war es der Tag, an dem der erste Schnee fiel. Wir stapften am verschneiten Strand am ganz grün scheinenden Meer entlang, das war der 3. Advent Morgen. Anschließend frühstückten wir im Kurhaus und es war das erste Mal nach langer Zeit, daß wir wieder aufgebackene Brötchen und warme Eier bekamen.
Der Gottesdienst war auch sehr schön, ca. 30 BS waren dort. Nachmittags fand eine Weihnachtsfeier im Pfarrhaus statt. Es war wie im Traum. Sämtliche Räume der Wohnung waren festlich hergerichtet mit langen Kaffeetafeln. Überall hing viel Tannengrün, Kerzen brannten. In den ersten zwei Räumen waren vorwiegend Rentner, in den hinteren Räumen gab es nur Bausoldaten, die mit glänzenden Augen Stollen aßen, sich unterhielten und der Musik lauschten. Es stand ein altes Grammophon da, welches ständig „O du fröhliche, o du selige ..." spielte. Auf dem Tisch drehte sich eine Pyramide, im Fenster stand ein erleuchteter Schwippbogen und vorm Fenster fielen leicht die Schneeflocken.
Anschließend bildeten wir einen Chor und sangen Lieder aus den mir bekannten Heften und Büchern (Grothe: Helle Sonn'). Nach einem Diavortrag (Meditation über die Weihnachtsbilder an dem Altar der Annenkirche in Annaberg Buchholz) sangen wir abschließend „Stille Nacht, heilige Nacht". Es war zu schön und ich bin froh, nun schon Weihnachten gefeiert zu haben. Christian kommt ja zu Weihnachten nach Hause, ich wahrscheinlich bleibe hier bis voraussichtlich Sylvester.
Abends waren Markus, zwei „normale" Soldaten und ich noch in der Kurhausklause (direkt am Strand gelegen). Wir unterhielten uns, beide sind sehr nett. Aber es war doch ziemlich erschütternd, manche Probleme von anderen zu hören. Der Eine ist sozusagen bei der Armee erst „aufgewacht" und fühlt sich zu uns viel mehr hingezogen als zu seinesgleichen. Die meisten BS werden von den normalen Soldaten als „Dreckschippen" bezeichnet und sind verachtet. Dieser denkt aber nicht so und hat dadurch viele Probleme auch mit seiner Frau. Er wollte Lehrer werden und sieht viele Dinge jetzt anders. Hinter jedem Menschen steht ein eigenes Schicksal.
Gestern Nacht habe ich mich mit Markus dann noch lange über vieles unterhalten. Wir haben ja schon zeitig Nachtruhe, da sitzen wir oft noch auf dem Klo in einer Fensternische, wo man ungestört ist. Er ist ja auch ein schwieriger Fall. Aber ich muß aufpassen, daß ich mir die Probleme

der anderen nicht zu sehr zu Herzen nehme. Sonst schlafe ich abends selbst nicht ein. Markus liegt oft fast die ganze Nacht wach und zählt Schafe. Ich glaube aber, daß wir gute Gespräche führen und in vielen Dingen mußte er mir schon Recht geben. Neuerdings raucht er ja nicht mehr, bis vor Kurzem hat er sich noch stolz als potentiellen Selbstmörder bezeichnet. Es ist auch ein kleiner Spinner, von denen es hier mehr als genug gibt.
Nächsten Sonntag bin ich wieder den ganzen Tag in Binz, wenn nichts dazwischen kommt. Es wird in der Kirche der Domchor von Berlin singen. Dann haben wir (die Leute vom letzten Mittwoch-Ausgang und ich) einen Tisch im Café bestellt. Es wird sicherlich sehr schön, aber anders als der letzte Sonntag.
Vom 23.12.–5.1. haben wir Ausgangssperre. Vielleicht aber werden wir mit LKW am 24. zur Kirche gebracht und gleich wieder abgeholt. Es steht noch nicht fest. Abends haben wir eine Quizveranstaltung, ich tue mir jetzt schon richtig leid bei dem Gedanken. Aber eine Woche später bin ich dann sicher 5 Tage in Eisenach. Weiter ist nichts Neues passiert, außer daß ich 3 Mückenstiche habe. Wie wird es erst im Sommer werden? Ach ja, Papas Brief kam auch an. Ich freute mich sehr darüber. Die Post bekomme ich ja nun ans Bett gebracht in Prora bzw. Markus bringt sie mit dem Frühstück mit hierher.

Viele Grüße von Euerm Stefan.

PS: Das schöne Alpenveilchen ist leider gestorben. Es war zu warm. Morgen haben wir einen großen Tag. Absprung! (auf 500 Tage). Da wird das 1. Mal die E-Kugel gerollt und die Stahlhelme fallen.

*

Prora, 20.12.86

Ihr Lieben!

Ein fröhliches und gesegnetes Weihnachtsfest wünsche ich Euch! Ich werde versuchen, Heiligabend Telefondienst zu schieben. Da muß ich wenigstens nicht an der „Maßnahme Weihnachtsfeier" teilnehmen. Am 31.12. komme ich dann irgendwann gegen Morgen, ich freue mich schon riesig. Vielleicht könnt ihr die Weihnachtsstube noch etwas lassen bis dahin?

Ich kann mich leider nur schlecht konzentrieren, weil so laut Musik nebenher läuft. Ab und zu schreit jemand aus dem Fenster: „Laßt mich raus." Heute kam Ulrikes lieber Brief mit der Kerze an, worüber ich mich sehr freute. Ich glaube aber nicht, daß man diese Zeit hier intensiver erleben kann, da man fast gar nichts davon mitbekommt. Bald mehr mündlich, Euer Stefan.

*

Ihr Lieben!

Prora, 22/23.12.86

Nun bin ich GUvD (Gehilfe Unteroffizier vom Dienst) und muß so 24 h Dienst schieben, d.h. den Tagesablaufplan auf Befehl durchsetzen. Im Moment bin ich mal allein am Schreibtisch und habe Ruhe. Gerade wurde zur Maßnahme „Abendessen" abgerückt. Es ist kein schöner Posten, da man von oben und von unten Feuer kriegt. Nun ja, damit kommt jeder von uns an die Reihe.
Gestern hatte ich wieder einen wunderschönen Tag im Ausgang in Binz. Diesmal bin ich mit Markus losgezogen. In der Kirche sang ein Chor viele mir bekannte Sätze von Weihnachtsliedern. Ein WB (Weihnachtsbaum) stand auch schon da. Nachmittags war dann die Weihnachtsfeier von BS für BS. Es war sehr schön und ich bewundere die Pfarrersleute echt. Tagaus, tagein kommen die BS zu ihnen. Offensichtlich war das aber nun wirklich im Großen und Ganzen mein Weihnachten, denn ab heute ging es wieder richtig rund. Gestern war ich abends wieder mit dem „Clan" im Café „Möwe" und wir haben für 400 Mark getrunken zu zehnt. Es war sehr lustig und heute früh ging es uns allen ziemlich schlecht.
Ich hatte gehofft, nach dem Frühstück schlafen zu können (gearbeitet wird über Weihnachten/ Sylvester nicht) da kam der Befehl, daß einige antreten sollten, wohin die Fahrt ging und wie lange, sagte uns niemand. So stellte sich heraus, daß wir 3 h im zugehängten Hänger fuhren. Draußen stürmte und schneite es wie verrückt und ich dachte, zu Eis erstarren zu müssen. Endlich stiegen wir irgendwo total durchgefroren aus, und es stellte sich später heraus, daß wir irgendwo am Greifswalder Bodden auf Südrügen waren. Hier sollten Erholungsheime gereinigt werden. Hinterher bekamen wir noch ein schönes Mittagessen. Nachmittags schlief ich 2 h und jetzt habe ich, wie gesagt, 24 h Dienst. Ich fühle mich schon mächtig urlaubsreif!

Nachher esse ich eine Knackwurst, die unser Hauptmann Thomas und mir geschenkt hat.
Ich hoffe, Ihr hattet ein wunderschönes Weihnachtsfest. Wie es nun mit der Sylvesterfeier aussieht, weiß ich gar nicht. Anja hat heute geschrieben, daß sie gern mit in Eisenach mit Tim, Andreas und mir feiern würde. Auf der anderen Seite freue ich mich, endlich mal wieder zu Hause zu sein. Es ist eben blöd, daß es gleich der 1. Abend ist, der so zerrupft ist. Aber ich muß auch mal wieder „ausflippen" nach 9 Wochen. Wenn Eisenach nicht so ab läge, würden ja Thomas und Markus mich noch besuchen kommen, aber das läßt sich ja auch noch nachholen.
Man merkt bei einigen deutlich die Diskrepanzen zwischen „alten" und „jungen". Manchmal ist es zum Kotzen, aber es ist eigentlich ganz logisch, daß man sich mit Gleichaltrigen besser versteht.
Inzwischen war ich schon bei Thomas Abendessen und mit Markus Platten hören im Klubraum auf Christians Kompanie. Christian hat mir soeben einen wunderschönen Obstsalat gebracht.
So jetzt hatte ich inzwischen wieder Telefonanrufe vom Hptm. mit Befehlen usw. Es ist 23.50, fast 2 h habe ich mich mit Markus unterhalten, jetzt ist er ins Bett gegangen. Ich soll Euch liebe Grüße bestellen. Er ist eine Natur, die sich viel zu viele Gedanken über sich und die Welt macht. Außerdem ist er so sensibel, aber auf eine ganz andere Weise wie ich. Ich muntere ihn ja immer noch auf bzw. versuche es wenigstens. Manchmal denke ich, daß ich nur so reden kann, weil ich ein einfacheres Verständnis vom Leben habe. Markus hat schon viele Werke gelesen, Philosophen etc. – und nimmt sich alles so zu Herzen. Ich denke manchmal, besser lebt es sich, ohne so viel zu wissen. Vom rumspinnen und philosophieren halte ich nichts und weiß daher auch nicht, wie das mal mit dem Studium wird. Sicher werde oder muß ich mich auch noch ändern. Michael hat auch ein ganz einfaches Verständnis von vielen Dingen, macht sich nicht so viele Gedanken und ist in seinem Beruf als Bäcker glücklich. Er führt sozusagen ein rechtschaffenes Leben.
Man wird hier mit so vielem konfrontiert, und ich halte es auf jeden Fall für besser, älter zu sein bei der Armee. Viele Dinge sieht man hier auch noch anders als draußen. Wie soll man ein richtiges Bild von der Menschheit bekommen? Vielleicht kann ich oft auch noch so unbeschwert sein, weil ich die Menschen nicht kenne. Markus ist mit den verschiedensten Typen schon zusammengekommen und weiß etwas zu entgegnen usw. Ich habe noch nie richtig Erfahrungen gesammelt. Manchmal war ich

von Äußerungen einiger Weniger schon so betroffen, daß ich zwei Tage fix und fertig war. Es gibt schlechte Menschen. Michael hat mich auch gelehrt, von wem ich mir was annehmen darf und von wem nicht, daß ich das unterscheiden lerne. Bald mehr mündlich!

*

23.12.86

Inzwischen ist schon der nächste Tag 18.00. Es war ein wahnsinniger Tag und ich bin k.o. Ständig mußte ich Leute zusammentrommeln, die Arbeit verrichten sollten. Dann klingelte dauernd das Telefon oder die Wechselsprechanlage ging, von wo ich die Befehle aus dem Stab bekam. Ich hatte heute viel mit unserem Politoffizier zu tun, der auch aus Eisenach stammt. Wir haben uns unterhalten, und er hat viele Verwandte dort wohnen. Die Leute waren überhaupt sehr nett zu mir, obwohl ich ja ständig Arbeiten verteilt habe. Ständig wurde mir Tee oder Kaffee gebracht, Rindsbrühe, Stollen ...
Man merkt doch, daß man gern gesehen ist. Markus wollte sich heute nochmals mit mir unterhalten, da er gestern ganz glücklich geworden und gut eingeschlafen ist. Aber heute bin ich zu fertig dazu. Ich habe Kopfschmerzen und es dreht sich alles, so werde ich jetzt auch schließen. Also dies ist meine Weihnachtszeit. Ich bin froh in einer Woche.
Heute kam auch das liebe Paket an, was ich morgen öffnen werde. Vielen Dank auch für den Brief, lieber Papa. Ich habe mich sehr darüber gefreut. Jetzt läuft in Eisenach die Altersheimweihnachtsfeier und ich bin hier. Es war schon ein komisches Gefühl als die Hälfte von uns abgereist ist. Ich stand am Fenster und sah die Regimentsstraße über und über voll von Soldaten. Christian fuhr auch heim.
Viele Grüße von Euerm Stefan.

PS: Ich komme voraussichtlich schon mitten in der Nacht an. Legt die Schlüssel bereit, damit ich in mein Fürstenbett wanken kann. Liegt bei Euch auch schon so viel Schnee?

MUKRAN-HAFEN
1/12/06

Ihr Lieben ♡

Nun wird es Zeit, daß ich mal wieder etwas von mir hören lasse. Gerade habe ich ausgiebig geduscht und anschließend das 2. Mal geföhntstückt. Heute ist also schon der 1.12. und gestern war der 1. Advent — für mich ein Tag wie alle anderen (zu Mittag haben wir Rinderbraten, Kartoffeln + Rotkraut angehabt. Heute soll es Jägerschnitzel geben.) Gestern Abend machten wir eine kleine Studentlicht und sangen auch ein Adventslied. Vorher war ich mit einigen im Kino. Es kam ein sehr guter Film (Mephisto) hier wach ich ziemlich oft ins Kino gehen, denn es ist kostenlos im Regimentsclub. Heute Abend ist wieder Chor, da singen wir weihnachtliche Sätze und auch schon Weihnachtslieder. Es ist ja nicht so leicht vom Blatt zu singen, aber es macht Spaß, wenn man es kann.

Ab gestern ist es auch hier viel kälter geworden. Das Meer schimmert grünlich (s.o.) und so viele Möwen fliegen gar nicht mehr herum. Heute war wieder ein ähnlich schöner Sonnenaufgang, wie ich ihn oben darstellte. Wenn ich unter dem heißen Duschwasser stehe, habe ich aus dem Fenster einen tollen Blick aufs Meer, flies aus dem Küchenfenster schaut man direkt in den Kiefernwald. Auf dem Tisch steht viel Gebäck und Tee und Kaffee. Ich selbst mache fast kein Kaffee, als die anderen lassen herzlich grüßen und danken dafür. Auch die schönen Plätzchen werden gern gegessen. Die aktuelle Schlager waren ja die Haferflockenplätzchen in der Kaserne. Den Adventsstern und den goldenen Stern habe

II
1987
ZERMÜRBUNG UND LÄHMUNG

Januar

So rau die Atmosphäre in Prora am Ende des Jahres 1986 gewesen ist, so kalt und nüchtern empfing sie uns nach dem Weihnachts- und Silvesterurlaub. Sie hatte uns nie ganz losgelassen; kaum einer von uns hatte die Erlaubnis erhalten, im Urlaub Zivil tragen zu dürfen. So reichten die Enden ihrer kühlen, grauen Schleier bis in die gemütlichen Wohnstuben der Heimat hinein. Spätestens beim Poltern des Zuges über den Rügendamm drückte die Stimmung tückisch aufs Gemüt und das eben wieder mühsam entfachte Lebenslicht. In Lietzow schließlich entquoll dem Zug Stralsund-Saßnitz eine graue Masse, die sich still und schweren Schrittes hinüber zum Personenzug Richtung Prora bewegte.
Ich ließ mich mittreiben und stapfte ebenso still wie meine Mitstreiter über den gelben Kies. Der gab unter den schwarz glänzenden Ausgangsschuhen knirschend nach. So, wie auch ich. Zwei Monate Prora hatten es geschafft, mich von der „normalen Welt" zu entfremden. Im Bewusstsein, dass ich die vor mir liegenden dunklen Monate allein würde bewältigen müssen, war ich beinahe froh, am Ort des Geschehens wieder einzutreffen. Ich war geradezu erleichtert, wieder in den Alltag eintauchen zu können, der mir in all seinen Schrecknissen doch das Erfolgserlebnis bescherte, darin bestehen zu können. Interessiert hörte ich aus den Erzählungen mancher „Kameraden" heraus, dass sie den kurzen Urlaub ebenfalls nicht als ein uneingeschränktes Vergnügen empfanden. Offen gere-

det aber hatte kaum jemand darüber. Ein Urlaub musste einfach schön sein, und sei er noch so kurz.
Auch ich verschloss mich. Ich, der es gewohnt war, zu Hause allen Ballast ablegen zu können, erzählte selbst dort bei weitem nicht so viel von mir und meiner Situation, wie ich es mir zuvor ausgemalt hatte. Wie hätte ich die Vielzahl der Eindrücke wiedergeben können, die ich selbst kaum einordnen, geschweige denn beurteilen konnte. Ein Eingeständnis meines Gefühles der Ohnmacht gegenüber der rauen Wirklichkeit im trauten Eltern- und Freundeskreis hätte doch nur ein noch größeres Mitleid nach sich gezogen. Das aber hätte mir zusätzliche Angst eingeflößt, die kalte Welt des Militärs künftig nicht mehr ertragen zu können. Möglichst wenig wollte ich zu Hause an Prora denken.
Die „Maßnahme Weihnachtsfeier" im Fernsehraum der Kompanie hatte mir noch einmal gehörig zugesetzt. Während ich in meiner Traurigkeit an dem Festmahl des Heiligabends, es gab Kartoffelsalat und Bockwurst, zu ersticken drohte, hatte sich der übermäßig dicke Bataillonskommandeur zur Tür hereingeschoben und aus hochrotem, verschwitztem Kopf geschrieen: „Na, Genossen Bausoldaten, schmeckt's?" Danach hatten wir ein Weihnachtslied auf Befehl zu singen. Es war nur ein einziges geistliches Lied erlaubt, und der Gesang nahm in den heraufquellenden Tränen der Versammelten ein klägliches Ende. Danach suchte uns der Hauptfeldwebel mit einem Ratequiz zu unterhalten, und dann war das große Nichts angebrochen: Weihnachten in der Kaserne.
Zu Hause angekommen, genoss ich es, die nach Dreck stinkende Filzuniform, das hellgraue Hemd und die hässliche Krawatte aus Dederon zum Lüften auf die Veranda unserer Wohnung zu hängen. Dorthin, wo auch das stark nach Desinfektionsmittel riechende Schwesternkleid meiner Mutter auf seinen nächsten anstrengenden Nachteinsatz wartete.

Doch in meinen frischen Zivilsachen bewegte ich mich recht unsicher. Die bunte Kleidung an meinem Körper war eine Übertretung der Dienstvorschrift. Ein unliebsames Nachspiel in Prora war nicht schwer vorstellbar. Und die gemütliche, nach Weihnachten riechende Stube war ein zu starker Kontrast zu meiner allmählichen inneren Verödung. Ich versuchte zwar fröhlich zu sein und das durch die Briefe vermittelte Bild von meinem recht unbeschwerten Dasein an der Küste zu wahren. Doch spätestens am liebevoll und reich gedeckten Tisch stellte sich ein beklemmendes Gefühl in der Magengegend ein. Dort schienen sich alle meine Konflikte ballen zu wollen. Hitzewallungen sorgten für eine wohlige Gesichtsfarbe, während ich mit zittriger Hand einen Bissen nach dem anderen zu dem entsetzlich weit entfernten Mund bugsierte.

Es war mir zu Hause schlecht zu Mute. Und dass dies keiner merken sollte, hatte meinen Zustand verschlimmert. Bitter war die Erkenntnis, dass es für mich kein wirkliches Refugium gab, in das ich mich würde zurückziehen können. War mein Vater früher in schwierigen Situationen für mich eingetreten, so sah ich mich in Prora auf mich allein gestellt. Ich fühlte, dass es künftig an mir allein liegen würde, wie ich die Geschehnisse um mich herum verarbeitete. Ich, so jung und unerfahren, sah mich auf mich selbst zurückgeworfen. Und das war wenig trostreich. „Du hast dich zu Deinem Vorteil verändert, du wirst richtig erwachsen", deutete meine älteste Schwester auf dem Weg zum Bahnhof meine plötzliche Ernsthaftigkeit.

Der nur mir bekannte scheinbare Verlust meines „Ichs" beschäftigte mich. „Wer" oder „wie" sollte und wollte ich werden? Ganz normale Fragen eines Erwachsenwerdenden drängten sich mir auf. Für mich, einem Spätentwickler, sollten diese Fragen in der Atmosphäre von Prora aber eine ganz eigene Dynamik entfalten.

Zurück auf Rügen kam zur inneren Kälte bald die äußere, die reale Kälte vor den Türen und Fenstern. Rügen erlebte einen Winter wie seit etwa zehn Jahren nicht mehr. Temperaturen bis zu minus zwanzig Grad sowie heftige Schneestürme unterbrachen kurzzeitig die Verbindung der Insel zum Festland. Die Gleise des Fährbahnhofes drohten unter den Schneemassen zu versinken. Schneeschippeinsätze rund um die Uhr sollten das verhindern. An einen normalen Alltag war nicht mehr zu denken. Da der eisige Sturm aus dem Osten gegen die Fenster unserer Zimmer drückte, durften wir diese sogar kurzzeitig umräumen. „Gesellschaftliche Aktivitäten", wie „Spezialitätenessen" und „Theaterfahrt", wurden auf einen späteren Zeitpunkt verschoben. Damit blieben die in einem Brief erwähnten und von mir freudig erwarteten „Höhepunkte" aus. Der Wintereinbruch sorgte für ein Erlebnis besonderer Art. Auch er war geeignet, die Tristesse des täglichen Einerlei zu durchbrechen. Wenn wir durch die eisige Kälte zum Essen marschierten und auf dem Rückmarsch das Restwasser in den eben abgespülten Tassen fror, drängte sich dem einen oder

Bausoldaten bei einem Appell auf dem Hof des Versorgers im Dezember 1983.

anderen der Kriegserlebnisbericht seines Großvaters auf. In Reih und Glied nebeneinander in der Kälte stehend, den Blick streng geradeaus gerichtet, flüsterten wir uns zu: „Prora 1987", das erzählen wir noch unseren Enkeln".

„Die Kälte und Weite und der Sturm haben die Menschen ja auch sehr geprägt", antwortete mein Vater am 24. Januar auf meine Schilderung des Wintererlebnisses sowie meiner nächtlichen Einsiedelei im Versorger:

„Man kann sich schon gut vorstellen, daß sich die Menschen früher an solchen Abenden Schauergeschichten erzählt haben, daß sie überall Märchengestalten und Gnomen gesehen haben. Die Geschichten waren das Leben, während sonst alles so öd und leer um sie herum war. So was muß man auch mal erleben. Im Nachhinein werden das alles gute Erinnerungen sein."

Noch immer arbeitete ich tagsüber in der Küche und nachts als „Telefondienst". Im Versorger, meiner kleinen Nische, hatte ich mich eingerichtet. Ich hatte sogar damit begonnen, das Gebäude mit eigenen Kreationen zu verschönern. Doch meine erhoffte Anerkennung vor Ort war ausgeblieben. „Ich finde es ganz toll, daß Du den Versorger mit Deinen Zeichnungen und Bildern geschmückt hast", versuchte mich mein Vater auf meine Schilderung vom 20. Januar hin in meinen Aktivitäten zu bestätigen. „Infantil" aber fand Sven meine Gemälde, als ich ihm diese stolz in einer Arbeitspause präsentierte. Dass ich mich damals unter den erstaunten Augen aller Beteiligten danach erkundigte, was „infantil" denn für eine Richtung sei, machte die Sache für mich nicht leichter. Einmal mehr wusste ich mich nicht zu verhalten. Obgleich einige meiner Zeichnungen tatsächlich ganz nett aussahen, erleichterte mich der kurz darauf erlassene Befehl, sie hätten zu verschwinden.
Die Buntstifte für meine kleinen Kunstwerke, mit denen ich übrigens auch ganze Stapel von Briefpostkarten für den all-

jährlichen Basar des Eisenacher Diakonissenhauses verschönte, gehörten lange Zeit zu meinen besonders lieb gewordenen Begleitern. „Die Stifte, die wir Dir geschickt haben", erklärte mir meine 16-jährige Schwester Erdmute in einem Brief, „sind ganz gute. Ich hoffe Du hast das gemerkt. Die kannst Du nämlich auch zum Aquarellmalen nehmen. Mußt Dir mal den Zettel durchlesen."

Die bunten Stifte aus dem Westen verzauberten meinen grauen Alltag im Osten ebenso wie ein Parfumspray, mit dem ich meine muffige Uniform eindieselte. Diese wurde nur etwa alle halbe Jahre gereinigt. Da auch die Unterwäsche recht selten getauscht werden konnte, schickte ich sie meist zum Waschen nach Hause. Zu den Annehmlichkeiten, die ich mir selbst gestattete, gehörte auch mein grüner flauschiger Bademantel, den ich mir am Abend überwarf, während alle anderen in ihrer bloßen Unterwäsche umherliefen. Das war meine kleine Freiheit.

„Allerdings habe ich schon den Vorwurf bekommen, ich würde rumlaufen, als ob ich im Kurhaus wäre", schrieb ich Andreas auf eine selbstbemalte Karte mit dem Spruch: „Seien wir ständig bemüht, uns von allem zu entgiften, was uns entmutigend niederziehen will." Diese Weisheit hatte ich aus einem kleinen Spruchbüchlein, mit dem ich mir während meiner großen inneren und äußeren Einsamkeit im Januar Mut machte.

Während des gesamten Januars bekam ich keine Möglichkeit, in den Ausgang zu gehen. Und mein nächtlicher Telefondienst zehrte an den Nerven. Ich fühlte, wie mich dieser Dienst von meinen Zimmerkollegen isolierte. Wir sahen uns kaum noch. Abgebrochen waren auch die vielen Kontakte auf dem Kompanieflur, insbesondere zu Sven. Ende Januar schrieb ich Andreas: „Heute bin ich über Nacht mal wieder in der Kaserne – in den letzten zehn Tagen war ich hier immer nur mal zwei

bis drei Stunden am Tag. Es ist schön nach diesem Einsiedlerdasein wieder mit Menschen zusammen zu treffen."
In der Kaserne erwartete mich in jenen Tagen ein Päckchen meiner Mutter. Der Inhalt gab mir neuen Mut. Ich fand darin das tiefgründige Büchlein von Antoine de Saint-Exupéry: „Der kleine Prinz".

Prora, 06.01.87

Ihr Lieben zu Hause!

Eisige Kälte, pfeifendes Getöse, Schneesturm, sich am Horizont brechende Wellen im tosenden Meer – das begleitet mich zur Zeit hier auf Rügen. Dazu wird es am Tage nicht mehr richtig hell. Leider kann ich nichts mehr von schönen Sonnenaufgängen und mildem Wetter schreiben, denn der Winter ist voll und ganz eingezogen. Hier liegt viel mehr Schnee als zu Hause – man hat es gleich gespürt, als der Zug über den Rügendamm polterte, denn es zog gewaltig darin. Die Rückfahrt war recht unbequem, aber den ganzen gestrigen Tag habe ich im Schlaf verbracht. Irgendwie war ich fix und fertig.
Inzwischen habe ich mich auch wieder etwas an die hiesigen Umstände gewöhnt. Ich sprühe mich jeden Tag mit Spray ein, weil die Uniformen so stinken – es ist belastend. Zu Hause darf man an manches hier nicht denken, denn dort erscheint es noch schrecklicher als hier selbst. Es war auch ganz schön, seine Kameraden wieder zu treffen, die das gleiche Los haben. Bis Leipzig die Zugfahrt war recht schön und gemütlich. Onkel Rudi und Tante Lotti waren in Leipzig am Zug und wir gingen in die Mitropa, wo ich eine Soljanka aß und wo wir Bier tranken. Es war sehr nett und schön.
Heute war ich das 1. Mal auf Arbeit. Es herrschte nicht all zu viel Ruhe, denn alles war ziemlich verkeimt und wir mussten erst einmal sauber machen. Aber ich bin so froh, wieder ein geregeltes Leben zu führen – (Weihnachten war doch zu schrecklich!)
Ich hoffe sehr, daß es Euch gut und Papa wieder besser geht. Jetzt ist Revierreinigen und ziemlich viel Unruhe, so daß ich schließe. Wie gut, daß Mama dieses Wetter hier nicht erleben muß!
Mit tosendem Gepfeife seid für heute gegrüßt von Euerm Stefan.

PS: Jetzt habe ich es wieder vergessen, mich für den lieben Brief zu bedanken. Ich habe mich sehr gefreut! Die Blumenkarte ist doch ein sichtbares Zeichen des schönes Lebens und ich habe sie schon über dem Bett angebracht. Momentan ist Christian zu mir gekommen, wir unterhalten uns schön. Er hatte zu Hause im Urlaub meistens Magenschmerzen vor Aufregung – also ich bin kein seltener Fall!

*

Prora, 09.01.87

Ihr Lieben!

Nun bin ich vor lauter Arbeit im Versorger wieder nicht dazu gekommen, Euch zu schreiben. Es wurden doch einige Kräfte abgezogen und die Mollis (Matrosen), die den ganzen Tag jetzt im Wetter dort herumlungern, sorgen zusätzlich für Arbeit und Dreck. Dann braucht man ja auch seine Erholungs-Schlafpause. Ich bin übrigens gerade dabei, das ‚im Sitzen-schlafen' zu üben. Es ist nicht so gefährlich und geht ganz gut. Heute hatten wir zum Mittag Bratfisch mit Kartoffeln und Rohkost. Hat sehr gut geschmeckt und ich habe wieder einen riesigen Appetit. Belastend ist zur Zeit die eisige Kälte und überhaupt der dunkle Winter hier oben. Wenn wir morgens zum Essen marschieren, denken wir zu Eis erstarren zu müssen. Heute früh ist mir das Abwaschwasser in der Tasse gefroren. Jetzt ist es schon wieder stockfinster und noch tobt das Meer und der Sturm heult, aber bald wird alles zugefroren sein. (-20 Grad Celsius sollen es heute Nacht werden).
Gestern war ich auch beim Arzt wegen dem Versorger. Ich habe auch eine ‚Gruppe' bekommen und es steht im Arztbuch, daß ich nur im Versorger arbeiten darf. Ab nächster Woche kommt ein Militärarzt[1], da bin ich froh, noch mal gegangen zu sein. Ich soll viel Sport treiben und gehe daher nachher runter in die Turnhalle. Ich hoffe, Euch geht es auch gut und grüße herzlich, Euer Stefan. (Die Tage sind viel zu kurz um das zu schaffen, was ich mir immer vornehme)

*

---

[1] In der Regel waren die Ärzte im Med.Punkt Reservisten.

Ihr Lieben zu Hause!

Mukran, 11.01.87

Heute ist Sonntag und es ist schon 20 Uhr. Noch immer sitzen wir hier im Versorger und warten auf das Auto, welches uns nach Prora fahren soll. Den ganzen Tag herrscht ein gewaltiger Schneesturm, so etwas habe ich auch noch nicht erlebt – alles weiß und riesige Schneewehen. Ständig war ich heute Schneeschippen, aber es nützt fast nichts, da der Sturm alles durcheinanderwirbelt. Hoffentlich kommen wir morgen noch hier herein. Einen Eingang konnten wir nicht mehr „retten", er ist jetzt zugeweht. Zum Essen kamen heute nur sieben Leute von 85, da konnten wir alles wegschütten. Dabei hat es gut geschmeckt: Senfbraten mit Pfeffersauce und Rotkohl. Wahrscheinlich sind sie nicht durchs Gestöber gekommen. (Manche haben immer einen Weg von 1–2 km zurückzulegen). Langsam fängt auch das Meer an einzufrieren. Am Strand bildet sich schon Eis, was jeden Tag größer wird.

Ein „ganz besonderes Vergnügen" ist die Herfahrt und die Abfahrt auf dem LKW. Ich packe mich tüchtig ein, heute durften wir auch die Klappe von der Mütze herunterklappen. Jetzt ist das da, wovon ich mit Schaudern schon Jahre zuvor gehört hatte: Bei etwa -20 Grad mit dem LKW an die Küste fahren. Dabei geht es uns hier drinnen noch gut, immerhin haben wir hier 15–16 Grad Celsius.

In der Küche musizieren gerade Bernd und Markus mit Gitarre und Geige, es klingt so richtig schnulzig. Alles ist hier wie ein Film, den man sich gern im gemütlichen Wohnzimmer ansehen würde. Aber nach dieser Zeit kommt auch wieder der schöne Sommer. Jeden Tag freue ich mich an der schönen Blumenkarte über meinem Bett. Das Bild, welches ich zu Weihnachten bekommen habe (mit den Alpen) hängt auch bei uns im Zimmer über Markus Bett. So kann es jeder Besucher am besten sehen. Jetzt ist gerade der Heizer hereingeschneit (im wahrsten Sinne des Wortes). Ich bin gespannt, ob überhaupt noch ein Fahrzeug hierher durchkommt – Wie wird es Euch bei diesem Wetter gehen? Vorige Nacht oder so ist ein Fischkutter bei Bornholm untergegangen und drei Männer schwammen 25 h auf einem Floß auf der Ostsee herum – unvorstellbar! Mit Markus verstehe ich mich übrigens nicht mehr so gut wie anfänglich. Er ist in Prora fast immer bei Wulf (einem Schwulen) mit dem er sich glänzend versteht und an den er täglich hier denkt. Außerdem geht mir

das Karo-Rauchen und der dazugehörige Husten auf die Nerven.
Vorgestern verbrachte ich einen wunderschönen Abend bei Christian im Zimmer mit Rommé-Spielen. Gestern war erst 23 Uhr Nachtruhe, da war ich in unserem Zimmer sehr produktiv und malte und klebte. Jetzt bin ich gerade dabei, etwas für die Toiletten zu entwerfen – Hinweisschilder für Sauberkeit.
Die Abende sind überhaupt immer sehr schön und gemütlich, wenn draußen der Wind heult. Es ist auch etwas wärmer in der Kaserne als hier im Versorger. Sehr schön ist der Bademantel, den ich gern anziehe. Bis jetzt bin ich der Einzige, der so etwas trägt und habe schon den Vorwurf bekommen, daß ich mich immer noch wie im Kurhaus fühlen würde.
Am 25.01. nehme ich an einem Spezialitätenessen teil und übermorgen findet das Konzert „Die Jahreszeiten" statt. Vielleicht fahre ich in der nächsten Woche auch ins Theater nach Putbus. Ob das bei dem Wetter aber überhaupt klappt bzw. ein Vergnügen ist, ist noch die Frage. Dorthin fährt man ebenfalls auf dem LKW.
Viele Grüße Euer Stefan.

*

Prora, 13.1.87
Hallo ihr Lieben!
Nun sind wir tatsächlich von der Außenwelt abgeschnitten, Rügen ist eingeschneit. Es herrscht hier Katastrophenalarm, das heißt, es geht alles drunter und drüber. Gestern fuhren wir noch morgens auf die Baustelle, aber es lief nichts mehr. Noch nie zuvor habe ich einen solchen Schneesturm erlebt, man konnte kaum die Hand vor Augen sehen. Das Meer tobte, fast haushohe Wellen brachen sich schon am Horizont. Auf der ganzen Insel herrscht Chaos durch die Schneemassen. Nach dem Mittag fuhren wir jedenfalls alle wieder nach Prora zurück und jetzt läuft hier alles nach Katastrophenplan.
Ständig müssen BS einsatzbereit für Schneeschippkommandos sein. Die Leute mit „Gruppe" müssen rund um die Uhr Dienst stehen. Da ich mir ja neuerdings wieder die „Gruppe 7" habe geben lassen, bin ich auch unter diesen BS. Gerade habe ich wieder solch einen 24 h Dienst und bin GUvD (Gehilfe Unteroffizier vom Dienst). Es ist jetzt die 20. Stunde und ich bin schon schrecklich müde. Auf unserer Kompanie herrscht momentan Nachtruhe, da 100 Mann letzte Nacht in den Schneesturm

hinaus mussten und die Gleise vom Fährhafen freizuschaufeln hatten. Im Prinzip haben sie sich aber nicht tot gemacht und waren an der frischen Luft. Dieser Dienst hier ist vielleicht auf Dauer belastender, da man immer ansprechbar sein muß.
Ab heute gibt es kein warmes Wasser mehr, und die Heizung ist fast kalt. Wir sitzen in wattierten Uniformen und mit Pelzmütze auf dem Gang. Schade, daß nach hier nichts mehr kommt vom Festland, gestern Mittag fuhr wohl der letzte Zug über den Damm. Wann dieser Brief Euch erreicht, weiß ich auch nicht. Es sind ja erneute Stürme und Schneefälle gemeldet. Im Grunde ist die ganze Sache auch etwas spannend und interessant.
Gestern wurden Decken vor die Fenster gehängt, manchmal flog ein Fenster durch den Druck auf und man kam fast nicht mehr ins Zimmer, da die Tür sich kaum öffnen ließ. Gerade nage ich an einem Stück kalten Camembert-Käse und trinke kalten Tee, da der IMEX kaputt ist.
Es soll hier der schlimmste Winter seit 1978 sein, da war die Insel das letzte Mal tot. Wie wird es Euch wohl gehen? Ob Ihr mal Nachrichten gehört habt?
Gestern habe ich auch fast 4 h versucht anzurufen, aber es war kein Durchkommen zum Festland mehr möglich.
Vielleicht erreicht Euch dieser Brief irgendwie, wenn mal ein Zug wieder nach unten kommt. Ach ja, bis auf Weiteres haben wir Ausgangs- und Urlaubssperre. Jetzt muß ich ein paar Pläne schreiben.
Viele Grüße bis hoffentlich bald,
Euer Stefan.

PS: Jetzt habe ich meinen Dienst beendet und die 100 Mann sind wieder zum Schaufeln. Eine Stunde vorher sollten wir ihnen Abendbrot zuteilen. Da reichten die Brötchen nicht, die Wurst nicht – und 16.20 Uhr muß alles fertig angetreten sein. Ein Chaos!
Nun bin ich froh, Ruhe zu haben. Draußen ist der Himmel schon wieder verfärbt, es wird Sturm heute Nacht bis 120 km/h erwartet. Vielleicht kommt Alarm heute Nacht, da müssen auch die hier Verbliebenen aus der Kaserne ausrücken. Es ist wie ein Rausch, aber vielleicht muß man so etwas auch mal durchgemacht haben. Im Essensaal sind die Abwaschbecken verstopft und bei der Kälte klettern die Nacktschnecken aus den Abflussrohren die Wände hoch. Aber es geht alles zum Aushalten – weil es sein muß!

*

Mukran, 20.1.87

Ihr Lieben!

Nun endlich soll wieder ein Lebenszeichen von mir kommen. Seit ca. einer Woche ist die Katastrophenzeit vorbei und wir sind wieder im Versorger. Ich mache diese Woche zusätzlich Telefondienst nachts. Seit drei Tagen ist hier wieder schönes ruhiges Sonnenwetter. Es tut sehr gut nach den so dunklen Tagen und Wochen. Jetzt war ich auch öfter mal spazieren am und auf dem Meer. Großen Spaß macht es nämlich, über die Wellen zu klettern. Das Meer ist fast bis zum Horizont zugefroren. Allerdings fühle ich mich in letzter Zeit nicht sehr wohl. Ich komme mir sehr gestreßt vor, obwohl so viel Ruhe da ist. Dann leide ich an Appetitlosigkeit und Kreislaufbeschwerden. Um auf andere Gedanken zu kommen, gehe ich spazieren, aber es ist sehr einsam hier. Ich leide an Kälte, innen und außen.
Sonntag wollte ich mit Thomas in den Ausgang gehen; es wurde mir aber nicht genehmigt, da ich arbeiten muß. So ging ich Vormittags von hier aus an den Strand und fühlte mich wie auf dem Nordpol – nur Schnee, Eis und dazwischen ich als einziges lebendes Wesen. An jenem Tag hatte ich große Sehnsucht. Ach, es ist nicht schön, wenn man sich nicht so richtig wohl fühlt. Ich hoffe, es kommt bald wieder – wenn erst Frühling ist!
Gestern war ich mit dem Schwulen spazieren, was er erzählte, war recht interessant und belastend zugleich. Aber ein paar Äste habe ich mitgebracht, die jetzt auf unserem Tisch hier in der Wohnküche stehen.
Bernd und Michael spielen gerade Schach, Jan liest und ich schreibe.
Die letzte Telefondienst-Nacht habe ich zum Malen genutzt. Überall im Personalbereich des Versorgers hängen jetzt Bilder von mir. Es sieht nicht schlecht aus, und die Wände sind nicht mehr so kahl. In 1 h werden wir nach Prora zurückfahren und 18.30 Uhr (2 1/2 h später) fahre ich allein wieder hierher zum Telefondienst mit dem Heizerfahrzeug. Damit es nicht so einsam ist, besuche ich bis zum Nachtessen mitunter die Heizer in ihren Häuschen, die sich auch über Abwechslung freuen. Der eine hat sogar ein ganz gemütliches Wohnzimmer mit Fernseher.
Inzwischen bin ich nun in der Kaserne und beende diesen Brief am Fensterbrett. Heute Nacht wird es wieder sehr kalt werden. Das Meer liegt tief vereist wie ein verschneiter Kartoffelacker vor mir und darüber ziehen rötliche Nebelschaden (von der Abendsonne bestrahlt) hin.

Im Zimmer ist es recht gemütlich und warm, obwohl die Zimmertemperatur um 5 Grad Celsius zurückgehen sollte, zwecks Energieeinsparung. Auf den Gängen brennt deshalb auch nur noch eine Sparbeleuchtung und nur bedingt gibt es heißes Wasser. Im Versorger ist es immer noch ziemlich kalt, da die Heizkörper so klein sind. Nachts friere ich daher manchmal und die Decken stinken so, daß man sich nicht getraut, sie bis zum Gesicht hochzuziehen. In dem Bett schläft ja dauernd jemand anders seit zwei Jahren oder noch länger – ekelhaft!

Viele Grüße Euer Stefan.

*

Versorger-Mukran, 29.01.87

Ihr Lieben!
Vielen Dank für Deinen Brief, lieber Papa, über den ich mich sehr freute. Ja, wenn alles so tot und einsam ist, sieht man wirklich schon fast Gespenster: Hier quietschen nachts auf einmal irgendwelche Türen und Fenster. Neulich wollte ich gerade einschlafen (beim Telefondienst) und hatte mich nach einem Rundgang durch alle Zimmer entschlossen, nun das Licht zu löschen. Da flog plötzlich das Fenster auf, und ich saß im Bett halbtot vor Schreck.
Inzwischen ist das Leben und das Wetter wieder so schön geworden. Das Meer ist aufgetaut und schimmert blau, die Sonne strahlt mir heiß ins Gesicht und der Schnee glitzert. Aber man sollte sich nicht zu wohl fühlen: Vorhin habe ich Fenster geputzt, da kam der Kompaniechef vorbei und sagte mir, daß er Leute aus dem Versorger abziehen muß. Ich werde höchstwahrscheinlich nun dabei sein – mal sehen, was da wieder auf mich zukommt. Wir waren ehrlich gesagt schon verwundert, daß wir alle auf einmal an diesem Wochenende in den Urlaub geschickt werden. Am Dienstag sollen alle Leute auf der Baustelle gewechselt werden. Dasselbe findet nun ungefähr das 3. Mal statt und bis jetzt konnte ich ja hier Stellung halten – aber es soll halt Kränkere geben – ich sehe eben noch zu gut aus und lache zu viel. Was solls!
Also wenn alles klappt, bin ich nachts zum 31.01. da!
Bis bald, viele liebe Grüße, Euer Stefan.

auf der Baustelle gewerkelt werden.
Dasselbe findet nun ungefähr das 3 Mal
statt und es geht [...]
Stellung halten – aber [...]
kränkere geben – [...]
zu gut aus und [...]
Was solls!

Also wenn [...]

Ihr Lieben?   Ihr
                           Versorger-Haken
Vielen Dank für Deinen Brief lieber Papa
Über den ich mich sehr freute.
Ja, wenn alles so ist und einsam ist,
sieht man wirklich schon fast Gespenster.
Hier quietschen nachts auf einmal
irgendwelche Türen und Fenster. Neulich
wollte ich grade einschlafen (klein
Telefondienst) und hatte mich noch
einem Rundgang durch alle Zimmer

Februar

Nach vier Wochen durfte ich abermals in den „Urlaub" fahren: Ein typischer Kurzurlaub war es, der mir einen einzigen vollständigen Tag in der Heimat bescherte. In diesem Falle wurde ich am 30. Januar bereits mittags aus der Kaserne entlassen. Da erreichte ich in Bergen noch den „Malmö-Express" nach Berlin und dort einen Anschluss, der mich am 31. Januar gegen zwei Uhr morgens in Eisenach eintreffen ließ. Am 2. Februar trat ich gegen Nachmittag die Rückreise an, um am 3. Februar wieder pünktlich zum Dienst in der Kaserne zu erscheinen.

Für den „Malmö-Express" war eine Sondergenehmigung erforderlich, die nicht immer erteilt wurde. Später traf ich öfters erst zum Frühstück in Eisenach ein. Doch ganz gleich ob ich Eisenach nachts oder frühmorgens erreichte, ich verbrachte anschließend den halben Tag im Bett. Selbst wenn ich mir einen Platz im Liegewagen gegönnt hatte, war doch der Schlaf durch die ständigen Schienenstöße recht oberflächlich. Sämtliche Bahnstationen konnte ich bald vorwärts und rückwärts aufzählen. Oft wachte ich verängstigt auf, weil die Räder auf den veralteten Schienen so klapperten und polterten, dass ich glaubte, sie seien aus der Schiene gesprungen. Andererseits ließ mich das laute Rauschen vom Meer träumen.

Der letzte Teil der Reise war stets eine besondere Herausforderung. In Erfurt musste ich in einen Personenzug umsteigen, der bis an den Grenzort Gerstungen weiterfuhr. Dass ich den Halt in Eisenach nicht verschlief, dafür sorgte die blauuniformierte Bahnpolizei. Nachdem der Zug die Stadt Gotha passiert hatte, in die er wegen einer baufälligen Brücke nur im Schritttempo einfahren konnte, wurde ich regelmäßig nach den Gründen meiner Anwesenheit im Zug befragt. Diese „Personenüberprüfung" gehörte auch im zivilen Leben zu den

Unannehmlichkeiten jeder Zugfahrt nach Eisenach. Es nützte nichts, dass der Polizeibeamte der Vater einer meiner Schulkameradinnen war. Stets aufs Neue hatte ich den Ausweis vorzuzeigen und die Frage zu beantworten, was ich in Eisenach denn wolle. Dienstvorschrift war Dienstvorschrift. Noch zwei Jahre später schrieb ich in ein Büchlein, das ich eigens zur Notiz von Ärgernissen mit der Staatsmacht angelegt hatte und das den bezeichnenden Titel „Mein Leben als Hund" trug: „Nachmittags fuhr ich nach Hause, diesmal werde ich nicht im Zug kontrolliert, sondern es wird mir der Weg in der Bahnhofshalle versperrt. Ich frage, was das soll – keine Antwort. ‚Ihre Papiere bitte!'" Nun waren wir, dieser Vater und ich, beide uniformiert. Ich ärgerte mich über das zusätzliche äußere Zeichen des Würgegriffs, in dem mich der Staat hielt.

Auf der Rückfahrt hatte ich stets in der imposanten Bahnhofshalle von Leipzig umzusteigen. Die Erlebnisse in der vornehmen Mitropa gehören zu den schönen Erinnerungen. In Leipzig scheinen erstaunlich viele Menschen den Bausoldaten-Status gekannt zu haben. Spätere Briefe geben zu erkennen, wie zuvorkommend ich hier behandelt wurde. Ab und an wurde mir sogar etwas spendiert. Ich dachte mir damals nichts dabei. Doch in Leipzig hatte es begonnen zu gären.

Wenn wir nach dem verlängerten Wochenende wieder in Prora eintrafen, wurden wir gern besonders getriezt. Den Würgegriff, in dem mich Staat und Militär hielten, spürte auch im „normalen" Alltag von Prora vor allem mein Magen. Er schien mich bestimmen zu wollen, und mein neuer Posten hatte dem wenig entgegenzusetzen. Seit Mitte Februar begleitete ich die Essenskübel auf die Baustelle hinaus, um das Mittagessen in einer Bauunterkunft auszuteilen, die von den beiden Kantinen zu weit entfernt war. Eine an und für sich schöne Aufgabe für jemanden, der sich eines gesunden Appetits erfreut. Zudem führte mich der Weg des LKWs über meinen alltäglichen

Horizont hinaus. Der Blick, der sich mir von dessen Ladefläche aus bot, konnte bei gutem Wetter überwältigend schön sein. Bei nebeligem, diesigem Wetter aber kam ich mir dort hinten zwischen all den gefüllten olivgrünen Essenskübeln recht verlassen und einsam vor. Und bei jeder schaukelnden Bewegung hatte ich nicht nur auf die sabbernden Kübel, sondern auch darauf zu achten, dass sich mein Mageninhalt nicht über ihnen entleerte.

In der stickigen Baubude meiner Mitstreiter verteilte ich dann unter deren „Hallo" das Mitgebrachte. Meist konnte ich den Inhalt meiner Kübel nicht mehr riechen. Neben der Nase suchte ich mitunter auch meine Ohren zu verschließen. Das war dann der Fall, wenn mir der eine oder andere aufgeweckt entgegenschrie: „Wie schön er das kann, unser Prinz." „Mir ein bißchen mehr, Prinzesschen." Nach solchen Attacken teilte ich hochroten Kopfes mit zitternden Händen das Essen aus. Wie froh war ich, wenn ich mit meinen leeren Kanistern

Freizeit in Prora. Ich trank statt Kaffee lieber Kakao.

und noch immer leeren Magen endlich in mein Refugium, den Versorger, zurückfahren konnte. Wenn es nach dem Mittagessen kurzzeitig aufklarte oder wenn gar die Sonne schien, dann fühlte ich mich nach dieser bestandenen „Bewährungsprobe" recht erleichtert. Dann sah ich mich in der Lage, zum Stift zu greifen, um einen weiteren unbekümmerten Brief von meinem Armeeaufenthalt zu verfassen.

Diese Ausfahrten genießen konnte ich tatsächlich erst, als ein Ende dieser Tätigkeit in Sichtweite rückte. Nicht nur die Ungewissheit über mein Schicksal, so musste ich realisieren, auch die Routine flößten mir Angst ein.

Diese Angst sollte sich in einem meiner Ausgänge Mitte Februar entladen. Damals erlitt ich einen Gefühlsausbruch, der mich vor einem meiner engeren Vertrauten als besonders sensibles und zerbrechliches Wesen entlarvte. Aus irgendwelchen Gründen hatten meine Eisenacher Freunde ihren angesagten Besuch kurzfristig abgesagt. Um meinen genehmigten Ausgang irgendwie zu gestalten, schloss ich mich Thomas und Uwe, einem netten jungen Bausoldaten unserer Kompanie, an. Thomas galt meine heimliche Bewunderung. Nur ein halbes Jahr älter als ich, schien er mir irgendwie bodenständiger und reifer zu sein. Dazu glaubte ich erkennen zu können, dass er von allen uneingeschränkt akzeptiert wurde, und dies trotz seiner Jugend.

Mit Thomas und Uwe fuhr ich nach Binz, wo wir im „Kurhaus" ein gemütliches Sonntagsfrühstück einnahmen. Dann wanderten wir in unseren schweren Wintermänteln und sommerlichen Ausgangsschuhen zu einer Gaststätte hoch oben auf der zerklüfteten Steilküste zwischen Binz und Sellin. Schwach und von Gedanken über mein „Sein" und „Werden" gepeinigt, stolperte ich gehüllt in die vom Meer heraufquellenden dicken Nebelschwaden über diese und jene Wurzel. Inmitten des gut gelaunten Gesprächs meiner Begleiter fühlte ich plötzlich einen fragenden Blick auf mir ruhen. Ich suchte ihn durch einen Scherz abzulenken. Bald darauf hatten wir die Gaststätte erreicht.

Wir froren. Wir hatten ein flaues Gefühl im Magen, und wir bestellten alle drei Wild mit Preiselbeeren. Erwartungsgemäß genüsslich gaben sich meine neuen Freunde ihrem Braten hin. Ich nicht. In mir stieg wieder jenes Gefühl der Beklemmung auf, das sich in Schweißausbrüchen und schlimmstenfalls in würgendem Brechreiz entlud. Ich zitterte. „Du bist so blaß, Wolter", rief mein rotbackiges Idol besorgt, woraufhin sich mein „Ich" ein weiteres Vormachen nicht mehr bieten lassen wollte. „Mir ist schlecht", stammelte ich und rannte hinaus in das graue Nichts, das das Aussichtsplateau an jenem schrecklichen Februartag umgab. Dort stand ich bleich, jammernd und weinend, am Ende meiner Kraft, am Ende allen Kämpfens, verzweifelt und erniedrigt von meinem Schicksal, das mich vernichten zu wollen schien – ohne Aussicht und Durchblick, hilflos und überfordert.

Besorgt redete Thomas mir zu, und ich klammerte mich an seine graue Filzjacke, die mir viel weicher und wärmer vorkam als meine eigene. Thomas deutete sogar eine Umarmung an, und ich war dankbar für jede Geste, die mir angesichts des verschleierten Horizonts das Gefühl gab, nicht allein zu sein. Auf dem Rückweg schon war mir mein plötzliches „Anfallsleiden", wie es sich für meine Freunde darstellte, peinlich. Im Café „Möwe" suchten wir das Geschehene zu vergessen. Am Abend tröstete mich Thomas mit dem Lied von Udo Lindenberg „Hinterm Horizont geht's weiter".

Prora/Rügen, 03.02.87

Ihr Lieben!

Nach 13 ½ h Fahrt bin ich gut wieder eingetroffen heute früh. In Leipzig hatte ich ja 1 h Aufenthalt und setzte mich ins Restaurant auf dem Bahnhof. Als ich gerade bei Gänsebraten mit Apfelrotkohl und Klößen saß, kamen Markus, Christian und später auch Thomas. Zusammen fuhren wir dann hier hoch und wurden empfangen von herrlicher Luft und einem tollen Sonnenaufgang über dem zugefrorenen Meer.
Jetzt ist es schon wieder 15.45 Uhr und draußen ist das schönste Wetter! Allerdings wurde heute Vormittag viel Streß gemacht mit Stuben- und Revierreinigen. Erst gegen 10 Uhr konnte ich mich hinlegen und bis Mittag 13.20 Uhr schlafen. Morgen fahre ich wieder in den Versorger hinaus.
Noch einmal vielen Dank, liebe Erdmute, für die schönen, nett verpackten Brote. Ich habe mich sehr gefreut. Deinen Spruchkalender fand ich total zerfetzt auf meinem Bett vor. Es gab nämlich während unserer Abwesenheit einen Stubendurchgang, und da wurde einiges eingezogen oder abgemacht. Das sind die „kleinen Freuden" des Lebens hier. Ich werde ihn aber wieder herstellen! – Auf dem Wartburg-Kalender sind die ersten Tage vom Februar nun schon wieder schwarz ausgestrichen. Dieser Monat ist mir sehr sympathisch, da er ja weniger Tage hat.
Eben haben wir im Zimmer Kaffee getrunken (rund 10 Mann). Aber jeder 2. Satz handelt ja von der Baustelle und da kann ich nicht so gut mitreden. [...] Morgen gehen wir mit Anja in den Ausgang. Hoffentlich klappt alles, dann wird es bestimmt schön. So, für heute nun genug! Viele Grüße von Euerm Stefan.
Einen schönen Urlaub wünsche ich Euch! PS: Heute Abend habe ich meine erste Flötenstunde bei Bernd. Gleich ist Pflichtduschen.

*

Versorger-Mukran, 06.02.87

Hallo, Ihr Lieben!

Draußen ist es schon dämmrig und ekelhaftes Matschwetter. Zum Mittag gab es heute Schlachteplatte [Wellfleisch, Sauerkraut, „tote Oma" (Grützwurst) und warme Leberwurst], da kamen nicht so viele. Gestern hatten wir aber wieder mal Steak mit Kartoffelbrei und Zwiebelfett, das hat geschmeckt.

Am Mittwoch war ich nun mit Thomas im Ausgang in Binz, wo wir uns mit Anja trafen. Wir verlebten wundervolle Stunden im Café „Möwe" mit viel Wein und Sekt. Nachts sind wir am vereisten Strand spaziert und es hat viel Spaß gemacht, auf den Eisbarrieren entlang zu klettern und in die dazwischenliegenden „Gletscherspalten" herunter zu sehen.
Nächstes Wochenende wollen mich ja nun Andreas und Tim besuchen kommen. Anja kommt da vielleicht auch wieder mit. Jedenfalls freue ich mich auf das nächste Wochenende und die Zeit vergeht rasend bis dahin. Ansonsten verbringe ich meine Freizeit mit Flöte üben, malen, lesen, schlafen und essen. Gestern Abend haben wir gemeinsam auf dem Zimmer gegessen, da hat es gleich noch besser geschmeckt. Schlafen tue ich nach wie vor sehr gut, heute früh habe ich das Wecken gar nicht mitbekommen.
Gestern Abend war ich auch beim neuen Arzt und habe mich vorgestellt, da ja immer noch nicht sicher ist, ob ich hier bleiben kann. Er hat sich meinen Rücken angeschaut, mich nach meinem Alter gefragt und festgestellt, daß ich eine Katastrophe bin (bzw. mein Rücken). Ich habe mir das gleich schriftlich geben lassen, mal sehen ...
Ob ihr eigentlich schon im Urlaub seid? Jetzt scheint das schöne Winterwetter ja vorbei zu sein. Ich hoffe auch, daß Erdmute die Russisch-Prüfung gut überstanden hat. Als Neuestes wird jetzt auf jeder Kompanie das Singen geübt, da beim Marschieren gesungen werden soll („Wenn alle Brünnlein fließen" und „Heut' ist ein wunderschöner Tag").
Nun ja, das war's für heute. Ich habe noch viel zu tun.
Viele Grüße von Euerm Stefan.

*

Prora, am 19. Februar 1987
Ihr Lieben!

Vielen Dank für den lieben Brief, über den ich mich sehr freute! Jetzt will ich auch endlich einmal wieder etwas von mir hören lassen. Letztes Wochenende war ja nun etwas traurig, da kein Besuch kam. Ich hatte Samstag/Sonntag Ausgang beantragt, Quartier besorgt und einen Tisch bestellt im Café „Möwe". Am Samstag fuhr ich extra etwas eher vom Versorger nach Prora, um mich vorzubereiten. Da bekam ich 2 h vorher das Telegramm aus Eisenach. Es war schon blöd, die ganze Aufregung für umsonst.

Ich war trotzdem in Binz. Samstag feierten wir in der „Möwe" einen Geburtstag, und Sonntag war ich mit Thomas im Ausgang. Wir unternahmen eine größere Wanderung (rund 15 km) durch ein kleines Gebirge bei Binz zu einer Gaststätte, und liefen dann am Strand über Steine und Klippen zurück. Der vereiste und verschneite Strand ist ja jetzt noch ein Erlebnis. Außerdem werden jetzt viele Bernsteine angespült.
Zur Zeit teile ich bei einer Baubrigade auf der Baustelle das Essen mittags aus. Da fahre ich auf einem W 50 mit 4 Kübeln quer über die ganze Baustelle und es ist ziemlich kalt. Nachmittags fahre ich in den Versorger zurück und kann mich dort etwas aufwärmen. Zur Zeit geht es mir auch nicht so richtig gut. Ich muß täglich mit so vielem fertig werden – alles ist so monoton. Ca. 14 Tage hatten wir hier nur Nebel, so daß die Stimmung sehr gedrückt ist. Es ist auch schlimm zu sehen, wie Leute, die anfangs so redselig und munter waren, nur noch herumhängen, sich zurückziehen (sofern das überhaupt möglich ist). Jedenfalls ist es oft recht schlimm und ich sehne mich nach Hause und nach Geborgenheit. Mit meinem Appetit sieht es auch nicht rosig aus, obwohl es seit 2 Tagen wieder besser geht. Vor einem Jahr waren wir im Winterurlaub und es war so schön. Wenn ich daran denke, bleibt mir der Bissen fast im Hals stecken. Es ist vielleicht doch nicht so gut, von zu Hause gleich in die rauheste Welt geschickt zu werden. Letzten Sonntag als Thomas, Uwe und ich im Ausgang Mittagessen waren, konnte ich auch nicht viel essen und es wurde mir richtig übel. Da gingen Thomas und ich raus an die Luft. Der Ärmste tat mir ja so richtig leid, da er das alles nicht verstand. Eben habe ich noch gelacht. Es hat mich so viel beschäftigt bzw. beschäftigt mich immer noch und ich stammelte das alles so raus. Thomas war so richtig gut. Es hat mich auch noch kein Freund so erlebt. Er hätte nie gedacht, sagte er, daß mir das hier was ausmacht. Oft hat er gedacht, wie ich das alles nur so gut bewältige. Aber einmal ist eben Schluß. Als er nach der 10. Klasse ans Proseminar gegangen ist, hatte er ähnliches zu bewältigen und oft Magenkrämpfe. Es hat sich dann irgendwann gelegt. Es ist eine dunkle Zeit. Irgendwie war es schrecklich, vor dem Gasthaus zu stehen. 50 m unter sich das Meer rauschen zu hören und sonst nur Nebel, Nebel – kein Durchblick.
Nun bin ich gerade dabei, mich wieder zu fangen. Mein Flötenspiel hat schon Fortschritte gemacht. Gern mache ich nachmittags kleine Spaziergänge am Meer, obwohl es so unwirtlich jetzt ist. Aber es soll bald aufklaren. Das hier sind übrigens Karten, die ich letzter Zeit stapelweise im Versorger gemalt habe. Ich schicke sie demnächst für den Basar.

Inzwischen ist der 20.02. und ich erinnere mich noch genau, wie wir vor einem Jahr Erdmutes Geburtstag feierten.
Ich sitze am Fenster unseres Zimmers. Heute ist mal wieder gute Sicht, so daß ich Saßnitz links und Binz rechts sehen kann. Die Sonne kommt gerade hervor und das Meer ist ganz grün. Es rauscht jetzt wieder mächtig, vor allem nachts. Doch dann mischen sich in das Getöse noch die monotonen Geräusche der Nebelhörner.
So, nun habe ich endlich wieder geschrieben, wenn es auch vielleicht nicht sehr gut klang. In letzter Zeit habe ich nur noch sehr wenig bzw. gar nichts mehr geschrieben. Es ist so schwer und fast unmöglich, jemanden schriftlich die Situation zu erklären. Eigentlich habe ich auch keine Lust. So bekomme ich jetzt auch nur noch wenig Post – die gerade jetzt so wichtig wäre. Voraussichtlich komme ich Mitte März wieder, ich habe den Urlaub wegen des Besuches der kommen wollte, etwas nach hinten verlegt.
Für heute nun viele liebe Grüße von Euerm Stefan.

*

Prora, 22.02.87
Ihr Lieben!

Ein kurzer Gruß von hier oben! Heute ist Sonntag, und es ist bereits abends. Ich sitze im Klubraum und habe gerade die Karten für den Basar fertig gemacht. Heute am Tag bin ich dazu nicht gekommen, da ich nach dem gestrigen Ausgang sehr müde war und fast den ganzen Tag verschlafen habe. Aber spazieren am sonnigen und verschneiten Strand war ich trotzdem noch. Ich bin sehr froh, daß es mir wieder gut geht. Man lernt in anderer Umgebung und Atmosphäre ganz andere Erscheinungen an sich kennen.
2 Tage fahre ich jetzt noch das Essen auf die Baustelle zu der Brigade, wo auch Thomas arbeitet. Entweder esse ich dann dort mit in der Bude oder ich fahre mit dem LKW mit nach Saßnitz. Es ist bei schönem Wetter eine herrliche Fahrt, entlang der Küste. Ab Mittwoch bin ich dann wieder im Versorger.
Ob die Karten überhaupt gekauft werden? Man muß es eben versuchen! Vielen Dank nochmals für das nette Päckchen. Den Kuchen werde ich morgen im Zimmer mit auf den Tisch stellen. 17 Uhr trinken wir immer Kaffee, da kommen wir nämlich aus Mukran wieder hierher. Ansonsten

wollen Thomas und ich demnächst mal schön Kaffee trinken. Übrigens bedankt sich fast die halbe Kompanie für die schöne Marmelade. Beim Frühstück bin ich sehr gefragt und bekomme Plätze freigehalten. Für heute Tschüß, Euer Stefan.

*

Prora, am 24.02.87

Ihr Lieben zu Hause!

Heute kam Erdmutes Brief an, über den ich mich sehr freute und für den ich mich jetzt schon bedanke.
Wie ich schon befürchtete, wollen sie mich nicht auf Urlaub fahren lassen. Dann können sie ja immer etwas finden. So wurden gestern Thomas und ich wegen heruntergeklappten Ohrenklappen mit drei Wochen A und U [Ausgangs- und Urlaubssperre] bestraft. Auf der Baustelle war ein so kalter Wind, darum knöpften wir die Klappen herunter. Hätten sie mich nicht wegen dieser Banalität bestraft, dann eben wegen etwas anderem. Finden können sie ja immer etwas. Wenn wir auf der Baustelle sind und einer von uns will auf Urlaub fahren am nächsten Tag, dann kann es passieren, daß ein Sack [Offizier] kommt und irgendetwas an demjenigen finden will zum Bestrafen. So wurden Leute schon wegen offener Jacke im Sommer bestraft und kürzlich einer aus meinem Zimmer, weil er nicht „Achtung" gesagt hat, als die Herren Vorgesetzten hereinkamen. Dabei waren 5 andere im Raum, die das „Achtung" hätten geben können. Aber nur der Eine wollte eben auf Urlaub fahren einen Tag später. Er bekam dafür auch 3 Wochen Ausgangs- und Urlaubssperre und sitzt seit dem letzten Urlaub schon 8 Wochen hier.
Nun hatte ich ja noch S-Urlaub [Sonderurlaub] beantragt und den wollte ich versuchen durchzusetzen. So war ich im Stab, um mich gleich an höhere Stelle zu wenden. Heute war auch gerade ein Oberst aus Berlin vom Ministerium da. Bis jetzt weiß ich noch nichts. Dazu kommt noch, daß gerade Anja und 2 Jungen aus Weimar für 3 Tage in Binz sind und mich sehen wollen. Ich komme ja nun nicht raus hier. So habe ich für morgen eine Dienstreise nach Stralsund beantragt, da können wir uns dann vielleicht nachmittags noch sehen. Ich habe schon lange einen Bescheid, daß ich mir die [orthopädischen] Einlagen abholen soll. Jedenfalls ist die Lage also zur Zeit recht angespannt.

Ich würde gern kommen, aber ich werde hier wohl in diesen Gemäuern verbringen müssen. Mal sehen. Jetzt ist Arbeitsschutzbelehrung und ich muß schließen. Viele liebe Grüße für heute, Euer Stefan.

*

Hallo, guten Abend!   Prora, am 26.02.87

Gerade bin ich im Klubraum, und ein Tisch weiter probt unser Chor. Daher ist es momentan etwas laut. Vielen Dank für den letzten Brief, über den ich mich sehr freute. Ich freue mich, wenn ihr einen schönen Winterurlaub hattet. Hier herrscht jetzt auch richtiges Urlaubswetter – es ist herrlich und die Welt ist gleich ganz anders.
Allerdings bin ich ganz plötzlich und unerwartet aus dem Versorger entlassen worden. Montag-Vormittag habe ich noch das Essen zu der einen Brigade gebracht und noch einen herrlichen sonnigen Tag in Saßnitz und anschließend im Versorger gehabt. Abends wurden Markus und ich dem Buddelkommando zugeteilt, d.h. richtige Zyklusarbeit, wie die meisten hier. Ich bin gleich zum Hauptmann/KC [Kompaniechef] gegangen und habe auf mein Attest hingewiesen. Er hat gemeint, ich soll es versuchen und es gibt auch leichte Arbeit draußen. Dienstag/Mittwoch war ich also dann draußen im Rügener Hafenhinterland und habe mir die Sache näher angeschaut. Das Team ist ganz in Ordnung, wir sind 13 Leute. Mein Arbeitsgruppenführer wohnt im gleichen Zimmer wie ich und er ist auch sehr ok. Er hat mich dazu eingeteilt, morgens für die anderen einkaufen zu gehen und in der Baubude für Ordnung zu sorgen. So gehe ich erst 1–2 h später zum arbeiten raus und komme eher wieder rein. (Von der Unterkunft bis zum Einsatzort sind ¾ h Fußmarsch.) Im Grunde ist es ganz gut, auch mal an der frischen Luft zu sein, und es tut gut. Aber die Arbeit an sich, die ich ja auch immer noch 3–4 h pro Tag mitmachen muß, ist schwere Knochenarbeit (schachten, ausheben ...).
Ich weiß nicht, wie mir das bekommt und ob ich mir das überhaupt bieten lassen darf, mit meinem Attest von dem Arzt hier raus auf die Baustelle zu gehen. Zur Zeit habe ich ja jetzt Freizyklus, da bringe ich weiter das Essen zu der Baustelle. Was ich dann mache, ob ich zum Arzt gehe oder so, weiß ich noch nicht. Jedenfalls scheint jetzt wie gesagt schon schön die Sonne und man bekommt schon eine braune Haut draußen.

Thomas arbeitet gleich bei uns gegenüber und er hat einen ähnlichen Job wie ich, so gehen wir dann gemeinsam einkaufen.

Gestern waren Christian, Tom und ich im Konzert, was im Regimentssaal stattfand. Von zwei Bausoldaten (Geige und Klavier) wurden die „Vier Jahreszeiten" aufgeführt. Es war ganz toll! Anschließend tranken Thomas und ich noch Kaffee und aßen von meinem Kuchen. Wir verstehen uns wirklich sehr gut. Er hat es auch gut, weil er einen kleinen Neffen bekommen hat, der ihm ähnlich sein soll. Das muß ja lustig sein. Vielleicht bekommt eine von meinen Schwestern mich auch noch einmal ...

Jetzt habe ich schon wieder so viel Quatsch geschrieben. Ich bin auch schon müde. Heute Nachmittag war ich wieder eine Stunde am eisigen Meer spazieren. Langsam bildet sich schon wieder eine dünne Treibeisdecke. Ansonsten ist hier viel für den 1. März im Gange, z.B. üben wir jeden Tag beim Marschieren das Singen. Wir müssen an einer Tribüne vorbeimarschieren und ein Volkslied singen. Alles auf Kommando. „1, 2, 3, 4 Kompanie singen ..."

Nun ja, das wäre das Neueste. Christian ist übrigens auch zum Theologenball gefahren. Überhaupt fahren dieses Wochenende sehr viele auf Urlaub. Ich bin in 14 Tagen dran, worauf ich mich schon sehr freue. Sonntag werde ich erst mal wieder in den Ausgang gehen. Viele liebe Grüße von Euerm Stefan.

März

„Du kommst von Saßnitz und hast das Essen auf die Baustelle gebracht. Bist Du eigentlich immer allein auf weiter Flur oder hast Du einen Freund Deines gleichen gefunden?" sorgte sich meine Erfurter Oma in einem ihrer Briefe im März 1987: Ja, den hatte ich gefunden. Vielleicht nicht ganz meines gleichen, das fiel schon schwer. Aber mit Thomas fühlte ich mich seit dem grauenerregenden Februarsonntag verbundener denn je.
Der März begann mit einem Bataillonsappell zum „Tag der Nationalen Volksarmee". Ein Volkslied singend zogen wir am pausbäckigen und gutbeleibten Bataillonskommandeur der Baueinheit II vorbei zum schwarzgeschotterten Exerzierplatz. Dort standen wir eineinhalb Stunden in der Kälte. Wochenlang hatten wir im Freizyklus und nach Dienstschluss das Marschieren mit Gesang geübt. Das stelle man sich einmal vor: Väter, die ihre Familie wochenlang nicht sehen durften, Ehemänner oder Verliebte, die hinter den Zäunen von Prora eingesperrt waren, sangen im Marschrhythmus „Heut' ist ein wunderschöner Tag" und „Wenn alle Brünnlein fließen". Die Passage „Wenn ich mein Schatz nicht rufen darf, tu' ich ihm winken" erhielt in Prora eine besondere Bedeutung. Die wenigsten fanden das lustig. Für mich war es eine ulkige Abwechslung, die mich an die Musikstunde meiner eben beendeten Schulzeit erinnerte.
Ein wenig vergewaltigend empfand ich das Singen dann, wenn mich einmal wieder das undefinierbare, peinigende Gefühl der Ohnmacht und der Angst beschlich. Die Schrecken, die meine Psyche zu verkraften hatten, schienen sich tief unten in meinem Körper manifestieren zu wollen. Sie waren vom Magen in die Beine gewandert, deren Muskeln zu weich geworden schienen und die mitunter nicht mehr stehen wollten. Dieses entsetzliche Gefühl trat immer häufiger ein, wenn ich

zu unserem mächtigen Kompaniechef gerufen wurde und dann wie vor einem erzürnten und dazu böswilligen Vater stand. Er war groß, schwammig und seltsam milchgesichtig. Die dicken Arme hielt er abgespreizt vom Körper und das Innere seiner fleischigen Pranken hatte er nach außen gekehrt. So schleppte er sich auf seinen dicken Beinen durch den Gang oder baute sich breitbeinig vor uns auf. So, als müsse er den Beinen, die irgendwie an die Flossen eines Fisches erinnerten, Halt geben. In diesem Menschen schien die Statik nicht zu stimmen. Dazu war er äußerst primitiv und gehässig. Während des Marschierens konnte er plötzlich schreien: „Genosse Bausoldat, Beine zusammen, oder sind Ihre Eier zu dick? Sie waren wohl lange nicht auf Urlaub!" Damals, als er mich beim Fensterputzen im Versorger sah, hatte er gutgelaunt gerufen: „Ein schönes Plätzchen haben sie hier. Ich beglückwünsche sie. Bald werde ich aber Leute abziehen, da sind sie bestimmt dabei." Glücklicherweise war der Kompaniechef nur ausnahmsweise auf der Baustelle, dorthin begleiteten uns vor allem die Zugführer. Diese waren auch mit Vorsicht zu genießen, verfügten aber nicht über so viel Macht.

Die Macht des Militärs wurde uns beim Bataillonsappell am 1. März demonstriert. Tage zuvor hatte ich die Vorbereitungen zum „großen Ehrentag" vom Fenster des Waschraumes aus beobachtet. Von dort aus genoss ich eine hervorragende Sicht auf den dunklen „Ex-Platz", der von leuchtenden Schneeresten umgeben war. „Die Offiziere üben schon fleißig den Stechschritt mit Säbeln und weißen Handschuhen", schrieb ich damals meiner Schwester Ulrike, tatsächlich ein wenig beeindruckt von den Paradeuniformen, die in dem sonst täglichen Einerlei auf der Regimentsstraße für Abwechslung sorgten. Das Üben der Offiziere erschien mir geradezu belustigend, das preußische Zeremoniell am „Ehrentag" an sich weniger. Wie geschildert, stand ich frierend und gegen die

Müdigkeit und Schwäche in den Beinen kämpfend auf dem Exerzierplatz. Trost gab der Blick in den blauen Frühlingshimmel.

Im Hauch des Frühlings wanderte ich anschließend mit einigen Soldaten meiner Kompanie quer durch die Botanik. Das war wirklich schön. Nichts war vorprogrammiert. Keine Routine machte mir zu schaffen, wie etwa der Besuch der immer gleichen Restaurationen mit ihrer stets unveränderten Speisekarte, angefangen von „Steak mit Kräuterbutter", zu haben für etwa fünf Mark, bis hin zu den teureren Steaks „Hawaii" oder „au four". Wir ließen uns treiben und sahen viel Neues, wie etwa die Knospen an den Bäumen und Sträuchern, die vom Weitergehen des Lebens kündeten. Häufig genug hatte mich der Winter mit seiner oft tagelangen Tristesse belastet. Nun beschlich mich die leise Ahnung, von dem Aufleben der Natur profitieren zu können.

Das hoffte ich umso mehr, als nun auch ich der Baustelle zugeteilt worden war, und zwar dem Arbeitskommando, dem

In Binz am Strand mit Uniform. (Übergangsbefehl = Wintermantel und Sommermütze)

ich zuvor das Essen gebracht hatte. Ich zeigte guten Willen, und das wurde zum Teil wohlwollend zur Kenntnis genommen. Im Arbeitszyklus sah ich mich jedoch noch viel häufiger als zuvor mit zwischenmenschlichen Problemen konfrontiert. Dazu fürchtete ich den Verlust meiner „Immunität" hinsichtlich der Einsatzfähigkeit. Zu schnell gewachsen und schmal wie ich war, geplagt von zeitweiligen Rückenschmerzen, fühlte ich mich für stundenlange Ausschachtarbeiten nach wie vor nicht geeignet. So glaubte ich, meine Freiräume im Freizyklus bewahren zu müssen. Solange mir keiner ausdrücklich das Ende meiner Küchentätigkeit befahl, setzte ich diese im Freizyklus fort.

Später erst sollte ich erkennen, dass in dem Versuch des Mithaltens mit den anderen das Geheimnis der Akzeptanz lag. Thomas brauchte auf seine geringeren körperlichen Kräfte nicht aufmerksam zu machen und wurde trotzdem mitunter entlastet. Wie ich, so war auch er für die täglichen Einkäufe auf der Baustelle eingeteilt worden. Wir zogen nun mitunter gemeinsam los, um Milch und anderes für das Frühstück unserer Kollegen zu besorgen. Das Schicksal schien es zu wollen, dass wir künftig mehr Zeit miteinander verbrachten.

Von der Arbeit an sich schrieb ich in meinen Briefen kaum etwas. Sie war eintönig genug. Jeden Tag aufs Neue galt es Gräben auszuheben, in die dann irgendwelche Kabel gelegt wurden. Gerade zugeschüttete Gräben wurden häufig wieder geöffnet, weil ein Kabel darin fehlte. Die Vorgesetzten wanderten gemächlich von einem Ort zum anderen und versetzten dann regelmäßig das gesamte Arbeitskommando in Angst und Schrecken. Auch auf der Baustelle war die Kleiderordnung einzuhalten. Das Entfernen von der Unterkunft, auch wenn es einmal nichts zu tun gab, war streng verboten. Da niemand wusste, zu welcher Zeit und Stunde der Offizier erschien, verbrachten wir den ganzen Tag innerlich auf dem Sprung.

Dass ich dennoch den nahegelegenen Wald mit seinen schönen Seen zu regelmäßigen Spaziergängen nutzte, dass ich unter meinem Ohrenwärmer heimlich Kopfhörer trug, die mit einem Walkman verbunden waren, den ich in der wattierten Jacke bei mir führte, ist meinem jugendlichen Leichtsinn zuzuschreiben. Die Übertretungen lösten gemischte Gefühle aus. Die heimliche kleine Freude, die sonst so allmächtigen Vorgesetzten auszutricksen, machte den Alltag erträglicher. Die Kassetten, die mir Andreas mit BAP, Wolf Maahn und Bruce Springsteen bespielt hatte, gaben mir Mut. Die ständige Angst, erwischt zu werden, strapazierte jedoch die Nerven. Entsprechend der Dienstvorschrift wären die Verstöße hart geahndet worden. Es drohten Ausgangs- und Urlaubssperren bis hin zu Arrest in einer der Zellen in Prora-Ost.

Der März aber endete genauso hoffnungsvoll, wie er begonnen hatte. „Immerfort muß ich jetzt an den Osterspaziergang denken: Vom Eise befreit sind Strom und Bäche", schrieb ich Andreas:

„Es ist so schön, wenn man das Aufleben der Natur richtig mitbekommt. Ich war noch nie zuvor so mit der Natur verbunden wie hier. Auf jede Kleinigkeit achtet man, z.b. beobachte ich jetzt oft auf den Feldern die Feldlerchen, die wunderschön singen und auf Männchen-Suche sind. [...] Herrlich ist es, den zurückkommenden Wildgänsen zuzusehen, wie sie im breiten Keil am Himmel gackernd über die Insel fliegen. Es war schon ein Erlebnis im November, als sie in den Süden flogen. Die Zeit geht voran."

Am 25. März Mitternacht lagen „nur" noch 399 Tage vor uns. So wie es uns die älteren Diensthalbjahre vorgemacht hatten, beginnen wir den „Absprung" von 400 auf 399 mit einem besonderen Ritual. Nachts um zwölf Uhr kletterten wir auf die Hocker unserer Zimmer und ließen die Stahlhelme, die das Sturmgepäck auf dem Spind krönten, scheppernd zu Boden

fallen. Danach wurde ein von der Baustelle mitgebrachter runder Stein, die „Entlassungskugel", in Bewegung gesetzt. Wer den Stein Richtung Dienstzimmer ins Rollen brachte, der setzte sich einem hohen Risiko aus. Häufig wachten mehrere Leute darüber, dass kein Vorgesetzter in Sichtweite war.
Schnell sprangen wir nach diesen Delikten ins Bett und taten so, als ob wir fest schliefen. Doch lange noch klang das scheppernde und polternde Geräusch in den Ohren nach. Für mich war es ein unmissverständliches Signal, dass dieses Dasein hinter dem Horizont dessen, was für Außenstehende vorstellbar war, einmal vorbei sein wird. Mich erleichterte der Gedanke, dass ich nicht ewig werde in diesem Dunkel kämpfen müssen. So wie etwa die Leuchtbojen vor dem Fenster auf dem Meer – weit draußen am Horizont.

Prora, 03.03.87

Ihr Lieben!

Jetzt habe ich ja schon wieder länger nichts von Euch gehört. Es ist Dienstagvormittag, und bis morgen habe ich ja noch Freizyklus. In ca. 1 ½ h fahre ich mit dem Essen dann auf die Baustelle. Es ist zur Zeit unheimlich kalt und stürmisch hier auf der Insel. Vor mir liegt eine unendliche Schneelandschaft – das Meer. Darüber scheint die Sonne, so daß es zur Zeit sogar mal ganz reizvoll aussieht.
Samstag habe ich den ganzen Nachmittag geschlafen und Sonntag war ich mit einigen anderen der Kompanie im Ausgang. Wir kamen erst 10 Uhr hier raus, weil morgens ein großer Bataillonsappell (1. März) stattfand. Dieser war nicht sehr schön, wir standen 1 ½ h draußen. Viele wurden ausgezeichnet. Die Offiziere hatten Dolche und Säbel um. Jedenfalls als wir dann draußen (im Ausgang) waren, wanderten wir nach Zirkow, einem kleinen Ort nicht weit vom Jasmunder Bodden. Es war eine herrliche Wanderung über schneebedeckte Felder und Wiesen. Die Sonne schien am blauen Himmel und einmal breiteten wir auf einer Wiese unsere Mäntel aus, um uns darauf zu legen und uns zu sonnen. Es war herrlich!

Inzwischen ist der 06.03. schon und ich schreibe diesen Brief noch schnell fertig. Es ist Abend 20.55 Uhr und ich liege auf meinem Bett. Ich bin unheimlich müde, da ich seit Mittwoch wieder auf der Baustelle bin. Da kann ich nur noch 6 h nachts schlafen. Es ist immer noch herrliches Wetter. Heute konnten wir nicht viel machen, weil der Boden so gefroren ist. Da ging ich mit jemandem von uns schön spazieren zu den nahegelegenen Teichen. Es war ganz still um uns herum, der Schnee glitzerte in der Sonne und die Sonne brannte sehr warm. Ich habe jetzt sogar schon etwas Sonnenbrand im Gesicht.
Vielen Dank für den lieben Brief, über den ich mich sehr freute. Er war sehr lange unterwegs.
Ansonsten gibt es nicht viel Neues zu berichten, nur daß man sich viele Gedanken macht. Wir sehen uns ja bald wieder! Viele liebe Grüße, von Euerm Stefan.

PS: Hoffentlich findet Ihr den Brief nicht all zu komisch. Aber meine Zeit ist momentan sehr bemessen und ich bin wirklich abends immer schrecklich müde, was wohl auch an der Luft liegt.

*

Prora/Rügen, am 09.03.87

Ihr Lieben!

Ein kurzer Gruß soll an Euch am heutigen Abend noch zu Papier gebracht werden. Es ist gerade mal schön ruhig im Zimmer. Einer sitzt am Tisch und schreibt auch Briefe, von dem ich Euch grüßen soll! Der andere liegt auf dem Bett und liest. Wir schlafen Kopf an Kopf und nachts schreibt er immer mit Taschenlampe Liebesbriefe. Zur Zeit ist er ziemlich erkältet, und ich hoffe, daß ich mich nicht anstecke.
Jeden Tag arbeiten wir jetzt auf der Baustelle. Die Sonne scheint zwar, aber es geht ein ziemlich starker Wind. Am schönsten erscheint die Landschaft, wenn die Sonne scheint. Es macht viel Spaß, über die gefrorenen Seen und Sumpfgebiete spazieren zu gehen. Allerdings tun die Augen dann weh, wenn man die unendlichen Schnee-Ebenen im Sonnenschein um sich hat.
Es stimmt schon, daß ich jetzt mit viel mehr Leuten zusammenkomme. Es gibt so viele verschiedene Typen und Extreme, die sehr schlau reden können. Oftmals zerbreche ich mir den Kopf über mich und die Welt

und komme mir wie ein Dorftrottel vor. Es ist alles nicht so leicht, wenn man noch keine Lebenserfahrung besitzt und frisch aus der Schule in die Welt geschickt wird.
Vielen Dank für den lieben Brief, über welchen ich mich sehr freute. Oma hat mir heute auch geschrieben.
Nun komme ich also höchstwahrscheinlich wieder Samstagfrüh nach Hause. Ich wecke Euch dann. Hoffentlich klappt alles gut mit der Bahnfahrt – es ist ja immer ein großes, artfremdes Unternehmen alle 6 Wochen.
So, es ist Nachtruhe und ich muß schließen. Viele liebe Grüße von Christian. Wir werden immerzu für Brüder gehalten. Was mache ich nur, wenn er nicht mehr da ist: Jeden Tag steht jetzt die Tageszahl auf einer Treppenstufe: 51, 50, 49 ... bis sie entlassen werden. Es ist dann schwer für mich, wenn ich das lese. Wir haben noch über 400 Tage, doch ¼ der Zeit ist an Papas Geburtstag auch geschafft. Im Juli haben wir Bergfest.
Viele liebe Grüße von Euerm Stefan.

*

Prora/Rügen, 18.03.87
Ihr Lieben!

Vielen Dank für den lieben Brief, über den ich mich sehr freute. Jetzt bin ich schon wieder 2 Tage hier und heute war ich auf der Baustelle. Bei dem jetzigen Wetter ist es nicht so angenehm. Denn es taut und regnet und viel Matsch ist überall. Langsam taut auch die Ostsee am Horizont auf. Insgesamt war es aber ein ziemlich lustiger Tag. Thomas bedankt sich für den schönen Kuchen – wir haben gestern gemeinsam Kaffee getrunken – und für die Rosinen. Da wir ja fast an derselben Arbeitsstelle sind, können wir zusammen morgens unser Müsli essen. Übrigens wurde überhaupt der „kalte Hund" sehr gelobt in unserem Zimmer.
Insgesamt ist es wirklich schön, ein paar wohlschmeckende Sachen im Spind zu haben. Die halbe Knackwurst habe ich heute zum Frühstück gegessen. Hier die Wurst schmeckt nach gar nichts.
Jetzt ist es 20.30 Uhr und ich bin schon wieder schrecklich müde! Die Rückfahrt hierher verlief sehr schnell, da ich fast die ganze Zeit schlief. In Leipzig aß ich noch Schnitzel mit Pommes Frites, Buttererbsen und Mischkompott. Nette Leute vom Nachbartisch bestellten mir einen „Klaren". Die Ankunft hier oben war weniger schön, da uns ein stressiger Ausbildungstag

für militärische Ertüchtigung erwartete. Davon hatte ich vorher noch nichts gewußt und es war ziemlich hart, sich nach 14 h Fahrt in Schutzanzug und Gasmaske nach Zeit zu begeben und 3.000-Meter-Lauf und Klimmziehen – alles mit Leistungskontrolle und Benotung – zu absolvieren. Aber die Normen für Schutzanzug anziehen und Gasmaske aufsetzen habe ich jeweils mit „1" geschafft, worüber ich selbst verwundert war. Allerdings genieße ich von Anfang an wieder die herrliche unvergleichliche Luft hier an der Küste.
Viele liebe Grüße von Euerm Stefan.

*

Auf Rügen, 20.03.87

Hallo, Ihr Lieben!

Vielen Dank zunächst für den 2. Brief, über den ich mich sehr freute. Es ist immer schön, nach der Arbeit Post vorzufinden. Momentan sitze ich im Klubraum neben dem großen Aquarium.
Überall ist eine riesige Hitze, so daß man nur im Unterhemd hier sitzen kann. Die Wärme hängt wohl auch mit den frühlingshaften Temperaturen zusammen, die jetzt draußen herrschen. Auf der Baustelle ist nur noch Schlamm und Matsch, also es ist weniger schön. Sehr interessant ist jetzt, die Ostsee anzuschauen mit den treibenden Eisschollen.
Heute gab es auf der Baustelle nicht so viel zu tun, da unternahm ich mal wieder einen kleinen Spaziergang zu den zwei Teichen. Ich beobachtete zwei große Wildschwäne, die geräuschvoll über den einen See flogen. Mit einem Stock in der Hand lief ich über den schon im Auftauen begriffenen See und sah ein kleines Reh vorüberspringen. Dann wollte ich durch das Schilf ans Ufer zurück und klopfte mit dem Stock aufs Eis, um zu prüfen, ob es fest genug zum Laufen sei. Plötzlich schreckten zwei Wildschweine aus dem Dickicht auf und rannten nach links übers Eis davon. Ich bekam einen riesigen Schreck. Danach lief ich ein paar Meter ins Schilf hinein, denn ich wußte ja jetzt, daß das Eis noch fest genug war. Trotzdem klopfte ich nochmals aufs Eis. Zwei Meter vor mir erhob sich daraufhin ein riesiger Keiler, so etwas habe ich noch gar nicht gesehen, und rannte an Land. Ich machte auf der Stelle kehrt, denn ich hatte genug von meinen Tiererlebnissen und ging denselben Weg zurück, den ich gekommen war. Als ich in die

Baubude kam und ganz geschafft von meinem Erlebnis erzählen wollte, da lachten die anderen schon bei meinem Anblick und fragten, ob mir etwa ein Rudel Wildschweine begegnet wäre. Kurz vor mir kam nämlich einer von uns zurück, der auch einen kleinen Spaziergang machen wollte und etwa 100 m weiter links gewesen sein muß, von mir aus gerechnet. Die zwei Wildschweine, die durch mich aufgeschreckt waren, rannten ja in diese Richtung an ihm vorbei. Dann kam der große Keiler – zu seinem Unglück – auch noch mit steilem Schwanz auf ihn zu und schlug erst im letzten Moment einen Haken. Jedenfalls mußten wir beide uns erst einmal erholen von dem Erlebnis.
Ansonsten geht es mir zur Zeit recht gut, worüber ich froh bin. Heute Abend habe ich mich an Bratkartoffeln übergessen. Die schöne frische Meeresluft genieße ich jeden Tag auf der Baustelle. Übrigens erweist mir auch die Musik gute Dienste und bringt mich ab und zu in Schwung.
Für heute nun viele liebe Grüße,
von Euerm Stefan.

*

Borchtitz-Fährhafen, am 24.03.87
Ihr Lieben!
Im Moment bin ich auf Arbeit, und es ist kurz vor dem Frühstück. Eben habe ich hier im Unterkunftsraum – wenn man das überhaupt so bezeichnen kann – etwas sauber gemacht. Gestern und vorgestern hatten wir sehr viel draußen zu tun mit Gräben ausschachten, da bin ich jetzt ganz schön k.o.
Neben mir liegt einer auf der Bank und schläft. Wir haben ihn jetzt erst dazubekommen und er ist Alkoholiker. In der Feldflasche trinkt er den Schnaps, wie andere den Tee. Heute scheint es ihm aber nicht so gut zu gehen, denn er trinkt den ganzen Tag Wasser und schläft.
Gestern Abend war ich bei Christian, da wurden mir die Haare geschnitten – es sieht ganz gut aus, wie 20er Jahre. Ansonsten bin ich jeden Tag auch nach der Arbeit voll beschäftigt mit Flöte üben, hebräisch lernen und schreiben. Für nächstes WE hatte ich Urlaub eingereicht, aber ich habe ihn zurückgezogen, weil andere es z.Zt. nötiger haben. Zu 90% Wahrscheinlichkeit kann ich zu Ostern, also in ca. 3 Wochen, fahren.
Viele lb. Grüße, Euer Stefan.

*

Ihr Lieben! Prora, am 26.03.87

Eben komme ich von Christian, mit dem ich mich mal wieder 2 h unterhalten habe. Es war sehr schön. Allerdings scheint er jetzt auch ganz schön fertig zu sein in punkto Tagedrücken. 1 ½ Jahre sind doch eine lange Zeit, und ich kann die innere Unruhe verstehen, die man da kurz vor der Entlassung hat. Solch eine ähnliche Unruhe habe ich ja schon, wenn ich mal auf Urlaub fahre. Am 29.04. werden sie entlassen, und dann kommen die Neuen.
Vor uns liegt dann 1 Jahr, allerdings wird es auch abwechslungsreich sein, in der auflebenden und sich verändernden Natur zu arbeiten. Noch nie zuvor war ich so mit der Natur verbunden wie hier. Auf jedes kleine Anzeichen achtet man, was auf den Frühling hindeutet. So kommen die Weidenkätzchen am See zum Vorschein, die Feldlerchen sind zurückgekehrt und singen, und in großen Schwärmen ziehen die Wildgänse über die Insel. Das ist ein besonderes Erlebnis, denn im November haben wir sie in umgekehrte Richtung davonfliegen sehen. Jetzt müssen sie noch einmal wegfliegen und wiederkommen.
Heute Nachmittag war ich am Strand spazieren. Es war herrlich – die weißen Eisschollen auf dem Meer, der blaue Himmel und die Sonne. Übers Wochenende werde ich im Versorger Vertretung machen und am Mittwoch geht's wieder auf die Baustelle. Eigentlich habe ich ja jetzt Freizyklus, aber im Versorger kann man sich ja auch etwas erholen.
Nun komme ich also doch nicht zum „Sommergewinn"[2]. Die Einladung war ja sehr nett, liebe Mama. Die Urlaubsraten sind jetzt aber so überfüllt, daß viele nicht fahren konnten. Manche haben es auch nötiger, denen man dann Vorlaß gewährt. In letzter Zeit wurden allerdings auch viele Urlaube gestrichen, wegen irgendwelchen Verstößen, z.B. wenn man nicht zum Essen mitgegangen ist. Letzte Zeit ist hier manches wieder strenger geworden. Der Winter ist halt vorbei.
Gestern hatten wir übrigens Absprung von 400 Tagen auf 399. Angefangen hatten wir bei 540. Alle 100 Tage fallen die Stahlhelme um 24 Uhr und die Entlassungskugel rollt auf dem Gang.
Viele liebe Grüße von Euerm Stefan.

---

[2] Frühlingsfest in Eisenach.

AUF RÜGEN
20/03/87

Hallo, Ihr Lieben!

Vielen Dank zunächst für den 2. Brief, über den ich mich sehr freute. Es ist immer schön, nach der Arbeit Post vorzufinden. Momentan sehe ich im Klubraum neben dem großen Aquarium. Überall ist hier eine riesige Ruhe, so daß man nur im Unterhemd hier sitzen kann. Die Wärme hängt wohl auch mit den frühlingshaften Temperaturen zusammen, die jetzt draußen herrschen. Auf der Baustelle ist nur noch Schlamm und Matsch, also es ist weniger schön. Sehr interessant ist jetzt die Ostsee anzuschauen mit den treibenden Eisschollen.

Heute gab es auf der Baustelle nicht so viel zu tun, da unternahm ich mal wieder einen kleinen Spaziergang zu den 2 Teichen. Ich beobachtete zwei große Wildschweine, die geräuschvoll über den einen See flogen. Mit einem Stock in der Hand lief ich über den - schon im Auftauen inbegriffenen See - und sah ein kleines Reh vorbeispringen. Dann wollte ich durch das Schilf ans Ufer zurück und klopfte mit dem Stock auf's Eis um zu prüfen, ob es fest genug war zum Laufen. Plötzlich schnellten zwei Wildschweine aus dem Dickicht auf und rannten nach links aus Eis davon. Ich bekam einen riesigen Schreck. Danach lief ich ein paar Meter ins Schilf hinein, denn ich wußte ja jetzt, daß das Eis mal fest genug war. Trotzdem klopfte ich nochmals auf's Eis. 2 m vor mir stob sich darauf ein riesiger Keiler, so etwas habe

April

Der April war ein besonderer Monat. Er schenkte meinem Freund Christian die Entlassung aus Prora. Mir bescherte er eine Heimfahrt nach Eisenach und drei Ausgänge auf Rügen. An insgesamt sieben Tagen erhielt ich die Chance, mich außerhalb des Stacheldrahtzaunes meines Lebens zu erfreuen. Die freundliche Bitte aus der Evangelisch-Lutherischen Kirche in Thüringen, mich durch Sonderurlaub über Ostern von der Armee freizustellen, war zwar abschlägig beschieden worden, doch konnte ich wenigstens einen sogenannten „VKU" antreten. In diesem um einen Tag verlängerten Kurzurlaub versuchte ich wieder ein Stück Normalität in mein Leben einziehen zu lassen.

Wie in der Vergangenheit, gelang mir das auch über Ostern nur bedingt. Wirkliche Freude kam beim Eiersuchen im Familienidyll nicht auf. Alle Besonderheiten, die das bunte Leben zu bieten hatte, erschienen mir als eine zusätzliche Bürde. Dazu zählten insbesondere jene Dinge, die das Leben normalerweise versüßen. Bitter schmeckte in Konfrontation mit ihnen die Frucht, die ich zum Zweck meines Überlebens in Prora gezüchtet hatte. Sie war das Ergebnis der stetigen Bemühung, meine Gefühle zu unterdrücken. Die Gleichgültigkeit, die ich mir in Prora mühsam antrainiert hatte, taugte nicht für das zivile Leben. In meinem Inneren fühlte ich mich verbogen. Der Gedanke, noch ein ganzes Jahr in Prora verbringen zu müssen, sorgte für innere Leere und Ermüdung. Hinzu kam eine zeitweilige Angst, die mich bewegungsunfähig zu machen drohte.

Im Urlaub versuchte ich zu funktionieren. Wenn ich dann nach Prora zurückkehrte, war ich gesundheitlich angeschlagen. Halsentzündungen, die mir die Kehle abzuschnüren drohten, versinnbildlichten mein inneres Elend. Wie oft habe ich im Waschraum der Kaserne mit den ätzenden kleinen Sulfachintabletten gegurgelt. Weil die Schmerzen auf Rügen rasch wieder verschwanden, schob ich das auf die gute Luft im Vergleich zum Braunkohledunst in Eisenach. Doch mögen psychische Komponenten keine geringe Bedeutung gehabt haben. Ich begann zu verstehen, warum im Käfig gehaltene Vögel außerhalb desselben aufgeregt umherzuflattern pflegen.

Die Unruhe, die Christian kurz vor der Entlassung beschlich, machte mir vor jedem Urlaub und vor fast jedem Ausgang zu schaffen. Und vielleicht ging es ja manch anderem ähnlich. Eine Belastung muss ein so kurzer „Urlaub" besonders für jene gewesen sein, die zu Hause von Frau und Familie erwartet wurden. Da die meisten nach ihrem Urlaub sehr blass nach Prora zurückkehrten, wuchs in mir die Befürchtung, eine Frau müsse anstrengend sein.

Die Kaserne. In der dritten Etage, knapp vor dem vorgezogenen Gebäudeteil befand sich unser Zimmer. Aufnahme 2004.

Im April beschäftigte mich vor allem die bevorstehende Entlassung meines in Prora gewonnenen Freundes Christian. „Letzte Woche war ich mit meinem Freund Christian zum letzten Mal im Ausgang. Übermorgen geht er heim, der Glückliche. Gewiss wird er mir fehlen, da wir fast jeden Abend zusammen verbracht hatten", schrieb ich Andreas in die Heimat. Täglich standen damals die geringer werdenden Tageszahlen der 3. Baukompanie mit weißer Kreide auf den Treppenstufen geschrieben. Und während wir uns nach der Arbeit mühsam zu unserer Kompanie hinaufschleppten, tanzten diese Zahlen in großer Leichtigkeit eine Stufe nach der anderen in Richtung Ausgang hinab. Der Abschied von Christian, meinem Beschützer und meiner Zuflucht, fiel mir unendlich schwer. Lange hatte ich jenen Tag gefürchtet, welcher der 3. Baukompanie die Freiheit bescherte. Dann, als es soweit war, täuschte ich wieder Tapferkeit vor. Ich suchte die Abschiedsszene kurz zu machen, obgleich Christian mich aus dem überfüllten Zimmer in die Raucherecke bat. Dorthin, wo er mir in der Vergangenheit manchen guten Rat gegeben hatte. Hoch über dem Kasernenhof, mit freiem Blick über die Wälder zum Jasmunder Bodden hinüber, umarmten wir uns im Licht der untergehenden Sonne.

Zwei Tage später, als ich mich zu dieser nun verlorenen Zuflucht zurückwagte, stand der silberne Aschenbecher alleine da. Nie zuvor war er mir mit seiner Einbeinigkeit so unendlich traurig erschienen, doch auch nie zuvor war seine geöffnete Kugel ein solch gähnend leeres, schwarzes Loch. Lange hielt ich es auf dem kalten Flur nicht aus.

Meinen größten Schmerz hatte ich längst herausgeweint: Nach der Verabschiedung von Christian hatte ich mich in die Dünen hinter der Kaserne geflüchtet und mich dort ins Gras geworfen. Das konnte bei aller Weichheit nicht darüber hinwegtäuschen, dass es abgestorben war.

Mein Leben ging weiter, erstaunlicherweise, auch ohne Christian. Immer häufiger hemmte eine maßlose Müdigkeit die Gedanken. Der Sommerrhythmus hatte begonnen. Das bedeutete ein 12-Stunden-Tag auf der Baustelle: Vier Uhr aufstehen und 21 Uhr schlafen gehen. Tatsächlich reichte der Nachtschlaf im Arbeitszyklus kaum länger als fünf bis sechs Stunden. Ich nahm nun in vollem Umfang an der mal mehr, mal weniger harten Arbeit auf der Baustelle teil. Ein Trost blieben die Höhepunkte im Ausgang und die Hoffnung auf einen warmen Sommer. Die Ausgänge wollten sich Thomas und ich in besonderer Weise versüßen. Das allerdings blieb ein schöner Traum.

Doch auch unsere Tage wurden kontinuierlich weniger. Und dieses Purzeln der Tage wurde auch akustisch umgesetzt. Beim Betreten der Kaserne nahmen wir jeden Tag aufs Neue den gelben oder weißen Bauhelm vom Kopf und schlugen ihn an die Stützsäule im Treppenhaus. Dieses tägliche Scheppern war noch drei und vier Stockwerke höher vernehmbar und kündigte den im Innendienst Verbliebenen die Rückkehr der Baustellenkräfte an. Das „Tage abschlagen" gehörte wie das Donnern der „E"-Kugel und die allabendliche Schreie aus den Fenstern „Ich will raus" oder „Lasst mich raus" zu den unverwechselbaren Geräuschen im Alltag von Prora. Es waren Signale, die uns im Dasein hinterm Horizont zurück ins Leben blicken ließen.

Prora, am 01.04.87

Ihr Lieben!

Vielen Dank für das nette schöne Päckchen und den lieben Brief. Ich habe mich über beides sehr gefreut. Den Inhalt des Päckchens kann ich sehr gut verwerten, denn die Wurst schmeckt hier wirklich nicht.
Jetzt ist es 19.50 Uhr und ich liege im Bett. Wir müssen jetzt bis November schon 4.00 Uhr aufstehen, von 6–18 Uhr arbeiten und haben schon

21.00 Uhr Nachtruhe. Wir fahren also 1h eher auf die Baustelle und kommen dafür auch später wieder hierher zurück. Ich muß mich erst daran gewöhnen. Der Sommer soll hier halt auch kein Vergnügen sein. Gestern war herrlichstes Wetter und den ganzen Tag brannte die Sonne vom Himmel. Nach der Arbeit fuhr ich nach Bergen in den Ausgang. Ich wollte dort irgendwo Thomas treffen, wir verfehlten uns allerdings. Vor einem Restaurant traf ich eine ältere Frau, die ich fragte, wo man essen gehen kann. Viel konnte sie mir auch nicht raten und sie fragte, ob ich mit zu ihr nach Hause kommen wolle. Ihr Mann würde sich sicher auch freuen. So ging ich natürlich kurz entschlossen mit, bekam ein schönes Abendbrot und den Abend verbrachten wir mit reger Unterhaltung, da die Leute Kakteenzüchter sind und der Mann eine schöne alte Bibliothek hat. Die Frau saß auf dem Sofa und freute sich die ganze Zeit, dass sie so eine gute Menschenkenntnis hat.

Schließlich fuhr mich der Mann noch mit dem Auto zum Bahnhof zurück und gab mir die Telefonnummer. Wenn ich das nächste Mal komme, soll ich vorher anrufen. Dann wollen sie extra etwas herrichten. Die Frau gab mir einen halben Streuselkuchen mit.

Thomas konnte ich dann erst abends besuchen, als er schon im Bett lag. Im Zimmer hatten sie noch eine große Kanne Kaffee und ich meinen Kuchen. Heute ist es übrigens wieder ziemlich kalt gewesen und nebelig. Momentan tost das Meer vorm Fenster.

Übers Wochenende war ich im Versorger beschäftigt. Ich habe intensiv hebräisch gemacht. Insgesamt wäre es aber keine Aufgabe mehr für mich, glaube ich. Nachmittags war es aber immer ganz schön, da lag ich schon mal im Dünengras, mit Blick übers blaue Meer. Kürzlich unternahm ich auch eine Wanderung zu den Feuersteinfeldern, wo man ja eigentlich schlecht hinkommt. Es war sehr interessant, die Flora & Fauna. Die Landschaft hier ist eben wunderschön. So, jetzt bin ich schrecklich müde. Für heute nun viele liebe Grüße, von Euerm Stefan.

*

Rügen, am 03.04.87

Ihr Lieben!

Ein kurzer Gruß soll Euch heute Abend noch zu Papier gebracht werden. Wie geht es Euch wohl? Ich arbeite ja nun fast wie ein Pferd den ganzen

Tag. Das Aufstehen früh ist schrecklich. Allerdings ist das Wetter jetzt ganz schön, denn die Sonne scheint, und zwar ziemlich heiß. Auf der Nase schäle ich mich zur Zeit.
Nachdem wir den Vormittag straff gearbeitet hatten, konnte ich nachmittags mit noch einem Jungen heute mal wieder an den See gehen. Er ist jetzt ganz aufgetaut und wir beobachteten viele Wildschweine von einem Baum aus. Ich hatte noch nie vorher Frischlinge gesehen.
Jetzt rauscht das Meer hinter dem Fenster wie ein Wasserfall, denn draußen geht ein ziemlicher Wind. Ich bin schrecklich müde und werde jetzt ins Bett gehen und etwas lesen. Christian ist gerade im Urlaub, bald komme ich ja auch wieder. Kurt Eis hat mir ja eine Einladung geschickt, damit kann ich vielleicht länger kommen, zwecks einer Qualifizierung (Osterrüste).
Für heute nun viele liebe Grüße, Euer Stefan.

*

Prora/Rügen, 09.04.87
Ihr Lieben!
Vielen Dank für den lieben, langen Brief, über den ich mich sehr freute. Seit heute habe ich Freizyklus und sitze den ganzen Tag in der Kaserne. Eigentlich war heute wieder Ausbildung, aber ich brauchte nicht daran teilzunehmen, weil ich die Normen schon mal geschafft hatte. So lag ich auf dem Bett herum und las und schlief den lieben langen Tag. Aber irgendwie fällt einem die „Decke hier auf den Kopf", wenn man den ganzen Tag in der Kaserne ist. Ich fühle mich ziemlich unausgeglichen, wenn ich den ganzen Tag hier bin. Nach acht Tagen Baustelle freut man sich auf die Ruhe, und sobald man hier drin ist, will man am Liebsten wieder auf Arbeit. So ist das.
Manche fahren fast alle 14 Tage auf Urlaub, es ist mir ein Rätsel. Heute ist auch Thomas wieder gefahren, weil sein Bruder heiratet.
Es muß schön sein, wenn die Krokusse blühen. Als einziges blühendes Gewächs habe ich auf der Baustelle Huflattich gefunden. Blüht der bei Euch auch oder ist der schon vorbei? Ich werde die Blüten sammeln für Tee. Er ist gut gegen Bronchitis im Herbst, wenn die Novemberstürme wieder über die Insel wüten.
Das Wetter ist übrigens in letzter Zeit nicht so gut, viel Nebel und ziemlich kalt. Momentan rauscht das Meer wieder gewaltig hinterm Fenster, aber ich liebe dieses Geräusch des nachts. Es ist wie ein großer Wasserfall

und man schläft gut ein. Neben mir macht gerade jemand eine neue Pflanzenschale fürs Fensterbrett zurecht. In einem Fenster hängt eine wunderschöne Porzellanpflanze mit großen Knospen. Die Fensterbretter sind jetzt schon ziemlich voll mit Pflanzen und unser Zimmer wurde als eines der besten gewertet. Auf dem Tisch liegt die große Schokolade, die sehr gut schmeckt. Ständig kommt jemand herein und nimmt sich gleich – selbstverständlicher Weise – ein Stück.
Heute Abend war ich auch wieder bei Christian, es ist schon eigenartig. In Gedanken sind sie schon gar nicht mehr ganz hier. Ich „erbe" laufend irgendwelches Zeug, denn jetzt machen die „E"s Haushaltsauflösung. Ich kann es mir gar nicht vorstellen, wenn Christian nicht mehr hier ist. Mit ihm verstehe ich mich doch noch am besten von allen.
Hatte ich schon geschrieben, daß Thomas und ich für den Sommer ein gebrauchtes Moped kaufen wollen? Da wird der Ausgang noch interessanter, wenn ich spazieren gefahren werde. Vielleicht aber bleibt es auch beim Fahrrad, das wäre sicher auch romantisch. Sonntag gehe ich wahrscheinlich wieder in den Ausgang. Vielleicht nach Bergen, dann besuche ich „meine Leute" und wandere über den Rugard an den Jasmunder Bodden hinunter. Es muß herrlich sein, über das Hügelland durch die fast unberührte Natur zu wandern.
Zum Abendbrot gab es heute Gurke, Paprikasalat, Zwiebelquark und Wurst – nur nebenbei erwähnt.
So, das wäre das Neueste. Jetzt ist Stubendurchgang. Für heute viele liebe Grüße,
von Euerm Stefan.

PS: In 3 Wochen kommen schon die „Neuen" hierher!

*

Rügen, 12.04.87

Ihr Lieben!
Noch schnell ein paar Zeilen zum Abend. Gerade kam ich aus dem Ausgang zurück und bin ganz schön k.o. Heute fuhren wir nach Bergen, gingen dort in den Gottesdienst und haben anschließend auf dem Rugard (der dritthöchste Berg der Insel, 91 m) Mittag gegessen.
Der Gottesdienst fand leider im Gemeinderaum statt, aber anschließend zeigte uns der Küster noch die schöne alte Marienkirche von innen. Sie ist

wirklich toll, nur störte mich, daß wie im Dom von Erfurt auch hier in diese romanische Kirche ein Barockaltar eingebaut wurde. Von dem Aussichtsturm hatten wir keine gute Sicht, da es sehr nebelig und trüb war. Im Prinzip hatte ich wegen dieses kalten Nebelwetters gar keine Lust mehr auf Ausgang, aber als wir nach dem Essen aus der kleinen strohgedeckten Gaststätte herauskamen, hatte sich der Nebel etwas gelichtet und es war nicht mehr so frisch. So unternahmen wir einen herrlichen Spaziergang durch den Wald und über herrliches freies Hügel- und Heideland zu einem kleinen Dorf mit ca. 6-7 Höfen (alle verstreut und strohgedeckt) am Jasmunder Bodden gelegen. Dort kehrten wir wieder ein, tranken Bier und Kaffee und es war bis auf einen Betrunkenen, der dort auch anwesend war und die Zeche nicht bezahlen wollte, sehr schön. Es war echt schlimm, wie der Betrunkene sich mit dem Wirt angelegt hat. Er ist an die Theke gegangen, hat mit einer Hand die ganzen Gläser zu Boden gekehrt und dem Wirt Prügel angedroht. Ich saß gleich bei der Theke und mir flogen Bier- und Schnapsgläser um die Ohren. Ich habe so etwas bisher nur im Film erlebt. Schließlich legte sich der Kerl noch mit uns an und wir konnten nicht gehen, weil er uns sonst verprügelt hätte. Er wollte immer mit jemanden vor die Tür gehen. Ich habe ihn so an seinen Bruder erinnert – schrecklich.
Schließlich gingen wir doch noch irgendwie und hatten einen phantastischen Abendspaziergang durch verschiedene Dörfchen und Gehöfte nach hier zurück. (Rund 15 km sind wir gelaufen). Es war herrlich, die milde Abendluft zu spüren und dem Gesang der Vögel zuzuhören. Die Sonne kam leider den ganzen Tag über nicht heraus.
Gestern allerdings war es wieder mal sehr schön, und ich machte barfuß Jogging am Meer entlang. Das Wasser ist noch ziemlich kalt, bis zu den Knien war ich schon darin. Abends war ich im Blues-Konzert, das Bausoldaten gestalteten. Es war richtig schön, nur so ausflippen wie im normalen Leben kann man hier irgendwie nicht. Das Publikum war ziemlich steif, wohl auch durch die Uniform und die ganzen Umstände bedingt. Vorgestern hatten wir einen total sinnlosen Sondereinsatz, obwohl Freizyklus war. Wir mußten 4 Uhr aufstehen und wurden ans Meer gefahren, direkt an den Hafen. Dort sollten wir Löcher graben für einen Zaun. Nach einer Stunde waren wir damit fertig und froren jämmerlich in einer Halle, in der es vom Meer her zog. Schließlich wurden die ersten Löcher wieder zugebuddelt, ohne etwas darin. Anschließend froren wir wieder halb zu Eis, dann wurde festgelegt, daß ein Graben zur Entwässerung

von zwei Pfützen gezogen werden sollte. Schließlich wurden wir 11.30 Uhr wieder in die Kaserne gebracht, total durchgefroren und voll Schlamm. Nun endlich zum Eigentlichen. Mit dem verlängerten Urlaub hat es wieder mal nicht geklappt, so komme ich wahrscheinlich in der Nacht Do.-Fr. und fahre Montag wieder. Es sind ja auch vier Tage. Wichtig: Könnt ihr bitte 2–3 Platzkarten kaufen oder bestellen für den Zug Leipzig nach Binz 21.15 Uhr oder so. Ich weiß gar nicht, ob das geht. Aber es wäre wirklich wichtig, sonst muß ich eventuell die Nacht stehen. Vielen Dank!
Bis bald, viele Ostergrüße, Euer Stefan.

*

Prora, 24.04.87

Hallo, ihr Lieben!

Viele Grüße nun wieder von Rügen, Endlich habe ich mich mal aufgerafft, um ein paar Zeilen zu schreiben. Seit meiner Rückreise bin ich ziemlich erkältet, es ging im Zug mit Halsschmerzen los. Als ich hier oben ankam, war es entsetzlich: alles nebelig, kalt und überhaupt war alles hier ziemlich ernüchternd. Vormittags wurde extra viel Streß gemacht, daß wir nicht zum Schlafen kommen sollten. Im Zug konnte ich allerdings auch nicht oder kaum schlafen, da er übervoll war. Meine übrigen 2 Plätze habe ich verschenkt und hatte kaum auf meinem Platz genug Raum für mich.
Vormittags hieß es dann, daß wir alle Sachen, die wir im November empfangen hatten, aus dem Spind räumen sollten. Alles wurde in eine Zeltplane geschmissen, so daß ein riesiges schweres Bündel entstand, welches wir auf den Explatz hinunter schleppen mußten. Ich konnte es kaum tragen und war schon im November froh, als ich das Zeug endlich im Spind hatte. Es wurde Vollständigkeitskontrolle gemacht, dann schleppten wir es wieder hoch und nun mußte ich mich mit dem Spindeinräumen beeilen, weil ich 15 Uhr mit Christian in den Ausgang wollte.
Eigentlich ging ich gleich frühmorgens hoch zu Christian und sagte, daß es mit dem Ausgang wohl nichts werden wird, weil ich mich, wie gesagt, mehr als elend fühlte. Er war aber so schockiert davon, daß ich schließlich doch mitkam. Es wurde dann auch richtig schön. Wir gingen einkaufen, dann am Meer spazieren und anschließend hatten wir einen tollen Abend

mit Bier und Wein und gutem Essen im Kurhaus in Binz. Es war ja auch der letzte Ausgang für Christian und das mußte gefeiert werden. So kam ich also wieder nicht sehr früh ins Bett und am nächsten Tag war ich auf der Baustelle beschäftigt.
Seit gestern nun ist Freizyklus und aus den Halsschmerzen ist Husten und Schnupfen geworden. Bis Sonntag bin ich krankgeschrieben und muß mich einreiben und eine komische Mixtur einnehmen. Gestern lag ich den ganzen Tag auf dem Bett und besah mir die Matratze von unten, von dem, der über mir schläft. Etwas las ich, ansonsten war ich viel zu faul und geschafft, um noch irgend etwas sinnvolles tun zu können.
Heute scheint ganz herrlich die Sonne und ich war am Strand spazieren. Dadurch, dass ich Ostern zu Hause war, haben die anderen alle jetzt viel mehr Farbe im Gesicht. Die Sonne bräunt hier wesentlich intensiver. Mir ist richtig aufgefallen, wie erholt hier viele aussehen.
So, das war das Neueste. Ich genieße die Ruhe. 3 Leute sind heute auf Urlaub gefahren, so sind wir nur noch zu dritt. Der Eine sitzt ganz stumm am anderen Fenster und blickt aufs blaue Meer. Ihm geht es auch nicht gut, er hat die ganze Nacht gebrochen.
Vielen Dank noch für den Brief, liebe Mama. Ich habe mich sehr gefreut.
Viele Grüße von Euerm Stefan.

*

Prora, 28.04.87
Hallo, ihr Lieben!
Vielen Dank für den lieben Brief, den ich vorhin vorfand. Eben komme ich aus Mukran zurück, war da ersatzweise im Versorger. Es war ein sehr schöner Tag, da das Wetter phantastisch ist und ich den ganzen Nachmittag heimlich am Strand zubrachte. Es war schön, im Dünengras zu liegen, das blaue Meer rauschen zu hören und in den blauen Himmel zu blicken. Zum Baden ist das Wasser leider noch etwas zu kalt.
Gestern Abend ging ich auch am Strand, allerdings in Binz, spazieren. Vorher lud mich der Pfarrer zum Abendessen ein. Mit mir waren noch ein Bausoldat und zwei junge Frauen da, die ihre Männer morgen hier abholen.
Ja, morgen werden die „E"s nun entlassen. Sie sind so ausgelassen und fröhlich, manche haben schon Zivilsachen an, und unsereins hat noch ein Jahr. Morgen sind es genau 365 Tage! Nachher gehe ich hoch zu Christian, um ihn zu verabschieden. Ich habe gar keine Lust und kann

mir das alles gar nicht vorstellen. Die Zimmer sind schon ganz leer. Eben kam wieder einer hier herein, der sich verabschiedet hat. Es gab viele nette Leute, an die man sich so gewöhnt hat und die man nun nie wiedersieht. Man freut sich schon für sie, aber es ist doch schrecklich, das miterleben und dabei selbst noch ein Jahr hier sein zu müssen. Morgen wird oben alles leer stehen, keiner ist mehr da, der einem einen erfahrungsgemäßen Rat geben kann für hier. Ich muß mich daran gewöhnen. Dienstag kommen dann die Neuen, da haben <u>wir</u> es wieder besser.
Morgen beginnt wieder mein Arbeitszyklus, allerdings bin ich bei einem neuen Arbeitskommando. Bin gespannt, wie es wird, aber die Arbeiten sind wohl dieselben.
Gestern hatten wir vormittags einen Sondereinsatz direkt am Meer. Es war herrlich, in der Sonne zu liegen und den Schiffen zuzuschauen. Vorgestern war ich im Theater in Putbus. Es war auch sehr schön und Putbus ist ein richtiges Traumstädtchen. Es lohnt sich, dort mal hinzufahren.
Aber die Begriffe „schön" und „herrlich" usw. haben nicht mehr die Bedeutung wie vorher. Überall ist ein bitterer Beigeschmack dabei, nichts ist uneingeschränkt schön. Man versucht, schönes zu denken und zu sehen. Im Grunde ist auch das Meer schon etwas langweilig, aber man versucht es jeden Tag neu zu erleben. Jetzt ist Abendbrot. So, jetzt schließe ich.
Für heute also viele liebe Grüße, von Euerm Stefan.

Grüße auch von Thomas. Der Arme hat jetzt kurz hintereinander schwere Bestrafungen bekommen. Vier Wochen Urlaubs- und Ausgangssperre und strengen Verweis. Es ist mitunter hart.

Jetzt habe ich die Abschiedsszene hinter mich gebracht und habe eine Stunde zur Beruhigung gebraucht. Ein Stück meiner Welt hier ist heute eingestürzt.

*

Prora, 30.4.87

Ihr Lieben!

Da ich diesen Brief schreibe, sitze ich fast dunkelbraun gebrannt im Klubraum. Zwei Tage arbeitete ich jetzt wieder auf der Baustelle, und dort ist es wie in der Wüste, fast keine Bäume, sondern nur Sand und Sonne. Ich wußte gar nicht, daß ich im Gesicht so braun werden kann. Sogar ein Vorgesetzter hat mich daraufhin angesprochen. Vorhin habe ich es das erste Mal gewagt, wieder auf Christians ehemalige Kompanie zu gehen. Ich wollte noch etwas aus dem Zimmer holen. Gestern war es mir unmöglich, hinauf in die leeren Zimmer zu gehen. Ich habe 2 Tage gebraucht, um mit der Tatsache fertig zu werden und ab und zu bin ich jetzt noch traurig. Nachdem ich die Leute neulich verabschiedet hatte, konnte ich nicht gut einschlafen. Dann kam noch einer aus unserem Zimmer so betrunken aus dem Ausgang, daß er beim Schlafanzug anziehen nackt unter den Tisch fiel und hervorgezogen werden mußte. Es wurde mir echt alles zu viel. Heute geht es wie gesagt wieder.

Ich erfuhr, daß ich im Mai gar nicht mehr mit Urlaub geplant bin. Ich habe aber noch einen Erholungstag aus dem vergangenen Diensthalbjahr (ich bin ja jetzt 2. DH!!) übrig, und da könnte ich eventuell auf Kurzurlaub fahren. Das hieße, ich käme wieder Freitagnacht und muß aber schon Sonntagabend wieder fahren. Ich möchte gern Ende Mai noch mal kommen, ansonsten komme ich (normal 3 Tage) erst wieder kurz nach Pfingsten. So, das wäre das Neueste. Ich hoffe Euch geht es gut und grüße Euch herzlich, Euer Stefan.

Anbei 2 Stück Bernstein – die gibt es hier sehr viel!

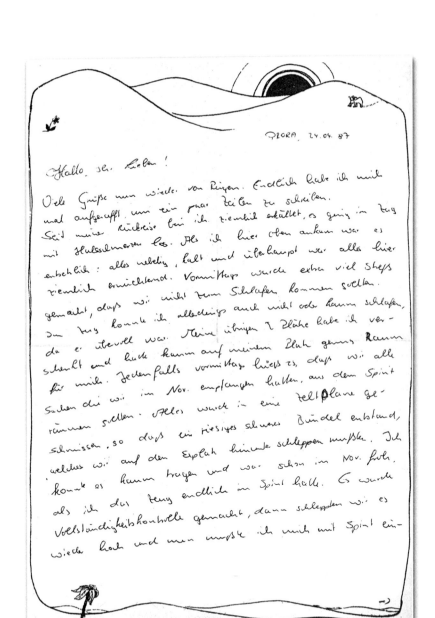

Mai

Der April neigte sich seinem Ende in bitterer Traurigkeit. Der „Wonnemonat" wartete zwar mit Schrecken in unbekannter Dimension auf, doch verlief er dann in recht ruhigen Bahnen. Eintönig schleppten sich die Arbeitstage dahin. Diese nahmen im Arbeitszyklus um vier Uhr morgens ihren endlos langen Lauf. Tag für Tag stapfte der diensthabende Bausoldat frühmorgens den langen Gang entlang, von Zimmer zu Zimmer, um das unbarmherzige Neonlicht anzuknipsen. Mit fast entschuldigender Stimme wünschte er uns dann einen „guten Morgen". Manchmal weckte mich schon das Türenklappern. Wie es sich unserem Zimmer mehr und mehr näherte, erinnerte es mich an das allmorgendliche Fiebermessen im Krankenhaus. Die Trillerpfeife hatten wir nach der Grundausbildung erfolgreich verweigert. Ohnehin standen die Soldaten im Zyklus- und Innendienst zu unterschiedlichen Zeiten auf.
Es hatte sich so etwas wie eine Reihenfolge des Aufstehens eingespielt. Als erstes sprang der dienstbeflissene Klaus auf und verschwand im Waschraum. Dann krochen die beiden traumgeschwellten Jungs vor dem Blumenfenster aus ihrer blau-weißkarierten Bettwäsche und schalteten das Radio ein, das auf dem Fensterbrett vor der Morgenröte am Horizont stand und zu dieser Zeit erstaunlich häufig jammern ließ: „Es brennt wie Feuer". Während sich die beiden immer wieder aufs Neue über den Schlager von „Stimme der DDR" belustigten, stand auch Markus auf, zog sich mit mürrischem Gesicht splitternackt aus und beschäftigte sich als erstes mit dem Bettenbau. Waren die anderen schnell und verschämt in ihre Unterwäsche gesprungen, hatte Markus erstaunlich wenig Probleme damit, seine Männlichkeit zur Schau zu stellen.
Ich hingegen zog zunächst meine Schlafanzugjacke aus und mein langes Unterhemd an und begab mich erst dann aus der

Schlafanzug- in die Unterhose. Dann schnappte auch ich mein Waschzeug aus dem Spind und eilte den anderen zum Waschraum hinterher.

Längst war die Zeit vorbei, da ich als einer der ersten aus dem Bett sprang und staunend zum Fenster lief, um die Dämmerung über dem Meer zu bewundern. Meist musste nun schon einer der diensthabenden Vorgesetzten zur Eile antreiben. Nur einer durfte liegen bleiben. Er, der den Spitznamen Raschi erhalten hatte, war einem Arbeitskommando im Bereich der Kaserne zugeordnet worden.

Eben weil manche in den Zimmern im Innendienst tätig waren oder in einem anderen Zyklus arbeiteten, war es für manchen Vorgesetzten unmöglich, den Überblick zu behalten, wer um vier und wer um fünf Uhr aufzustehen hatte. Es gab aber wenige, die das erstaunlich genau wussten und beobachteten. Bei diesen galt es zu parieren und nach dem Bettenbau pünktlich vorn am Tisch des Diensthabenden anzutreten, um zum Frühstück „abzurücken". In der „ein Strich, kein Strich" – Sommeruniform marschierten wir dann zum Essenssaal, der mir spätestens seit dem Nacktschneckenerlebnis im Januar ein Grauen war.

Im Mai erhielten wir einen neuen „Zugführer", einen „Vierjährigen", der kurz vor seiner Entlassung stand und sich auf unsere Kosten noch einmal profilieren zu müssen glaubte. Es war ein entsetzlich glatter, kalter, an sich aber gutaussehender blonder Typ. Ich fragte mich oft, wie sich hinter solch einer Fassade ein derartiger Charakter verbergen könne. Er wurde tatsächlich zum Leutnant befördert.

Der immer gleichmäßig kalte und kontrollierte Vorgesetzte befahl oft schon am frühen Morgen ein Marschtraining. Das verleidete vielen das Frühstück zusätzlich. Immer wieder versuchte der eine oder andere dem Gang zum Frühstück fern zu bleiben. So auch ich, dessen Magen noch immer hin und wieder rebellierte. Es blieb das Versteck im Waschraum oder noch besser auf dem Klo, und es blieb der fensterlose stickige Raum für die Baustellenanzüge. Wer den morgendlichen Marsch zum Essenssaal auf sich nahm, der brachte die Baustellenverpflegung für seine Zimmergenossen mit.

Nach dem Frühstück schlüpften wir rasch in die dünnen, aber groben Arbeitsanzüge aus Leinen. Sie waren blau bzw. sandfarben und sahen sehr abgenutzt und schäbig aus. Meine Hose war so weit, dass sie nur durch das Koppel gehalten wurde, über das ich den Bund herumschlagen musste. Die Jacke darüber fallend sah nicht nur ich wie ein „Gehangener und Gefangener" aus, und es ging das wahrscheinlich haltlose Gerücht herum, diese Anzüge wären bereits beim Autobahnbau unter Hitler im Einsatz gewesen. Im Mai zogen wir unter die Jacke unseren grauen Alltagspullover. Die Anzüge, deren Schulterstücke auf den Jacken ebenfalls ein Spaten zierte, wurden im Laufe des Sommers kaum einmal gewechselt.

Das Treppenhaus der Kompanie, links zwei fensterlose Räume (Kleiderkammer), geradeaus Waschraum und Toilette, 1995.

So marschierten wir mit unserer Felduniformtasche in der Hand kurz nach fünf Uhr zu den LKWs, auf deren Ladefläche wir uns „einfädelten". Unter dem monotonen Motorengeräusch nickten wir auf der Fahrt zur Baustelle allmählich wieder ein. Lange vor dem zivilen Leiter trafen wir in der Unterkunft ein, wo sich jeder ein Plätzchen zum Schlafen suchte, bis die Einteilung der Arbeiten vorgenommen wurde. Der Armee wurden hierfür „Dunkelstunden" gutgeschrieben. Die Tätigkeiten waren an diesem Arbeitsort eintönig: „Hast Du schon mal Suchschachtungen mitgemacht – schrecklich!", schrieb ich Andreas. „Gestern habe ich den ganzen Tag Schutzrohrkreuzungen gesucht, die ich schließlich nicht fand, da es sich herausstellte, daß sie unter einem Gleis liegen. Heute haben wir einen langen Kabelgraben ausgehoben ..."
Nach wie vor suchte ich mir die Arbeit zu versüßen, wie etwa mit meinem in Prora streng verbotenen Walkman. „Sehr schön und passend für meine Situation hier ist Wolf Maahn und den höre ich fast die ganze Zeit", erzählte ich in demselben Brief, und weiter: „Mit noch einem Jungen pirschte ich nach der Arbeit durch das Seen- und Sumpfgebiet, wir kletterten auf Bäume, beobachteten ein Wildschweinrudel und ließen uns kleine Frösche auf die Stiefel springen." Meine Lebensgeister schienen diese kleinen, selbstverordneten, an sich aber streng verbotenen Abwechslungen zu benötigen. An Tagen, die mir kleine Freuden beschertan, ging es mir besonders gut, so dass ich sogar scherzhaft schreiben konnte: „Übrigens habe ich mir heute einen weißen Bauhelm geholt, der paßt mehr zum jetzt schon recht gebräunten Gesicht. Du wirst jetzt wieder mal lachen – aber ganz so ist es auch nicht. Mein gelber Helm ist kaputt gewesen." Ja, ich hatte mich dort am anderen Ende der Baustelle, im Hinterland des Hafens, eingerichtet. Doch wieder wurden die Arbeitsgruppen durcheinandergewirbelt.

Mitte Mai war meine Tätigkeit im „Buddelkommando" beendet. Die neue Einteilung der Arbeitsgruppen sah mich für eine Betonmischanlage vor, die nicht weit des Versorgers Mukran direkt am Meer lag. Dort ging auch das berüchtigte Abladen der Molensteine vor sich, weshalb ich von dem neuen „Arbeitskommando" nicht viel Gutes erwartete. „Der Bauleiter kann mich gut leiden, er wollte mich gar nicht fort lassen", schrieb ich meiner Schwester Erdmute über den Abschied von der Baustelle im Hafenhinterland: „Er hat sich immer über mein strahlendes Gesicht gefreut, wenn er morgens in die Bude kam."

Das war nun Vergangenheit. Seither spuckte mich der „W 50" allmorgendlich wieder am Versorger Mukran aus. Mein Domizil war künftig eine Baubude hinter den orangefarbenen Silos, die ich lange Zeit aus meinem gemütlichen Versorger vor Augen hatte. Künftig arbeitete ich unter dem Kommando eines Arbeitsgruppenführers, der als guter Christ seine Sache sehr genau nahm und mir daher recht unsympathisch war. Tatsächlich wurde ich gleich am ersten Tag zum Abladen von Molensteinen abkommandiert. Das ging so vor sich: Mit Hilfe von Splinten wurde der Zapfen am Arm des Kranes im Loch des Molensteins verankert. Dann wurde der Molenstein angehoben. Dabei war Vorsicht geboten. Löste sich ein Splint, dann konnte der tonnenschwere Granitbrocken nach unten poltern. Ich war nur wenige Tage als „Anschläger" tätig. Meist lungerte ich mit den anderen in der Baubude herum. Eine sinnvolle Beschäftigung war während des Wartens auf die Schotterzüge nahezu unmöglich, war doch die Bude gut einsehbar und diese Gegend von Offizieren sehr frequentiert. Private Lektüre war ebenso verboten wie Musikhören.

Wie dieses eintönige Leben dennoch irgendwie gestaltet werden konnte, demonstrierte Sven. Er gehörte nun zu meinem Arbeitskommando und tat morgens ausgiebig das, was nicht

verboten war: er frühstückte. Nach wie vor auf viel Aufmerksamkeit bedacht, zauberte er eine Fülle von Delikatessen aus seiner Felduniformtasche hervor, die er demonstrativ und gut aufgelegt vor aller Augen verspeiste. Dazu gehörten vor allem Produkte aus dem „Westen", wenn ich mich recht erinnere, Kaviar und Lachsersatzschnitzel in kleinen Gläschen. Ein Vergnügen, dem bei der sich drastisch verschlechternden Baustellenverpflegung und dem sich mittags häufenden Frikassee und Herz-Nieren-Ragout besondere Aufmerksamkeit zukam. Für seine Gelüste hatte er sich den besten Platz auf einem alten Sofa gesichert, dort, wo es sich anschließend gut dösen ließ. Bei guter Laune unterhielt er die gesamte Mannschaft, von der sich kaum einer wagte, ihm zu widersprechen. Für mich fand sich gerade noch ein Plätzchen in der hinteren Ecke. Ich schien in seiner Gunst ausgespielt zu haben. Vielleicht gerade deshalb suchte ich mit ihm mitzuhalten. Bald zauberte auch ich, der Sven nach wie vor bewunderte, die schönsten Köstlichkeiten aus meiner Tasche. Als ich wenig später unter Svens Gespött zu einer großen Sandsiebanlage versetzt wurde, war ich keineswegs Böse.
Hier, rechts vom Versorger, hinter riesigen aufgespülten Sandfeldern versteckt, sollte ich bis zum Ende der Armeezeit bleiben. Im Laufe dieses knapp einen Jahres wurde ich sogar zum Arbeitsgruppenführer für den Bereich der Mischanlage ernannt. Und da ich im Freizyklus nach wie vor gern im nahe gelegenen Versorger arbeitete, hatte ich wieder vermehrt Kontakt zu Markus. Dieser versah den Dienst an der Siebanlage in meinem Gegenzyklus. Markus lachte oder sang immer seltener, dafür verpestete er die Hütte am Waldesrand regelmäßig mit seinen Karo-Zigaretten. Unsere Freundschaft hatte Risse bekommen.
Ich führte nun endlich ein recht geregeltes Leben. Wie lange dieses andauern würde, wusste ich natürlich nicht. Mit den

Bausoldaten meiner Arbeitsgruppe kam ich nur noch selten zusammen. Nur dann war das der Fall, wenn des Nachts Güterzüge entleert werden mussten oder wenn wir irgendwohin zu Sondereinsätzen „verliehen" wurden.
Doch auch am neuen Arbeitsplatz blieben Schrecken nicht aus. Besonders schlimm sollte eine Razzia durch zahlreiche Vorgesetzte im Sommer jenen Jahres werden. Anfang Mai erlebten wir einen Vorgeschmack davon auf unserer Kompanie. Eine nicht angekündigte „Tiefenkontrolle" der Zimmer und Spinde ließ den Schrecken ein weiteres Mal in Mark und Bein fahren. Vermutlich auf der Suche nach Materialien der politischen Opposition, deren Vertreter es für mich weithin unbemerkt auch auf unserer Kompanie unter den Bausoldaten gab, wurde alles im Zimmer von unterst zu oberst gekehrt. Vor Entsetzen kaum mehr in der Lage, zu reden und zu stehen, hatte auch ich meinen Spind vor den Augen der Vorgesetzten auszuräumen. Ich tat das so geschickt, dass mein in der Unterwäsche versteckter Walkman nicht zum Vorschein kam. Dabei hatte ich großes Glück mit dem für mich zuständigen Offizier. Diejenigen, die nicht unmittelbar mit uns zu tun hatten, konnten mitunter harmloser sein als die eigenen Vorgesetzten.
Der Mai bescherte aber auch leichte Tage. Dazu gehörte ein kurzer Heimaturlaub, in dem ich mich nun sicherer als am Anfang bewegte und in dem mich der neunzehnte Geburtstag meines Freundes Andreas manches in Prora vergessen ließ. Dazu gehörte auch der einzige Ausgang, den ich an der Seite des Musikers Bernd verbrachte. Längst hatte mein Versorgerkollege so etwas wie eine beschützende Vaterrolle für mich übernommen.
Wir übertraten das Ausgangsgebiet und fanden für Stunden die Unbeschwertheit zurück. Die Gefahr, in den grünen Hügeln der Insel Rügen einem Offizier zu begegnen, war gering.

So genossen wir die Hoffnung erweckende Frühlingsnatur. Die führte uns in jenen Tagen auch die verfilmte Erzählung „Ronja Räubertochter" von Astrid Lindgren vor Augen. Im Regimentssaal von Prora konnte ich für Minuten vergessen wo ich war. Im Dunkel an Thomas angekuschelt fühlte ich mich während dieses Filmes wie ein kleiner Prinz.

Hallo, Ihr Lieben! Wostevitz, 06.05.87

Vielen Dank für die nette Post, über die ich mich sehr freute. Gestern kam der Brief von Papa an: ich kam leider in letzter Zeit gar nicht mehr zum Schreiben, weil hier so viel Streß herrscht.
Momentan schreibe ich auch in unserem Unterkunftsraum auf der Baustelle. Es ist noch früh am Morgen und der Meister ist noch nicht da. Heute bin ich Arbeitsgruppenführer und muß nachher noch die Abrechnungen für den auslaufenden Arbeitszyklus schreiben. Heute muß ich sogar eine Stunde pro Mann auf Armeekosten abziehen, da wir nicht pünktlich hierher gebracht wurden. Wir haben doch jetzt einen neuen Vorgesetzten und er ist nie mit dem Marschieren zufrieden. So läßt er dauernd anhalten unterwegs und belegt [anschnauzen] die Leute. Fast die ganzen Abende nach der Arbeit sind mit Marschübungen ausgefüllt, Freizeit bleibt kaum noch.
Vorgestern war ein schrecklich aufregender Abend. Wir kamen in die Kaserne und es hieß: „Sofort vorm Zimmer antreten." Der ganze Flur war voller militärischer Vorgesetzter von allen Kompanien und aus dem Stab. Ungefähr vor jedem Zimmer stand einer. Ich ahnte gleich, was los ist, nämlich Tiefenkontrolle im Spind. Natürlich bin ich fast durchgedreht vor Schreck, und ich wäre fast daran gewesen, manche Sachen aus dem Fenster zu werfen. Nirgends konnte man mehr etwas hinbringen, vor jedem Flurausgang stand jemand – es war schrecklich! Tiefenkontrolle sieht so aus, daß mitunter Betten abgezogen werden, Spinde total ausgeräumt werden und abgerückt werden. Na ja, schließlich ging es noch gut bei uns. Mehr mündlich.
Gestern sind nun die Neuen gekommen. Ich habe geholfen, das Gepäck mit in die Kompanie hinaufzutragen. Ansonsten dürfen wir bis jetzt noch

nicht viel Kontakt zu ihnen haben. Das Wetter ist zur Zeit nicht besonders gut, es ist kalt und regnerisch.
Für heute nun viele liebe Grüße, Euer Stefan.

*

11.05.87
Ihr Lieben!
Heute mal wieder ein Gruß von mir. Vorhin kam Erdmutes Post, worüber ich mich sehr freute. Vielen Dank schon einmal. Auch die Karten gefallen mir sehr, vor allem die mit der Palme. Die wollten gleich alle haben.
Zur Zeit schlafen alle nur um mich herum auf den Betten. Wir haben nämlich Freizyklus, da ist das Leben so ziemlich faul. Man ist einfach ständig müde – des Daseins müde – und träge. Ich muß mich ja auch so zusammenreißen, irgend etwas zu machen. Es fehlt einfach der Elan. Es fehlen die Impulse, die man im bunten Leben bekommt und die es hier drin so gut wie nicht gibt.
Nachdem ich einen Tag aus dem Fenster geguckt und dann 24 h Dienst geschoben habe als GUvD bin ich gestern in den Ausgang gegangen. Diesmal habe ich mit Bernd aus dem Versorger einen herrlichen Wandertag verlebt. Vormittag fuhren wir nach Bergen und besuchten den Gottesdienst, dann trampten wir nach Ralswiek. Es ist ein sehr schöner idyllischer Ort am großen Jasmunder Bodden. Wir sahen viele Boote stehen, und wir hatten Lust eine Tour zu machen. Ich fragte einen Jungen, der an einem Motorboot herumbastelte. Er war sehr nett und es stellte sich heraus, daß er der Sohn vom Pfarrer in Patzig war.
Wir jagten über das blaue Wasser dahin, die Sonne schien, das Wasser spritzte und ich mußte lachen. Es war so schön, links und rechts einsame Wälder zu sehen und vor sich die Weite des Meeres. Wir legten an einer ganz abgeschnittenen Strandstelle an und aßen Kuchen. Nach der Bootstour legten wir uns auf die Wiese im herrlichen Schloßgarten und sahen in den blauen Himmel. Eigentlich sollten wir noch mit nach Patzig kommen, aber die Zeit war schon vorangerückt. So liefen wir an der Steilküste nach Lietzow zurück, von wo wir dann nach Prora fuhren.
Heute habe ich schon wieder gar nicht viel gemacht, aber ich werde anschließend noch Flöte üben. Nachher werde ich vielleicht mit Tommi Kaffee trinken. Er schlief vorhin noch. (Es ist alles wie ein ewiger verregneter Urlaub.)

Morgen kommt einer von uns für 4 Wochen ins Gefängnis nach Schwedt [Militärgefängnis]. Es ist schlimm. Er hatte sich auf einen Spaziergang hin von der Baustelle entfernt. Hatte vorher aber schon fünf Strafen weg. Zum Glück habe ich bis jetzt noch gar keine Strafe. Thomas hatte die Ausgangs- und Urlaubssperre übrigens wegen einer „patzigen" Antwort bekommen und den Verweis, weil nach 21 Uhr noch Licht im Zimmer brannte. Es geht manchmal schnell.
So, jetzt schließe ich. Für heute viele liebe Grüße von Euerm Stefan.

*

14.05.87
Liebe Mama, lieber Papa, liebe Erdmute!

Es ist Feierabend und ich liege während des Schreibens auf dem Bett, da ich ziemlich müde bin. Heute gab es etliche Gräben mit Sand zuzuschütten und zu planieren. Das Wetter ist auch alles andere als schön, es ist kalt und regnerisch. Aber viele interessante Naturerscheinungen lassen sich bei diesem wechselhaften Wetter beobachten. Die Wolken ziehen rasch am Himmel vorüber und schillern in den verschiedensten Farben. Gestern und heute beobachteten wir abends einen herrlichen, phantastischen Regenbogen. Er kam aus dem Meer heraus und reichte bis zum Strand von Binz. Ich glaube kaum, daß ich solch einen vollständigen und farbintensiven Regenbogen jemals schon gesehen habe.
Überall duftet es nach Frühling und Strand – es ist der typische Ostseegeruch. Im Grunde ist dies eine wunderschöne Gegend. Ihr könnt Euch nicht vorstellen, wie dicht die Wälder mit Schlüsselblumen und Anemonen übersät sind und wie die Wiesen leuchten. Es wäre so schön, wenn es bald wieder wärmer würde. Ich war schon so braun wie ein Neger, was jetzt schon so gut wie fort ist. Es geht genauso schnell, wie es kommt. Ab Montag gehöre ich wieder einem neuen Arbeitskommando an. Sämtliche Pläne wurden wieder umgestellt. Ich komme zu einer kleineren Gruppe, die direkt hinterm Versorger am Strand eingesetzt ist. Es wird bestimmt nicht schlecht im Sommer. Das Schaufeln bin ich dann also los. Wir sollen wohl an eine Mischanlage und Waggons ausladen – mal sehen.
Ich habe nun für nächstes Wochenende Kurzurlaub beantragt, weil ich noch einen Erholungstag aus dem vergangenen Halbjahr übrig habe.

Vielleicht klappt es. Ich werde jetzt noch etwas lesen (Geschichten von Boccaccio). Morgen früh geht es wieder los.
Übrigens hatten wir vorgestern schon wieder solch einen Appell, wo das ganze Militärzeug aus dem Schrank in eine Plane geworfen wird und das Bündel runter in die Turnhalle geschleppt wird zur Überprüfung der Vollständigkeit. Ich habe mich natürlich gleich beim Hauptmann beschwert, doch ohne Erfolg. Er meinte, daß hier nichts sinnlos wäre, nun ja, alles geht vorüber. Papa wünsche ich gute Besserung und nicht so viel Arbeit. Seid herzlich gegrüßt von Euerm Stefan.

Vorgestern war ich im Kino in „Ronja Räubertochter" von Lindgren. Wunderschöner Film!

*

25.5.87

Ihr Lieben!
An einer kleinen Schreibtischplatte, welche jemand aus unserem Zimmer am Fensterbrett befestigt hat, sitze ich hier und schreibe diesen Brief. Es ist wie ein kleiner Schreibsekretär, auf dem Fensterbrett stehen Grünpflanzen und vorm Fenster rauscht das heute grün aussehende Meer. Das Wetter ist herrlich. Mit einem herrlichen Sonnenaufgang über der Insel wurden wir in Stralsund begrüßt, bevor es über den Rügendamm hinüber ging.
Die Zugfahrt war ja so belastend! Ab Leipzig der Zug war brechend voll. Bis Jüterbog saß ich in 1. Klasse, bis eine „nette" Schaffnerin kam und 20 Mark von mir wollte. Da hat mein Geiz gesiegt, und ich zog auf den übervollen Gang zwischen Schnapsflaschen, Bierflaschen und Alkoholleichen. Es war schrecklich, und ich war doch froh, als ich endlich hier ankam. Die Leute aus meinem Zimmer fanden es recht langweilig ohne mich am Wochenende, wie sie sagten. Ich bringe wohl am meisten Leben in die Bude.
Morgen gehe ich wieder arbeiten. Eigentlich sollte ich von heute 17 Uhr bis morgen 24-Stunden-Dienst stehen. Ich bin aber die Sache klären gegangen und sagte, daß ich auf der Baustelle gebraucht werde und erst aus dem Urlaub gekomken bin. Da sagte der doch, daß es mein Privatvergnügen ist, auf Urlaub zu fahren und ich brauchte das ja nicht zu tun. Nun ja, jedenfalls brauchte ich dann den Dienst doch nicht zu machen.

Ich wäre auch wirklich viel zu k.o. – Nachher gehe ich noch mal an den Strand und dann bald zu Bett. Es war so schön in Eisenach und ich bedanke mich für alles.
Viele liebe Grüße, Euer Stefan.

*

29.5.87
Ihr Lieben!
Kurz vor dem Mittagessen möchte ich noch schnell schreiben. Ich sitze in meiner Holzhütte am Waldrand mit Blick zur Siebanlage am Meer. Seit vorgestern bin ich nun hier eingesetzt zur Überwachung der Anlage und zur Wartung derselben. Hier wird Sand aus dem tiefen Meer weit draußen hergepumpt, der dann maschinell gesiebt wird.
Die Anlage macht einen riesigen Krach, so daß ich ständig Ohrenschutz tragen muß. Von meiner Hütte aus (oder bei wärmeren Wetter davor) beobachte ich fünf Förderbänder, von denen etwa alle 2 Minuten eins stehenbleibt. Dann muß ich etwa 50 Meter rennen und den Knopf wieder hineindrücken bzw. das Band freischaufeln. So lege ich am Tag wohl 15 – 20 km im Sprint zurück. Ich hoffe, daß das eine Förderband demnächst mal repariert wird.
Es ist schön, daß das Meer gleich hier ist und man bei Hitze sich schnell abkühlen kann. Gestern habe ich morgens beim Fische einholen zugesehen. Viele Heringe, Aale und Lachs (einer) wurden gefangen. Nebenan befindet sich eine kleine Fischerei. Hier komme ich auch etwas zum Lesen und Schreiben, natürlich ständig mit Unterbrechungen. Zur Zeit höre ich Walkman, aber jetzt werde ich erst einmal durch den Wald zum Versorger laufen. Das Mittagessen ist jetzt viel schöner, da ich nicht im großen Saal zu essen brauche, sondern in der kleinen Wohnküche mit den Leuten, mit denen ich ja ¼ Jahr zusammengearbeitet habe. Es ist schon fast familiär. Heute soll es Bratkartoffeln und marinierten Hering geben – Küstenessen.
Inzwischen ist es schon Nachmittag geworden, und gleich ist Feierabend. Ich lese „Kon-Tiki" von Thor Heyerdahl, was sehr spannend ist. Er hatte eine Floßtour über den Pazifik unternommen. Dazu höre ich die Brandung des Meeres hinter der Düne, denn die Bänder sind jetzt abgestellt.
Vor drei Tagen nahm ich an einem Sondereinsatz in Groß Schoritz auf Südrügen am Greifswalder Bodden teil. Wir waren 11 Mann und der

Kommandeur, und wir mußten eine alte strohgedeckte Scheune abreißen. Das war ein Staub und Dreck. Ich dachte die ganze Zeit an meinen Heuschnupfen. Die Sonne brannte vom Himmel herab und wir waren alle grau vom uralten Staub. Am nächsten Tag merkte ich es auch an den Augen, aber da war ich ja wieder hier am Meer und die Seeluft machte es wieder gut. Frühstück, Mittag, Kaffee und Abendbrot gab es im Geburtshaus von Ernst Moritz Arndt. Es ist ein schönes Grundstück.
Die Insel sieht auf diesem Teil ganz anders aus; im Gegensatz zu hier sind dort unendliche grünen Ebenen, Seen und einige Wälder zu sehen, an die sich kleine Dörfer anschmiegen. Hier auf Jasmund und Granitz gibt es ja einige Berge und Steilküsten. Es ist nicht so sanft und eben. So, jetzt werde ich zu den anderen zurückgehen. Vielleicht finde ich noch Bernstein. – Hoffentlich könnt ihr das Geschmiere lesen. Das Papier ist durch den ewigen Sand etwas schmutzig geworden.
Viele liebe Grüße, Euer Stefan.

Juni

Die Siebanlage am südlichen Ende der Baustelle, etwa drei Minuten zu Fuß vom Versorger Mukran entfernt, blieb knapp ein Jahr lang meine ständige Begleiterin – scheppernd und laut, rostig und altersschwach. Tagaus, tagein saß ich auf einem Stühlchen vor einer kleinen Hütte am Waldesrand, ohne den Blick längere Zeit von meiner Anvertrauten zu lassen. Diese wuchs mir zwar immer mehr ans Herz, doch glaubte ich wegen ihres instabilen Zustandes nicht lange bei ihr verweilen zu können. Schon Anfang Juni begann ihr altersschwaches Herz, der Motor, den Betrieb einzustellen.

„Sag mal, bist du Frisör?!", schrie mich der Leiter der Siebanlage an, als ich nicht wusste, was ein 15er oder ein 28er Schlüssel ist und wie diese Schraubenschlüssel zu bedienen sind.

„Nein, ich will Theologie studieren", hatte ich kleinlaut zu verstehen gegeben, überrascht darüber, dass meine Haarfrisur angeblich darauf schließen ließ, ich sei Frisör von Beruf. Das erstaunte Kopfschütteln der Handwerker sorgte bei mir für Verunsicherung.

Ich blieb meiner Siebanlage treu. Größere Reparaturarbeiten blieben mangels Ersatzteilen die Ausnahme. Hoch oben auf dem Spülfeld tuckerte eine Raupe, die den Sand auf ein langes schwarzes Förderband schob. Das transportierte den Sand auf die Siebanlage: einen zylinderförmigen Trichter, bedeckt mit zwei Sieben – einem groben oberen und einem feinen unteren. Von dort fiel der Sand auf ein darunter laufendes Förderband, von dem er wiederum durch ein schräg nach oben führendes Band auf einen großen Haufen abtransportiert wurde. Die Steine wurden zur anderen Seite des Trichters transportiert.

Neben dem kaputten Motor gab es vor allem zwei Schwachstellen, die mich ständig in Atem hielten. Zum einen war das die Umlenkrolle jenes Förderbandes, das den Sand auf die Siebanlage beförderte. Zum anderen war es das unter dem großen Trichter der Siebanlage laufende Förderband. Blieb dieses stehen, dann musste ich im Sprint zur Anlage rennen und den Motor abschalten. Kam ich zu spät, dann konnte die Anlage buchstäblich im Sand versinken. Zwei Mal ist es vorgekommen, dass wir die Anlage stundenlang freischaufeln mussten. Neben meiner Hütte stand ein großer orangefarbener Kran, der den gesiebten Sand auf einen ordentlichen Haufen umsetzte, von dem dann die LKWs beladen wurden. Es gab Tage, da kamen derer viele und es war dann an meiner Siebanlage recht laut und unruhig. Es gab aber auch Tage, da rumorte lediglich meine rüttelnde Siebanlage, und der Baggerfahrer saß auf einem Stühlchen neben mir und unterhielt mich in seiner norddeutschen, gemütlichen Art. In der Nähe dieser zivilen Arbeiter fühlte ich mich wohl und irgendwie sicher. Als Nachkomme eines Stralsunder Kürschnermeisters glaubte ich mich ihnen sogar verbunden fühlen zu müssen.

Die Siebanlage im zeitigen Frühjahr 1988.

Meist blieb auch Zeit zum Lesen. Die Gelegenheit dazu wurde noch besser, als mir statt des kleinen Geräteschuppens eine richtige Hütte mit Tisch und Stuhl und elektrischem Strom an den Waldrand gesetzt wurde.
Nach der Arbeit blieb manchmal noch etwas Zeit, um auf die Düne hinaufzuspringen, sich in einer Kuhle der unliebsamen Arbeitsklamotten zu entledigen und nach einem Bad im Ostseewasser in der Sonne auszuruhen. Vor allem am Sonntag, wenn weniger Vorgesetzte auf der Baustelle waren, konnte dies ein recht ungetrübtes Vergnügen sein. Zum Mittagessen und häufig auch nach der Arbeit genoss ich mein altes Refugium, den Versorger. Er war für mich so etwas wie eine Heimat geworden. Hier fühlte ich mich wohl und sicher, und es machte mir nichts mehr aus, dass diese Besuche nur einer Stippvisite glichen. Ich kam gern und ich ging auch gern wieder, und das Mittagessen schmeckte nach der Arbeit an der frischen Luft viel besser als zuvor. Meine damalige Situation auf der Baustelle vermittelte mir mitunter ein Gefühl von Freiheit. Wenn ich am sonnigen Strand lag, kam sogar so etwas wie Urlaubsstimmung auf.
Rasch eingeholt von der Wirklichkeit wurde ich dann regelmäßig in Prora, und mitunter auch schon auf dem Weg dorthin. Nach Arbeitsschluss gegen achtzehn Uhr schleppten sich die Bausoldaten aus allen Ecken und Winkeln zu einem bestimmten Baum gegenüber dem Versorger Mukran. Dort warteten wir auf den olivgrünen LKW, dessen Ladefläche zumeist schon recht vollbesetzt in Mukran, der letzten Station vor Prora, eintraf. Gleich einem Ritual entstiegen dem Wagen Fahrer und Offizier, öffneten die Klappe und schoben uns zu den Gesichtern hinauf, die uns dort oben aus dem Dunkel entgegenstarrten. Je nach Lust und Laune der in der Enge Sitzenden ging das ruhig vonstatten oder aber wurde kommentiert. „Macht Platz für unseren Prinzen!", tönte es mir mitunter wie eine schallende Ohrfeige entgegen und ein Vergleich zur „Prin-

zessin auf der Erbse" und zur „Prinzessin Stefanie" ließ dann nicht lange auf sich warten. Jene Zurufe ließen mich regelmäßig zusammenzucken und den Schreck in die Beine fahren. Viel hätte ich darum gegeben, dass diese Neckereien aufhörten. Doch immer und immer wieder sorgte ich selbst für neuen Zündstoff, sei es durch meine von Tag zu Tag besser werdende Gesichtsfarbe, durch die ich mich unter dem weißen Bauhelm in besonderer Weise abhob oder durch eine geringfügige Änderung meiner „Kleiderordnung". Irgendwo hatte ich gesehen, dass es sich viel peppiger ausnahm, wenn die Hose der Arbeitsuniform nicht über den Stiefeln, sondern in diese hineingesteckt endete. Und bei Sven sah ich, wie schick es aussehen konnte, wenn der Kragen etwas aufgestellt wurde. Was bei den älteren unkommentiert blieb, wurde mir regelmäßig zum Verhängnis. Und das auch beim Kompaniechef. Einmal ließ er uns während des Marschierens anhalten, um mich vor die versammelte Mannschaft zu zitieren: „Genosse Bausoldat, wem wollen sie hier gefallen?" „Mir selbst, Genosse Hauptmann." Ärgerlich in Richtung Sven blickend, der mit puderrotem Gesicht innerlich vor Lachen zu bersten drohte, stellte ich damals die „Kleiderordnung" wieder her. Zu kleinen Extravaganzen inspirierte aber auch Thomas, der auf die Idee kam, den grauen Alltagspullover mit einem Anstecker zu verschönen. Wir trugen seither einen kleinen grünen Frosch über dem Herzen. Der unterschied uns von allen anderen. Das schien ich zu brauchen. Ich war seit jeher unangepasst.
Neben diesen Äußerlichkeiten sorgten viele meiner Geschichten für Aufsehen und ungläubiges Kopfschütteln. Zum Beispiel die von meinem Besuch der alten „Frau Baronin" im Dorf Aschenhausen, rund fünfzig Kilometer von Eisenach entfernt. Dabei war das Erlebnis für mich, der ich meine frühe Kindheit im Nachbardorf verbracht hatte und am 1. Juni regelmäßig mit meinen Eltern den Geburtstag der bis ins hohe

Alter beindruckend flink gebliebenen, drahtigen Freifrau feierte, nichts Außergewöhnliches. Wenn ich die herrschaftlich eingerichtete Villa am Waldesrand in der Rhön beschrieb, dann sah mich manch einer ungläubig lächelnd an und sagte: „Ach, unser Märchenprinz."
„Im Wohnzimmer der Freifrau hingen die Porträts ihrer Ahnen", las ich ihnen einmal aus dem Buch des recht bekannten Schriftstellers Walter Werner „Der Traum zu wandern" vor, der über seinen Besuch dieser Dame erzählte: „Manche ihrer Vorfahren hatten rosige Gesichter, waren bärtig, aber keiner von ihnen erweckte den Eindruck eines Ritters von der Kraft eines Herkules und der Gestalt Apollos ..."
Mich hatten von Kindesbeinen an weniger diese Bilder als vielmehr die alte weißhaarige Dame mit ihrer krächzenden Stimme und den vielen gutmütigen Falten, ihre goldenen Spiegel, ihre alten Modejournale und das dunkle Herrenzimmer mit den vielen dicken, schweren Büchern beeindruckt. In meinem Kurzurlaub im Juni fuhren meine Eltern mit mir dorthin, und vom Herrenzimmer aus genoss ich den Blick hinüber zu der unerreichbaren bayrischen Rhön. Dort glaubte ich die Freiheit erkennen zu können. Wegen der Nähe zur Staatsgrenze und den damit verbundenen stärkeren Personenkontrollen war ich vorsichtshalber in meine graue Ausgangsuniform geschlüpft. Die Offizierswitwe hatte ihre Freude daran.
Die Höhepunkte, von denen meine Briefe berichten, verbergen die häufige Einöde eines Alltages, dessen Stunden vor allem bei schlechtem Wetter kein Ende nehmen zu wollen schienen. Nach der Rückkehr folgte abends in der Kaserne ein oft stundenlanges Marschtraining bis wir todmüde ins Bett fielen. Bisweilen noch immer unter schwachem Magen und matten Beinen leidend hatte ich einen genauen Blick für jene, die ebenfalls gesundheitlich abzubauen schienen. Mein Erschöpfungszustand gipfelte im Juni in einen Fieberausbruch.

Doch es gab auch Freuden im Juni 1987. Dazu gehörte der Besuch meiner Freundin Jana aus Eisenach. Ihre Ausstrahlung brachte mir von meinen Kameraden Respekt ein. So gab mir mein Mitbewohner aus dem Dresdener Raum den Rat: „De würdsch ni wieda loofen lassen, Prinz."

Prora, 01.06.87

Ihr Lieben!
Heute Abend sollen Euch noch ein paar Grüße erreichen, obwohl ich ziemlich geschafft und gestreßt von der Arbeit bin. Bei einem Förderband hat sich nämlich der Motor abgenutzt, so gab es in den letzten Tagen viel Arbeit, und heute wurde er ganz und gar ausgebaut. Ich habe von dieser Arbeit ziemlich die Nase voll, aber ich muß ja noch über Pfingsten arbeiten. Da fahren nämlich viele auf Urlaub. Gestern war hier ganz herrliches Wetter – strahlendblauer Himmel. Da konnte ich nach getaner Arbeit noch etwas am Meer sein. Bei schönem Wetter sieht die Welt ganz anders aus. Kürzlich war ich im Konzert von Reggae-Play. Es war wunderschön – endlich war mal wieder richtige Stimmung da, obwohl ja das gesamte Publikum aus Uniformierten bestand. Manche tanzten sogar Breakdance.
Nun wird es Zeit, daß ich mich für den letzten Brief und das Paket bedanke. Den Fisch habe ich gestern zum Abendbrot gegessen – hat sehr gut geschmeckt.
Heute gab es auch hier wieder mal ganz herrlichen Fisch zum Abendbrot. Er hat auch ganz toll geschmeckt. So etwas bekommt man bei uns nicht zu kaufen. Christian hat mir ein ganz nettes Paket geschickt mit einem Buch, Fisch, Kuchen, Bienenhonig und Schokolade. Es war wirklich nett. Nachher muß ich noch mal schreiben.
Ich habe momentan schon wieder so viele Briefschulden, aber abends bin ich jetzt immer ziemlich müde. Ob ihr gestern bei der Baronin in Aschenhausen wart? Sicherlich war es wieder sehr schön. Nun laßt es Euch gut gehen. Hoffentlich läßt sich das Geschmiere einigermaßen lesen. Viele liebe Grüße, Euer Stefan.

*

Ihr Lieben!   Versorger Mukran, 04.06.87

Heute ist mein einziger „Freizyklustag", da ich ab morgen wegen den vielen Pfingsturlauben arbeiten gehen muß. Ich wurde für heute gleich für den Versorger eingeteilt, da Michael allein ist. Hier habe ich wenigstens Ruhe und Zeit, zu lesen und zu schreiben. Wie schon geschrieben, hatte ich es die letzen Tage nicht leicht auf der Arbeit, ich hoffe, daß es besser wird. Die Anlage hat mich halb verrückt gemacht und die Arbeiter noch dazu.
Es ist immer schön, wenn ich nach der Arbeit in den Versorger zum Kaffeetrinken gehe. Es ist wie ein kleines Stück zu Hause hier oben. Auf dem Küchenschrank stehen schöne gelbblühende grüne Zweige, draußen auf dem Hof wird gesägt, und wenn ich aus dem Fenster hinausschaue, blicke ich in den Kiefernwald, in dem einige Vögel singen. Das Wetter ist alles andere als schön. Die Sonne läßt in diesem Jahr sehr auf sich warten. Das Meer ist auch ganz ruhig und am Strand liegt viel alter Seetang – wie ein ruhender Tümpel.
Heute wollte Jana kommen, sie ist gerade in Grimmen im Urlaub. Gestern kam ein Telegramm, daß sie Freitag kommt. Das gab wieder einen Streß gerade, denn nun bin ich für heute im Ausgang vorgesehen und nicht für morgen. Es hätte sich wohl alles regeln lassen können, wenn nicht gerade ab morgen über Pfingsten Ausgangssperre wäre. Ich habe ein Telegramm zurückgeschickt, obwohl ich die Adresse nicht genau wußte. Vielleicht kommt es an, ansonsten ist die Armee schuld. Es ist so belastend mit den Umständen, in den Ausgang zu kommen.
Die Tage vergehen nach wie vor schnell, kürzlich bin ich Vize geworden und habe nun Knicke in den Schulterstücken. Die Hälfte ist fast geschafft, Ende Juli ist Bergfest. Verlobt sich Ulrike nun über Pfingsten? Jetzt weiß ich schon nichts Neues mehr zu berichten. Zur Zeit lese ich sehr viel. Ich bin gerade bei Plenzdorf „Die neuen Leiden des jungen W.". Ich finde es sehr gut und würde mir nun gern einmal das Theaterstück anschauen. Das Buch schickte mir Christian. Ein schönes Pfingstfest!
Viele liebe Grüße für heute, von Euerm Stefan.

Prora, 06.06.87

Hallo, Ihr Lieben zu Hause!

Der 11 h Arbeitstag liegt hinter mir und ich habe mit Volker soeben vorzüglich Abendbrot gegessen. Wir sind jetzt die zwei einzigsten im Zimmer, so ist es schön ruhig. Die anderen sind alle im Urlaub. Draußen über dem Meer fängt es schon langsam an zu dämmern.
Heute war das Wetter ganz gut. Die Anlage läuft jetzt ohne Probleme, und ich kann viel lesen. Ich vertrete ja jetzt im anderen Zyklus und die Arbeiter sind viel netter und sympathischer. So hatte ich die letzten drei Tage viel Freude. Der Baggerführer ist schon ziemlich alt, und manchmal sitzt er auf einem Stuhl neben mir und erzählt oder schläft. Zur Zeit lese ich ein ganz tolles Buch: „Die Zuflucht". Es handelt über das Leben Corrie ten Booms, einer frommen Holländerin, die viel durchgemacht hat während des Zweiten Weltkrieges. Es ist von ihr selbst geschrieben und unwahrscheinlich fesselnd.
Ich freue mich, daß ich jetzt so viel zum Lesen komme. Kürzlich habe ich „Die neuen Leiden des jungen W." gelesen. Ein wunderschönes Buch, in dem das Miteinander der Menschen in der heutigen Zeit und Gesellschaft und die daraus resultierenden Konflikte und Probleme dargestellt werden. Dabei verwendet Plenzdorf den Dialog zwischen verschiedenen Personen und den Inneren Monolog eines verstorbenen Jugendlichen, indem er dokumentiert, wie in seinen Augen sich dies und jenes verhalten und zugetragen hat. Er war von zu Hause weggelaufen und kam durch einen Unfall ums Leben. Der Stil ist herrlich und sehr an Salinger angelehnt. Salinger gefällt mir sehr gut, weil ich zwei Bücher von ihm las.
Gestern war Jana doch da und zwar stand sie schon vorm Kasernentor, als wir mit dem LKW von der Baustelle kamen. Wir hatten einen wunderschönen Abend in Binz. Tschüß, Euer Stefan.

*

Prora, am 09.06.87

Ihr Lieben!
Vielen Dank für den Brief, den ich vorhin erhielt. Ich habe mich sehr darüber gefreut. Auch von Silke und von Anja kam ein Brief an.
Leider steht in jedem Brief, daß es dem jeweiligen Schreiber nicht so gut geht. Ich bin nämlich auch seit gestern krank. Gestern saß ich ja wie jetzt

jeden Tag an der Siebanlage und hatte nichts zu tun, so las ich viel und ging am Strand spazieren. Ganz plötzlich kam ein schlimmer Sturm auf, das Meer tobte und ich fing schlimm an zu frieren. Hier legte ich mich gleich aufs Bett und fühlte, daß ich Fieber haben mußte. So hatte ich tatsächlich 38 Grad Celsius. Der Arzt wußte auch nicht, was es ist, da mir sonst nichts groß fehlt. Jetzt muß ich Acesal-Tabletten schlucken.
Heute war ich nicht auf Arbeit, aber ausruhen konnte ich mich auch nicht richtig. Ich wollte gern etwas schlafen, aber der Feldwebel brachte mir dauernd Zeug zum Schreiben, Übertragen etc. So mußte ich Tausende von Zahlen übertragen, Bestandsaufnahmen von 120 Leuten schreiben usw. bis mir alles weh tat. Nach dem Mittag stand er schon wieder im Zimmer, um zu sehen, wie weit ich bin. Ich habe aber gesagt, daß ich jetzt erst mal Mittagsruhe halte und dann weitermache. Mir stand schon der Schweiß auf der Stirn.
Jetzt ist es geschafft, aber ich stehe gleich für jemanden, der noch anrufen will, zwei Stunden Dienst. Ich hoffe sehr, daß es mir bald wieder gut geht. Es gibt nichts Schlimmeres, als <u>hier</u> krank zu sein. Die medizinische Betreuung ist recht schlecht und die Kranken werden oftmals liegengelassen im Med.Punkt und hier oben ausgenutzt.
Einer von uns hat es so schlimm mit dem Magen, daß er einen Raum für autogenes Training bekommen hat. Kürzlich wurde er so herumgescheucht und mußte Dinge erledigen, daß er umkippte. Jetzt liegt er im Med.Punkt und es geht ihm nicht besonders, da er kaum etwas isst. Derjenige, der plötzlich nicht mehr richtig laufen konnte, ist jetzt auf Urlaub. Mit ihm geht es auch nicht weiter, aber er muß ständig irgendwelche Bilder für hier malen. Er ist doch ein ausgezeichneter Maler.
Jetzt durfte ich schon wieder Urlauber ins Urlaubsbuch übertragen, aber nun ist es genug. Die anderen sind gerade zum Abendbrot. Das Essen wird immer schlechter, vor allem morgens und abends gibt es kaum noch etwas. Seit 3 Wochen nur Leberwurst, Blutwurst, Mettwurst – immer abwechselnd.
Am Anfang gab es morgens noch eine Zulage fürs 2. Frühstück auf der Baustelle. Die wurde wohl ganz gestrichen. So kommt es, daß wir 11 h pro Tag arbeiten müssen und Marmeladenbrote zum Essen mit haben. Neulich früh gab es sogar nur Rübensaftmarmelade. Es muß besser werden.
Ich bin gespannt, ob es heute eine Fernsehverlängerung für „Fame" gibt. Ansonsten müssen ja alle bis 21 Uhr im Bett liegen. Vorgestern sollte erst 23 Uhr Nachtruhe sein, aber es wurden am Tage welche erwischt, die ½

Stunde eher zum Essen gegangen sind (mittags auf der Baustelle) und etwas geschlafen haben. So wurde dies auch gestrichen.
Wenn man 14 Tage um 4 Uhr aufstehen muß, dann ist man doch am Tage manchmal müde. Aber zum Schlafen komme ich dort draußen auch nicht viel, na ja. Jedenfalls bringt es auch die 21 Uhr Nachtruhe nicht ein. 4 Uhr ist einfach zu früh, und das sitzt in den Knochen. Morgen ist Bataillonsappell, da müssen wir wieder alle 4 Uhr aufstehen. (Eigentlich könnte ich sonst bis 6 Uhr schlafen, weil ich ja nun nicht auf die Baustelle fahre).
Übrigens habe ich heute Abend kein Fieber mehr. 3 Tabletten habe ich im Laufe des Tages genommen. Das ist, glaube ich, nicht so viel bei dem Zeug. Ich schwitze schrecklich und werde gleich zu Bett gehen. Ich hoffe, daß es mir bis Freitag wieder richtig gut geht. Im Prinzip war ich jetzt immer ganz guter Dinge, denn das Wetter ist wechselhaft, aber es scheint auch immer mal die Sonne. Die Zeit vergeht so schnell!
Mit Jana hat es doch noch geklappt. Ich kam gerade auf dem LKW von der Baustelle, als schon am Tor die Wache fragte, ob ein Stefan Wolter dabei ist. Jana war nach Prora getrampt und wartete in der Besucherecke schon auf mich. Die Freude war natürlich groß. Dann sahen wir plötzlich, daß Bausoldaten in den Ausgang gingen. Ich wendete mich gleich an einen Vorgesetzten von meiner Kompanie und es war sehr spannend und ziemlich stressig, ob es noch klappen würde. Der Kommandeur musste es erst noch genehmigen.
Schließlich hat es nach einigen Kleinigkeiten, die an Haarschnitt und Kleidung bemängelt wurden, doch noch geklappt, und ich war froh, als ich ¾ h später auf der Straße stand. Wir hatten in Binz einen sehr schönen Abend. Nun wünsche ich Euch alles Gute. Hoffentlich geht es Dir besser, liebe Mama! Silke wünsche ich auch gute Besserung!
Viele liebe Grüße, Euer Stefan.

Vielen Dank für die schönen Spruchkarten!

*

Prora, 23.06.87

Lieber Papa, liebe Erdmute!

Inzwischen bin ich gut wieder hier oben angekommen. Die Fahrt war wirklich sehr schön, denn ein anderer BS hatte mir schon einen Liegeplatz mitbesorgt. Ansonsten waren fast nur Urlauber im Zug, was sehr angenehm war. Mit 160 min. Verspätung trafen wir schließlich in Stralsund ein (daher konnten wir besonders lange schlafen) und da war der Anschlußzug natürlich weg. So konnten wir uns noch einen schönen Vormittag in Stralsund machen.

Wir liefen durch die Stadt, kamen an vielen Bäckern vorbei und schließlich in die Frankestraße zum Hafen – bewunderten das schöne Rathaus am Alten Markt sowie eine große Zahl anderer nordischer Häuser, wie etwa die alten Speicher am Hafen, und saßen, als es zu regnen anfing, im Zug nach Rügen. Die Frankestraße ist sehr runtergekommen, fast alles Spelunken von ehemaligen Handwerkerfamilien (Schuster, Tapezierer usw.) Vielleicht war es früher mal ganz romantisch, jetzt sieht aber alles nach Abriß aus.

Nun sitze ich am kleinen Schreibtisch am Fenster mit Blick auf die verregnete Ostsee mit einigen Schiffen. Auf den Gängen wird schon wieder herumgeschrieen und das Leben nimmt wieder seinen Lauf in der Kaserne. Sehr gern werde ich noch an die schönen Tage in Eisenach zurückdenken. Hoffentlich klappt es in vier Wochen, da wollen nämlich sehr viele fahren.

Für heute nun viele liebe Grüße, Euer Stefan.

*

Prora, 25.06.87

Liebe Mama!

Vielen Dank für Deine Karte, die gestern ankam. Ich habe mich sehr gefreut, von Dir zu hören. Tja, nun bin ich seit 3 Tagen wieder auf Rügen. [...] Seit zwei Tagen bin ich auch wieder auf der Baustelle, es gab viel für mich zu tun. Manchmal hat man echt die Nase voll, vor allem wenn andere so faul sind und man sich allein kümmern muß.

Der Baggerführer an der Siebanlage hat mir heute früh ganz frische Sprotten geschenkt, die gerade aus dem Rauch in Saßnitz genommen wurden. Ich wußte erst gar nicht, wie man so etwas ißt. Aber der Baggerführer machte es mir vor: Kopf abbeißen – ausspucken – Fisch (wie eine Möhre) mit allem was drin ist, bis auf den Schwanz aufknabbern und den Schwanz ebenfalls wegwerfen. Es war sehr gut. Heute Abend gab es

wieder viel Fisch. Ich weiß gar nicht, was es für eine Sorte war – groß, aufgeklappt und viel weißes, grätenloses Fleisch.
Dann war ich soeben im Med.Punkt wegen des Fußes und Einlagen. Ich ärgere mich sehr über die grenzenlose Dummheit des Arztes. Ich kann mich noch gar nicht beruhigen. Da erzählte ich ihm so von meinen Füßen und orthopädischen Schuhen und sagte unter anderem, daß es halt komische Füße sind, da schreibt der doch ins Krankenbuch: „hat komische Füße". Ist das nicht ein Ding? Ich dachte, ich sehe nicht recht.
Dann beklagte ich mich über die verschiedenen Schuhwerke hier, insbesondere über die Stiefel. Dazu meinte er, daß Stiefel sehr gutes Schuhwerk und gesund seien – da ist endgültig bei mir der Faden gerissen. Vor allem, wie er meine Füße angesehen hat, nämlich nur ein kurzer Blick. Von den Attesten hat er nichts gelesen. Ich sagte zu ihm: „Sie sind bestimmt kein Orthopäde?"
Vorsichtig brachte ich noch meine Rückenbeschwerden auf der rechten Seite an, aber da hatte er wohl schon keine Lust mehr und gab mir was zum Einreiben mit. Einlagen soll ich mir in Eisenach oder Stralsund machen lassen. Ich bin jedenfalls bedient. Ein Rezept bekomme ich morgen. Der linke Fuß tut nach wie vor weh.
So einen Arzt suchen die hier. Auf jeden Fall werde ich im nächsten Jahr was unternehmen für meinen Bewegungsapparat. Mal sehen, was sich machen läßt. Ich träume schon von Thermalbädern (wenn ich hier an die eisige Ostsee denke, in der man wohl kaum schwimmen kann) – So, das war das Neueste. Guten Kurerfolg! Sicherlich, hoffentlich, hast Du bessere Ärzte. Es ist wirklich sagenhaft, was man so erleben kann. Dein Stefan.

*

Prora, am 30.6.87
Tag: 302

Lieber Papa, liebe Erdmute!
Vielen Dank für Eure Briefe, die ich soeben erhielt, als wir von der Baustelle zurückkamen. Heute wurden unsere LKWs auf halber Strecke zurück angehalten und wir wurden auf Alkohol untersucht. Aber trotzdem hatte ich heute einen sehr schönen Sommertag. Am Strand in Mukran tummeln sich jetzt viele Urlauber, und wenn mal nichts zu tun ist, dann kann man auch mal – bei Vorsichtigkeit – an den Strand gehen. Das Wasser ist jetzt endlich ziemlich warm (16 Grad Celsius). Da ich den

Nachmittag frei hatte, verlebte ich also einen halben Urlaubstag. Das Schwimmen tut so gut bei dieser schwülen Hitze. Auf den Sandfeldern an der Siebanlage ist es jetzt wie in der Wüste – unheimlich heiß. Jetzt habe ich auch wieder eine schöne bronzene Farbe am Körper.
Überall blüht hier oben jetzt der gelbe Ginster, in den Feldern blühen Mohnblumen und Kornblumen, die ganze Atmosphäre ist fast erholsam. Nun sitze ich am „kleinen Schreibtisch" und vor mir hüllt sich das Meer in Nebel. Einige baden noch, obwohl vorhin schon welche hochgeschickt wurden. Man muß eben aufpassen, hier besonders.
Gestern ist jemandem aus dem Nachbarzimmer ein schwarzer Hund bis hierher hinterher gelaufen. Er hat mit im Zimmer übernachtet. Erst morgens beim Frühstück (bzw. beim Hinmarsch) fiel er auf. Er strolchte zwischen den Beinen herum und es war eben recht ungewohnt und eigenartig. Aus dem Essenssaal wurde er rausgeschmissen und schließlich ging der BS von nebenan mit dem Hund in den Stab und lieferte ihn dort ab.
Silke wollte mich besuchen kommen hier oben. Ich kann für den 11.07. Ausgang beantragen. Ich werde versuchen, ab 15 Uhr raus zu kommen, ansonsten ab 17 Uhr. Wir können uns am Binzer Bahnhof treffen (16 bzw. 17.30 Uhr), oder am Kasernentor kurz vor 15 bzw. 17 Uhr. Ich weiß eben nicht genau, ob es 15 Uhr klappt. Natürlich würde ich mich sehr über Besuch freuen. Nächste Woche wollen Tim und Andreas kommen.

Nun seid vielmals gegrüßt,
von Euerm Stefan.

Prora, am 09.06.87

Ihr Lieben!
Vielen Dank für den Brief, den ich vorhin erhielt. Ich habe mich sehr damit gefreut. Auch von Silke und von Antje kam ein Brief an. Leider steht in jedem Brief, daß es dem jeweiligen Schreiber nicht so gut geht. Ich bin nämlich auch seit gestern krank. Gestern sagte ich ja, wie jetzt jeden Tag an der Siebenlage und hatte nichts zu tun, so las ich viel und ging am Strand spazieren. Ganz plötzlich kam ein schlimmer Sturm auf, das Meer tobte und ich fing schlimm an zu frieren. Hier legte ich mich gleich aufs Bett und fühlte daß ich Fieber haben müsste. So hatte ich tatsächlich 38°C. Der Arzt wußte auch nicht was es ist, da mir sonst nichts groß fehlt. Jetzt muß ich Acesal-Tabletten schlucken. Heute war ich nicht auf Arbeit, aber ausruhen konnte ich mich auch nicht richtig. Ich wollte gern etwas schlafen, aber der Felduebel brachte mir dauernd Sachen zum Schreiben, Übertragen etc. So mußte ich tausende von Zahlen übertragen, Bestandsaufnahme von 120 Leuten schreiben… bis mir alles weh tat. Nach dem Mittag stand es schon wieder im Zimmer um zu sehen, wie weit ich bin. Ich habe also gesagt, daß ich jetzt erst mal Mittagsruhe halte und dann weitermache. Mir stand schon der Schweiß auf der Stirn. – Jetzt ist es geschafft, aber ich stehe gleich für zwei anderen der noch ausruhen will zu Dienst. Ich hoffe so sehr, daß es mir bald wieder gut geht. Es gibt nichts schlimmeres als hier hand zu sein. Die med. Betreuung ist recht schlecht und die Kranken werden oftmals liegengelassen im Med.-Punkt und hier oben ausgenutzt. Einer von uns hat es so schlimm mit dem Magen, daß er hier kaum bis autogenes Training bekommen hat. Kürzlich wurde er so herumgescheucht und mußte Dinge erledigen, daß er umkippte. Jetzt liegt er im Med.-Punkt und es geht ihm nicht besonders, da er kaum etwas ißt. Derjenige der nicht mehr richtig laufen kann,

Juli

Auch der Juli wartete mit Höhepunkten auf, deren Schilderung in den Briefen dazu verleitet, den grauen Alltag aus den Augen zu verlieren. Aber neben den ausführlicher dargestellten erheiternden Dingen erinnere ich mich an eine verschärfte Kontrolle unseres Daseins. Je wärmer das Sommerwetter wurde, umso enger schienen sich unsichtbare eisige Stricke um uns zu winden. Die Vorgesetzten, egal ob die eigenen oder fremde, machten uns das Leben so schwer wie nur irgend möglich: auf der Baustelle, in der Kaserne, im Ausgang. Erneut schien die Macht des Militärs allgegenwärtig, sie drückte auf die Seele. War sie nicht sichtbar, so schien sie doch irgendwo zu lauern. Jeder Anflug des Gefühls, die Situation nun einschätzen und sich sicherer bewegen zu können, wurde unerwartet wieder zunichte gemacht. Nahezu jede menschliche Regung unsererseits schien geeignet, sie zu unserem Nachteil auszulegen, nie war gänzlich klar, wann, was, in welcher Weise bestraft werden würde.

In dieser Situation wurde uns bei einem Appell auf dem Exerzierplatz unser Weggefährte präsentiert, der gerade eben aus dem Militärgefängnis in Schwedt entlassen worden war. Ich, wir alle konnten nicht fassen, was seine Peiniger dort aus ihm gemacht hatten. Sichtbar an Armen und Beinen schlotternd stand er gesenkten Hauptes vor uns. Derart zerbrochen wirkend, sah ich ihn, mit dem ich noch Wochen zuvor gelacht hatte, das letzte Mal. Wir haben nie erfahren, was er in Schwedt erlebt hat. Er wurde unter Sprechverbot in eine andere Einheit versetzt.

Schwedt, das war ein Begriff, der alle Schrecken, denen wir in Prora ausgesetzt waren, zu bündeln schien. Schwedt drohte allen, die mehrfach bestraft wurden. Bereits ein Spaziergang auf der Baustelle konnte zu einer Bestrafung führen. Ich wusste das und glaubte an meinen Schutzengel, in dem Wissen, ohne diese kleinen Freiheiten nicht weiterleben zu können. Mit meinen Spaziergängen im April und Mai und meinen Sonnenbädern hinter der Siebanlage in den Sommermonaten betrieb ich so etwas wie Seelenpflege. Solange ich die wie ein Damoklesschwert über mir hängende Gefahr verdrängte, ging es mir recht gut und ich hatte einen meiner Meinung nach schöngeistigen Stoff für die Briefe gen Heimat.

Das Grauen der Vorführung des einst so lustigen und nun in Schwedt zerstörten Mitstreiters erschütterte jedoch abermals Körper und Seele. Dazu ließ sich beobachten, wie gerade die langen Sommermonate an den Lebensgeistern des einen oder anderen zehrten. In jenen Monaten wurden wir auf die Baustelle gekarrt wie das Vieh auf die Weide, und das Dasein in Prora und Mukran glich außerhalb dessen, was das Leben versüßte, aber meist verboten war, einem Dahinvegetieren. Immer häufiger fühlte ich mich wie ein unschuldig in Haft geratener Mensch. Noch aber glaubte ich, das Leid den mir Nahestehenden nicht eingestehen zu können. Meine Freunde und meine Schwester Silke sahen die Wahrheit dann bei ihrem Besuch.

An den zwei Tagen Ausgang, die mir in jenem Monat gestattet wurden, wurde ich auf Schritt und Tritt kontrolliert. Attackiert wurde ich nicht nur von der Militärstreife, die meinen Ausgang beenden wollte, weil ich mit meinen Freunden auf der Straße ins Gespräch vertieft den Hut vom verschwitzten Kopf genommen hatte. Zum Erstaunen vieler Urlauber ließen mich in Binz fremde Vorgesetzte zwischen Hauptstraße und Kurhaus drei mal grüßend an ihnen vorüberschreiten. Widerworte hätten den Ausgang gekostet. Diese Unannehmlichkeiten, die mir meinen Wert bewusst machen sollten, klingen in den Briefen weiterhin nur an.

Dies gilt auch für den Stress, dem ich mich vor dem Ausgang ausgesetzt sah. Der war mir grundlos gestrichen worden: Ich

fand meinen Namen nicht auf der schwarzen Tafel angeschrieben, die sich vorn bei den Vorgesetztenzimmern befand.
Dem damals für unseren Zug verantwortlichen kleinen Feldwebel, „Gummihitler" oder „Nuckel" genannt, machte es sichtlich Spaß zu quälen und Macht auszuspielen. Er war äußerst gefährlich, dazu war er recht dumm. Aber gerade diese Dummheit erlaubte es mitunter, mit ihm zu spielen und ihn auszutricksen. In den Briefen klingt immer wieder an, wie ich versuchte, ihn zu provozieren, ohne dass er das wirklich realisiert hat.
Nachdem „Nuckel" mir den lange beantragten Ausgang gestrichen hatte, fragte ich ihn, wie er das an meiner Stelle finden würde. Seine Antwort zeigte, dass er sich sehr wohl in meine Lage hineinversetzen konnte. Bei seinem Argument, er habe die Ausgänger bereits dem Offizier vom Dienst gemeldet, setzte ich an. Ich appellierte an seine Großherzigkeit und an den viel größeren Machtbeweis, wenn er es schaffen würde, den Ausgang doch noch zu genehmigen. Mein Schicksal an diesem Abend ganz in der Abhängigkeit seiner Gunst wissend, ließ er mich zunächst einige Schmutzarbeiten verrichten, mit deren Ausführung er sich zufrieden zeigte. Nachdem ich auch die Auflagen vom Offizier vom

Im Pfarrgarten in Binz, Juli 1987.

Dienst erfüllt hatte, konnte ich „Nuckel" die Mitteilung aus dem Stab überbringen, dass es letztlich an ihm liegen würde, ob ich in den Ausgang gehen könne. Es zuckte ihm genüsslich um Mund und Augen, und er ließ mich gehen.
„Du hast ein schönes Leben draußen" hatte ich wenige Tage zuvor meinem nun in Binz wartenden Freund Andreas geschrieben: „Wenn ich daran denke, daß Du 15.30 Uhr <u>Schluß</u> hast und <u>nach Hause</u> gehen kannst oder tun und lassen kannst, was Du willst. Aber ich will mich nicht beklagen, immerhin habe ich ein eigenes Bett und einen eigenen Schrank."
Im selben Brief erzählte ich von meiner Lektüre, die mich noch immer beschäftigte und deren Lesen in der Umgebung von Prora zu meiner kurzzeitigen Erkrankung im Juni beigetragen hatte: „Übrigens mußt Du unbedingt ‚Die Zuflucht' von Corrie ten Boom lesen. Ich fand es ganz toll und fesselnd, vielleicht auch gerade in meiner Situation."
Besonders gut kann ich mich erinnern, wie ich damals nach der Arbeit an der Ostsee entlang lief und mit dem Fuß hier und da im verworrenen Seetang wühlend mir meine Gedanken über das machte, was ich in der Lebensbeschreibung Corrie ten Booms, einer in deutsche Gefangenschaft geratenen holländischen Jüdin, gelesen hatte. Gleichzeitig dachte ich darüber nach, was ich um mich herum erlebte, was mich hier gefangen nahm. Wenn die hier und dort unter den Bausoldaten gefallene Bezeichnung unseres Einsatzortes als „KZ Mukran" eine gefährliche, politisch unzulässige und nicht tolerierbare Verharmlosung der Vergangenheit darstellte, so glaubte ich doch viele der Schilderungen aufgrund der eigenen Erlebnisse in besonderer Weise nachvollziehen zu können. Und das erschütterte mich.
Seite für Seite wurde mir ein Leben entrechteter und der fremden Willkür ausgesetzter Menschen vorgeführt. Nicht wissend, was uns im totalitären Staat der DDR und besonders in dieser Baueinheit noch erwarten würde, glaubte ich mich nicht weit

von diesen Schilderungen entfernt. Und tatsächlich: manche Methoden und manches Erleben glichen einander; nicht mehr, aber auch nicht weniger, denn Leiden und Schmerzen an sich lassen sich nicht vergleichen. Und viele um mich herum litten, das war täglich deutlicher zu sehen – und ich, ich litt selbst. Überhaupt begannen mich Schilderungen über Anstalten zu interessieren. Mit Begeisterung las ich Hans Falladas „Wenn einer aus dem Blechnapf frist". In allen Anstalten, so erkannte ich, besteht die Gefahr der Bildung einer „Miniaturgesellschaft", deren Gedanken sich verengen, deren Gespräche verflachen können. Und ich machte mir Gedanken über Hierarchien als typische Möglichkeit des menschlichen Zusammenlebens an sich. Das 1987 in Lizenzausgabe herausgegebene „Glasperlenspiel" von Hermann Hesse kam mir dabei gelegen.

Etwa zu dieser Zeit begegnete ich in Stralsund zwei Diakonissen aus Eisenach, deren Tracht ich seit meiner Kindheit vor Augen hatte. Als Uniformierter sah ich diese Schwestern damals erstmals in Zivil. Das war ein an sich merkwürdiger Perspektivenwechsel. Ich schämte mich meiner Uniform, dem äußeren Kennzeichen einer Hierarchie, in der von oben nach unten getreten wird. Entsprechend erleichtert war ich, als ich nach dem einsamen Ausflug in Stralsund wieder hinter dem Horizont entschwunden war.

Prora, 01.07.87
Liebe Mama!
Jetzt ist schon Juli, wie schnell doch die Zeit vergeht. Nächste Woche wollen mich Tim und Andreas besuchen, dann Silke und anschließend fahre ich schon wieder nach Hause (Wenn alles gut geht!) Am 18./19. wollen nämlich sehr viele auf Urlaub fahren. Vielen Dank für den langen Brief, über den ich mich sehr freute und den ich eben empfing. Es ist ja schön, daß es Dir bei der Kur gut geht. Hoffentlich hilft sie auch.
Den letzten Satz habe ich nicht richtig verstanden. Ich kann doch nicht einfach aus gesundheitlichen Gründen nach Hause fahren und zum Arzt

gehen. So etwas gibt es gar nicht. Da ist man auf den Arzt (wenn man den so nennen kann) hier oben angewiesen oder man muß im Urlaub gehen. Zur Zeit geht es mir aber sehr gut. Den Übergang zwischen dem feuchtkalten Wetter und jetzt dieser Hochdruckwetterlage habe ich in jedem Winkel meines Körpers gespürt. Andere haben da auch gestöhnt und lagen nach der Arbeit geschafft auf dem Bett.
Heute bin ich auch mal wieder (nach 6 Wochen!) das 1. Mal seit meiner Versetzung an die Küste, auf die eigentliche Baustelle im Hinterland gekommen. Ich war erstaunt, wie grün alles ist. Die Ähren stehen auf den Feldern schon ziemlich hoch, überall viele Mohnblumen, Kornblumen – ganz märchenhaft in der goldenen Sonne.
Morgen fahre ich auch wieder raus, obwohl jetzt der Freizyklus beginnt. Aber es ist einfach so schön – man kann sich direkt etwas wohlfühlen. Andere kotzt die Urlaubsatmosphäre dafür maßlos an und möchten am liebsten nur Regen haben. Tja und Freitag fahre ich voraussichtlich nach Stralsund zum orthopädischen Schuhmacher. Ich bekomme dafür einen Tag frei.
Dies schreibe ich Dir jetzt erst einmal im Vertrauen: Christian hat sich bei uns in Silke sozusagen verliebt und möchte sie gern wiedersehen. Er hat einen Brief geschrieben für sie, den ich ihr noch zukommen lassen muß. Er hätte sie gern schon früher kennengelernt, weil ja jetzt alles so umständlich ist. Wäre sie noch in Weimar ... Ich bin gespannt, was sie dazu meint. Er meint es jedenfalls ernst, und er weiß, dass man es bei Silke unbedingt ernst meinen muß. Jetzt habe ich Dich aber überrascht, oder? Sei nun herzlich gegrüßt von
Deinem Stefan.
Jetzt essen wir auf dem Zimmer Abendbrot – frische Sprotten!

*

Prora, 05.07.87
Liebe Mama!

Zunächst vielen Dank für Deinen lieben Brief, über den ich mich sehr freute. Schön, daß es Dir dort so gut gefällt. Sicherlich habt ihr jetzt auch so schönes Wetter. Ich war nun vorgestern in Stralsund beim orthopädischen Schuhmacher. Das Ganze hat nur 5 min. gedauert, dann hatte ich den Tag vor mir. So lief ich zunächst zum Hafen, um eine Karte für eine Hafenrundfahrt zu bekommen. Rate mal, wen ich dort traf! Schwester

Christa und Schwester Erika (in Zivil) stehen genau hinter mir, als ich mich umdrehe.
Zunächst hatte ich sie auch nicht erkannt. Sie haben mich auch nicht gleich gesehen, aber gedacht hatten sie wohl gerade: „Ob wir vielleicht mal Stefan sehen?" So ein Zufall aber auch, da komme ich einmal nach Stralsund! Sie waren ebenso überrascht und wir unterhielten uns etwas. Viel Zeit hatten wir ja nicht und ich kam mir so blöd in der Bekleidung vor. Überhaupt ist es eine Qual jetzt in Uniform zwischen den luftigen Urlaubern herum zu laufen. Aber diese Begegnung war schon wie ein Wunder und sehr nett. Die beiden sind nach Hiddensee gefahren. Sie haben ja auch herrliches Urlaubswetter. Anschließend war ich die Marienkirche besichtigen und kletterte sogar die 354 Stufen zum Turmaussichtsplateau hinauf, von wo ich eine ganz hervorragende Sicht über die Stadt genoß. Nachmittags traf ich einen Jungen, der im Dresdener Diakonissenhaus Krankenpfleger ist und wir kamen ins Gespräch. Anschließend gingen wir in den Buchladen. Ich kaufte ein antiquarisches Buch und ging dann ins Meereskunde-Museum – sehr interessant! Aber in Uniform ist es echt belastend zwischen den Urlaubern. Das ist viel schlimmer als hier in Prora. Als ich dann im Zug nach Rügen saß, war ich doch ganz schön geschafft von der Hitze und in Prora legte ich mich an den Strand hinter der Kaserne.
Jetzt habe ich wieder mal 2 Tage im Versorger zu vertreten. Nachmittags liege ich immer am Strand und bin schon dunkelhäutig am ganzen Körper. Das Wasser ist sehr angenehm warm.
Heute Vormittag bewanderten Bernd und ich die Feuersteinfelder, ein einzigartig in Europa vorkommendes Naturphänomen. Ich war ja im April schon mal dort, jetzt war es noch eindrucksvoller. Die Heckenrosen und Hagebuttensträucher stehen in voller Blüte. Außerdem scheint es viele Heidelbeeren hier zu geben.
Auf der Fahrt über Rügen nach Stralsund sah ich ganz herrliche Kornfelder, die über und über mit Mohn- und Kornblumen übersät waren. So etwas gibt es wohl nur noch hier.
Im heißen Sand kann man jetzt Kreuzottern beobachten. Es gibt hier viel so Viehzeug, große Käfer, Fliegen, Echsen.
Jetzt ist schon Nachtruhe und ich schreibe vom Bett aus, bin aber schrecklich müde.
Laß es Dir weiterhin gut gehen und sei vielmals gegrüßt, von Deinem Stefan.

*

Mukran, 09.07.87

Liebe Mama!

Zunächst vielen Dank für Deinen netten Brief, über den ich mich sehr freute. Jetzt sind die 4 Wochen schon wieder fast vorüber – so schnell vergeht die Zeit. Ich hatte jetzt zwei erlebnisreiche Tage. Dienstag war ich im Ausgang in Binz, um mich mit Andreas und Tim zu treffen. Gleichzeitig ist jetzt aber eine Evangelisationsrüste dort, an der auch einige Eisenacher teilnehmen. So traf ich zunächst Ulrike G. und Klaus-Peter L. und wir gingen an den Strand. Die Sonne brannte heiß vom Himmel, da war es dort am angenehmsten. Kurz danach kamen Andreas und Tim, mit denen ich dann den Rest des Tages verbrachte.
20 Uhr waren wir im „Offenen Abend" in der Kirche. Die ganze Familie Laue habe ich so kennengelernt und bin nach dem Abend auch gleich vorgegangen, um mich als neues „Verwandschaftsmitglied" vorzustellen. Es war ganz lustig, vor allem die hübsche Tochter hat sich gefreut. Ich soll nächste Woche ihre Cousine von ihr umarmen. Da habe ich gesagt, daß ich das gern tue, wenn die Cousine ihr ähnlich sieht. Die Mutter war auch sehr nett.
Gestern war ich mit Thomas im Ausgang, um uns nochmal mit den Leuten (vor allem Tim und Andreas) zu treffen. Da konnten wir im Pfarrhaus noch zu Abend essen und Frau Laue umsorgte uns. Vor dem Ausgang hatte ich noch riesigen Streß, denn zwei Stunden bevor ich gehen wollte, wurde er mir gestrichen. (In meiner Abwesenheit, als ich noch arbeitete war.) Ich war natürlich tüchtig geschockt, als ich das las. Nach einigem Ärger und Gehetze zu diesen und jenen Vorgesetzten kam ich dann doch noch in den Ausgang. Ich trampte nach Binz und kam dort ganz verschwitzt (in der warmen Uniform) an.
Rate mal, wen ich dort traf! Silke kam aus dem Zentralhotel herausgerannt. Das war eine Freude! Ist das nicht ein Zufall? Eigentlich wollen wir uns ja Sonntag erst treffen. Sie hatten aber auch nur noch wenig Zeit und ich konnte gerade noch Tom mit ihnen bekannt machen.
Jetzt hoffe ich stark, daß es am Sonntag bei mir klappt. Zur Zeit ist die Situation hier etwas verschärft. Gestern gab es sieben Strafen wegen Kleinigkeiten – wir dürfen eben bei 33 Grad Hitze nicht die Jacke offen tragen, bzw. uns nicht dabei erwischen lassen. Aber wie gesagt, es wird ja mitunter auch grundlos der Ausgang gestrichen.
Thomas und ich waren mit Andreas und Tim im Café, wo wir einen sehr schönen Abend verbrachten. Ich habe Andreas wohl sehr leid getan, als er

so miterlebte, wie wir immer wieder von der Streife angehalten werden bzw. wenn die Militärstreife mit Gewehren am Zug steht. Dann haben die beiden die vielen Tiefflieger aufgeregt. Tag und Nacht donnern sie jetzt ab- und aufwärts über diesem Gebiet, daß man manchmal sein eigenes Wort nicht versteht. Es waren aber zwei sehr schöne Tage und ich bin dankbar. Gerade esse ich die frischen gekochten Eier, die vorhin ein Arbeiter von einem Rügener Bauernhof mitbrachte: Köstlich! Nächste Woche sehen wir uns sicher, obwohl es mit Kurzurlaub wohl nichts wird. Ich werde einen Tag Urlaub opfern müssen. Aber ich habe ja noch genug bis jetzt. Ich freue mich schon sehr. Es ist bedrückend, die zivilen Urlauber zu sehen in ihren kurzen Hosen und Röcken.
Bis bald alles Gute, Dein Stefan.

*

Liebe Mama, lieber Papa! 25.7.87

Vielen Dank zunächst für den lieben Brief, den ich soeben erhielt. Es scheint wirklich sehr schön bei Euch zu sein. Ich wünschte, ich könnte jetzt auch in einem Landhaus wohnen. Hier ist es so wenig romantisch. Jetzt bin ich wieder fast eine Woche hier. Die Rückfahrt verlief sehr gut. In Erfurt machte ich die Bekanntschaft mit einer netten jungen schwangeren Frau, mit der ich mich um zwei Liegeplätze bemühte. Wir bekamen sogar auch welche ab Halle. So konnte ich die Nacht sehr gut schlafen. Der Zug fuhr mit 130 min. Verspätung in Stralsund ein. Er sollte gegen 4.35 Uhr in Stralsund sein und eine Stunde später in Barth. So war ich ziemlich erschrocken, als ich aufwachte und meine Uhr 6.20 Uhr zeigte. Ich sprang aus dem Bett, fast sicher, Stralsund verschlafen zu haben. Ich traute mich zunächst nicht, jemanden zu fragen, denn wenn es wirklich so gewesen wäre, dann hätte es sicher weitere Folgen gehabt. Schließlich erkundigte ich mich doch noch beim Schaffner und der antwortete, daß wir soeben in Stralsund einführen. Das war sehr beruhigend. Den Vormittag konnte ich wieder in Stralsund verbringen.
Das Wetter ist hier viel scheußlicher als zu Hause. Seit Dienstag ist hier nur Nebel, und wir ziehen uns fast an wie im Winter. Es ist wirklich scheußlich hier oben. Gestern bekam ich von Jana und Brunhilde eine Karte aus Budapest aus dem Thermalbad. Wie schön muß es jetzt im

warmen Süden sein. Man sollte wirklich von einem Ostseeurlaub Abstand nehmen. Und Christian zieht es so hierher. Er hat Sehnsucht nach hier oben. Ich hoffe, daß es mir nicht so geht. Die Unannehmlichkeiten sollte man auch nicht vergessen.
Gerade wölbt sich wieder ein Regenbogen übers Meer. Solche Sachen sind natürlich schön. Mit meinen Vorräten im Schrank lebe ich jetzt sehr gut. Allerdings konnte ich die Spindordnung zum Ärgernis mancher Vorgesetzten nicht einhalten, da mein Spind einer Speisekammer gleicht. Aber ich genieße es sehr.
Vorgestern war ich im Kino in einem wunderschönen Liebesfilm: „Feuer und Schwert" – Die Legende von Tristan und Isolde. Zur Zeit lese ich ein Buch über den Aufstand im Warschauer Ghetto: „Hiob – 1943".
Übrigens war mein Walkman kaputt, ein Sandkorn hat den Motor verbogen. Zum Glück hat es wieder jemand hinbekommen, dem ich meine Toblerone dafür hinterließ. So ein Motor soll hier 80 Mark kosten.
Einen schönen Urlaub wünsche ich Euch, Euer Stefan.

*

Mukran, 31.07.87
Ihr Lieben!   21.10 Uhr

Heute sitze ich mit fünf Leuten in unserer Bauunterkunft am Mukraner Strand. In den letzten 3 Tagen kamen laufend Güterzüge mit Schotter bzw. Splitt. So kam auch heute um 14.30 wieder ein Splittzug mit ca. 25 Waggons, da mußte ich, obwohl ich Freizyklus habe und 15 Uhr in den Ausgang (das 1. Mal seit 14 Tagen) gehen wollte – mit hinaus fahren zum Entladen. Da war ich natürlich nicht sehr erfreut, zumal ich es erst so kurzfristig erfuhr. 19 Uhr waren wir schließlich mit dem Entladen fertig; es dauert immer so 4–5 Stunden hintereinander. Die zivilen Arbeiter brachten uns ein schönes Abendbrot mit Gurke, Wurst, Fischbüchsen aus Saßnitz, Bockwurst, Brot und Butter.
Das Essen, was wir nach solch einem Einsatz immer bekommen, ist das Schönste daran. Es ist in der Kaserne ja so dürftig, und ich denke jetzt noch an mein überbackenes Käsebrot, was ich neulich zu Hause nicht mehr geschafft habe zu essen. Ach, es war überhaupt so schön zu Hause. Wie viel Wert ist doch ein eigenes zu Hause, fernab von der Willkür herzloser Menschen.

Wir haben morgen nun endlich Bergfest. Die ganze Situation in der Kaserne hat sich sehr verschärft, es gibt viele Strafen, man darf sich fast nichts wagen und es ist überhaupt besser, wenn man auf der Baustelle ist. Nur wenn man auch im Freizyklus raus fährt, dann muß man auch 4 Uhr aufstehen. Irgendwann macht sich auch dies bemerkbar.
Jetzt waren auch immer verschärfte Stubendurchgänge abends. Den Kalender, den ihr mir mal schicktet (mit der Wartburg und dem Kalender mit den weißen Zahlen darunter, wo wir täglich eine Zahl schwarz ausmalen) sollte ich in Streifen schneiden und vernichten. Ich sagte: „Ein ¾ Jahr hängt der Kalender dort und hat nicht gestört, plötzlich stört er, wie komisch." Der Vorgesetzte: „Sie sind noch kein ¾ Jahr hier" und ging weiter. Tja, er muß noch 8 Jahre hier bleiben, wir gehen nächstes Jahr. Jedenfalls durften wir den Kalender dann doch hängen lassen und ein anderes Bild wegnehmen.
Im Fenster haben wir seit fünf Monaten eine herrlich blühende Porzellanblume hängen, die sich sichtlich wohlfühlte. Hängepflanzen sind nun nicht mehr erlaubt. Auch mit Urlaub und Ausgang sieht es jetzt sehr trüb aus, aber in neun Monaten interessiert das keinen mehr.
Das Wetter ist nach wie vor trüb, doch es ist nicht mehr so entsetzlich kalt. Vielleicht wird der August noch schön; gutes Wetter ist viel Wert. Nun laßt es Euch gut gehen und seid herzlich gegrüßt, von Euerm Stefan.

Wie viel wert ist doch ein eigenes, zu Hause, fernab von der Welt, der herzlose Menschen. — Wir haben morgen unser endgültig Bergfest. Die ganze Situation in der Kaserne hat sich sehr verschärft, es gibt viele Strafen, man darf sich fast nichts wagen und es ist überhaupt besser, wenn man auf der Baustelle ist, hier wenn man auch im Führerschein kein Fehler, dann angenommen auch Frau aufstehen. Irgendwann macht sich auch dieser Stubendurchgänge alends. Jetzt waren auch immer verschäfte Stubendurchgänge alends. Den Kalender den ich mir mal schickst (mit der Weisheit und dem Kalender mit der weißen Felder darunter, wo wir tägl. eine Zahl schwarz ausmalen) sollte ich in Streifen schneiden u. vernichten. Ich sagte: Ein ½ Jahr bringt der Kalender dort und hat nicht gestört, plötzlich stört es ihm komisch. — Der Obgeschte. u. Sie sind noch kein ganz ½ Jahr hier und ging weiter. Tja, es muss noch 8 Jahr hier Bleiben. Wir gehen nächstes Jahr. Jedenfalls dürfen wir den Kalender dann doch hängen lassen u. ein anderes Bild wegnehmen. Zur Freude haben wir seit 5 Monaten eine herrlich Chilenische Porzellan Blume bei mir, die sich schöner wohl fühlt. — Hauspflanzen sieht es mehr Geburt. Auch mit Urlaub u. Ausgang sieht es jetzt sehr mit aus, als in 7 Monaten interessiert das keinen mehr. — Das Welt ist nicht wir in trüb, doch es ist nicht mehr so entsetzlich kalt. Vielleicht wird der August noch schön, gute Welle ist viel Welt. Nur Kopf 9, euch gut gehen und seid herzlich gegrüßt, von Euren Stefan.
31.07.87

August

Trist begann der Sommermonat und zäh zog er sich hin. Freudlose Tage griffen ineinander wie die Glieder einer Kette. Zwischen den wenigen Höhe- und den vielen Tiefpunkten verlief der dünne Faden, auf dem mein „Ich" balancierte; mühsam und müde. Fast täglich stand ich vier Uhr morgens auf, nahm an der „Maßnahme" Frühstück teil oder versteckte mich doch lieber in einem geeigneten Raum der Kaserne. Nach zwölfstündigem Aufenthalt auf der Baustelle begann das Spiel von Neuem. Groß war die Abneigung gegenüber der Esseneinnahme im Zeitlimit, bisweilen maßlos die Angst vor den kaltherzigen Vorgesetzten. Immer häufiger schien das Verbergen der eigenen Seele nicht mehr genügen zu wollen, immer größer wurde der Wunsch nach Unsichtbarkeit des eigenen Körpers. Fiel die Abwesenheit auf, dann beschwor jedoch auch das sogenannte „Abducken" katastrophale Folgen herauf. Egal wie die Entscheidung ausfiel, immer lauerte auf der einen Seite die Gefahr, auf der anderen Seite die Angst – und das jeden Tag aufs Neue.
Es gab die „linientreuen" Bausoldaten, die regelmäßig zum Essen marschierten und uns, den „Abduckern", damit den Rücken freihielten. Aber auch in den Stuben der weniger Gefolgsamen fand sich meist ein Gutwilliger, der seinen Kameraden einen Teil der Verpflegung, zumindest ein paar Scheiben Brot, aus der Küche mitbrachte. Nach dem Abmarsch mit dem diensthabenden Vorgesetzten kamen die im „Bau" Bleibenden irgendwann aus ihren Verstecken hervor und „genossen" die Mahlzeit „auf der Stube". Wurde das Häufchen der zum Essen Marschierenden zu klein, dann griffen die Vorgesetzten wieder härter durch. Manchmal durchkämmten sie während der offiziellen Speisung die Zimmer der Kompanie und ertappten auf diese Weise Individualisten auf „böser" Tat. „Hochziehen" wurde das umgangssprachlich genannt.

An zwei dieser freudlosen Augusttagen wurde auch ich „hochgezogen". Wie so oft hatte ich mich unabhängig von der Marschkolonne zur Küche geschlichen, dort Hosen- und Jackentaschen vollgestopft und den Weg zu unserem Flur durch ein näher liegendes Treppenhaus abgekürzt. Ich wurde erwischt. An einem anderen Tag wurde ich beim Lesen auf der Baustelle ertappt.

Die Möglichkeiten, „hochgezogen" zu werden, waren um ein Vielfaches größer als die Zahl der tatsächlich ausgesprochenen Verbote. Und selbst die begegneten auf Schritt und Tritt. Um uns den Sommer nachdrücklich zu vermiesen, warteten unsere Peiniger mit immer neuen Schikanen auf. Vieles, was bis dahin geduldet war, wurde als ein Vergehen geahndet. Die Bestrafungen überschlugen sich. So wurde im August die sonntägliche Zusammenkunft über der Bibel auf der Kompanie als ein Verstoß gegen die Dienstvorschrift gewertet. Die vom Kompaniechef verhängten Strafen wegen angeblicher „Durchführung kollektiver religiöser Handlungen" boten Anlass zu einer wahren Flut von Eingaben und Beschwerden. Diese wurden zum Teil direkt ans Ministerium gerichtet.

Nebenbei bemerkt, hatten Militär und Staatssicherheit an derartigen Schreiben ein „gefundenes Fressen". Die Schriftstücke gaben viel über die Verfassung des Schreibers und die Stimmung auf der Kompanie zu erkennen. Eingaben wurden auch sonst reichlich geschrieben, mitunter siebzig bis achtzig in einer Woche. Die Bereitschaft, Eingaben zu schreiben, war bei den Bausoldaten wesentlich höher als bei den regulären Wehrdienstpflichtigen. Zwischen August 1987 und Juli 1988 verfassten 78 Prozent der Bausoldaten und nur rund 3,5 Prozent der regulären Grundwehrdienstpflichtigen Eingaben. Intern sollen die Eingaben oft direkt zur Auswertung ins „Ministerium für Nationale Verteidigung" nach Strausberg weitergeleitet worden sein.

Wegen des Verbotes, über der Bibel zusammenzukommen, schrieb ich im August auch einen Brief an den Thüringischen Landesbischof Dr. Werner Leich und erhielt auch recht schnell eine Antwort:

Prora, am 13.08.87

Werter Herr Landesbischof!
Seit einem Jahr bin ich in Prora als Bausoldat tätig. Sicherlich haben Sie schon einiges über die Situation in Prora bzw. auf der Baustelle in Mukran gehört. Der Grund meines Schreibens an Sie ist folgender: Am Sonntagabend, dem 09. 08. 87 kamen neun Bausoldaten, darunter ich, in einem Zimmer auf der 2. Kompanie zusammen, um über Gottes Wort zu reden. Ein Vorgesetzter kam unvermittelt herein, um sich, wie er sagte, einen Überblick über die zusammensitzenden Bausoldaten zu verschaffen. Von dem diensthabenden Bausoldaten sollten die Namen notiert werden. Inzwischen hatten schon einige von uns ein Gespräch mit dem Kompaniechef gesucht. Er legte diese Versammlung als „Durchführung kollektiver religiöser Handlungen" aus und beschuldigte uns so, gegen einen vom Kommandeur erlassenen militärischen Befehl verstoßen zu haben.
Mir persönlich sagte er, daß es eine deutliche Trennung zwischen Kirche und Staat in der DDR gibt. Es gab vor 2000 Jahren Märtyrer, und es wird wohl auch in 2000 Jahren dergleichen geben. Wenn wir uns als solche zu erkennen geben wollen, müssen wir auch die Konsequenzen tragen.
Gestern mußten wir eine Stellungnahme zu dem Sachverhalt schreiben. Wir brachten darin nochmals zum Ausdruck, daß es sich hierbei um nichts weiter als ein Gespräch über die Bibel gehandelt habe [...] Diese Stellungnahmen wurden im Stab bearbeitet und die Bestrafungen folgten – trotzdem – auf dem Fuße. Außer einem Bausoldaten, der 4 Wochen Ausgangs- und Kurzurlaubssperre bekam, erhielten wir anderen alle 2 Wochen Ausgangs- und Urlaubssperre.
Wir fühlen uns zu unrecht bestraft. Haben wir Christen in der Baueinheit nicht das Recht, über der Bibel zusammen zu kommen? Wir haben hier auch nicht die Möglichkeit, regelmäßig an einem Gottesdienst im Ausgang teilzuhaben. Auch wenn uns dies ermöglicht würde, haben wir doch täglich das Bedürfnis, uns über Gottes Wort zusammen zu finden.

Vielleicht können Sie auf höherer Ebene versuchen, eine Lösung für uns zu finden, wie wir unseren Bedürfnissen als Christen hier in der Armee nachgehen können. Es wäre schön, wenn wir offiziell zu einer Andacht zusammen kommen könnten und nicht deswegen verfolgt würden.
Vielen Dank für Ihre Bemühungen,
Ihr Stefan Wolter.

31. August 1987
Lieber Bruder Wolter!
Ihr Brief vom 13. August 1987 ist bei mir eingegangen und mir nach Rückkehr aus meinem Urlaub vorgelegt worden. Darin liegt der Grund einer verzögerten Antwort. Sie sind nicht der Einzige, der mir im Zusammenhang mit dem Vorfall am 9. August 1987 in Prora geschrieben hat. Ihr Brief ist aber der deutlichste. Sie weisen auf einen Ausspruch des Vorgesetzten hin, indem er die Märtyrersituation der Christen auf eine mögliche Situation unter den Bausoldaten überträgt.
Ich habe bereits in der Sitzung des Vorstandes der Konferenz der Kirchenleitungen am 26. August 1987 die Angelegenheit angesprochen und Justitiar Kupas gebeten, im Staatssekretariat für Kirchenfragen vorstellig zu werden. Der Vorstand steht unter dem Eindruck, daß die schwierige Situation in Prora sich nicht entspannt, sondern vielmehr weiter verschärft. Ich werde auch an Herrn Bischof Gienke schreiben. Er hat es als der für den Bereich zuständige Bischof übernommen, für die Bausoldaten in Prora in Konfliktfällen einzutreten.
Mit herzlichen Grüßen, auch an Ihre Kameraden, und „Gott befohlen!"
Ihr Dr. Werner Leich.

Eine generelle Verbesserung unserer Situation konnte ich nicht erkennen, im September aber ebbten die hochgeschaukelten Emotionen ab.
Es war nicht das einzige größere Ärgernis, dem wir uns in den Sommermonaten ausgesetzt sahen. Etwa in dieser Zeit war Sven wegen irgendeiner Sache, vielleicht in Verbindung mit dem Verbot an der Teilnahme am Katholikentag in Dresden,

in so etwas wie einen Hungerstreik getreten. Sven machte aus seiner Auflehnung ein zum Teil zur Schau getragenes Geheimnis. Ich bewunderte die Leipziger, die in Prora besonders engagiert widerstanden. Gesprochen wurde über all die Aktivitäten jedoch kaum, jedenfalls nicht mit mir, und so tangierten sie mich nur wenig. Jedenfalls waren in dieser Zeit einige Vertreter des „Ministeriums für Nationale Verteidigung" in Prora und auch mit dem Rechtsanwalt Wolfgang Schnur, der damals noch als Anwalt der Unterdrückten galt, wurden Gespräche geführt. Schnur wurde nach der friedlichen Revolution als Inoffizieller Mitarbeiter der Staatssicherheit enttarnt.

Im August war ich fast täglich auf der Baustelle. In meinem regulären Arbeitszyklus arbeitete ich an der Siebanlage, im Freizyklus als Vertretung im Versorger oder irgendwo auf der Baustelle. Ich nahm mir einige Freiheiten, wie etwa das Sammeln und Einkochen von Heidelbeeren. Die fand ich im Wald neben dem Versorger, wo ich sie nach der Arbeit gleich einkochte. Das Pflücken war nicht ganz ungefährlich, war doch der Wald gut von der Straße her einsehbar. Bei jedem vorüberfahrenden Auto warf ich mich auf den Boden, um nicht erkannt zu werden.

Das in den folgenden Briefen stolz erwähnte Einkochen war ebenso streng verboten, wie der erwähnte Spaziergang mit Bernd von Mukran nach Prora. Dass wir unbemerkt von dem einen Sicherheitstrakt in den anderen gelangten, offenbart die Schwachstellen in der Umzäunung dieser Gebiete. Wie sonst hätten Urlauber an den Strand von Mukran gelangen können, denen wir dort vereinzelt begegneten.

In jenen Tagen kam auch der Staatsratsvorsitzende und Parteisekretär der SED, Erich Honecker, einmal nach Prora. Weit hinten im Gelände, dort wo die Betonanlage nur noch eine zerstörte Ruine war, befand sich ein kleiner Flugplatz, von dem aus er auf die Insel Vilm flog. Honecker soll dort eine

DER LANDESBISCHOF
der Evangelisch-Lutherischen Kirche in Thüringen
- A 860/31.8. -

DDR - 59 Eisenach, den 31. August 1987
Pflugensberg
Fernruf 5226

Bausoldat
Stefan Wolter
PF 36281/M
Prora

2 3 5 2

Lieber Bruder Wolter!

Ihr Brief vom 13. August 1987 ist bei mir eingegangen und mir nach Rückkehr aus meinem Urlaub vorgelegt worden. Darin liegt der Grund einer verzögerten Antwort. Sie sind nicht der Einzige, der mir im Zusammenhang mit dem Vorfall am 9. August 1987 in Prora geschrieben hat. Ihr Brief ist aber der deutlichste. Sie weisen auf einen Ausspruch des Vorgesetzten hin, indem er die Märtyrersituation der Christen auf eine mögliche Situation unter den Bausoldaten überträgt.

Ich habe bereits in der Sitzung des Vorstandes der Konferenz der Kirchenleitungen am 26. August 1987 die Angelegenheit angesprochen und Herrn Justitiar Kupas gebeten, im Staatssekretariat für Kirchenfragen vorstellig zu werden. Der Vorstand steht unter dem Eindruck, daß die schwierige Situation in Prora sich nicht entspannt, sondern vielmehr weiter verschärft. Ich werde auch an Herrn Bischof Dr. Gienke schreiben. Er hat es als der für den Bereich zuständige Bischof übernommen, für die Bausoldaten in Prora in Konfliktfällen einzutreten.

Mit herzlichen Grüßen, auch an Ihre Kameraden, und
"Gott befohlen!"
Ihr

(Dr. Werner Leich)

V 3/9 RcG 05 53/78 5

Schreiben des Landesbischofs Dr. Werner Leich, 1987.

Residenz gehabt haben. Das erzählte man sich, genaues wusste ja keiner. Damals, als Honecker durch Prora-Nord fuhr, waren wir gerade aus Mukran angekommen und den LKWs entsprungen. Hektisch wurden wir hinter die Autos getrieben und bewacht, während die Kolonne großer, schwarzer Limousinen in extrem hohen Tempo die Regimentsstraße gen Flugplatz herabsauste. Honecker, so wurde erzählt, sollte uns nicht in unseren zerschlissenen, dreckigen „Sträflingsklamotten" sehen. Doch mit Sicherheit spielten auch Ängste vor uns eine Rolle. Ich eilte nach diesem Erlebnis in einen der Waschräume unserer Kompanie und sah von dort den Hubschrauber starten, der dann hoch oben über unserem kleinen Gefängnis am Horizont entschwand.

Mukran, am 02.08.87

Liebe Mama, Lieber Papa!

Zunächst vielen Dank für den Brief und die schöne Karte aus Euerm Urlaub! Leider habt ihr ja auch solch bescheidenes Wetter. Gestern hat nachmittags das erste Mal die Sonne geschienen. Ich habe das auch gleich ausgenutzt. Das Wasser beträgt 15 Grad – ziemlich kalt.
Eigentlich habe ich ja jetzt Freizyklus, aber ich muß jeden Tag irgend jemanden im Gegenzyklus vertreten, d.h. ich bin jeden Tag auf der Baustelle.
Von der Vertretung erfuhr ich erst ziemlich kurzfristig, weil sich diejenigen, die auf Urlaub dieses Wochenende gefahren sind, nicht um eine Ersatzperson gekümmert haben. Dann muß einfach jemand herhalten, der eigentlich frei hätte. Es gibt so viel Ärger, weil keiner zuviel machen will und weil einfach auch jeder aufpassen muß, daß er nicht von anderen ausgenutzt wird. Egoismus wird hier gezüchtet!
Jedenfalls hatte ich ja schon im Versorger zugesagt, so ging ich nun einen Kompromiß ein: vormittags Baustelle, ab Mittag Versorger. Ich führe also ein Doppelleben über drei Tage. Heute Vormittag haben wir wieder ein paar Waggons von einem Güterzug entleert. Dabei goß es in Strömen. Mittags habe ich Broiler und Kartoffeln ausgeteilt – hat schrecklich ge-

schmeckt – und hinterher abgewaschen. Nun habe ich freie Zeit. Soeben war ich im Wald, um Heidelbeeren zu pflücken. Es gibt ja viele, aber ebenso viele Mücken. Pflückt man zwei Beeren, hat man schon drei Mückenstiche. Eine schlägt man tot, 100 kommen zur Beerdigung. Jetzt ist auch wieder die Sonne hervorgekommen, wie schön! Ich sitze am Schreibtisch des Telefonraumes am offenen Fenster. Im Wald gegenüber singen die Vögel und der kalte Wind rauscht durch die Kiefern.
Heute Abend will ich noch etwas hebräisch lernen. Gestern haben wir den ganzen Abend im Zimmer Rommé gespielt, das mußte auch mal wieder sein. Es war unsere Bergfest-Feier und sehr schön.
Viele Grüße und noch einen schönen Urlaub, Euer Stefan.

*

05. August 1987
Ihr Lieben!

Das ist nun der Brief, der Euch zu Hause nach dem Urlaub empfängt. Bei Euch war das Wetter also auch so schlecht wie hier an der Küste.
Vielen Dank für die schöne große Karte, an der ich viel Freude habe. So konnte ich das schöne Thüringer Land mal vorzeigen und allen im Zimmer hat es gefallen. Es gibt ja täglich so wenig Abwechslung hier, und wenn dann mal etwas außergewöhnliches ankommt oder passiert, stürzen sich alle darauf. So war ich der Letzte, der die Karte zu sehen bekam, nachdem ich den Briefumschlag geöffnet hatte.
Vielleicht habe ich schon geschrieben, wie furchtbar stressig es hier geworden ist. So schlimm war es wohl noch nie, besonders die 10 Mann, die von Christians Kompanie zu uns gekommen sind (sie werden im Oktober entlassen) stöhnen. Auf der 3. Kompanie soll es nie so zugegangen sein. Bei den kleinsten Sachen kann man schon Urlaubs- und Ausgangssperre bekommen. Kürzlich haben sie erst einem, der schon in Ausgangssachen und mit gepackter Tasche beim Urlaubsappell stand, eine vierwöchige Urlaubs- und Ausgangssperre erteilt. Die restlichen Urlauber mußten strammstehen und derjenige musste vortreten, anschließend „durfte" er zum Dienst wegtreten. Nett nicht? Er hatte wohl Blumen von der Baustelle mitgebracht.
Gestern habe ich im Versorger ausgeholfen. Dabei wurde ich geschnappt, als ich ein Buch las. Neben mir lag die Bibel auf dem Schreibtisch. Beides

wurde mitgenommen. Ganz plötzlich wurde Taschenkontrolle gemacht, was noch nie im Versorger vorkam. Die Hebräisch-Hefter konnte ich gerade noch unter die Matratze von der Liege schieben. Dann kam derjenige, den ich vertrat, aus dem Urlaub zurück und war sehr müde. Wir wollten uns etwas hinlegen am Nachmittag. Kaum eingeschlafen, hämmert es an die Tür und wir hatten Not, die zusammengerückten Stühle wieder hinzustellen, wo sie waren und noch so zu tun, als ob nichts ist. Aber so etwas ist ja nichts Neues, nur gestern hatte es sich gehäuft. Abends mußte ich mich beim Hauptmann nach den Büchern erkundigen. Erst zum nächsten Urlaub bekomme ich sie wieder. Dann war ein Stubendurchgang nach dem anderen. Zunächst kam unser Zugführer (Leutnant) und versuchte zu scherzen, bzw. was er als Scherz auffasst. „Es lacht ja hier niemand", wunderte er sich. Darauf ich: „Wenn wir 3 Wochen vor der Entlassung stehen, Genosse Leutnant, dann haben wir vielleicht auch wieder was zum Lachen." „Da gebe ich Ihnen recht", meinte er noch und ging. Er wird in drei Wochen entlassen, nach vier Jahren. Dann bekommt unser Zug einen neuen Führer, wer weiß, wie der ist. So, nun wünsche ich Euch einen schönen Arbeitsstart bzw. Resturlaub. Viele Grüße für heute,
von Euerm Stefan.

*

Prora, am 07.08.87

Liebe Mama, lieber Papa!

Vielen Dank für die schöne Gothaer Karte, über die ich mich sehr freute. Ich freue mich auch, daß ihr ein Cello kaufen wollt. Aber hierher werde ich es nun doch nicht mehr mitnehmen, denn das „musikalische Training", wie es hier heißt, darf nur noch sehr eingeschränkt betrieben werden. Trotz der ganzen Verschärfungen werden aber nach einer Eingabe sämtliche Bilder militärischen Charakters auf der Kompanie entfernt und dafür schöne Landschaftsbilder von der Insel Rügen hingehängt.
Heute früh musste ich mich einer kleinen Operation hingeben. Ich war im „Med. Punkt" wegen der Warze am Daumen. Der Arzt, ein Chirurg, bestellte mich eine Stunde später und da waren dann zwei Schwestern und er im Einsatz für mich. Ich mußte mich auf eine Pritsche legen und alle suchten irgendwelches Werkzeug, daß es mir schon ganz anders wur-

de. Dann lief aber alles einwandfrei. Die Warze wurde vereist und anschließend abgeschält. Jetzt brauche ich erst einmal nicht zu arbeiten und trage einen großen Verband an der rechten Hand. Heute Nachmittag war ich voll damit beschäftigt, Himbeeren und Heidelbeeren zu sammeln. Vier Gläser habe ich schon eingekocht.
Der eine Versorger-Bausoldat war gestern beim Arzt wegen so komischen Hustens und Lymphknotenschwellung. Da hat der Arzt doch gefragt, ob er homosexuell wäre und auf AIDS getippt. Nächste Woche muß er zum Blutabnehmen. Aber es ist ja der, der gerade nicht homosexuell ist, da wird er ja auch kein AIDS haben. In Ungarn soll es auch schon schlimm geworden sein, vor allem in Siofok am Balaton, wo ich im vorigen Jahr noch war. Das Wetter scheint wieder besser werden zu wollen, wie schön. Heute hat schön die Sonne geschienen. Ich wollte doch so viel schwimmen im Sommer. Tja, der so lang und heiß ersehnte Sommer neigt sich bald wieder dem Ende entgegen. Der Winter ist hier doch so irrsinnig lang. Im Mai wurde es endlich grün und warm und nun ist schon bald Herbst. Es wird schon viel eher dunkel als im Juni. Nun seid vielmals gegrüßt, von Euerm Stefan.

*

Prora, 11.08.87

Ihr Lieben zu Hause!

Vielen Dank zunächst für die letzte Karte aus dem Urlaub, über die ich mich sehr freute. Von Andreas habe ich auch schon drei Karten aus Ungarn bekommen und von Tim zwei. Ich sitze im Klubraum und die Sonne scheint direkt auf das Papier.
Ab heute Nachmittag war herrlichstes Wetter hier und ich konnte mich etwas sonnen bzw. Beeren einkochen, da die Raupe von der Siebanlage kaputt gegangen ist.
Gestern und heute Vormittag hatten wir zu tun damit, ein Förderband auszuwechseln. Dazu kam ein Kran, 2 Kranfahrer und ich als Schlosser. Ich habe vielleicht geschwitzt, um etwas technisch mitzudenken. Manchmal ist es gar nicht so leicht, in einem „Beruf" zu arbeiten, von dem man so wenig versteht. Heute mußte ich aus einem anderen Förderband eine Rolle ausbauen und morgen soll der Scheinwerfer repariert werden. Zum Glück werde ich noch nicht zu elektrischen Sachen genommen, da gibt es einen Elektriker.

Nun zu etwas Ernsterem. Sonntagabend kamen wir – wie üblich – in einem Zimmer zusammen, um uns über der Bibel zu versammeln. Ein Vorgesetzter spürte uns auf und wollte die Namen haben. Inzwischen war ich gestern beim Kompaniechef (Hauptmann), da ich mit noch einem anderen Jungen eher zum Abendbrot gegangen war und wir dann im Zimmer zusammen gegessen haben. Da wurden wir also beide auch aufgespürt und mußten zum Kompaniechef. Dort teilte er mir eigentlich nur größtenteils mit, was er von der Veranstaltung (Urkult) am Abend zuvor hält.
Er faßt es als Gottesdienst auf und er hat den Befehl erlassen, daß so etwas nicht gestattet ist. Er sagte nun zu mir, daß wir mit Folgen zu rechnen haben werden. Meine Verwandtschaft und Familie wird mich wohl längere Zeit nicht mehr sehen, da ich wohl Urlaubs- und Ausgangssperre bekommen werde (4 Wochen). Es gab vor 2000 Jahren Märtyrer und es wird in 2000 Jahren vielleicht auch noch welche geben, und wenn ich mich dazu machen will, so ist das meine Angelegenheit, so sagte er.
Den anderen neun Bausoldaten, die dabei waren, soll es ebenso ergehen und manchen sagte er genau dasselbe. Bis jetzt kam aber noch keine offizielle Bestrafung und vielleicht bleibt es bei der Drohung. Ich wollte ja in drei Wochen wiederkommen.
Heute Nacht war das 1. Mal Alarm. Das Aufstehen fiel uns ziemlich schwer. In 10 Minuten sollten wir mit Stahlhelm und vollständiger Ausrüstung auf dem Rücken, unten antreten. Ich stand auf, nahm wie üblich meine Waschtasche und ging ins Bad waschen und Zähne putzen. Dem einen Unterleutnant blieb fast die Luft weg, als er das sah. Ein anderer Bausoldat rasierte sich neben mir. Dann ging ich wieder ins Zimmer und fing an, mein Bett zu bauen. Aber dies war auch nicht recht, obwohl wir sonst immer die Stube tadellos hinterlassen müssen. Als ich dann schließlich das Sturmgepäck vom Schrank holte und den Leutnant fragte, der ins Zimmer kam, wie man die „komischen Strippen" dranbindet, riß dem fast die Geduld. Er will mal mit mir üben, wie er sagte. Aber in 2 Wochen wird er ja entlassen. Nach 15-20 Minuten standen endlich alle unten. Ich hatte die Zeltplane, die auf den Rücken gehört, unter den Arm geklemmt, andere trugen die Tasche in der Hand. Wir wurden gefragt, ob wir zum Camping wollten. Jedenfalls waren sie nicht so zufrieden und wir wollen das nochmal üben. Na ja.
Für heute nun viele Grüße,
Von Euerm Stefan.

*

Prora, 13.08.87

Ihr Lieben zu Hause!
Nun ist es also ausgesprochen: 2 Wochen Ausgangs- und Urlaubssperre und einer bekam sogar vier Wochen. Gestern wurden wir neun Mann aufgerufen, eine Stellungnahme zu dem Vorfall am Sonntag zu schreiben. Wir schrieben, dass es sich bei unserer Zusammenkunft lediglich um ein Gespräch u.a. über die Bibel gehandelt hat. Ich verwahrte mich gegen die Beschuldigung, gegen einen Befehl verstoßen zu haben. Die Stellungnahmen wanderten sofort alle an die höchste Stelle im militärischen Stab. Heute kamen trotzdem die Bestrafungen. Aber die Sache wird noch nicht ruhen von unserer Seite. Es wird Gesprächsgesuche geben, und ich schreibe einen Brief an den Landesbischof. Das Stärkste war ja noch, als wir 9 Leute nach der Bestrafung in einem Zimmer uns noch unterhielten. Ein Vorgesetzter kam herein und wollte uns auflösen. Es ist ja das Neueste, daß man sich in der Freizeit nicht mehr besuchen darf. Als wir uns beschwerten, meinte er: „Ich werde einen Transport nach Sellin fertig machen, wenn sich das nicht ändert." (In Sellin ist eine Arrestanstalt). So sieht es also gegenwärtig aus, wir müssen nun stark sein. Vor allem muß diese Sache geklärt werden.
Nächste Woche wollten mich Jana und Tim besuchen, aber ich kann ja nun keinen Ausgang mehr nehmen. Wir können uns höchstens am Gitter treffen. In 14 Tagen komme ich höchstwahrscheinlich nach Hause, da ist die Sperre gerade vorbei. Macht Euch aber keine Sorgen weiter, mir geht es trotzdem ganz gut.
Heute war wunderschönes Wetter und ich habe zur Zeit Freizyklus, so sonnte ich mich viel und badete etwas. Hoffentlich bleibt das Wetter nun mal so.
Noch etwas Neues: Unser Versorger wird jetzt teilweise Zivilversorger, d.h. die Bauarbeiter von meiner Firma essen auch dort. Dann wird es zum Frühstück Bockwurst und Soljanka geben. Aber wir als BS dürfen ja dann bestimmt erst zum Mittag erscheinen.
Bei dem BS aus dem Versorger sollte heute ein AIDS-Test gemacht werden. Jetzt wird er wohl auf Blutkrebs untersucht – wie schrecklich. Aber er scheint sich noch nicht viel daraus zu machen. Vielleicht ist es auch nichts Schlimmes. Laßt es Euch gut gehen bis zu einem baldigen Wiedersehen in Eisenach – hoffentlich, Euer Stefan.
Eben erfuhr ich, daß morgen schon wieder Alarm sein soll. Jetzt schon zum 3. Mal – bis es klappt. Wie schön.

*

Prora, 16.08.87

Ihr Lieben!

Vielen Dank für die nette Post, liebe Mama. Ich freute mich darüber sehr. Es ist Sonntagabend, draußen rauscht das Meer, die Grillen zirpen und die hellerleuchtete Schwedenfähre legt gerade in Saßnitz ab. Heute mußte ich wieder an der Siebanlage arbeiten und hatte einiges zu tun. Trotzdem hatte ich nachmittags noch Zeit, etwas am Strand zu liegen und zu baden. Heute war das Wetter ganz schön. Morgen vertrete ich wieder im Versorger, dann ist der Freizyklus fast um. Draußen ist es ja immer noch besser als hier in der Kaserne.
Heute habe ich mit Bernd das Auto abends verpaßt, welches uns von Mukran nach Prora fährt. Da legten wir die 5 km zu Fuß durch den Kiefernwald zurück. Das war auch mal ganz schön. Anschließend war ich im Kino „Mr. Heyd u. Dr. Jekyll" – war recht spannend.
An den Landesbischof habe ich einen Brief geschrieben, der gestern per Einschreiben abgegangen ist. Hoffentlich tut sich da was, damit wir nicht noch in die „Kiste" kommen. In alle Himmelsrichtungen gehen Briefe mit Beschwerden ab. Am Dienstag sollen welche vom Ministerium aus Berlin kommen, noch wegen der Eingaben, weil einige nicht zum Katholiken-Treffen nach Dresden fahren durften. Mal sehen, was da raus kommt. So ist jetzt hier ganz schön was los. Mit dem Hebräisch komme ich jetzt auch langsam voran, ein Theologe hilft mir beim Lesen.
Für heute nun viele liebe Grüße, von Euerm Stefan.

Entschuldigt bitte die Schrift, aber ich bin sehr müde (6 h Schlaf pro Nacht)

*

Prora, 20.8.87

Ihr Lieben!
Heute nun kam endlich wieder ein Lebenszeichen von Euch – vielen Dank. Ich war schon verwundert, so lange nichts mehr zu hören. Inzwischen bin ich meine Strafe los. Das war so:
Bernd aus dem Versorger schlug mich kürzlich für einen Kurzurlaub beim Kompaniechef vor, weil ich in „selbstloser Weise" im Freizyklus im Versorger aushelfe. Beim letzten Kompanieappell mußte ich vortreten und wurde gelobt und als Beispiel dargestellt – und ich bekam schließlich

einen Ausgang zusätzlich. Das war natürlich ziemlich ernüchternd und, da ich gerade eine Ausgangssperre habe, ziemlich makaber. Gleichzeitig bekam einer 4 Wochen Ausgangs- und Urlaubssperre, weil er im Ausgang eine Rotweinflasche in der Hand getragen hat (Schändung des Ansehens der NVA). Ein anderer bekam 3 Tage Bau, weil er 1 ½ h zu spät vom Ausgang zurückgekommen ist (er war im Zug eingeschlafen und hatte die Station verpaßt). Einer aus meinem Zimmer bekam 4 Wochen A + U – Sperre, weil er im Nachbarort von Binz in zivil gesehen wurde. So – und ich bekam einen Ausgang zusätzlich, wo das doch so gefährlich ist. Na ja. Nun sollte ich Besuch diese Woche von Jana bekommen, da hatte ich von dem zusätzlichen Ausgang auch nichts, weil der erst in 14 Tagen gegolten hätte. 3 Tage habe ich darum gekämpft, daß die Ausgangsbelobigung in die Belobigung „Streichung einer Strafe" umgewandelt wird. Gestern ist das nun geschehen und ich kam gleich in Ausgang. Jana war am Kasernentor. Aber bis zum Schluß Ungewissheit ...
Wir waren im Kurhaus zum Tanz – das erste Mal seit einem Jahr war ich wieder tanzen – es war wunderschön! Wie schön kann doch das Leben sein – aber auch wie belastend. Und letzteres merke ich zur Zeit sehr deutlich. Zur Zeit fühle ich mich recht beschissen – im wahrsten Sinne des Wortes. Ich hoffe, daß der heutige Tag der Tiefpunkt meines Seelenlebens war! Was ist dies hier für ein Leben!?
Dann habe ich seit 3 Tagen mächtige Halsschmerzen (jetzt geht es wieder besser) und vorgestern Abend hatte ich leichtes Fieber. Es ist auch bei diesem Wetter kein Wunder. Wie kann sich auch alles so häßlich zusammenfügen mit diesem Sommer, diesem Hiersein. Wie hatte ich im Winter vom Sommer geträumt und nun steht schon wieder der Winter ins Haus. Aber es ist der Letzte – Gott sei Dank.
Es ist nett, daß der Papa sich auch für die Sache mit einsetzt. Als die vom Ministerium da waren, hat sich nicht viel getan. Es geht alles in der Runde. Bei uns haben einige schon merklich graue Strähnen im Haar bekommen, das alles hier macht nicht jünger – man verschwendet die Energie. Aber was soll's, über die Hälfte ist rum. Heute habe ich ein Wäschepäckchen abgeschickt, hoffentlich ist es bis nächsten Freitag da. Ulrikes Karte kam an – ich habe mich sehr darüber gefreut, vielen Dank.
Laßt es Euch gut gehen und seid vielmals gegrüßt, von Euerm Stefan.

*

Ihr Lieben zu Hause!　　　　　　　　　　　　　　Prora, 24.08.87
　　　　　　　　　　　　　　　　　　　　　　　　248 Tage

Ein kurzer Gruß soll Euch noch erreichen. Ich hoffe, Euch geht es gut. Wir hatten jetzt drei Tage ganz herrliches Wetter und ich nutzte das sehr am Strand. Jetzt trübt es sich langsam schon wieder ein und das Meer rauscht sehr stark. Dazu zirpen die Grillen im Gras – ich sitze am offenen Fenster.

Meine A + U-Sperre wurde ja aufgehoben, da ich belobigt wurde. Allerdings verschlief ich das Aufstehen am nächsten Morgen und 5 Minuten, nachdem die anderen schon zu den LKWs gelaufen sind, wachte ich erst auf. In 5 Minuten machte ich mich fertig und rannte hinterher. Erst als ich zwischen den ganzen Vorgesetzten (ein Dienstgrad höher als der andere) stand, wachte ich so langsam auf. Sie zupften an mir rum, ich hatte wohl das Käppi verkehrt rum auf – in der Eile das Emblem nach hinten. Dann hatte ich meine Jacke noch nicht richtig zugeknöpft – es war recht peinlich. Der eine wollte noch von sich hören lassen, aber der ist inzwischen entlassen worden (ein vierjähriger).

Ansonsten gibt es nicht viel Neues. Viele lustige und traurige Studien kann man hier an Menschen treiben, die unter den Zuständen leiden. Der eine sitzt nur da und schläft halb, während der andere unentwegt was fummeln muss. Bis bald, Euer Stefan.

Prora, 13.08.87

Ihr Lieben zu Hause!

Nun ist es also ausgesprochen: 2 Wochen Ausgangs- u. Urlaubssperre und einer bekam sogar 4 Wochen. Gestern wurden wir 9 Mann aufgerufen eine Stellungnahme zu dem Vorfall am Sonntag zu schreiben. Wir schrieben, daß es sich lediglich bei unserer Zusammenkunft um ein Gespräch u. a. wie die BRD gelandet hat. Sie verwehrte mich gegen die Beschuldigung, gegen einen Befehl verstoßen zu haben. Die Stellungnahmen wanderten sofort alle an die höchste Stelle in unserm Stab. Heute kamen trotzdem die Bestrafungen (von meiner Seite) Aber die Sache wird noch nicht ruhen (es wird Gesprächesuche geben und ich schreibe an den Landesbischof). Das Stärkste war, ja noch, als wir 9 Leute nach der Bestrafung in einem Zimmer uns noch unterhielten. Ein Vorgesetzter kam herein und wollte uns auflösen. Es wäre ja das Neueste, daß man sich in der Freizeit nicht mehr besuchen darf. Als wir uns beschweren wollte er: "Ich werde einen Transport nach Sellin (Selles machen wenn sich das nicht ändert." (Sellin ist eine Arrestanstalt) — So sieht es also gegenwärtig aus, wir müssen nun stark sein. Vor allem muß diese Sache geklärt werden.

September

Dem turbulenten Sommer war ein recht ruhiger September gefolgt. So vermitteln es die Briefe, und so war es auch, wenigstens äußerlich betrachtet. Die Wogen im Meer der Emotionen hatten sich geglättet, und im Alltag zog so etwas wie Normalität ein. Für einen Fisch in der Nähe der Angel ist das aber nicht wirklich überschaubar. Obgleich sich die Schatten über uns nicht verdichteten, schien es doch ratsam, sich nicht zu nahe an den Peinigern zu tummeln. Vorgewarnt durch die vielen plötzlich über uns hereingebrochenen Schikanen in der jüngsten Vergangenheit, schien noch immer besondere Vorsicht angebracht. Und selbst hingeworfene Brocken, die auf Versöhnung schließen ließen, wurden misstrauisch beäugt. Niemand wusste, was der nächste Tag, ja was die nächste Stunde bringen wird. Jeder, der in die Auseinandersetzungen der jüngsten Zeit involviert war, musste damit rechnen, noch einmal einzeln „hochgezogen" zu werden.

Tatsächlich: Die Probleme im August hatten unter etlichen Bausoldaten einen größeren Zusammenhalt heraufbeschworen, und gegen diese Gemeinsamkeit war nur schwer anzukommen. Sie hatte auch mich zeitweilig stark gemacht. Ob diese Kraft aber auch für die Zukunft reichen würde, glaubte ich bezweifeln zu dürfen. So kampfbereit ich im August in Erscheinung getreten war, so stark waren nun die Befürchtungen, auf der „Abschussliste" zu stehen. Nun fürchteten wir, der antike Herrscheranspruch „divide et impera" könne im Umgang mit uns neu erblühen. Ich jedenfalls glaubte erkennen zu können, dass ich beim Kompaniechef ausgespielt hatte. Ich blieb auf dem Sprung, innerlich wie äußerlich. Soweit es möglich war, verflüchtete ich mich auf die Baustelle, dorthin, wo das Leben weniger gefährlich erschien als in der Kaserne.

In meinem Freizyklus half ich wieder öfters im Versorger aus. Von dort aus unternahm ich auch kleine verbotene Spaziergänge, wie etwa an den Jasmunder Bodden. Um nicht erkannt zu werden, duckte ich mich bei jeder nahenden Gefahr hinter einem Strauch ab. Selbst ein vorüberfahrender Zug erschien in der Angst, entdeckt zu werden, gefährlich.
So brachte auch der September seine besonderen Herausforderungen mit sich. Zudem stand ein neuer Herbst fühlbar vor der Tür. Die nicht aufgearbeiteten Erinnerungen und die illusionslose Gegenwart verdichteten sich zu einem recht düsteren Blick auf die Zukunft. In meiner Naturverbundenheit übertrug ich die bevorstehende Kälte des Winters automatisch auf die kommende Situation bei den Bausoldaten. Die in meiner Korrespondenz angedeutete Sorge vor dem Winter diente als ein Mittel, meine eigentlichen Ängste verschlüsselt zum Ausdruck zu bringen. Noch erschien die Zeitspanne bis zur Entlassung zu groß, als dass ich glaubte, damit beginnen zu können, meine Gefühle deutlicher anzusprechen. Zum Ende des Jahres hin sollte sich das ändern.

Blick auf das Hafenhinterland am 7. Oktober 1984.

Noch fehlte mir die Selbstsicherheit. Noch mutierten Ereignisse, die im Leben „draußen" normal waren, zu Erfolgserlebnissen. Recht genau erinnere ich mich an einen Theaterabend in Putbus, der mir eine kleine Konversation mit unserem neuen, gleichaltrigen (!) Zugführer einbrachte. Ich erhielt von ihm die Erlaubnis, ein Glas „Wermut" zu trinken. Nebenbei bemerkt, sollte mich das Getränk zwei Monate später meinem Freund Thomas näher bringen. Im September aber machte es mich gegenüber dem blassen und etwas spitzgesichtigen Unterleutnant gesprächig. Den sollten noch etwa drei entsetzliche Jahre beim Militär erwarten. Es blieb die einzige Gelegenheit, in der wir in so ungezwungener Atmosphäre aufeinander trafen, überhaupt blieb es der einzige Augenblick, in dem persönliche Worte fielen. Auch er hatte seine Pflichten zu erfüllen, und diese verschärften in den folgenden Monaten die Fronten zwischen uns und ihm. Auch er, so stellte sich wenig später heraus, hatte an langen Marschübungen eine besondere Freude.
Die Fahrt ins Theater, in dicke Decken gehüllt, mit Blick über das Rügener Land, soweit es der Schlitz zwischen den auf allen Seiten heruntergelassenen Planen gestattete, gehört tatsächlich zu den schönen Erinnerungen jener Zeit. Das Sitzen hinten auf dem LKW fühlte sich plötzlich ganz anders an als an den ungezählten Tagen, an denen ich so auf die Baustelle hinausfuhr. Der Ausflug eröffnete meiner Seele einen neuen Horizont.
Eine reale Horizonterweiterung erlebte ich durch den Besuch meiner Eltern Ende jenen Monats. In Bergen einquartiert, holten sie mich an zwei aufeinanderfolgenden Tagen aus der Kaserne ab, und wir verbrachten schöne gemeinsame Stunden auf der Insel. An einem Tag fuhren wir mit unserem „Wartburg 353 W", ein Dienstwagen meines Vaters, sogar in Richtung Nordspitze der Insel. Eigens zu diesem Zwecke hatten mir meine

Eltern Zivilsachen mitgebracht, die ich mir heimlich anzog, sobald wir mein Ausgangsgebiet hinter uns gelassen hatten. Tage- und Nächtelang hatte ich mir vorgestellt, wie ich mich in den Zivilsachen fühlen würde, wie meine Eltern auf diesen Ort reagieren würden. In der Angst, irgendwelche Erwartungen nicht erfüllen zu können oder vielleicht nicht funktionieren zu können, hatte ich sie zu dieser Reise nicht gedrängt.

Ich war während der zwei Tage sehr nervös und konnte das Erlebte erst im Nachhinein verarbeiten. Da aber kam es mir bereits wie ein schöner Traum vor. Heute sind nur noch wenige Szenen vor dem geistigen Auge erhalten. Dazu gehört, wie meine Eltern vor dem Tor standen und ich ihnen mit einem befreienden und unmöglich bezähmbaren Grinsen im Gesicht entgegenzuschweben schien. In der Besucherecke vor dem Kasernentor begrüßte ich sie mit einem „Willkommen in meinem Wohnzimmer".

Zu den Erinnerungen gehört, wie ich mit den Zivilsachen auf einem Feldweg hin- und hersprang, in unfassbarer und fast vergessener Leichtigkeit. Ich staunte über das geringe Gewicht der farbenfrohen Kleidungsstücke, während die grauen „Klamotten" der Ausgangsuniform wie ein abgestreifter Panzer im Kofferraum verschwanden.

Zu den Erinnerungen gehört aber auch, wie wir essen waren und ich fühlte, dass ich zwar meinen äußeren, nicht aber meinen inneren Panzer abstreifen konnte. Bisweilen litt ich wieder unter Appetitlosigkeit und Hitzewallungen, in der Gewissheit, dass diese Situation eben nicht normal war. Mich peinigte die Angst, von irgendeinem Vorgesetzten in meinen verbotenen Zivilsachen entdeckt zu werden. Und schließlich erinnere ich mich an die Verabschiedung am olivgrün gestrichenen Ausgangstor, wie wir uns umarmten und ich dann wieder in meinem Schicksal verschwand, hinter den Mauern des grauen Gebäudes. Ich allein.

1. September 1987
Ihr Lieben!

Ich bin gut wieder hier oben angekommen. Die 3 Tage vergingen so schnell, als wären sie gar nicht gewesen. Ich bekam noch einen Liegeplatz, aber ich schlief trotzdem nicht besonders, denn der Zug war eisigkalt.
Es ist auch kein erhebendes Gefühl, wieder hierher zu fahren. Wir wurden mit einer Taschenkontrolle empfangen. Die Schikanen gingen also gleich wieder los. Dann war wieder Ausbildung (3000-Meter-Lauf, Klimmziehen) angesagt, so daß ich mich auf die Baustelle – hundemüde – flüchtete.
Hier verbrachte ich den Nachmittag mit etwas spazierengehen, arbeiten und Walkman hören. Es kommt aber keine Freude auf, obwohl die Luft und das Wetter so schön sind. Aber für wen und was soll ich mich jetzt z.B. sonnen? Es liegen ja wieder einige Wochen des trostlosen Daseins vor mir. Liebe Grüße, Euer Stefan!

*

Prora, 10. September 1987
Ihr Lieben!

Herzlichen Dank für den netten Brief mit der schönen Spruchkarte und dem schönen Rosenbild. Ich habe mich sehr darüber gefreut. Ab heute habe ich Freizyklus. In der Kaserne war Ausbildung (3000-Meter-Lauf etc.), aber ich war als Aushilfe im Versorger, was ja jetzt öffentliche Kantine ist.
Es gibt eine Unmenge Arbeit, da wir jetzt doppelt so viel Geschirr zum Abwasch haben und es dazu auch noch Frühstück für die Arbeiter dort gibt. So wird man mit putzen und waschen fast nicht fertig. Die zwei Frauen sind sehr nett und immer zum Schäkern aufgelegt. Wir bekommen kostenlos Soljanka zum Frühstück und dann aßen wir zum Kaffee Karlsbader Schnitten überbacken. Aber dafür lassen sie uns dann die meiste Arbeit, man kommt sich vor wie die Tellerwäscher von Chicago. Drei Tage werde ich wahrscheinlich jetzt dort sein. Auf die Dauer wäre es wirklich nichts mehr für mich.
Jetzt ist gerade Stubendurchgang durch den Kompaniechef. Vorhin auf dem Flur fragte er mich, wann ich von der Baustelle zurückkam. Ich sagte: „17 Uhr." Er meinte: „Und warum waren Sie nicht beim Abend-

brot?" Ich sagte, daß ich dort war. Darauf meinte er: „Das ist ihr Glück."
Wenn man nicht zum Essen geht, kann man 4 Wochen Ausgangs- und Urlaubssperre bekommen. Ansonsten ist nicht viel passiert.
Das Wetter ist schon wieder schlechter geworden. Gestern aber hatten wir einen ganz tollen Sonnenuntergang und dann schien der Vollmond jetzt immer ganz herrlich und hell über dem Meer. Hoffentlich ist schönes Wetter wenn ihr hierher kommt. Aber bitte kommt nur, wenn es auch nicht zu stressig wird!
Bis jetzt weiß ich noch nicht, wie oft ich Ausgang bekomme. Es ist ja alles so schwierig geworden. Wir würden uns übrigens sehr über solch einen Wartburgkalender freuen, denn jeden Tag wird eine Zahl schwarz ausgemalt. Dieses Jahr sieht schon gut aus! Es ist eine richtige Art Entlassungskalender geworden und ich soll 6 Stück bestellen. Könnt ihr so viele kaufen? Das Geld bekomme ich wieder. Ansonsten freue ich mich über eine Salami, ihr wißt schon.
Für heute nun viele liebe Grüße von
Euerm Stefan.

*

Ihr Lieben!

Prora, 12.09.87
227+h

Heute zum Abend am Samstag noch ein kurzer Gruß von mir. So viel habe ich nämlich in der Zwischenzeit gar nicht erlebt. Gerade habe ich mit einem Theologiestudenten etwas hebräisch gelernt, davor war ich 2 h in der Turnhalle zum Volleyballspiel. (Wo ich mich etwas blamiert habe, na ja). Heute ist erst 23 Uhr Nachtruhe, doch nach diesem Brief werde ich mich auch zu Bett begeben und noch etwas lesen. Ich habe gerade ein sehr interessantes Buch von Christian zum Lesen.
Tagsüber war ich wieder im Versorger angestellt. Michael, der dort immer ist, hat schon tüchtig die Nase voll, da wir zwar ein schönes Frühstück (Soljanka, Karlsbader Schnitten) bekommen, aber auch den größten Teil der Arbeit machen müssen, während die Frauen rauchen und Kaffee trinken. Aber wir sind ja die „Schnuggis".
Freitag war ich zusammen mit Jan Vertretung, Michael war in Stralsund. Da sollte Jan der Einen den Schlüssel aus der Rocktasche holen und er fand ihn nicht gleich. Da lachte die und kicherte, daß er auch nur nicht woan-

ders hingreifen solle. Und er mußte auch lachen, besonders aber ich, denn sie wissen ja nicht, daß er schwul ist. Das hätte erst einen Skandal gegeben! Bevor ich es vergesse, möchte ich mich noch sehr für die wunderschöne Karte bedanken. Ich habe mich darüber gefreut.
Ab heute ist es wieder regnerisch und trostlos verhangen. Dann ist hier wirklich absolut nichts los. Die letzten Tage war es sehr schön, man konnte tolle Sonnenuntergänge beobachten. Aber richtig warm wird es nicht mehr, es weht immer ein frischer Wind. Im vorigen Jahr bin ich um diese Zeit (und noch später) in kurzen Hosen Fahrrad gefahren nach meiner Postbeamten-Tätigkeit. Hier wäre das unmöglich von der Temperatur her.
Seid für heute herzlich gegrüßt,
von Euerm Stefan.

*

Prora, am 16.09.87

Ihr Lieben zu Hause!

Zunächst vielen Dank für Deinen Brief, liebe Mama, der sehr schnell ging. Jetzt liege ich schon wieder im Bett, es ist 21.46 Uhr und eigentlich längst Nachtruhe. Aus dem Nebenzimmer (mein Arbeitsgruppenführer) hat heute jemand Geburtstag und da haben wir den ganzen Abend toll gefeiert. Wir waren etwa 20 Mann, tranken Kaffee, aßen gemeinsam Abendbrot, spielten und sangen. Es war richtig schön. Dann sah ich noch einen Filmbericht über den Untergang der Titanic.
Gestern Abend nahm ich an einer Theaterfahrt nach Putbus teil. Es war herrlich, im LKW über das Rügener Land zu fahren, welches von der untergehenden Sonne beschienen wie in Gold getaucht aussah. Bei schönem Wetter ist es hier wirklich unvergleichlich schön.
In Putbus gingen wir zunächst Abendessen, anschließend ins Theater. Es kam „Das Nest des Auerhahns". Das Stück, sowjetisch, war nicht so toll, aber insgesamt war alles schön und mal eine Abwechslung. Mit einem Schoppen Wermut in der Hand unterhielt ich mich in der Pause mit meinem 19-jährigen Zugführer (Unterleutnant). Die Rückfahrt unter dem unendlichen Sternenhimmel war ziemlich kalt und wir wickelten uns in Decken ein.
Heute früh war ein ganz phantastischer Sonnenaufgang über dem Meer. Ich stand am Meer. Im Sommer haben wir das gar nicht so erlebt. Das ist

wohl im Herbst am schönsten. Aber mich graut es schon vor dem Winter, der hier so trüb ist.

Morgen werde ich mit Tom nach Binz in den Ausgang gehen. Er hat Freunde hier zur Zeit. Es wird hoffentlich auch so schön. Welch eine Unterkunft habt ihr in Bergen gefunden, ich habe mich ja gewundert. Hoffentlich wird das Wetter schön. Wir könnten etwas herumfahren oder laufen. Vergeßt meine Sachen bitte nicht (Knöchelturnschuhe). Ich freue mich auch über Marmelade, Wurst, Tomaten etc. Viele liebe Grüße, Euer Stefan.

*

Prora, 20.09.87

Ihr Lieben!

In Schnelle am Abend noch ein Gruß von mir! Ich sitze mit Bademantel im Klubraum, vor mir auf dem Tisch ein Glas Vitamin-Brause-Getränk. Heute brauchte ich wegen meiner Hand, die ich am Förderband eingeklemmt hatte, nicht arbeiten zu gehen und genoß den Sonntag hier sehr. Den ganzen Tag verbrachte ich auf dem Bett und schlief. Nur zu den Mahlzeiten stand ich auf.

Genauso tut es seit ein paar Tagen einer aus meinem Zimmer, der keine feste Anstellung hat. Er liegt nur auf dem Bett – lesend, schreibend und schlafend. Eigentlich ein richtiges Siechtum. Er hat sich eine Lampe am Bett angebracht, ein Rollo zum Herunterlassen und eine Ablage für die Bücher und die Kaffeetasse. Und so einen Tag habe ich heute auch mal verbracht, da ich viel Schlaf nachholen muß.

Letzte Woche war ja jeden Tag etwas anderes los – eigentlich war es sehr schön. Dienstag: Theater in Putbus. Mittwoch: Geburtstagsfeier; Donnerstag mit Tom im Ausgang; Freitag im Kino („Jenseits von Africa") und gestern ging ich schon früh schlafen.

Morgen früh muß ich zum Arzt. Im Daumen fehlt noch jegliches Gefühl, aber er wird langsam blau. Die anderen Finger haben sich gut erholt, sind nur etwas rot angelaufen. Wann werdet ihr Donnerstag auf der Insel sein? Ab 15 Uhr könnt ihr am Tor stehen und müßt nach mir verlangen. Die rufen dann hier an. Ich bin 2. Baukompanie. Versucht doch schon 14.45 Uhr da zu sein. Ich hoffe, daß ich dann raus komme. Freitag hoffe ich, daß es auch so wird. Vor 15 Uhr kann ich nicht raus. Bringt Euch warme Sachen mit, das Wetter ist sehr wechselhaft. Vergeßt bitte meine Sachen nicht!

Ich freue mich schon sehr, wenn Ihr da seid. Hoffentlich wird das Wetter schön, dann seht Ihr, wie zauberhaft es sein kann auf der Insel. Wenn es regnet, bekommt ihr gleich die riesige Trostlosigkeit hier mal mit. Entschuldigt bitte Fehler und Schrift.
Viele Grüße von Euerm Stefan.

*

Prora, 28. 09.87
Ihr Lieben! 212 + h

Ich sitze am offenen Fenster, eine Tasse heißen Scharfgarbentee neben mir. Die Heizung befindet sich unterm Fensterbrett und wärmt mir die Beine und ich schaue aufs Meer. Wie in gold getaucht und durch die Kälte etwas im Nebel liegen Saßnitz und die Stubbenkammer links vor mir und über dem ruhigen Meer ziehen einige von der untergehenden Sonne rötlich golden angestrahlte Wolken dahin. Am Horizont üben die Wildgänse das Fliegen, bald werden sie davonziehen.
Ich hoffe, Ihr seid gut wieder zu Hause angekommen! Ob es in Eisenach auch so kalt ist? Jetzt ist es wirklich schon ziemlich kalt geworden und gestern fegte dazu noch ein Sturm über die Insel. Ich habe keine Lust auf noch einen Winter, aber was hilft es. Ich zehre jetzt von den drei herrlichen Tagen mit Euch in diesem Landschaftsparadies.
Gestern war ich den ganzen Tag nur müde, und als ich in dem kalten Sturm am wieder so einsamen Strand von Mukran spazierenging, war ich doch ziemlich deprimiert. Das 1. Mal wurde mir so richtig bewußt, daß ein neuer Winter nicht ausbleibt. Wie schön war es doch mit den Urlaubern, die im Sommer diesen Strand bevölkerten und Abwechslung brachten. Im rauen Sturm des Winters ist man die einzige Seele am Meer.
Heute war ich wieder im Versorger und vormittags machte ich einen Spaziergang durch den Wald am Jasmunder Bodden entlang. Die Sonne fiel schräg durch die Kiefernzweige und auf dem Waldboden war es recht warm. Die Luft war sehr würzig, teils vom Waldduft und teils von Meeresluft erfüllt. Ich entdeckte einen riesigen Waldameisenhaufen, der aus Kiefernnadeln bestand. Er wimmelte von Ameisen. Habt ihr eigentlich die Wildgänse mitbekommen? Mit lautem Geschrei fliegen sie in Keilform übers Meer und kommen jetzt direkt auf uns zu. Raschi rennt schon mit Fernstecher von einem Fenster zum anderen.

Auf mich wartet heute wohl noch eine Nachtschicht, große Lust habe ich keine. Auf dem Bett ist es gemütlicher, als unter den Scheinwerfern im Hafen einen Güterzug zu entladen. Inzwischen ist es schon ziemlich dämmrig geworden und die Leuchtbojen blinken im Meer. Ich verabschiede mich für heute.

Tschüß, Euer Stefan.
Vielen Dank nochmals für alles! Der Kuchen schmeckt sehr gut!

Oktober

Ein vor Augen stehendes Ende eröffnet den Blick und die Neugier auf das, was darauf folgt. Im Oktober 1987 strebte ein Jahr dem Ende entgegen, in dem ich mich komplett in den Klauen der NVA bewegt hatte. Ein *Lebens*jahr ging zur Neige, von dem ich nur wenige Tage und Stunden wirklich gelebt hatte. Im Oktober wurde ich zwanzig. Und damit war meine Teeny-Zeit, die ich erst im Alter von achtzehn Jahren begonnen hatte zu genießen, vorüber.

Dass ich in meinem neunzehnten Lebensjahr nicht wirklich leben durfte, daran schien das *Kalender*jahr schuld zu sein, das sich in unserem Zimmer an einer Wand auf farbigem Poster präsentierte: Unter dem Bild der Wartburg, inmitten der heimatlichen grünen Wälder, leuchteten die Tage der letzten drei Monate auf schwarzem Grund. Die übrigen Tage waren in diesem Schwarz versunken, nachdem wir Abend für Abend eine Zahl feierlich ausgemalt hatten. Wie oft standen wir nach der Arbeit vor diesem Kalender und freuten uns an seiner sichtbaren Veränderung. Das Jahr 1987 wurde umso lieber, je mehr es sich von uns verabschiedete, je mehr seine Tage in diesem Nichts versanken.

Den Übergang von meinem geklauten Lebensjahr in das, welches mir wenigstens eine Hälfte in der Freiheit bescheren sollte, feierte ich in Eisenach. Ich hatte sogar das Glück, mich in dieser Zeit meines Jahresurlaubs von fünf Tagen – inklusive An- und Abreise – erfreuen zu können. Einen Teil davon verbrachte ich mit Anja und Andreas in Weimar, wo wir einen ausgelassenen Abend erlebten. Dort besuchte ich auch meine jüngste Schwester, die hier nun das Internats- und Schwesternleben des Sophienhauses kennen lernte. „Wir tranken Kaffee, aßen schön Abendbrot mit Wein und betrachteten unsere Rumänien-Dias vom vergangenen Jahr", schrieb ich meiner älteren Schwester Ulrike:

„Es war wirklich eine schöne Atmosphäre. Anja machte auch alles sehr nett. Anschließend mußten wir Erdmute schon ins Internat bringen und wir anderen hatten Lust auf etwas verrücktes. So machten wir uns schön zurecht und gingen zu dritt in eine Nachtbar mit Tanz. Dort vergnügten wir uns bis ca. 3 Uhr und fielen anschließend todmüde ins Bett. Ach, es war zu lustig."

Wenigstens die letzten Tage und Stunden meines zuende gehenden Lebensjahres waren leicht und beschwingt. Hier, in der Weimarhalle, beschwippst wie wir waren und lebenserfahren wie ich mich durch meinen Umgang in Prora fühlte, traute ich auszuprobieren, was ich mir während der „Penne-Disko" in Zeiten der Erweiterten Oberschule während des Liedes „Kleine Seen" von Purple Schulz schon einmal vorgestellt hatte. Und es gefiel mir. Wir tanzten zu dritt und wir tanzten zu zweit, mehrere Runden, zuerst Anja und ich und dann – Andreas und ich. Zugegeben, mir zitterten die Beine und Füße. Das aber kam nicht durch die nach unten ziehenden Schwere, wie ich sie von Prora her kannte, sondern von einer nach oben strebenden Leichtigkeit. Es war wie ein Märchen, jener Abend, und ich, ich war nun tatsächlich der Prinz.

Knapp ein Jahr zuvor fotografierte mich Andreas am Strand von Binz.

Und dann kam der Geburtstag. Ich wurde zwanzig! Und ich feierte das in Eisenach, schräg gegenüber dem Diakonissen-Krankenhaus, in dem ich das Licht der Welt erblickt hatte, zwanzig Jahre zuvor. Nun, mit diesem neuen Lebensjahr, am Ende des Kalenderjahres, eröffnete sich ein neuer Horizont, das Studium in Jena.

In den täglichen Lebenskampf auf Rügen mischten sich mehr und mehr theologische Gedanken, zu denen ich mich durch die Konfrontation mit den verschiedenen Glaubensströmungen auf unserer Kompanie herausgefordert sah. Ich hatte mir über Religionsgemeinschaften und ihre verschiedenen Ausrichtungen und Ansichten bis dahin kaum Gedanken gemacht, und gespannt und ein wenig überfordert hörte ich meine Kameraden über diese und jene theologische Frage diskutieren. Ich konnte kaum anderes beisteuern als Sprüche, die ich während meines eifrig betriebenen Bibelstudiums während der Jungen Gemeinde auswendig gelernt hatte. Damals lasen wir auch so ein Buch wie: „Und die Bibel hat doch recht". Das hätte ganz gut in den „Pietistenzirkel" gepasst, der in unserer Kompanie regelmäßig in der fensterlosen Kleiderkammer zusammenkam. Mit dem dort praktizierten Zungenreden konnte ich aber ebenso wenig anfangen wie mit den fast auf das Jahr genauen Berechnungen des Weltunterganges, wie sie einige sonst an sich vernünftig erscheinende Kameraden vornahmen. Schon weil ich einen Studienplatz für Theologie hatte, hörte ich den Diskussionen in unserem Unterkunftsraum aufmerksam zu und wagte mich auch mal mit einem Kommentar hervor. Insgesamt interessierten mich diese Gespräche aber doch recht wenig. Ich glaubte Gott ganz woanders spüren zu können. Morgen für Morgen schien mir die göttliche Kraft am Horizont zu begegnen, in den täglich wechselnden Farben zwischen der unendlichen Weite des Himmels und des Meeres mit seinem würzigen Duft.

Es war das Verbindende aller Religionen, das mich zu interessieren begann, der Kern alles Seins und allen Werdens. Die Formen, in die die göttliche Kraft seit Menschengedenken gegossen wird, um sie verstehbar und anbetungsfähig zu machen, hatten mit meinem Erleben recht wenig zu tun. Ich erkannte in ihnen ähnliche Hilfsmittel wie sie die Hierarchien in einer Gesellschaft widerspiegeln.

In der Natur, mit der ich mich innig verbunden hatte, fühlte ich Spieler – und auch Gegenspieler, spürte ich bis ins Innerste lebensfreundliche und vernichtende Kräfte. Hierüber konnte ich staunen – und auch verzweifeln. Mit der Natur wollte ich den Frieden finden. Mit mir, so fühlte ich, musste ich den Frieden finden. Diese Gedanken berührten und beschäftigten mich. Den Spruch, den ich im Stralsunder Schwesternheim im November 1986 gelesen hatte, „Laß das Leid zur Welle werden, die uns zum ewigen Ufer trägt", formulierte ich um und schrieb auf eine Karte mit Meeresansicht: „Wie Meer und Himmel am Horizont in einem Glanz verschmelzen, so verschmilzt mit jeder Welle meine Seele mit ihrem Ursprung – GOTT!"

Das hoffte ich, wenn ich den Sonnenaufgang über dem Meer erlebte, dort hinter dem Horizont, großartig und voller Geheimnis. Ich allein.

Prora/Rügen, 08.10.87

Ihr Lieben zu Hause!

Herzlichen Dank für den so langen Brief, über den ich mich sehr freute. Ich sitze am offenen Fenster, höre das Meer und den Sturm in der Nacht rauschen und sehe die Lichter von Saßnitz in der Ferne flackern. Gestern war ein klarer Himmel und der Vollmond schien über dem Meer, so brauchten wir hier im Zimmer fast kein Licht am Abend. Der Mond schien so hell und das Meer glich einem glitzernden Schneefeld im Mondesschein. Gestern war fast kein Seegang.

Während ich hier schreibe, schneidet der Eine im Zimmer Tomaten und Äpfel, der andere Paprika, Gurken und Zwiebeln. Ich habe vorhin das Brot aus der Küche geholt, so können wir gleich schön Abendbrot essen. Tagsüber wird man ständig auf die Baustelle gejagt, wie das Vieh auf die Weide. Eigentlich hätte ich jetzt Freizyklus und auch am 7. Oktober [Tag der Republik] mußte ich arbeiten, von meiner Arbeitsstelle aus. Fast alle anderen hatten da frei. Das ist ein „beruhigendes Gefühl". Nun, so konnte ich in den Pausen wenigstens mein Bernsteinkontingent auffrischen. Zur Zeit gibt es, da auflandiger Wind herrscht, eine Menge großer Bernsteine am Strand.

So, inzwischen bin ich fertig mit Abendessen. Es tut sehr gut, mal was frisches zu essen. Die Versorgung ist hier nach wie vor katastrophal. Jetzt bekommen wir die Butter und sogar die ekelige Wurst auf Zuteilung. 1 Stückchen Butter, was ungefähr für 2 Scheiben Brot reicht. Die Wurst ist schon grünlich, ich esse gar nichts mehr davon.

Wenn man in der Küche nörgelt, wird einem Prügel angedroht. Sie schreien uns an, daß wir nicht bei der Wohlfahrt seien und wir sollen uns was kaufen, wenn uns das Essen nicht reicht. Es sind Reservisten, die das Essen ausgeben und die haben wohl auch maximal die Nase voll.

Erdmute wird ja nun auch Menschen kennenlernen. Vielleicht kann sie ein besseres Bild von ihnen bekommen, als ich unter diesen Bedingungen, wo Menschen Zwängen und seelischem Druck ausgesetzt sind. Jeder reagiert anders darauf, die einen werden ganz ruhig, andere brausen auf und manchen macht es nicht so viel aus. Man muß sich ablenken von vielen Dingen, wie ich es in der Naturbetrachtung tue. Das erlebe ich hier alles viel intensiver. Ich gebe mir jetzt Mühe, auch in Hebräisch voranzukommen. Leider habe ich so wenig Zeit.

Jetzt ist wieder ein riesiger Berg Briefschulden zu erledigen. Jens schrieb mir, aber ich glaube, daß wir sehr verschieden geworden sind. Im November geht er zur Panzerkompanie für drei Jahre. Was er so schreibt gefällt mir nicht.

Tim schrieb von der Armee den 1. Brief. Bis jetzt fand er es noch nicht so schlimm. Er ist ja wohl der Stasi untergeordnet und ich bin mir unsicher, ihm zu schreiben. Eigentlich wär's auch sinnlos. Wir gehen jetzt zu verschiedene Wege. Andreas ist wohl in Erfurt untergetaucht, ich höre nichts von ihm. Hannes hat mir ganz nett geschrieben, er bedauert den Zerfall unseres Kreises. Für mich kommt sowieso eine andere Zeit in 6 Monaten.

Christian schreibt mir regelmäßig, aber er macht sich sehr fertig, wegen aller möglichen und unmöglichen Dinge. Ich habe ihn hier gar nicht so problematisch kennengelernt, auch verstehe ich manches gar nicht, aber er schrieb, daß ich ihm mit meinen Briefen sehr helfe.

Na, jedenfalls liege ich auf meinem Bett und denke abends über alles nach und verstehe eigentlich nichts und viele Probleme von hier versuche ich abperlen zu lassen und flüchte mich in die Natur oder in die Bücher. Ich lese auch die Bibel und mache mir verstärkt Gedanken über dies und jenes. Auch hatte ich schon einige Diskussionen mit den „Frommen" unserer Kompanie und anderen Gläubigen, z.B. darüber, ob die Bibel das Wort Gottes *ist* oder das Wort Gottes *beinhaltet*. Manche sehen meiner Ansicht nach alles ziemlich kurzsichtig. Einige glauben, daß in 20 Jahren die Welt untergeht. Einer aus meinem Zimmer hat eine Liste, wo so 60 Zeichen aus der Bibel drauf sind, die darauf hindeuten.

So, und dazu lese ich einen Roman, der davon handelt, daß einige Menschen durch den Glauben wahnsinnig geworden sind und verschiedene Widergeburten erleben, wobei einer sein Enkelkind im Trance-Zustand Gott opfert und sich selbst Abraham nennt. Früher hätte ich über den Roman wohl gelacht, aber ich kann mir nun vorstellen, daß man alles auf die Spitze treiben kann. So, das war ein kurzer Einblick in meine verworrene Gedankenwelt, die ich oftmals eben zu vergessen suche.

Alles Gute bis zum nächsten Mal, Euer Stefan.

*

Ihr Lieben zu Hause!

11. Oktober 1987
99 + h

Sieht es nicht gut aus mit der neuesten Tageszahl? Es war der letzte Absprung von 200 auf 199. Das nächste Mal ist „Umspuren" von dreistellig (100) auf zweistellig (99) und ab 50 ist Heimleuchten, da wird brennender Bohnerwachs aus dem Fenster geschmissen, daß alles brennt den Weg entlang. Schließlich muß man hier auch wieder herausfinden ...

Gestern war ich das 1. Mal seit Euerm Hiersein wieder im Ausgang. Ich bin diesmal mit einer ganzen Horde (was ich sonst nie mache) BS losgezogen und es ging nach Bergen. Zunächst stöberten wir in den Buchläden, wo auch einige gute Sachen waren. Vier Bücher habe ich gekauft, u.a. „Ethik" von Baruch Spinoza und „Das Glasperlenspiel" von Hesse ...

Na ja und anschließend waren wir Abendessen im Gesellschaftshaus, was jetzt erst wieder eröffnet wurde. Dann gingen wir in die JG. Außer uns waren etwa 20–25 Leute da, also sehr gut besucht. Aber die meisten waren jünger, so 10. Klasse oder 1. Lehrjahr. Aber ich komme ja mit diesem Alter noch ganz gut klar, jedenfalls war's recht nett und abwechslungsreich. Ich werde sicher demnächst wieder einmal hinfahren.
Jetzt werden auch auf der Insel die Bäume wieder bunt, das habe ich erst so richtig auf der Fahrt nach Bergen erlebt. Hier in Prora/Mukran gibt es ja fast nur Kiefern, und die bleiben nach wie vor grün. Heute ist das Wetter wieder recht schön, die Sonne scheint am strahlendblauen Himmel. Dazu rauscht das Meer. Ich habe heute frei und bin in der Kaserne. Habe aber viel zu tun für mich. Seid nun herzlich gegrüßt bis bald, Euer Stefan.

*

Prora, am 16. Oktober 1987
Ihr Lieben zu Hause! 194 + h

Ich weiß gar nicht, wer von Euch gerade zu Hause ist. Auf jeden Fall sicherlich Papa. Zunächst einmal vielen Dank für den lieben Brief, der heute eintraf. Heute fand ich nach der Arbeit einige Briefe vor: von Erdmute, von Christhard und eine Karte von Andreas.
Der Tag heute war ausgefüllt von 10 h harter Arbeit. Diese Woche war Nachtschicht an der Siebanlage und letzte Nacht schlief der Kollege ein und das Ding lief über, aber so, wie es noch keiner erlebt hat. Ich fand buchstäblich einen Trümmerhaufen vor, als ich 5.45 Uhr dort eintraf. Gleich konnte ich mich an die Arbeit machen, erstmal das 4 m hohe Ding aus dem Sand auszugraben mit Hilfe eines „T 174 er" und einer kleinen Raupe. Dann mußten die Förderbänder gewechselt werden und noch einiges andere repariert werden. Immerhin kann ich jetzt schon mit den Augen abschätzen, zu welcher Schraube, welcher Schlüssel gehört. Wir haben von 10er bis 36er alles da und ich renne den ganzen Tag mit der Schlüsseltasche herum und ziehe nach, spanne ...
Heute mußte ich auch drei Autoreifen wechseln. Jedenfalls bin ich jetzt geschafft. Abends hinterläßt man die Anlage immer in ordnungsgemäßen Zustand und morgens findet man dann einen einzigen Trümmerhaufen vor. Ich bin gespannt, wie es morgen aussieht. Hinterher war ich heute noch baden in der Ostsee, das ist ganz wohltuend und erfrischend.

Mittwoch war ich in Stralsund den ganzen Tag über. Ich wollte die Einlagen abholen, allerdings hatte der Schuhmacher geschlossen. So besuchte ich vormittags das kulturhistorische Museum – sehr interessant über die Geschichte und Entwicklung Rügens und Stralsunds berichtend – und nachmittags saß ich im Eiscafé und ging im Hafen spazieren. Man fühlt sich so ausgestoßen und einsam in Uniform. Daran werde ich mich wohl nicht mehr gewöhnen können in den 194 Tagen.
Gestern hatten wir hier im Zimmer ein großes Fest-Abendbrot-Essen. Jemand hatte Geburtstag und der hat glücklicherweise eine Fleischerstochter zur Frau, die verschiedene Schinken und Zunge in Aspik schickte. So ging es uns recht gut.
Am Abend wurde fast ausschließlich über das Problem „Kindertaufe" oder „Erwachsenentaufe" diskutiert. Ich weiß nicht so richtig, was ich denken soll. Die Freikirche hat ja „Erwachsenentaufe" und die machen die Taufe wohl mehr symbolisch als äußeres Zeichen des Bündnisses mit Gott und als Zeichen des Gehorsams. Sie stehen auf dem Standpunkt, daß Gott die Kinder segnet und das ist genauso viel Wert, wie die Taufe. Es ging recht rege zu und es war interessant. Viele Grüße für heute, Euer Stefan.

*

Ihr Lieben zu Hause!

Mukran/Rügen, 29.10.87
180 + h

Nun bin ich seit 28 Stunden wieder auf Rügen. Auf dem Leipziger Bahnhof hatte ich ein sehr schönes Erlebnis. Ich komme in die Mitropa, da weist mir ein Kellner gleich einen Platz zu und winkt die Kellnerin heran mit den Worten: „Das ist einer der tapferen Jungs, die die Waffe ablehnen. Ein Freibier bitte für den Herrn!" Ich war ziemlich überrascht. Dann bestellte ich eine Soljanka und die Kellnerin lächelte mir immer freundlich zu. Sie war ziemlich jung. Schließlich winkte ich ihr zur Bezahlung, da kam sie, legte einen Arm um mich und meinte: „Der Kellner hat Ihnen das Bier spendiert, ich spendiere Ihnen die Soljanka." Ist das nicht nett? Die Zugfahrt hierher war aber ziemlich belastend, zumal sich zu einem Uniformierten immer weitere Uniformierte gesellen. So war mein Abteil bald voll von Bausoldaten und Fähnrichen. Dauernd wurde von Armee geschwatzt und Bier und Schnaps herumgereicht. Dazu hatte ich irrsin-

nige Halsschmerzen. Erst ab Pasewalk wurde es ruhiger. So verschliefen wir alle Stralsund, wo wir umsteigen müssen und fuhren mit dem D-Zug nach Binz durch. Zum Glück bekamen wir gleich einen Personenzug nach Prora zurück.
Ich hatte kaum meine Taschen im Zimmer abgestellt, als ich den Befehl erhielt, das Treppenhaus zu bohnern. „Sie sind doch gut erholt, nach Ihrem Erholungsurlaub" meinte der Feldwebel blöd grinsend. So bohnerte ich eben noch das Treppenhaus, dann legte ich mich für den Rest des Tages ins Bett und mich ging nichts mehr an. Ich war ziemlich k.o. und brauchte den Schlaf. Das Meer rauschte wieder vorm Fenster und in tiefen Zügen atmete ich die würzige Seeluft ein. Meine Halsschmerzen waren hier sofort weg und beim Atmen taten die Bronchien nicht mehr weh. Die Luft auf dem Festland ist doch schlimm. In Eisenach gibt es nirgends frische Luft.
Heute bin ich den ersten Tag wieder auf der Baustelle. Die Sonne steht am blauen Himmel und scheint warm zum Fenster herein. Morgens ist es aber ziemlich kalt, und wenn man am Meer entlangläuft, bekommt man im eisigen Sturm schon klamme Hände. Das Meer ist jetzt richtig aufgewühlt, so wie im letzten Jahr im November. Aber es ist eben belastend nach so einem Urlaub hier wieder anzufangen. Ich werde versuchen, in 14 Tagen wieder ein paar Tage Urlaub zu bekommen, um mir mal Jena anzusehen. Vielleicht klappt es, ansonsten komme ich in drei Wochen wieder.
Viele Grüße für heute, Euer Stefan.

*

Ihr Lieben!	Prora/Rügen, 31.10.87
178 + h (5 Monate + Tage)

Einen kurzen Gruß zum Abend! Vielen Dank für Deinen Brief, liebe Mama, der heute ankam. Gestern und heute fuhr unser Arbeitskommando schon mittags wieder hierher, weil Nachtschicht angesagt war. Letzte Nacht kam nichts, vielleicht müssen wir diese Nacht auf die Baustelle. Es soll wohl ein Zug mit Splitt kommen.
Es ist bei der Kälte kein Vergnügen. Aber ab Morgen ist Übergangsbefehl in der Kleidungsordnung, d.h. wir können schon Wattejacken anziehen. Bis jetzt mußten wir noch wie im Hochsommer angezogen herumlaufen.

Das war jetzt doch schon ganz schön kalt, zumal wenn man am Meer arbeitet. Diese Befehle werden ja für die gesamten Armeeeinheiten der Republik in Berlin herausgegeben.
Ansonsten gibt es noch nichts Neues weiter. Ich werde jetzt Abendbrot essen und dann noch etwas lesen. Heute Abend ist erst 23 Uhr Nachtruhe, da Samstag ist. Für heute nun viele liebe Grüße von Euerm Stefan.

November

Als ich zwanzig Jahre alt wurde, lag die größte Bewährungsprobe meines Lebens zu zwei Dritteln hinter mir. Im November blickte ich auf ein Jahr Prora zurück, ein Jahr tagtäglichen Überlebenskampfes um mein eigenes „Ich". Zeitweilig fühlte ich mich so verändert wie die Bäume in der Heimat, die ihr Laub abgeworfen hatten. Ein Sterben der Blätter begegnete mir dort auf breiter Front. Lag das daran, weil es um sie herum so kalt geworden war, oder war das einfach eine Gesetzmäßigkeit, eben weil sie um Monate älter waren als am Anfang des Jahres?
Deprimiert beobachtete ich während meines kurzen Urlaubs, wie sich die letzten Blätter von den Bäumen lösten und am Boden verkamen, leise und fast unbemerkt. Zwar kündeten die Knospen von neuer Jugend und Frische. Aber bis dahin war es noch ein weiter, langer Weg; dazwischen lag noch ein unendlich langer, kalter Winter. Und der ließ den fast nackten Stamm ungeschützt.
Ich begann die Kiefern zu lieben, die mich von Anfang an auf Rügen begleiteten. Die im Sonnenschein so schön dufteten, im Winter sich aber tapfer verteidigten und das, was sie ausmachte, nicht einfach abwarfen. Auf Rügen roch es nicht nach diesem modrigen Sterben wie in den Wäldern rund um Eisenach, und ein bisschen vermisste ich in der Heimat das Meer, mit dem ich mich innerlich verbunden hatte.
In Prora fiel mir wieder mein Gedicht „Herbstmorgen" in die Hände, mit dem ich mir ein Jahr zuvor Zuversicht gegeben hatte. Hannes, ein Freund aus Eisenach, hatte mir in der dortigen Druckerei einen ganzen Stapel von Karten mit diesem Gedicht bedruckt. Auch Briefbögen mit dem Kopf „Stefan Wolter, Prora – Rügen" stellte er für mich her. Die Buchstaben durfte ich mir selbst aussuchen. Gesetzt wurde das alles mit der Hand.

Obgleich das Ende der Zeit in Prora in fast greifbare Nähe gerückt war, fiel ich nun manchmal in bittere Lethargie. Ein Zustand, den ich von mir in dieser Dimension bis dahin nicht gekannt hatte. Es gab Tage, an denen jeder kleine Handgriff wie eine schwere Arbeit erschien, an denen mich eine gähnende Leere beschlich, deren dumpfes Gefühl nach Schlaf verlangte, viel Schlaf, tiefen Schlaf. Es waren die Tage, an denen ich mir kaum vorstellen konnte, im Leben noch einmal mehr tun zu können als darauf zu warten, den Tag am Abend schwarz auszumalen. Zur Bewältigung des Alltages in der Gegenwart kam die Furcht vor dem Danach; ich begann Christian allmählich zu verstehen.

Christians Position in Prora glaubte ich einzunehmen, als Anfang November die neuen Bausoldaten eintrafen. Oben vom Fenster des Waschraumes aus betrachtet, nahmen sie sich aus wie bunte Blätter, die der Sturm hierher geweht hatte und die auf dem Beton doch eigentlich nichts zu suchen hatten. Ich sah den bunten Haufen in Turnhalle und Bekleidungskammern verschwinden und grauen Ameisen gleich wieder hervorkommen. Mit ihrem schweren Bündel im Arm bewegten sich die zu „Kameraden" gewordenen hintereinander auf diesen Bau zu, der unbezwingbar schien und der so leicht zerstören konnte.

Ich eilte die Betontreppe hinab, ungewöhnlich leichten Fußes, während sich die Neuen mühsam an mir vorüberschleppten. Sie taten mir leid, ich wollte ihnen helfen. Ein bisschen tat ich auch mir leid und wollte mir helfen. Sie brachten etwas mit, das ich glaubte, hier verloren zu haben. Ich hoffte, es Ihnen bewahren zu können. Ich wollte ein Lebenstropfen sein, der in diesem Beton dazu verhalf, ihre Lebensgeister zu erhalten. Und das allerschlimmste in Prora befürchtend, waren diese Ankömmlinge für jede menschliche Geste, für jedes Zeichen, das an Heimat und Freiheit erinnerte, dankbar. Gern suchten sie sich zu versichern, dass es in Prora so schlimm nicht werden würde. Ich hoffte es für sie. Ich wollte Ihnen gut tun, und sie taten mir gut. Doch dann drohte der lebensspendende Quell zu versiegen.

„Ach, wenn Du wüßtest, was ich erleben mußte, als ich wieder hier ankam", schrieb ich Andreas nach meinem Novemberurlaub:

„Es war so schrecklich und ich war fix und fertig, so daß ich den so schönen Urlaub diesmal gar nicht in mir nachleben lassen konnte. Also ich versuche es Dir einmal zu beschreiben: [...] Also ich trete ins Zimmer und was ich da erleben mußte, werde ich so schnell wohl nicht vergessen. 1 Bett fehlt, alle anderen Betten sind abgezogen. Die Schränke stehen offen im Zimmer herum, auf einem Stuhl liegt mein Kalender und mein Bild. [...] Ich laufe im Mantel mit meinem Koffer auf den Fluren herum, ohne auch nur zu wissen, wo meine Leute sind, wo ich hingehöre. Ich gehe in die Nachbarzimmer – gähnende Leere, fremde Gesichter – es war einfach Wahnsinn. Schließlich fand ich mein Zimmer, ein ganz kleines mit zugestelltem Fenster, muffig, stinkig und warm. Ein Trost war mir, daß ich jetzt mit Thomas zusammen wohne, den ich doch so mag."

Noch einmal waren die Kompanien komplett durcheinander gewürfelt worden. Mein neues Zuhause befand sich nun im hinteren Teil des Kompanieflurs, dort, wo er keine Fenster mehr hatte, wo er eng und stickig war. Wie oft war ich in der Vergangenheit dort, wo es zudem so häufig nach Knoblauch stank, hindurchgelaufen – froh darüber, dass mir Gott ein besseres Dasein zugebilligt hatte. Nun sollte also auch ich in einem solchen Zimmer vegetieren, das selbst in Hitlerzeiten nicht als Wohnraum gedacht war. Die Planungen sahen für diesen gesamten Bereich eine Liegehalle mit UV-Strahlern vor. Später wurde diese Halle dann in Zimmereinheiten aufgeteilt, die wegen ihrer gerippten, einfach geweißten Betondecke wie Viehställe wirkten. Mir tat es so Leid um meinen schönen Fensterplatz, unser Blumenfenster, meinen Kalender und

die Zimmergemeinschaft, an die ich mich gewöhnt hatte. Das harmonische Miteinander dort war zwar längst einem geduldeten Nebeneinander gewichen, und selbst mit Markus verstand ich mich nicht mehr so gut, wie noch ein Jahr zuvor. Aber jenes Zimmer kannte ich, es ließ mir Luft zum atmen.
Das neue Zimmer war so eng, dass nicht einmal alle sechs Hocker um den Tisch passten. Die Betten waren in Form eines Hufeisens an der rechten Wand aufgestellt. Das Bett, welches das Fenster halb verdeckte, teilten sich zwei recht umgängliche Charaktere. In das Bett längs der Wand wurde ein ehemaliger Zimmergenosse von Thomas einquartiert. In meinen Briefen bezeichnete ich ihn oft als „Familienvater", da er schon mehrere Kinder hatte. Wenig später wurde er mein Arbeitskollege an der Siebanlage und wir kamen recht gut miteinander aus.
Unter dem „Familienvater" schlief ein Leipziger, der mit seltsam skeptischen und lauernden großen blauen Augen dreinblickte. Er liebte besonders die Dunkelheit, wie er sagte, und bald verstand ich warum. Er erschien mir zunächst unheimlich, dann geheimnisvoll spannend. Kurze Zeit später waren wir sogar beinahe Freunde.
Das vorderste Bett, das die Tür halb verstellte, teilten sich Thomas und ich. Das Schicksal schien es zu wollen, dass wir uns immer näher kamen.
Andreas klagte ich am 3. Dezember über das „ganz enge fürchterliche Zimmer", man lebe „in der Ehe nicht enger zusammen":

„Aber die Leute darin sind nett und ich habe mit Tom ein Bett, was wiederum auch den Nachteil hat, daß ich jetzt öfters müde am Tag bin. Jetzt macht sich nämlich mein Walki mit den zwei Anschlüssen bezahlt und jeden Abend schmelzen wir bei J. Evangelis usw. dahin. Ich schlafe schließlich ein, und Thomas ist danach erst wieder richtig munter.
Ach, ich könnte Dir schon wieder Storys aus der Proraer Szene schreiben! Neulich wurde ich nämlich nachts von einem beehrt und ich habe davon

Tägliche Abrechnung

Arbeitsort : PB 07	Meisterbereich: Melles		Kompanie :	Datum :	
erarb.durch : AS Alith	Ist- h	prod.h	Ausfallstunden		
	Soll	Ist	verurs. durch NVA	Regen-Std.	Dunkel-Std.	KEINE ARB. KEIN MAT.
AK : 6	420	395,25	/	/	16	

Ausgeführte Arbeiten		Menge	Std.		
25.11	2 BS Siebanlage		8,75		
	4 BS Mle-slone schade		35 (-2)		
26.11	2 BS Siebanlage		17,5		
	4 BS Kies entladen		35 (-2)		
27.11	2 BS Siebanlage		17,5		
	4 BS Reparatur (Siebanlage)		35 (-2)		
28.11	2 BS Siebanlage		17,5		
	4 BS Aufräumungs-arbeit		35 (-2)		
29.11	2 BS Siebanlage		17,5		
	4 BS Schüttgraben		27 (-2)		
	1 efrabelen		8		
30.11	2 BS Siebanlage		17,5		
	1 BS Lauterbach		8,75		
	3 BS Glass gesäubert		26,25 (-2)		
01.12	2 BS Siebanlage		17,5		
	1 BS Reinigungsarbeit		8,75 (-1)		
	2 BS Schüttgraben		17.50		
	1 BS Mlenlane		8,75		
02.12	2 BS Siebanlage		17,5		
	4 BS Mlenlane		35 (-2)		
			395,25		

bestätigt : Meister

Abrechnung für den Zyklus 25.11.87–02.12.87.

nichts mitbekommen. Thomas hat es mir am nächsten Morgen erzählt. Und zwar kam einer, der mich anfangs öfters im Zimmer besucht hatte, (und der sich vor längerer Zeit in besoffenen Zustand bei Thomas mal mit ins Bett gelegt hat, wir sind eben die süßen Jungs) und stand etwa 5 Minuten auf mein Bett gelehnt da und beobachtete mich bei meinem unschuldigen Schlaf. Jedenfalls hoffe ich, daß er mich nur angeguckt hat. Tom leuchtete ihm dann mit der Taschenlampe ins Gesicht, da ging er ganz erschrocken raus. Wie gut also, dass Thomas nachts über mich wacht. Ich sage Dir, hier kannst Du Dinge erleben ..."

Jan aus dem Versorger hätte mein Umzug in jenes Zimmer gefreut. Aus irgendwelchen Gründen war er nicht mit der 3. Baukompanie nach Hause gegangen und hatte noch ein halbes Jahr in einem Zimmer gewohnt, das diesem hier gegenüberlag. Zu gut erinnerte ich mich daran, wie er kurz vor unserer Umzugskampagne nach Hause entlassen wurde. Damals, als wir auf dem Flur zum Abschiedsappell angetreten waren, schnappte mich Jan völlig überraschend bei der Hand und rannte mit mir in sein Zimmer. Dort drückte er mir eine Fotografie in die Hand, die bis dahin die Innenfläche seines Wertfaches geziert hatte. Abgebildet waren zwei Jungen, die sich küssten. Danach entnahm er dem Spind ein süßlich riechendes Deodorant, mit dem er mich von oben bis unten einsprühte; den Rest versprühte er im Zimmer. „Das ist die Erinnerung an mich" hatte er mit seiner schnarrenden Stimme gesagt und dabei prophezeit: „Wir werden uns wiedersehen, mein Prinz."

Prora, 04.11.87

Ihr Lieben! 179 + h

Heute ist es genau ein Jahr her, seit ich hier bin. Gestern war die Einberufung und es sind 120 Neue hier angekommen. Ich habe wieder geholfen, Taschen mit hochzutragen. Dabei lernt man gleich einige kennen. Fast

alle, die ich sah, kamen aus Erfurt, Gotha, Weimar und einer soll sogar aus Eisenach sein. Den habe ich aber noch nicht gesehen. Vorhin waren wieder zwei Leute in unserem Zimmer, sie sind noch sehr verschüchtert und staunten, daß wir ein Radio haben, daß es nach Kaffee riecht, und als wir ihnen Kuchen anboten, war ihnen nach Weihnachten zumute.
So ging es uns vor einem Jahr auch, als wir auf Christians Kompanie waren. Jetzt sind durch die Neuen dieselben Zimmer belegt worden.
Mein Arbeitskommando ist heute „das Beste" geworden. Wir haben die meisten Arbeitsstunden gebracht. Ich hatte heute auch einiges an der Siebanlage zu tun. Jetzt wird damit begonnen, die Anlage winterfest zu machen. Zur Zeit sind ständig die Raupen kaputt. Es gibt keine Ersatzteile – es ist ganz jammervoll auf allen Gebieten. Bei der Siebanlage fehlt auch schon drei Monate das 2. Sieb für die kleinen Steine. Es gibt keine Siebe. So ist der Sand viel grobkörniger. Dann ist auch ein Förderband gerissen, welches zum Abtransport von Steinen dient. Es gibt keine neuen Förderbänder. Heute ist der Rüttler vom Trichter abgefallen. Er ist dafür da, daß der Sand immer nachrutscht. Nun gibt es aber keine Rüttler. Und so kann man das über Schraubschlüssel, Zollstock, Spaten zu Spannschlössern, Drahtseilen etc. hin fortführen. Es ist schon traurig.
Morgen werde ich wahrscheinlich wieder nach Stralsund fahren, um meine orthopädischen Einlagen abzuholen. Hoffentlich ist das Wetter einigermaßen schön.
Laßt es Euch gut gehen, bis zum nächsten Mal, Euer Stefan.

*

06.11.87

Leider habe ich den Brief noch immer nicht abgeschickt. Vielen Dank für den netten Brief mit der Schokolade. Ich habe mich darüber sehr gefreut. Gestern war ich nun in Stralsund mit Michael aus dem Versorger. Es war ein sehr schöner Tag, nur läßt man in den Cafés sehr viel Geld und ich bin fast blank, obwohl ich nach meinem Urlaub sonst noch nicht im Ausgang war. Jetzt habe ich gar kein Geld mehr für die Heimfahrt, da muß ich mir wohl etwas leihen. [...] Jetzt habe ich zur Zeit Freizyklus und muß im Versorger vertreten.
Mit den Neuen habe ich schöne Erlebnisse, ich bin jeden Tag oben. Viele sind jetzt in meinem Alter oder noch jünger und es ist ganz lustig. Einer hat ein Cello mitgebracht, heute Abend wird noch musiziert. Ich freue

mich schon so. Das Zimmer habe ich heute ganz allein, da die anderen im Urlaub bzw. Ausgang sind.

Der mit dem Cello sprach mich außerdem an, ob ich in Eisenach eine Goethestraße kenne. Ich sagte, daß ich dort wohne und fragte, warum ihn das interessiere. Da wollte er erst nicht so richtig mit der Sprache raus, dann meinte er, daß er dort jemanden namens Wolter oder so kenne. Ist das nicht lustig?

Laßt es Euch gut gehen, Euer Stefan.

*

Prora/Rügen, am 10.11.87

Ihr Lieben zu Hause!

Man kann Euch ja zu jeder Zeit und Stunde ergebnislos anrufen. So will ich mal wieder kurz schreiben. Heute bekam ich eine Karte von Jens: „Die herzlichsten Kampfesgrüße ..." Der Arme!

Ich hatte jetzt Freizyklus, da mußte ich den Versorger diesmal ganz allein meistern, weil die anderen zwei auf Urlaub fuhren. Da hatte ich ganz schön zu tun, aber Zeit zum Schlafen blieb am Ende zum Glück auch noch. Heute war Michael wieder da. Zu zweit ist es doch schöner. Ich will mal wissen, was die zivilen Küchenfrauen denken, wenn wir uns nach jeder Arbeit zum schlafen begeben. Aber man ist ja oft so müde, einfach weil es einen eben ankotzt im Grunde genommen. Wenn man nicht schläft, guckt man gern stundenlang aus dem Fenster, es ist wirklich phänomenal, was so aus einem Menschen werden kann. Na, morgen muß ich dann wieder an meine richtige Arbeitsstelle und am Donnerstag fahre ich nach Hause. Ich werde also Freitagfrüh bzw. vielleicht schon nachts ankommen.

Gestern bekam ich eine Einladung zu einer Hebräisch-Konsultation in Jena. Dafür bekam ich aber keinen Sonderurlaub. Ich muß jetzt einen normalen VKU nehmen. Nach Jena werde ich dann sicherlich auch nicht fahren, das würde mir nämlich zu viel werden. Immerhin soll es dort schon 10 Uhr losgehen.

Die Abende verbringe ich jetzt meistens bei den Neuen. Ich habe jetzt den Jungen aus Eisenach kennengelernt. Er ist gerade 20 geworden und wohnt im Goethe-Ghetto [Plattenbauviertel]. Er ist sehr nett und wir haben uns schon toll unterhalten. Er hätte nicht gedacht, daß man nach einem Jahr hier noch so optimistisch sein kann. Aber es gibt ja immer wieder auch schöne Dinge. Heute war strahlendblauer Himmel und Sonnenschein, dazu frische Meeresluft. Das ist wirklich schön. Laßt es Euch gut gehen, bis bald, Euer Stefan.

*

Mukran, 16.11.87

Ihr Lieben!

Ach, wie soll ich es Euch beschreiben, wo ich es selber noch nicht begreifen kann. Seit 2 Stunden fällt so nach und nach eine Welt in mir zusammen und es nimmt noch kein Ende.
Ich komme nach 14-stündiger Fahrt hier an und gehe in mein Zimmer mit einem fröhlichen „guten Morgen" auf den Lippen, die Leute im Bett bzw. beim Frühstück erwartend. Ich gehe ins Zimmer: ein grausamer Anblick: ein Bett fehlt, alle anderen Betten sind abgezogen. Markus steht vorm Spind und sagt: „Wir können uns gleich verabschieden, ich fahre nach Merseburg." Nur einer liegt noch in seinem Bett – unser gemütlicher „Raschi". Ich bringe nur noch über die Lippen: „Du auch?" Aber Markus ist der einzige, der von uns wegkommt. Er freut sich sogar, er wohnt dort unten.
Die anderen im Zimmer wissen noch nicht, was aus ihnen wird. Ich bin müde, habe kein Bett mehr, stolpere im Mantel mit Koffer über die Gänge, irre ziellos von einem Zimmer ins andere, viele unbekannte neue Gesichter. Schließlich erfahre ich, wo ich hin soll: in einen anderen Zug. In ein ganz kleines Zimmer. Thomas kommt mit hinein – vielleicht der einzige Trost. Ich weiß nicht, ich traue mich nicht über alles nachzudenken. Ich bin einfach fertig.
Unsere Arbeitsstelle wird neu besetzt. Alle, die mit mir hier waren, kommen auf eine andere Kompanie, ich bin der einzige, der von den Leuten hier auf der Kompanie und eventuell an der Siebanlage bleibt. Mein Ersatz für heute und die letzten Tage, die ich im Urlaub war, sitzt gerade im Zug nach Merseburg – ich bin der einzige, der hier noch bleibt. Alles ist einfach grausam. Vielleicht bekommt man ab und zu noch mal ein Lächeln hervor, aber es ist voller Haß und falsch. Ich weiß nicht, was ein Mensch hier alles erdulden soll. Am besten man wird willenlos, alles läßt sich besser ertragen.

Ich hoffe so, daß ich das alles gut verkraften kann. Manche verkraften es nicht. Manche haben sich halb geprügelt, weil sie nicht in ein Zimmer wollen. Sie giften sich an, rennen zu den Vorgesetzten, winseln denen was vor, die lachen nur dazu. Oh Gott! Es herrscht eine furchtbare Stimmung überall. Ich bin gleich fluchtartig an meine Siebanlage gefahren, wo ich nur noch die Spuren derer sehe, die jetzt versetzt sind.

Mein Meister ist auch nicht da, er mußte aufs WKK [Wehrkreiskommando], soll wahrscheinlich zu den Resis [Reservisten]. Damit ich nicht ganz allein bin, wurde mir jemand hergeschickt von den Zivilen, der total unter Alkohol steht und von allem hier keine Ahnung hat. Die Anlage sieht verheerend aus, aber mir ist jetzt auch alles gleichgültig irgendwie. Der Mensch erträgt wohl nur ein bestimmtes Quantum von Schmerz, dann schaltet er ab.

Ich weiß nicht, ob Ihr Euch das alles vorstellen könnt, vielleicht könnt Ihr es nicht. Ich bin jetzt müde, aber die Anlage läuft. Übrigens war der Urlaub ganz phantastisch, aber jetzt muß ich hier erst einmal alles wieder verkraften. Tschüß, Euer Stefan.

*

17. November 1987

Heute bin ich den 2. Tag hier. Nachdem ich von der Baustelle gestern kam, wurde unser enges, stinkendes Zimmer eingerichtet. Wir fanden eine ganz gute Lösung nach vielen Überlegungen und mußten so das einzige Fenster, was es hier gibt, nicht zustellen. Jedenfalls war es abends doch erträglich, und wir fühlten uns etwas wohler.

Thomas und ich nahmen ein Bett und richteten uns eine Ecke des Zimmers ein, wenn man das überhaupt so bezeichnen kann. Ich schlafe über ihm und wir unterhielten uns noch lange. Übrigens arbeiten wir nun auch zusammen, mal sehen wie es wird.

Jedenfalls waren wir schon wieder ganz getrosten Mutes, bis wir von der Baustelle zurückkamen. Da fanden wir das Zimmer wieder total umgeräumt vor. Das Fenster ist halb zugestellt, man kann kaum atmen und treten. Wir waren ziemlich deprimiert und fragten, warum wir es nicht anders einrichten können. Ich sagte, daß ich mich wie eine Ratte im Loch hier fühle, aber das war schon zuviel. „Ratten fahren nicht auf Urlaub", wie ich mir sagen lassen mußte.

Jedenfalls bin ich eigentlich verzweifelt; warum kann man uns nicht eine Freude lassen. Ich werde das alles nie begreifen. Hoffentlich schlafe ich heute Nacht gut. Zum Glück war es auf der Baustelle heute ganz schön. Liebe Grüße, Euer Stefan.

*

Mukran, am 23.11.87
Ihr Lieben! 155 + h

Viele Grüße aus dem Versorger, wo ich mich zur Zeit (bis Mittwoch noch) aufhalte. Eben war ich etwas am Meer spazieren, heute ist großer Wellengang und ziemlich kalter salziger Wind. Es tut ganz gut mal aus der stickigen Versorger-Luft hier herauszukommen. Das Wetter ist in diesem Jahr im November nicht so schön wie im vorigen Jahr. Wenn ich da an die Sonnenaufgänge denke – dieses Jahr ist es jetzt schon recht winterlich hier, nur daß noch kein Schnee liegt.
In den letzten Tagen fühlte ich mich etwas eigenartig, ich wollte am liebsten nur noch schlafen, schlafen. Manchmal fühlt man sich hier richtig leer. Es trifft der Spruch zu: „Zum Leben zu wenig, zum Sterben zu viel". Jetzt, wo ich im neuen Zimmer wohne, kommt mir alles noch mehr wie ein Dahinvegetieren vor.
Ich schlafe im Bett, was genau vor der Tür steht und wenn man nicht aufpaßt beim Hereinkommen, kann man da das 1. Mal anecken. Dann liege ich oben, habe also die Neonlampe genau im Gesicht. Vor dem einzigen Fenster steht auch ein Bett, also das ganze Zimmer besteht nur aus Spinden, Betten und einem Tisch zwischen den Betten. Wenn man vom Tisch an einen Spind will, muß sich einer so lange aufs Bett legen, weil man sonst nicht an ihm vorbeikommt. Neben unserem Zimmer befindet sich das sogenannte Kasino, da wohnen lauter Kunden drin, die laute Musik machen und aus dem Fenster schreien. So geht es den ganzen Tag laut her. In dem anderen Zimmer hatte ich wohl wie in einer anderen Welt gelebt.
Inzwischen bin ich wieder in Prora, der ganze Tisch ist besetzt, so stehe ich am Bett und schreibe weiter. Zum Abendbrot wurde ich bestraft mit 14 Tagen Ausgangs- und Urlaubssperre, weil ich doch vor einer Woche nicht am Abendbrot wegen Bauchschmerzen teilnahm. Ich schrieb das auch auf meine Stellungnahme, aber Krankheit zählt hier eben nicht. Letzte

Woche wurde mir schon ein Ausgang gestrichen, da wollten wir doch in Binz einen Gottesdienst zum Buß- und Bettag ausgestalten. Na ja, nun wurde ich eben noch einmal vor der Kompanie bestraft.

Ein anderer wurde mit 4 Wochen A + U – Sperre bestraft, weil er an jenem verhängnisvollen Tag in unser Zimmer hineinkam, als der Hauptmann drin war, und nicht fragte, ob er teilnehmen kann, sondern vor Schreck gleich wieder umdrehte und die Tür zumachte. Er wurde bestraft wegen „Störung sozialistischer Beziehungen".

Die Neuen fragten mich, ob ich überhaupt was essen kann zum Abendbrot nach der Bestrafung. Sie reagieren noch ganz bestürzt, während die anderen hier solchen Sachen schon ziemlich abgestumpft gegenüberstehen. Zumal, wenn es sie nicht selbst betrifft, weil jeder nur noch für sich zu tun hat, irgendwie über die Runden zu kommen. Es gibt wenige Ausnahmen.

Tja, so wird es nun also am 2. Advent nichts mit Urlaub werden. Überhaupt wird das jetzt alles schlechter werden, seit ich hier wohne.

Zur Zeit lerne ich wie verrückt hebräisch, obwohl ich eben nicht richtig weiß, was ich machen will nach der Armeezeit. Michael (aus dem Versorger) brachte mich auf die Idee, Lebensmittelingenieur in Dippoldiswalde (b. Dresden) zu studieren (Fachschule, 3 Jahre). Solche Berufe werden zur Zeit gesucht und er meint, da wären immer Stellen frei. Aber es ist eben ein Beruf mit Zukunft. Wenn es klappen würde, wäre ich mit 23 fertig und Theologie könnte ich immer noch studieren. Dafür ist es bestimmt sowieso besser, wenn man älter ist. Also es sind bis jetzt alles nur Erwägungen, aber ich würde eben dazu neigen, erst einmal was zu werden. Ach, es ist eben blöd hier, man kann hier sowieso nicht richtig nachdenken. – Heute kam Dein Brief, liebe Mama, über den ich mich sehr freute. Vielen Dank! Für heute nun liebe Grüße, Euer Stefan.

*

Ihr Lieben zu Hause!

Prora, 26.11.87
154 + h

Vielen Dank für den letzten Brief und das tolle Paket, über welches ich mich sehr freue. Alles kann ich – und die anderen natürlich auch – sehr gut brauchen. Auf die Zigaretten sind sie alle wild. Der Kuchen wird zum Kaffee nachmittags gegessen. Gestern hat Thomas Prasselkuchen aus dem

Urlaub mitgebracht, der hat auch ganz toll geschmeckt. Er zerging direkt auf der Zunge, ich habe so guten „Berg- und Tal-Kuchen" noch nicht gegessen. Jetzt haben wir auch jemanden auf dem Zimmer, der gern kocht, und so wird nachts noch heimlich mal etwas Schönes gekocht. Bis zum Morgen ist der Essensdunst dann verschwunden.

Gestern wütete hier ein furchtbarer Sturm, so daß man sich draußen fast nicht bewegen konnte. Ich glaube kaum, daß ich so etwas schon einmal erlebt habe. Ich saß in meiner Hütte an der Siebanlage und um mich herum toste und brauste es in den Kiefern – und dann das Meer. Es war ein so gewaltiger Wellengang, daß vom Strand nichts mehr zu sehen war, das Wasser reichte bis an die Dünen.

Gestern war das Sandsieben verboten, da eventuell eine Starkstromleitung herunterkommen konnte. So nutzten wir den Tag, um Förderbänder auszuwechseln. Ich hatte das 1. Mal seit diesem Herbst richtig klamme, kalte Hände. Es ist eben schon ziemlich kalt und dann bringt ja der Sturm, der übers Meer fegt, auch gleich die Nässe mit. Also wenn die Insel so umtost ist, dann kann man denken, daß der Weltuntergang naht. Es ist Wahnsinn, wozu die Natur in der Lage ist. Wenn ich daran denke, wie ruhig und friedlich es im Sommer war ...

Gestern sind auch einige Unglücke passiert. Ein Bauwagen, der auf der großen neugebauten Mole stand, ist davongeflogen. Die BS, die darin saßen, konnten sich noch retten. Am Strand findet man jetzt Spindtüren etc. 4 Arbeiter fuhren mit einem Barkas auf die Mole (sie ist ja 4–5 m breit). Da kam das Auto ins Wanken und die 4 Arbeiter konnten noch rausspringen. Dann wollten sie den Barkas anseilen, dabei fiel einer ins Wasser und wäre fast ertrunken in den Wellen. Die anderen 3 konnten ihn endlich retten. Als sie sich umdrehten, schwamm der Barkas schon draußen auf dem Meer und sackte gerade ab. Jetzt wird er wohl von Tauchern gesucht.

Heute hingegen war das Wetter sehr ruhig und die Sonne schien sogar am Nachmittag. Ach, ich bedaure es sehr, daß der Sommer vorbei ist. Mich graut es vor der Kälte und vor der unwirtlichen Natur hier oben, obwohl ich es ja schon einmal durchmachen mußte. Aber der Winter geht auch vorbei. Ich habe es noch ganz gut, daß ich öfters im Versorger arbeiten kann. Ich mache das ja immer von mir aus, aber bis jetzt hat auch noch nie jemand was gesagt. Ich habe da so eine Art „Narrenfreiheit".

Durch die Neuen ist jetzt auf unserer Kompanie wieder mehr Leben eingekehrt. Sie bringen noch eine richtige Frische ein. Mir tut es gut,

wenn ich mit anderen Menschen zusammenkomme. Sie strahlen mehr Individualität aus, zeigen mehr Gefühl und reden über sich ungezwungener. Hier ist die Masse nach einem Jahr fast versteinert. Jeder hat sein eigenes Päckchen zu tragen und durch ständiges Überspielen wird der Mensch hart gegenüber sich und anderen.
Ich habe schon einen sehr netten Jungen kennengelernt, der auch 19 ist. Er ist recht lustig und mir gegenüber sehr vertraulich. Wenn er so erzählt, dann denke ich bzw. merke ich, daß wir uns doch in einigen Dingen ähnlich sind. Wir haben uns gestern 2 h unterhalten. Er ist ungefähr so wie ich vor einem Jahr war und denkt noch so in etwa, wie ich es tat. Darauf kann ich leider nicht viel antworten, denn ich will ihm nicht vorzeitig seine gute Einstellung den Dingen gegenüber nehmen. Das kommt schon ganz allein mit der Zeit. Ich konnte am Anfang auch noch viel fröhlicher und ungezwungener sein. Aber die Zeit schafft es dann, so traurig es ist. Vielleicht kommt es hinterher einmal wieder so, aber man wird wohl nicht mehr so gutgläubig werden, und vielleicht ist das Leben auch wirklich nicht so geschaffen, daß man es so leicht nehmen könnte. Jedenfalls merke ich jetzt, daß ich Christian vor einem Jahr – als ich mit meiner Frische kam – wohl genauso viel bedeutete, wie er mir. Das wäre mir vor einem Jahr nie in den Sinn gekommen.
Und dann ist da noch etwas: Wenn man sagt, ich habe hier noch 4 bzw. 5 Monate, dann denkt jeder: „Der hat es ja fast geschafft und es ist nicht mehr so schlimm." Aber das Schlimme ist hier, daß man manchmal bzw. oftmals den Überblick verliert. Man hängt so in seinem grauen Dasein und ist so gefangen inner- und äußerlich, daß man wahrscheinlich bis kurz vor der Entlassung damit zu tun hat. Vielleicht versteht ihr etwas, was ich meine. Ich weiß gar nicht, wie die Briefe für einen Außenstehenden klingen. Übrigens schreibe ich den ganzen Mist jetzt auch auf, damit ich es auch für später mal habe. Man vergißt ja so schnell.

So, heute ist schon der 27.11. – heute war der erste Bodenfrost morgens. Nun fängt es an, an der Siebanlage „lustig" zu werden. Der Sand ist gefroren, und wenn die Raupe ihn auf das Förderband schiebt, dann bleibt dieses leicht stehen, weil die Klumpen zu schwer sind. Dann ist jetzt morgens auch noch raureif auf den Bändern, so daß sie sehr rutschen und nicht mehr richtig laufen. Ab morgen wird dann Zement in die Umlenkrolle geworfen, der bindet die Nässe etwas und so ist Haftung vorhanden. Vorhin habe ich beim Zementumschlag einen Beutel Zement geholt.

Jetzt ist es 15 Uhr und es wird schon wieder dunkel draußen. Der Raupenfahrer scheint jetzt auch Schluß machen zu wollen, er fährt gerade am Fenster vorbei. Ich muß dann noch die Anlage saubermachen. Es fällt viel Sand daneben. Viele liebe Grüße für heute, Euer Stefan.

*

Mukran, 30.11.87
Ihr Lieben! 149 + h

Einen lieben Adventsgruß sollt ihr heute bekommen. Es ist Montag 15.30 Uhr. Ich sitze im buddelwarmen Häuschen an der Siebanlage. Die Anlage läuft unter Scheinwerfern, draußen ist es schon dämmrig und die Wolken ziehen am Mond vorbei. Es sieht recht gespenstisch aus. Ein großer Frontlader verlädt den Sand gleich auf LKWs. Heute Vormittag haben wir das Sieb geflickt, es hatte ein Loch. Ich habe jetzt einen Spanner (Gehilfe) mit hier hinten. Da stehe ich im Winter wenigstens nicht so allein da.
Dann bin ich ja nun auch noch Arbeitsgruppenführer vom „Transport" geworden, da habe ich noch einmal 4 Bausoldaten unter mir. Es ist ein bißchen blöd, zumal ich mit den Leuten fast den ganzen Tag nicht zusammenkomme durch meine Siebanlagentätigkeit. Aber der eine Leutnant wollte das ja so. Ich soll lernen, wie es ist, sich mit Menschen herumzuärgern. Das Leben ist nicht nur übern Kopf streicheln. So ein Idiot. Es ist der, der mir schon am Anfang das Lachen verbieten wollte. Na, bis jetzt habe ich noch keinen Ärger mit den Leuten. Eben haben wir (ein ziviler Arbeiter, mein Spanner und ich) Stollen gegessen und Tee getrunken. Es ist jetzt richtig gemütlich hier in der Hütte. Heute Nacht wird es draußen kalt werden.
Die letzten Tage hat es viel geregnet. Gestern war nun der 1. Advent. Bis auf den Abend war es ein nicht so toller Tag. Abends hörten wir im Klubraum das Weihnachtsoratorium – Direktübertragung aus Leipzig – Alt: Annette Markert. Das war ganz toll. Drei Stunden abschalten und sich froh fühlen. Wie selten ist das noch.
Abends machten wir im Zimmer Karlsbader Schnitten, die ausgezeichnet schmeckten. Es war ein recht lustiger Abend. Wir tranken noch etwas und ließen uns ins Bett fallen. Thomas und ich hörten im Bett noch schöne Frühlingsmusik. Zum Glück hat mein Walki zwei Anschlüsse. Tom schläft fast die ganze Nacht, so voll Energie ist er. Mir fehlt der

Schlaf, das ruhige Leben ist vorbei. Und an das enge Zimmer werde ich mich wohl auch nicht mehr so gut gewöhnen – mal sehen. Es sind ja auch nur noch 4 Monate und Tage.
Inzwischen bin ich wieder in Prora, wo ich den Brief von Mama mit der Schokolade vorfand. Vielen Dank, ich freue mich sehr. Bis zum nächsten Mal, laßt es Euch gut gehen, Euer Stefan.

Dezember

Das ‚Schicksal', diese Macht, die unserem Leben eine unerwartete Wendung gibt, gehört zu den Geheimnissen dieses Erdendaseins. Uns nach eigenen Regeln zu beherrschen suchend, passt es meist so gar nicht in die eigenen Pläne. Und manchmal dauert es Jahre, ehe wir uns mit unserem Schicksal aussöhnen, ehe wir es akzeptieren. „Der Weisheit erster Schritt ist: alles anzuklagen. Der letzte: sich mit allem zu vertragen", behauptete der Göttinger Gelehrte Georg Christoph Lichtenberg (1742–1799). Eine große Wahrheit scheint darin zu liegen. Mein neues Zuhause in der Kaserne empfand ich zunächst als einen grauenvollen Einschnitt in mein ohnehin schwieriges Dasein. Doch die Einsicht in die unabwendbare Notwendigkeit half mir, das zunächst Unfassbare zu akzeptieren. Ich stellte mir außerdem vor, wie es wäre, wenn auch ich nach Merseburg hätte umziehen müssen. Von dem Einsatz der Bausoldaten in den dortigen Chemiewerken hörte man nichts Gutes. Das Industriegebiet durchquerte ich auf jeder Heimreise und zurück, und wegen des Gestankes mussten wir regelmäßig die Fenster des Zugabteils schließen. Was also machte da die dicke Luft des engen Zimmers, vor dem sich eine so saubere Weite auftat.

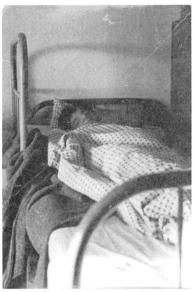

Eng standen die Betten beieinander.

Es dauerte nicht lange, da fühlte ich mich in meinem neuen Zimmer sogar recht wohl. Dass ich mich mitunter gar geborgen fühlte, lag entscheidend an Thomas, mit dem mich das Schicksal nun auf engstem Raum zusammengepfercht hatte. Mein rotwangiges, blondes Idol mit den lebenslustigen blauen Augen, immer gesund und munter und ich, schlaksig und blass, mit großen, fragenden braunen Augen, wir waren ein Duo, das sich ergänzte und das zusammenwuchs. Als ein Herz und eine Seele sollten wir unserer Entlassung entgegen gehen.

Zunächst aber einmal ging das Jahr zu Ende, und der Entlassungsmonat April schien vom Dezember noch unendlich weit weg zu sein. Wo jeder Tag erkämpft sein will, da erscheinen vier Monate wie eine Ewigkeit. Zudem war ein Leben „danach" für mich kaum vorstellbar. Bislang nur Elternhaus und Schule kennend, hatte ich monatelang darum gekämpft, mit Prora fertig zu werden, mich dort einzurichten. Nun fühlte ich mich wie ein gefangener Vogel, der begonnen hatte, sich an seinen Käfig zu gewöhnen.

Eine weitere Wendung nahm mein Schicksal durch einen Ausgang in Bergen. Es war der 11. Dezember 1987, Ziel das Kulturhaus und dort ein Jugendtanz. Nach dem üblichen Ritual, in dem „Nuckel" wie ein schnüffelnder Hund um Thomas und mich herumgeschlichen war und Haarschnitt, Nähzeug, Wehrdienstausweis und Schuhwerk „bekläfft" hatte, durften wir die Kaserne verlassen. Für Sekunden hatte der Ausgang auf dem Spiel gestanden. Aus irgendeinem Grund, vielleicht in Vorfreude, hatte ich „Nuckel" verraten, wo Thomas und ich hingehen wollten. „Ich werde Sie womöglich gar nicht rauslassen", hatte er daraufhin grinsend erwidert. Und schnell hatte ich gelogen, dass mir das egal sei; der Spaß würde sich in Uniform ohnehin in Grenzen halten. Wir durften schließlich gehen.

Der Käfig öffnete sich und wie zwei Vögel, deren buntes Gefieder grau angestrichen worden war, tippelten wir in unseren glänzenden Ausgangsschuhen durch das Gittertor. Und ab ging es, mit dem Personenzug nach Bergen. Dort aber glaubte uns der Türsteher wegen unseres Gewandes abweisen zu müssen. Breitbeinig stellte er sich in den Weg und wirkte dabei wie der große Bruder von „Nuckel". Thomas fand einige umstimmende Worte für diesen Menschen, der hauptberuflich vielleicht auch Offizier war. Ich bewunderte einmal mehr den Charme, den Thomas mit seinen verschmitzten Augen und den weißen Zähnen aus dem großen Mantel versprühte. Darin sah er aus wie ein aus Versehen in die Armee geratenes Kind. Dieses schweren Kleidungsstückes entledigt hüpften wir in den musikbeschallten Saal hinein. Luftig, leicht und bunt bewegte sich hier die Jugend, zu der wir schon lange nicht mehr zu gehören schienen. Die Mädchen, die wir zum Tanz aufforderten, sahen offensichtlich nur die Uniformen, nicht aber unser darin verstautes Wesen, und lehnten einen Tanz dankend ab.

Wir bestellten „Gotano-Wermut", wie ich ihn wenige Monate zuvor im Putbuser Theater kennen und schätzen gelernt hatte. Glas für Glas leerte ich nun mit einem Menschen, dem ich innerlich immer näher zu kommen schien. Traurig, wie ich Thomas sah, ermunterte ich ihn mit meinen Weimarer Erfahrungen, und wir schritten zur Tanzfläche. Hier begannen wir uns langsam im Rhythmus zu bewegen, immer leichter und leichter, gleich den flackernden Lichtern, die uns umgaben und in eine andere Welt zu versetzen schienen. In diesem bunten Auf und Ab, suchte das, was aus grauem Gewand hervorlugte, in Traurig- und in Fröhlichkeit nacheinander zu greifen. Es fanden sich die Augen, die zuletzt so viel Gleiches gesehen hatten, und es fanden sich die Hände, die in Gleichem Geborgenheit finden wollten.

„Schluss jetzt, ihr komischen Vögel, das ist Schändigung des Ansehens der NVA", polterte der Türsteher so oder ähnlich dazwischen, mit der Bemerkung: „Schwule können wir hier nicht brauchen." Traurig über so viel Ungerechtigkeit, erzürnt über die haltlose Anschuldigung, trösteten wir uns mit weiteren Schlucken aus der noch eben geretteten Flasche.

In Prora angekommen, stolperten wir Arm in Arm in Richtung des riesigen Gespenstes, das am Horizont liegend auf uns zu warten schien. Gleich erleuchteten Fenstern schimmerten Hunderte von Augen durch die Bäume hindurch. Die beobachteten, wie wir uns auf dem Betonplattenweg dahinschleppten, umgeben von Stacheldraht, Gitter- und Elektrozäunen, getaucht in das fahle Licht der Scheinwerfer. Wir bogen in den Kiefernwald ab, eine verbotene Abkürzung, die sich unter dem fernen Jaulen und Kläffen der Hunde nicht weniger gefährlich ausnahm als der Plattenweg. Hier stolperten wir über fast jede Wurzel, wie ich damals im Februar, auf dem Weg zu dem schrecklichen Ort oberhalb der Steilküste. Doch jetzt, in diesem Wald, fühlte ich mich nicht allein. Hier hatte ich einen warmen, weichen Halt bei einem Schicksalsgenossen, der genauso wie ich zu empfinden schien. Das machte leicht und das machte frei. Und fast schwebend fiel ich auf diesen herab, als er plötzlich in die Tiefe stürzte. Da lagen wir im Gras und lachten und wollten so recht nicht wieder hochkommen.

Während es mich heiß durchflutete, so nahe bei einem Menschen zu sein, mit dem sich mein Inneres längst verbunden hatte, fühlte ich einen zarten Biss am Hals. Und überfordert von so viel Gefühl, durchzuckt von dem Gedanken, dass dies nicht sein darf, zog ich mich zurück. Da trafen sich die Lippen. Im Vertrauen auf meinen älteren Freund gab ich mich der Zartheit hin. Ein Knäuel schien sich zu lösen, die Bänder streiften meinen Körper. Ähnlich und doch ganz anders hatte ich mir das ein Jahr zuvor im heimatlichen Wohnzimmer vorgestellt. Unter Bäumen, die nur als Silhouetten wahrnehmbar waren, wurde ich durch unschuldige Küsse zu einem zauberhaften Erleben hinübergerissen. Nicht aber, wie ich gehofft hatte, im gestalteten, wohlgeordneten Park, sondern auf dem stacheligen Waldboden, nicht im hellen Sonnen-, sondern im fahlen Mondeslicht.

Es war kein Mädchen, sondern ein Junge, dem ich mich im Küssen hingegeben hatte. Noch in der Kaserne, im Zimmer, hatten wir uns innig umarmt und es grenzte an ein Wunder, dass es von den Anwesenden niemand gemerkt haben wollte. Am nächsten Morgen ging es mir schlecht. Ich mied es, Thomas in die Augen zu sehen. Froh, meiner alten Siebanlage Gesellschaft leisten zu können, fand ich aber auch dort keine Ruhe. Was hatten wir getan? Wie sollte die Geschichte mit Thomas, den ich Tag für Tag auf engstem Raum begegnete, weitergehen? Hatte ich das gewollt, hatte er das gewollt?

Ich, der sich stets zu beherrschen suchte, empfand diese Grenzüberschreitung als unmoralisch und peinlich. Und das Gewissen drückte auf den Magen, der sich auf dem Sprint von meiner Hütte zur Siebanlage nicht länger bezähmen ließ. In der Mittagspause schlenderten wir blass und steif am Strand entlang, bis dann endlich Thomas meine Hand ergriff. Er nahm mir die Sorge, dass das, was wir erlebt hatten, nicht richtig war.

„Mit Thomas bin ich nun fast nur noch zusammen und es ist ein recht unzertrennliches Verhältnis", schrieb ich einen Tag später Andreas: „Ach, es ist so irre auf so engem Raum zu wohnen, und das macht einem doch irgendwie auch zu schaffen. Aber ich möchte jetzt nicht mehr dazu schreiben."

Auf jenem Spaziergang nach dem Jugendtanz umarmten wir uns und gaben uns das Gefühl, einander wichtig zu sein. Und das erfüllte mich mit einer bis dahin nicht gekannten Wärme.

Diese Wärme sollte ich brauchen. Hatte sich der Dezember zunächst unverhofft positiv gestaltet, wozu auch das ruhige Sonnenwetter beitrug, so verkehrten sich die Verhältnisse etwa ab Mitte des Monats ins Gegenteil. Wohl wissend, wie wichtig es für den Einzelnen war, Weihnachten im Urlaub verbringen zu können, wurden wir einem Dauerstress ausgesetzt. Besonders einfallsreich im Aushecken von Gemeinheiten erwies sich „Nuckel", der seinem zweiten Spitznamen, „Gummihitler", alle Ehre machte. Kurz vor Weihnachten war ich psychisch am Ende.

In all den schwierigen Stunden und Tagen stand Thomas mir zu Seite. Sooft wir allein waren, nahm einer den anderen in eine dunkle Ecke, wo wir uns, von den anderen unbemerkt, umarmten. Leicht und beschwingt kam ich von dort zurück. Und meine Mittagspausen am Meer, auch die verbrachte ich nun meist mit Thomas.

„Heute hatten wir einen Splittzug zu entleeren auf der Baustelle. Da hatte ich mit Tom einige Wagen zusammen zu entleeren", schrieb ich Andreas an einem Sonntagabend und schwärmte über den anschließend unternommenen, verbotenen Spaziergang:

„Das Wetter war ja wunderbar schön und wir waren direkt am Meer. Nach der Arbeit unternahmen wir einen herrlichen Spaziergang auf die große Mole (1 ½ km) ins Meer. Es war ganz phantastisch und wir mußten immer wieder lachen, wenn wir daran dachten, daß woanders die Kerzen brennen und das Feuer im Ofen knistert, während wir uns am Strand auf einem Baumstumpf sitzend das weite Meer betrachten und uns sonnen."

Jener Spaziergang war ein Symbol für das eben zwischen Thomas und mir Geschehene. Er war die Überschreitung einer Grenze, die Menschenhand festgelegt hatte, die aber doch für ein zauberhaftes Erleben sorgte.

Wir, die wir uns im Mondeslicht einander näher gekommen waren, fühlten im Sonnenlicht einen tiefen Frieden einkehren. Ich erinnerte mich an die biblische Geschichte von David und Jonathan, von denen es heißt (1. Sam. 18, 3): „Und Jonathan schloss einen Bund mit David, weil er ihn lieb hatte, wie sein eigenes Leben." Diese Geschichte in der Bibel hatte mich stets verwundert. Ich stellte mir das recht romantisch vor. Jonathan, der David in sein Herz geschlossen hatte, gab diesem Kraft durch seine Liebe. Eine Liebe, auf der Gottes Segen ruhte. So vermittelt es die Bibel. Warum eigentlich sollte auf unserer Freundschaft dieser Segen nicht auch ruhen? Mich erfüllten diese Gedanken mit einem tiefen Frieden. Ruhig blickten wir hinüber zu dem weiten Horizont über dem Meer und ich, ich schien nicht mehr allein zu sein.

Mukran, am 02.12.87

Ihr Lieben!

Viele sonnige Grüße von der Siebanlage. Die Sonne steht am blauen Himmel und wärmt sogar noch etwas. Man denkt nicht, daß Dezember ist. Vor allem gibt es jetzt noch viele Mücken, riesengroße Exemplare. Sie halten sich aber nur in warmen Räumen auf, wie z.B. im Versorger. Zur Zeit ist es also mit dem Wetter ganz angenehm und wir arbeiten ohne Jacke draußen. Morgens ist es etwas kälter. Voriges Jahr war es ja genauso, und im Januar kam der große Winter.
Gestern habe ich nun erfahren, daß es mit dem Urlaub nicht klappen soll. Könnte ich eine Einweisung für eine Wohnung vorweisen, dann gäbe es keine Probleme. Nun komme ich voraussichtlich erst zu Weihnachten. Geplant war ich für Silvester, aber ich hoffe, daß ich es noch umändern kann. Ich habe nämlich einen Tauschpartner gefunden, der unbedingt zu Silvester fahren will.
Schade, daß es jetzt mit dem Urlaub nichts wird. Ich hätte es nötig gehabt, um mich mal von der ganzen Atmosphäre hier zu erholen. Nun muß ich das wohl zu Weihnachten tun. Und dann sind es nur noch knapp 4 Monate.

Vorgestern waren einige im Ausgang und haben die 150 Tage gefeiert. Da war auch einer dabei, der mich am Anfang hier jeden Tag beehrt hat, daß es mir schon zuviel wurde. Neulich Nacht soll er 5 Minuten auf mein Bett gelehnt dagestanden haben. Tom leuchtete ihm dann mit der Taschenlampe ins Gesicht und da ging er ganz erschrocken raus. Schrecklich nicht?
Jetzt kocht gerade das Teewasser und draußen läuft die Anlage. Laßt es Euch gut gehen, bis hoffentlich bald, Euer Stefan.

*

Mukran, 03.12.87
Ihr Lieben! 146 + h

Vielen Dank für den Brief, lieber Papa, über den ich mich sehr freute. Vielen Dank auch für den schönen Kalender, den ich noch anbringen werde. Einen Kalender hat jemand im Zimmer schon hängen.
Ich bin heute wieder auf der Baustelle, vorm Fenster läuft die Siebanlage auf höchsten Touren. Heute Nacht gab es Frost, da kommen jetzt ziemlich große Eisklumpen mit aufs Sieb. Inzwischen scheint aber wieder die Sonne am strahlendblauen Himmel und so ist es ganz angenehm. Über Mittag kann man sogar in einen geschützten Winkel sich von der Sonne wärmen lassen. Manche von den Arbeitern gehen auch noch baden. Ich kam gestern bis zum Knie ins Wasser, es ist mir doch schon zu kalt. Im Januar gibt es am Strelasund direkt Eisbaden. Das wäre wohl nichts für mich.
Vorgestern war ich beim Arzt, da sich an der Haut an manchen Stellen eine Art Ausschlag gebildet hat. Es war für mich vielleicht blöd, da runter zu gehen zum Arzt. Aber wenn ich nicht nach Hause fahren kann, muß ich das ja hier tun. Jedenfalls ist es eine Pilzerkrankung, und die soll es hier sehr oft geben. (Immerhin trägt man ja eine Uniform ½ Jahr.) Jetzt habe ich eine Salbe (Gricin) bekommen, die ich drauf schmieren soll. Es wurde in den letzten drei Wochen immer schlimmer, so daß es mir schon unheimlich wurde. Mal sehen, wie es jetzt wird.
Ach, ich bin so froh, wenn ich aus diesem Ekelhaufen wieder draußen bin. Es ist eben belastend. Na, jedenfalls ist die Stimmung nicht so melancholisch wie es sonst zu Advent ist, denn die Sonne scheint und so sind die Tage ziemlich hell. Es ist wirklich ungewohnt, solch ein Wetter im Dezember. Und immer noch gibt es Mücken und Fliegen in den Räu-

men. So, nun muß ich rüber in den Versorger, weil ich da mit Essen austeilen helfe.
Tschüß für heute und alles Gute,
Euer Stefan.

*

Prora/Rügen, am 04. Dezember 1987
Ihr Lieben!

Vielen Dank für das nette Buch und die letzten Briefe, über die ich mich sehr freute. Nachdem ich mich 14 Tage ziemlich elend fühlte, geht es mir jetzt wieder recht gut. Heute nahm ich einen freien Tag, war also nicht auf der Baustelle. Das tat auch mal gut – auf dem Bett liegen, lesen, schlafen, essen, schlafen, lesen, aus dem Fenster schauen ...
Tom hat mir heute die Haare geschnitten. Es war das 1. Mal, daß er so etwas gemacht hat und dementsprechend sieht es auch aus. Eine ¾ Stunde hat er damit zugebracht. Jetzt ist er endlich mal müde und liegt auf dem Bett und schläft. Die anderen kochen das Abendbrot. Heute gibt es Nudeln (Spaghetti und Tomatensoße). Gleich geht es los.
Draußen rauscht das Meer und die Leuchtbojen funkeln rot in der Nacht auf. Einer aus dem Zimmer ist seit heute krank, er hat mächtig Schüttelfrost. Mal sehen, wie es mit uns weitergeht. Wir wohnen ja so unwahrscheinlich zusammengepfercht und eng in diesem Zimmer. (Jetzt stellen die doch den Topf mit den Spaghettis in mein Bett unter die Decke, weil die Soße noch nicht fertig ist. Na ja.)
Heute hat mir auch Frau Höhn wieder einmal geschrieben, worüber ich mich sehr freute. Bei Euch muß es schon mehr winterlich sein als hier. Kerzen sind hier verboten, aber noch lacht ja die Sonne überm Meer ins Zimmer und es ist am Tage noch ganz schön hell draußen.
Vorgestern habe ich an der Siebanlage sieben Seeigel gefunden. Ich werde jetzt immer intensiv nachsuchen, denn es ist ja eine Kostbarkeit und eine nie mehr wiederkehrende Gelegenheit, zu so etwas in der Fülle zu kommen. Jetzt habe ich auch einen versteinerten Schwamm gefunden, schön nicht? So, nun geht es los hier im Zimmer. Viele liebe Grüße von Euerm Stefan.
Es ist so schön, wenn es einem einigermaßen gut geht.

*

Prora/Rügen, 09.12.87
Ihr Lieben! 140 + h

Nun ist mein Freizyklus vorbei und ich bin wieder täglich auf der Baustelle. Vorgestern Abend fiel der erste Schnee, was nach den letzten Sonnentagen keiner gedacht hätte. Nun ist also auch Rügen von einer dünnen weißen Schneeschicht überzogen. Heute früh hatten wir 3 Stunden damit zu tun, den Trichter an der Siebanlage, in den die Raupe den Sand schiebt, von gefrorenem Sand und Eisklumpen zu befreien. Da mußten wir zu zweit ganz schön arbeiten, mit Spitzhacke und Brechstangen. Nun ist aber die Raupe kaputt, da ist also Ruhe hier hinten. Vorhin war ich etwas am gefrorenen Strand spazieren, aber es ist jetzt ganz schön kalt geworden. Das Wasser hat noch 5 Grad, aber da gehe ich nun nicht mehr rein. Die anderen von meiner Arbeitsgruppe, die beim Transportumschlag arbeiten, müssen heute einen Splittzug entladen. Ich bin ja meistens nur noch dort, wenn ich beim Meister zu tun habe. Mein Chef hat eine schöne blaue Wattejacke besorgt, da bin ich fast zivil. Nun habe ich ja auch fast ein ¾ Jahr die Siebanlage bedient in guten und schlechten Zeiten. Da bin ich hier der „kleine Meister".
Nun wird es draußen schon langsam wieder dunkel. Die letzten Tage hatten wir nachts einen herrlich klaren Sternenhimmel und der Vollmond leuchtete über dem Meer.
Im Freizyklus bin ich mit Tom nach dem Mittag auch immer am Strand spazieren gegangen, es war immer sehr schön. Abends hören wir zusammen Musik und schlafen dann gut ein. Jetzt kommt der Walki richtig zur Nutzung.
Übrigens sollen alle Leute aus unserem Zimmer weder zu Weihnachten noch zu Silvester auf Urlaub fahren. Wir haben einen im Zimmer wohnen, der macht sich hier keine so große Platte und jetzt hat er um ein Gespräch mit dem Militärstaatsanwalt gebeten, wozu es gestern kam. Da ist unser Kompaniechef etwas ärgerlich, weil er nicht dabei sein durfte. Ja, so ist unser spelunkiges Zimmer nicht gut angesehen, und seit ich da wohne, habe ich auch viel mehr Ärger. Vielleicht klappt es doch noch mit Urlaub, aber man darf sich wohl nicht so viel draus machen. Aber Weihnachten würde mir schon schwer fallen hier nochmals zu verleben. Übrigens bekam ich aus Arnstadt ein ganz nettes Nikolauspäckchen. Ich hoffe, daß ich zu Weihnachten zu Hause bin. Viele liebe Grüße, Euer Stefan.

Habe Wäsche abgeschickt! Ich bräuchte neue Wäsche und Schlafanzug. Dann brauche ich dringend den 3. Studienbrief mit Lösungsteil (2 Hefter) vom Hebräisch.

*

Prora/Rügen, am 10.12.87
Ihr Lieben! 139 + h

Vielen Dank für das so nette Paket, über das ich mich sehr freute und das wie gerufen kam. Leider mußte ich es schon vorn im Zimmer vorm Zugführer auspacken, da sie nach Alkohol suchen. Ich stellte mich auf die Hinterbeine, da ich ja erst kürzlich aus erster Hand vom Militärstaatsanwalt erfuhr, daß ein begründeter Durchsuchungsbefehl vorliegen muß. Den wollte ich nun gern sehen. So diskutierten wir eine Weile herum, schließlich gab ich es doch auf, da der Unterleutnant (so alt wie ich) ja auch nur Befehle ausübt. Jedenfalls nahm er es nun ziemlich genau, da ich mich verdächtig gemacht habe, wie er sagte. Na, ich bin hier ja auch so oft betrunken! Aber was will man da machen. Ich bot ihm eine „Mon Cheri" an, aber die wollte er nicht. Dabei reicht mir die Menge an Alkohol darin schon.
Über Nacht ist es heute wieder wärmer geworden (von – 5 Grad auf + 5 Grad). Heute war ein ziemlich scheußlicher, verregneter Tag.
Im Zimmer hat heute jemand Geburtstag, da feiern wir groß. Vorhin gab es Kaffee und Kuchen und nachher gibt es ein Spaghetti-Essen. Als Kochplatte haben wir ein umgedrehtes Bügeleisen. Ich mußte vorhin schon den ekeligen Knoblauch schneiden.
Morgen wollte ich mit Thomas in den Ausgang auf den Jugendtanz – mal sehen. Jetzt muß ich noch Hebräisch machen (einen kleinen Text übersetzen). Es geht langsam voran.
Hoffentlich klappt es mit dem Urlaub zu Weihnachten. Mein KU-Gesuch wegen Omas Geburtstag habe ich mich noch nicht getraut abzugeben. Das wird sowieso nicht genehmigt, es wird nur eine Genugtuung sein, das Gesuch abzulehnen. Aber ich werde es trotzdem heute vorlegen.
Liebe Grüße, Euer Stefan.

*

Prora/Rügen, am 15.12.87

Ihr Lieben zu Hause!

Vielen Dank für den letzten Brief, den ich heute erhielt. Geplant bin ich nun für den Weihnachtsurlaub, doch befürchte ich das Schlimmste. Ich weiß gar nicht, wie ich es schreiben soll und Ihr könnt Euch das alles hier sowieso nicht vorstellen. Unser Zimmer steht nämlich auf der „schwarzen Liste" und man sucht förmlich, uns zu bestrafen. Thomas wurde heute für nichts der Silvesterurlaub gestrichen.

Einer aus meinem Zimmer und ich mußten heute eine Stellungnahme schreiben, weil wir gestern nicht geweckt wurden und somit 5 min. zu spät aufstanden. Dabei wurden wir die Nacht zuvor schon 2.30 Uhr aus dem Schlaf geholt, weil ein Zug entladen werden mußte an meiner Arbeitsstelle. Das schrieb ich auch auf meine Stellungnahme. Wahrscheinlich werden wir auch bestraft: Da hat er schon drei aus unserem Zimmer und die anderen bekommt er auch noch, wenn er will. Sie können ja immer etwas finden.

Wenn der Eine hier aus dem Zimmer nicht fahren darf, dann würde er vielleicht kaputt gehen, er macht jetzt schon einen ganz leidenden Eindruck. Schließlich hat er Familie zu Hause. Während ich mich mit jemandem über den ganzen Schlamassel unterhalte, kommt einer von den „normalen" Soldaten dazu, der mich und noch jemanden heute freundlicherweise mit dem Kraß von der Baustelle mitgenommen hat. Dafür darf er wahrscheinlich auch nicht auf Urlaub fahren und hängt nun total durch. Bausoldaten dürfen nicht im Kraß transportiert werden, sondern nur auf LKWs. Sie dürfen nicht in anderen Fahrzeugen sitzen – wir sind eben das Letzte. Ja, so geht es hier nur. Es herrscht wieder eine furchtbare Stimmung. Ich habe gar keine Lust jemandem zu schreiben. Was soll ich auch schreiben? Das Wetter ist zum Glück noch recht schön. Sonntag war es ganz herrlich. Da gingen Thomas und ich nachmittags auf der großen (1,5 km langen) Mole spazieren. Die Sonne schien, ein leichter Wind ging und wir saßen am Strand und ließen uns von der Sonne bestrahlen. Es ist absolut unvorstellbar, daß wir Dezember und fast Weihnachten haben. Abends brennt so richtig die Haut im Gesicht, wenn man den ganzen Tag an Luft und Sonne war. Ja, das sind die Vorzüge hier. Aber alles andere ist eben belastend. Es schlägt so auf die Stimmung, was dann auch das Verhältnis untereinander belastet. Man sieht andere leiden, ohne richtig Anteil nehmen zu können, denn man leidet ja selbst genug.

Thomas und ich wollen nun noch eine Apfelsine essen, die gibt es hier zu kaufen. Zum Glück verstehen wir uns noch und haben uns noch.
Na, vielleicht wird es ja noch mit Weihnachten. Laßt es Euch gut gehen, Euer Stefan.

*

Prora/Rügen, am 18.12.87
Liebe Mama, lieber Papa! 131 Tage

Nun wurde ich gestern mit einer Woche Ausgangs- und Urlaubssperre bestraft, weil unser Zimmer vor 4 Tagen das Wecken nicht mitbekommen hat und wir erst 5 min später aufwachten. Das habe ich ja schon geschrieben. Erst sollten der mit der Familie und ich mit 14 Tagen A + U [Ausgangs- und Urlaubssperre] bestraft werden. Da könnt ihr Euch vorstellen, was das für jemanden heißt, der eine Familie zu Hause hat. Wir rannten den ganzen Tag hinter den Vorgesetzten her, daß sie das Strafmaß verringern. Ich hatte es da noch etwas schwerer, weil ich schon wieder einer Befehlsverweigerung beschuldigt wurde.
Gestern, als wir zum Frühstück liefen, nahm mich ein fremder Vorgesetzter einfach heraus und wollte meinen Namen wissen. Ich fragte nach dem Grund, das langte schon wieder. Ich wurde auf die Kompanie weggeführt und meinem Zugführer vorgestellt, der schon grinsend sagte, daß mich ja sowieso eine Strafe am Abend erwartet. (Da sollte ich die 14 Tage A + U bekommen). Jedenfalls wurde „mein Benehmen" als ein Schwerverbrechen geahndet und ich sollte also auch noch dafür bestraft werden. Da nahmen mich aber einige von meinen Leuten in Schutz und sprachen mit dem Zugführer. Na ja, schließlich sollte ich nur noch eine Woche A + U bekommen, dann fällt es wahrscheinlich nicht in Weihnachten.
Mein Unglück war nun aber, daß ich gestern Nachmittag zu heute 24-Stunden-Dienst stehen mußte. Da ist man ja den Vorgesetzten in erster Hand ausgeliefert. So wurde der Dienst von einem Unterleutnant (auch Zugführer), der mich neulich noch im Bett erwischte (wir hatten vom Wecken wirklich nichts mitbekommen) als letzte Bewährungsprobe gewertet. Wir sollen eben nur unter Druck stehen. Es ist furchtbar.
Na, jedenfalls wollte er mir wieder etwas anhängen, das war ganz offensichtlich. Er belegt mich in einem fort, machte mich für das Revierreinigen auf der Kompanie verantwortlich. Er verlangte von mir, daß ich die

Leute jage, Streß mache, drohte mir in einem Fort, sagte dauernd, ich soll aufpassen, daß der Blitz nicht einschlägt, daß wir nicht gemeinsam zum Teufel fahren (worauf ich übrigens erwiderte, daß von uns wohl nur einer zum Teufel fahren wird). Er flüsterte mir zig mal in die Ohren: „Denken Sie an den Urlaub." Es war einfach grausam. Ich schwitzte, hatte nur zu laufen und zu rennen, war einfach fix und fertig. Dann beschuldigte er mich, daß ich keine Meldung gemacht habe, als ich ins Dienstzimmer eintrat. Das war in der 20. Stunde meines Dienstes und ich bin den ganzen Tag schon zu dem Zimmer rein und raus gerannt.
Nun hatte er endlich etwas, ich sollte einen Bericht über eine ordnungsgemäße Dienstdurchführung schreiben. (Also alles bei den Haaren herbeigezogen). Ich schrieb einfach auf, wie man seinen Dienst tun soll. Das machte ich, während die anderen zum Mittagessen waren. Es war meine einzigste Zeit. Nun war er mit dem Schrieb nicht zufrieden, ich sollte meine Fehler aufschreiben – befehlsmäßig. Da hängten sich nun wieder andere Vorgesetzte mit hinein, sie stecken ja alle unter einer Decke.
Ich konnte nicht mehr. Die sitzen da und lächeln, lassen mich 3 mal rein und wieder raustreten – es ist unbeschreiblich. Ich weiß, wenn ich die Stellungnahme geschrieben hätte, hätten sie wieder ein Schriftstück gegen mich in der Hand gehabt. So wäre das immer weiter gegangen. So gab es für mich nur noch eins: Med. Punkt.
Ich wußte, daß ich wohl sehr hohen Blutdruck durch die Aufregung und den Streß haben muß, da ging ich einfach runter, ließ ihn mir messen, legte mich flach und erzählte, wie furchtbar das Leben hier ist. Die wissen wirklich nicht, wie 2 Stockwerke höher die Menschen leiden. Die machen sich keine Vorstellung. Ich bin kein Einzelfall, erst heute wurden wieder einige (Familienväter!) mit 3 Wochen Ausgangs- und Urlaubssperre bestraft. Die können sich auch Weihnachten und Silvester abschminken. Es herrscht eine furchtbare Stimmung. Ich erzählte das 1. Mal einem Fremden (dem Arzt), wie es hier ist.
Der Familienvater aus meinem Zimmer, der gestern mit mir bestraft wurde, hat heute Nacht ins Bett gemacht – oh Gott – welch ein Leid. Ein anderer hat ständig eine andere Krankheit, er ist vorhin wieder wegen starker Verspannung am Kopf zum Arzt gegangen.
Jedenfalls habe ich erzählt, daß wir auf 1,5 qm. (pro Person) hausen. Sie wissen nicht, wie es hier ist. Der Arzt hat die Vorgesetzten, die mich heute unmittelbar belasteten zu sich bestellt und versucht, mit ihnen zu reden. Wie gesagt, ich bin kein Einzelfall.

Eben war ich wieder fix und fertig, weil der Familienvater aus unserem Zimmer so leidet wegen seinem Vorfall letzte Nacht. Er sagt, daß er sich aus dem Fenster stürzen wollte und das auch das nächste Mal macht. Wir redeten auf ihn ein.
Thomas ist heute Diensthabender für den 24-Stunden-Dienst. Ich nahm ihn in eine Ecke und erzählte ihm das. Doch was können wir machen. Uns bleibt auch nichts weiter, als uns gegenseitig zu trösten. Wie schön, daß wir uns haben.
Vielleicht geht der aus unserem Zimmer morgen auch zum Arzt, denn so geht es ja nicht weiter. Wir können uns nicht fertig machen lassen. Ach, es herrscht eine solche Fruststimmung, aber ich bemühe mich, trotz allem einen klaren Kopf zu behalten. Wir werden mehr beten und bitte, tut das auch für uns, so viel ihr könnt.
Ich hoffe nun doch, daß sie mich in Ruhe lassen und hoffentlich auch die anderen. Dann sehen wir uns nächste Woche zu Weihnachten. Für mich zählt nur eins: Zu Hause sein. Nach Weihnachten ist mir gar nicht so zu Mute. Ach, es wird schon alles gut werden.
Liebe Grüße von Euerm Stefan.

*

Prora, am 21.12.87
Ihr Lieben!
Es ist drei Tage vor Weihnachten und mir wird es sicherlich erst weihnachtlich, wenn ich zu Hause bin. Heute habe ich wieder einen 24 h Dienst hinter mir. Ich mußte den letzten Dienst wiederholen. Zunächst weigerte ich mich und ging zum Arzt, um mit ihm zu reden und auf meinen psychischen Zustand hinzuweisen. Wir unterhielten uns wohl ca. 1 h sehr gut und er empfahl mir, den Dienst zu stehen. So komme ich den Vorgesetzten etwas entgegen, obwohl es mich eine große Überwindung kostete. Ich sagte ihnen aber gleich, daß ich das Wort „Urlaub" nicht hören will während meines Dienstes, daß sie mir damit nicht mehr zu drohen brauchen. Dann hätte ich mich wieder „Med.Punkt" gemeldet und da haben die doch etwas Bammel davor.
Na ja, nun habe ich den Dienst überstanden. Er war nicht so stressig und ich hatte einen fleißigen, zuverlässigen Gehilfen diesmal. Heute haben wir auch erfahren, daß wohl alle auf Urlaub fahren. Es hat mit einer Sperre gar nichts zu tun. Nett nicht?

Jedenfalls entspannt sich die Lage etwas, und darüber bin ich froh. Jetzt liege ich im Bett, draußen hupen die Schiffe und tuckern durch die Nacht. Das Meer plätschert leise. Heute war wieder sehr schönes Wetter, aber ich kam ja die letzten Tage nicht mehr raus. So, nun bin ich müde und warte auf Thomas, damit wir mit unserem allabendlichen Musikhören beginnen können.
Also ich hoffe, daß es mit dem Urlaub klappt und komme dann am 24. nachts bzw. morgens.
Liebe Grüße bis hoffentlich bald, Euer Stefan.

*

Prora, 30.12.87

Ihr Lieben!

Als ich gestern nach der 18-stündigen Fahrt hier ankam, war ich nicht mehr in der Lage, Euch zu schreiben. Aber wie ihr seht, bin ich doch noch hier angekommen. In Erfurt fuhr der Zug nach Halle ½ h zu spät ab, so daß natürlich der Anschlußzug in Halle nach Binz auch weg war. Zum Glück traf ich mit noch einigen zusammen, die auch nach Prora mußten.
In Halle liefen wir gleich einer Streife in die Arme und sie nahmen uns mit. Zuerst wurden wir zusammengetrieben und man mußte sich erst wieder an den schrecklichen Ton gewöhnen. Dann wurden wir in ein Gebäude weggeführt, durch lauter Gittertore in ein kleines Zimmer. Dort stand ein Telefon und unsere Namen wurden durchgesagt. Es war sehr hektisch und alles erinnerte an einen Filmausschnitt. Schließlich wurden wir wieder freigelassen und erst 2 Uhr fuhr der Zug nach Berlin-Lichtenberg. So lange mußten wir in der ekeligen, dreckigen Mitropa von Halle sitzen.
In Berlin hatten wir dann wieder 2 ½ h Aufenthalt, ehe ein Zug nach Rügen fuhr. Wir hingen rum und uns fielen die Augen zu. Die Bahnhöfe waren übrigens alle überfüllt von Soldaten, ebenso die Züge. Alles stank und war von Betrunkenen besetzt, am schlimmsten war der Transport von Erfurt nach Halle, da hätte man ein Tier sein wollen, denn die kennen es nicht anders. Von Erfurt nach Weimar hatte ich keinen Platz, und wir trampelten und schwitzten uns bald tot mit den Gepäckstücken und den Uniformteilen. Unvorstellbar!

Na ja, schließlich waren wir 12.30 Uhr in der Kaserne. Auf Rügen war es gestern regnerisch und unheimlich schwül, es ging kein Luftzug. Abends lagen wir im Bett und konnten trotz der Anstrengung am Tage nicht einschlafen, weil es so warm war und uns dazu die Mücken so plagten. Es war wie eine schwüle Sommernacht. So machten sich Thomas und ich noch etwas zu trinken und dann schlief ich ganz gut bis heute früh.
Heute mußte ich gleich auf die Baustelle, allerdings schloß ich mittags die Hütte zu, denn es wurde vergessen, uns das Mittagessen raus zu schicken. Wir waren 4 Leute und stellten uns an die Straße, um nach Prora zurückzufahren. Da kam ein LKW vorbei, wo hinten einer von unserer Kompanie drauf saß, der für drei Tage ins Gefängnis nach Dranske gebracht werden sollte. Da stiegen wir mit auf und kamen so einmal über die Insel. In Saßnitz verfuhren wir uns erst ein paar mal, dann fuhren wir über Sagard, Bobbin, Glowe ...
Das Wetter war herrlich – blauer Himmel und Sonne. Im Objekt in Dranske (ganz im Norden) gaben wir den „Einen" ab, dann gingen wir in Dranske mit dem Vorgesetzten essen. Es gab nur noch Eisbein, aber es ging. Anschließend fuhren wir im Abendsonnenschein zurück nach Prora. Der Anlaß der Reise war ja eigentlich makaber, aber die Fahrt an sich war für uns schön. Vor allem der Sonnenuntergang über dem Meer um Wittow. Wir sahen sogar ganz in der Nähe Hiddensee liegen. Der Leuchtturm auf dem Dornbusch sendete seine Lichtzeichen über das Meer.
Heute ist klarer Himmel, da wird wohl auch die Nacht etwas kühler. Das Meer liegt ganz ruhig, es ist fast windstill und hier im geheizten Zimmer ist es stickig und schwül. Aber heute kommt doch etwas kühlere und frischere Luft zum Fenster herein. Das Problem sind nur noch die Mücken, wenn das Fenster so offen steht. Hoffentlich seid ihr gut ins neue Jahr gekommen. Viele liebe Grüße, Euer Stefan.

Stefan Wolter
Prora – Rügen, am 18.12.87

Liebe Mama, liebe Papa!

Nun wurde ich gestern mit einer Woche Ausgangs- und Urlaubsperre bestraft, weil unser Zimmer vor 4 Tagen das Wecken nicht mitbekommen hat und wir erst 5 min später aufwachten. Das habe ich ja schon geschrieben. Erst sollten wir mit der Familie und ich mit 14 Tagen A + U bestraft werden. Da könnt ihr Euch vorstellen, was das für jemanden heißt, der eine Familie in Prora hat. Wir rannten den ganzen Tag hinter den Vorgesetzten her, die so das Strafmaß verringern. Ich hatte es da noch etwas schwerer, weil ich schon wieder einer Befehlsverweigerung beschuldigt wurde. Gestern als wir zum Frühstück liefen, rahm mich ein Vorgesetzter einfach beim und wollte meinen Namen wissen. Ich fragte nach dem Grund, das langt schon wieder. Ich wurde auf die Kompanie mitgefühlt und meinem Hauptmann vorgestellt, der schon grinsend sagte, dass will ja sowieso eine Strafe am Abend erwartet. Da sollte ich die 16 Tage A + U bekommen!

⇒

III

1988
„TAGEDRÜCKEN"

Januar

Das Weihnachtsfest war wie ein kurzer schöner Rausch, der beschwingt und wenig grübeln lässt. Am 23. Dezember war ich in den Urlaub entlassen worden. Beim großen Urlaubsappell auf dem Exerzierplatz war ich eines der erwartungsvollen und frohen Gesichter derjenigen, die diesmal auf der Siegerseite standen. Mich begleitete nichts Kaltes in die Heimat, so wie ein Jahr zuvor. Unter meiner Uniform war ich zu neuem Leben erwacht, und jene ungesehenen bunten Bänder, die ich in kühler Mondesnacht erstmals erlebt hatte, umgaben mich, wohin ich auch ging. Die in Aussicht stehende Rückkehr zu Silvester hatte durch die Vorfreude auf das Wiedersehen mit Thomas viel von ihrem Schrecken verloren. Das bevorstehende Silvester sollte mir zudem die Pforte zum Entlassungsjahr hin öffnen. Endgültig hatte mir der Dezember gezeigt, zu welchen psychischen Bewältigungen ich in der Lage war.
Zurück in Prora, beschäftigte mich noch lange die entsetzliche Rückfahrt von Eisenach nach Rügen. Einmal mehr erkannte ich das wahre Wesen des Staates, das sich mir in Halle durch die Vorgehensweise seiner Schutzmächte offenbarte. An Leib und Seele erlebte ich auf jener Rückfahrt den verdorbenen Zustand meines Heimatlandes DDR. Die Kommandotöne in der verkommenen Mitropa von Halle nährten in mir den Wunsch, diesem Land den Rücken zu kehren. Den äußeren Eindruck vom Bahnhofsrestaurant in Halle bestätigt ein Brief, den An-

dreas nach seinem Besuch in Prora im November 1986 in den ‚Westen' geschickt hatte. Da er damals kein Papier zur Hand hatte, beschrieb Andreas einen auseinandergeklappten Umschlag eines meiner Briefe. Abgestempelt in der Kaserne von Prora hätte der Briefumschlag normalerweise nie den Weg über die verbotene Grenze nehmen dürfen. „Die Mitropa, ein vollkommen dreckiges Bahnhofsrestaurant", so ist dort zu lesen,

„ist wirklich ausgesprochen häßlich. Vollkommen dreckig und kalt. Es zieht. Es gibt nur Bockwürste zu essen. Die schlimmsten Typen findest Du hier. Gerade eben kommt einer zum dritten Mal rein gelaufen. Schäbig, offener Hosenstall, naja eben asozial. Vorhin saßen noch zwei einsame Damen hier. Aber bald haben sich zwei Armisten zu ihnen gesetzt. Mittlerweile sind die zu viert abgezogen.
Gleich zwei Tische weiter sitzen Besoffene. Sie grölen laut durch die ganze Halle. Das Schlimmste ist folgendes. Zwei Schwarze (wahrscheinlich Cubaner) sitzen an einem Tisch. Offenbar betrunken, wie fast alle hier. Ein paar Deutsche machen sich über sie furchtbar lustig. Ich kann das gar nicht beschreiben. Es ist häßlich. Fast alle lachen oder schmunzeln zumindest darüber. Wäre es kein Schwarzer, sähe es ganz anders aus. Überhaupt habe ich so etwas noch nie erlebt. Das Ganze hier. Alle fünf Minuten kommt eine Polizeistreife herein."

Wie Andreas, so wurden in Halle auch mir einmal mehr die Augen geöffnet. Mit meinem Erleben sah ich mich gnadenlos hineingenommen in den Strudel eines totalitären Staates.
Durch das, was mir im Sommer meine jüngste Schwester über unsere gemeinsame Zehnklassenschule geschrieben hatte, gewannen auch wieder die Schulerlebnisse der Vergangenheit an Raum. Dort hatte die Direktorin „einige Neuigkeiten" eingeführt. „Jetzt müssen alle Ordnungsschüler Blauhemd anziehen. Um die Ausrede zu vermeiden, daß man das Hemd waschen muß, gibt es jetzt 2 Ordnungsschüler pro Woche." Das FDJ-Hemd, Symbol einer dem totalitären System unterworfenen Jugend, wurde zum wesentlichen Bestandteil des

Schulalltags. Wie alle meine Geschwister, gehörte meine Schwester der FDJ nicht an. Seitens jener Direktorin sah sie sich dadurch isoliert und gedemütigt und erst die spätere Krankenschwesternausbildung im Sophienhaus Weimar erlaubte ihr ein geschütztes Nischendasein. Von einem freien Wochenende im Oktober 1987 nach Weimar zurückgekehrt, hatte sie mir Folgendes geschrieben: „Am Wochenende war ja urscht was los in Eisenach! Furchtbar! Die ganze Stadt blau (FDJ!) und voller Menschen und Polizisten und überhaupt. Ich wollte Freitag zur Disco – aber Pustekuchen. Man kam nur im Blauhemd rein."
Diese Bilder, von denen jedes einzelne ein Licht auf die Diktatur warf, in der wir unser junges Leben gestalten mussten, fügten sich zu einem hässlichen Mosaik. „Deine Fahrt nach Prora war ja entsetzlich, aber die Hauptsache ist ja Du bist ungeschoren angekommen", antwortete später meine Erfurter Oma auf die Schilderung meiner Rückreise. Ganz ungeschoren ließen mich all die Erlebnisse nicht. „Was uns nicht umbringt, macht uns hart", war ein gängiger Spruch in Prora. Ich, der lange Zeit nicht wusste, ob die negativen Erfahrungen mich nicht allmählich vernichten würden, spürte eine Kraft in mir wachsen. Diese rief nach Widerstand oder zumindest nach Flucht in eine Realität, in der sich die Individualität des Menschen freier entfalten konnte als in diesem Lande.
In der Silvesternacht sollte ich an einem Soldaten im Grundwehrdienst erleben, wie dieser Staat kaputt machte. Einer meiner Briefe gibt darüber näheren Aufschluss. Hinzu kam eine Beobachtung, die ich einmal vom Waschraum der Kaserne aus machte. Ein Vorgesetzter ließ einen Reservisten in mittleren Jahren mehrere Runden um den Exerzierplatz rennen; in voller Montur, mit Sturmgepäck. Der Mann schleppte sich so schwer dahin, dass es schien, als würde er jede Sekunde zusammenbrechen. Ich sah, wie er weinte, und fragte mich,

wie ein Staat seine Menschen so mutwillig zerstören könne. Da fast jeder Soldat nach seinem Grundwehrdienst irgendwann mit dem Reservistendienst rechnen musste, konnten viele Menschen dem Schrecken der NVA jahrzehntelang nicht entrinnen. Und die Vorstellung, wie viele davon geprägte Menschen mich auch draußen in der „Freiheit" umgaben, erschütterte mich.

Meine Proraer Zeit machte mir die Militarisierung des Landes bis weit in die zivile Gesellschaft hinein bewusst. Dieses Erleben drängte mir die Vorstellung auf, die halbe Nation würde im Ernstfall Uniform tragen und unschuldige Halbschuhe würden dann durch gefährliche Stiefel ersetzt.

„Das Jahr 1988 ist angebrochen und wir wollen es doch getrost in Angriff nehmen. Hoffentlich bringt es nicht zu viele schlimme Überraschungen", schrieb meine Mutter am 1. Januar des neuen Jahres in Sorge auch um ihre sterbende Mutter. Diese meine Großmutter hatte mir zum Weihnachtsfest in ihrem eigenen körperlichen Schmerz „immer wieder Kraft zum Durchhalten" gewünscht. Am 22. Januar starb sie – wenige Tage nach meiner Rückkehr. Als ich die Todesnachricht erhielt, blickte ich lange auf die Prorer Wieck hinaus – dorthin, wo Meer und Himmel sich zu berühren schienen. Mein Ur-

Im Armeepullover mit Anstecker in der beengten Unterkunft, 1988.

laubsgesuch zur Beerdigung wurde abschlägig beschieden. Ebenso war das schriftliche Gesuch meiner Erfurter Oma abgelehnt worden, mit dem sie mich zu ihrem 77. Geburtstag einlud. Ein Jahr später starb auch sie.
Weder zu diesen Anlässen noch zum 50. Geburtstag meines Vaters durfte ich nach Hause fahren. Dies, obgleich mir sogar noch einige Tage Urlaub aus dem Jahr zuvor zustanden. Ein persönlicher Wunsch spielte bei der Urlaubsvergabe aber kaum eine Rolle. Und so war ich gut zwei Wochen nach dem Weihnachtsurlaub wieder für einen Tag nach Eisenach geschickt worden. Auf der Rückfahrt entkam ich nur knapp einem Zugunglück.
Wie gefährlich die Reisen mit der Deutschen Reichsbahn im Raum Jüterbog an sich waren, sollte ich erst Jahre später erfahren. Dort befand sich ein riesiges sowjetisches Militärgelände, durch das mitten hindurch die Gleise führten. „Kanonenstrecke" nannten die Eisenbahner diesen Abschnitt. Am 19. Januar raste an dieser Stelle ein D-Zug auf einen russischen Panzer, der versehentlich auf den Gleisen stehen geblieben war. Über das ganze Ausmaß durfte selbst die ARD mit exklusiven Bildern berichten. Honecker scheint das Unglück benutzt zu haben, um Missstände in der Sowjetarmee, der Armee des Landes der Perestroika, öffentlich anzuprangern. Die traurige Bilanz des Unglücks: sechs Tote, 33 Verletzte, neun zerstörte Waggons.
420 Helfer waren bei dieser Tragödie im Einsatz, von der allein der politische Witz profitiert hat. Als ich zehn Tage später dieses kleine „Kriegsgebiet" wiederum passierte, machten Sprüche die Runde, wie: „Lieber Kati Witt auf dem Eis, als ein Panzer auf dem Gleis". Panzersperren sicherten fortan die Strecke.
„Du kommst ja nun bald für immer nach Hause", schrieb meine Mutter auf eine Karte, mit der sie damals im Zimmer für Aufsehen sorgte. Auf der Vorderseite war eine alte Uhr

abgebildet mit dem Psalm 90,12: „Unsere Tage zu zählen, lehre uns. Dann gewinnen wir ein weises Herz". Wir alle fanden das sehr passend. Auch wenn mein großer Tageabstreichkalender dem Zimmerwechsel zum Opfer gefallen war, strich ich doch noch immer in Gedanken jeden vergangenen Tag aus.
Abends verwöhnten wir uns dann manchmal mit einer im Zimmer heimlich zubereiteten kleinen Mahlzeit. Von zu Hause hatte ich einen Toaströster aus dem Nachlass meiner Erfurter Urgroßeltern mitgebracht. Es war so einer mit zwei Klappen links und rechts der Heizspirale. In diese ließen sich wunderbar Weißbrotschnitten mit Wurst und Käse klemmen. Das Ergebnis waren leckere Karlsbader Schnitten, die mich an zu Hause erinnerten. Wenn wir dann in der Enge des Zimmers um den Tisch saßen, fühlte ich darunter die Beine von Thomas neben mir, und manchmal fassten wir uns auch heimlich bei der Hand. Gemerkt hat das angeblich keiner. Dank der zwei Anschlüsse an meinem Walkman schliefen Thomas und ich Abend für Abend mit derselben Gute-Nacht-Musik ein. So hatte fast jeder Tag einen kleinen Zauber, und die einsam blinkenden Leuchtbojen weit draußen am Horizont, die berührten mich nicht mehr.

Prora, 01.01.88

Ihr Lieben!

Ein gutes neues Jahr! Gestern war ich für den Ausgang nach Binz zwecks Besuchs eines Gottesdienstes von 18.00–22.00 vorgesehen. Ich hatte davon gar nichts gewußt zunächst, aber so gingen wir zu fünft 18.00 eben los. In dieser Zeitspanne fährt natürlich weder ein Bus noch ein Zug und so liefen wir 1 ½ h nach Binz und nach dem Gottesdienst 1 ½ h wieder zurück, insgesamt also 10 km. Da wußten wir abends auch, was wir gemacht haben, aber ich habe es nicht bereut, mitgegangen zu sein. Der Gottesdienst tat sehr gut und auch die Wanderung unter dem klaren Sternenhimmel war recht schön.

Hier bekamen wir dann noch Kartoffelsalat und Bockwurst und anschließend begingen wir individuell den Silvesterabend. Im Klubraum haben wir eine neue Stereoanlage und so hörten wir viel laute Musik. Ich war auch ab und zu mal dort. Ansonsten mußte ich mich etwas um einen Soldaten von den Pionieren kümmern, der sich in letzter Zeit oft bei uns aufhält, weil er es bei seinen Kameraden [Soldaten im normalen Grundwehrdienst] nicht aushält. Vorgestern hat er von seinen Selbstmordversuchen erzählt. Er hat sich schon mal die Pulsschlagader aufgeschnitten. Wenn er Silvester bei seinen Leuten sein muß, so macht er eine Faustan-Fete, wie er meinte. Was will man da machen. Jedenfalls kippte er gestern im Nachbarzimmer ab und brauchte unbedingt eine Rudotel [Tranquilizer mit dem Wirkstoff Medazepam]. Zum Glück hatte ich so was noch da und so hörte er wenigstens auf zu zittern. Vielleicht ist er tablettenabhängig, es war jedenfalls schrecklich anzusehen.
Um 24 Uhr stießen wir im Zimmer aufs neue Jahr an und draußen auf den Gängen flippten manche direkt aus und schrieen „Entlassung". Tja, es war schon schön, das Jahr 1988 anbrechen zu sehen. Ich beobachtete das Feuerwerk über Saßnitz und Binz und dazwischen lag ruhig das Meer und die „Mukran" lief in den Hafen ein. Um 24 Uhr erstrahlte sie in vollem Licht und machte kurzzeitig in der „Wieck" fest. Jedenfalls war es etwas anderes, Silvester auf Rügen. Ich fand es nicht so schlimm, wie im vorigen Jahr Weihnachten hier oben.
Der Familienvater aus unserem Zimmer hat seit kurzem nun Hämorrhoiden und kann kaum mehr auf den Schemeln sitzen. Das ist etwas problematisch. Der Andere, der jetzt mit da ist, lädt sich den ganzen Tag Leute zu irgendwelchen Kartenspielen etc. ein. Er hat einen richtigen Spiel-Tick. Na ja, Tschüß für heute, Euer Stefan.

*

Prora/Rügen, 05.01.88

Ihr Lieben!

Heute schreibe ich Euch wieder aus meiner Hütte an der Siebanlage. Gerade ist die Mittagspause vorüber und ich bin dabei, die Müdigkeit zu überwinden. Bis eben hatte ich noch Besuch von einem, der im November neu zu uns kam und der jetzt aus seinem Silvesterurlaub zurückkam. Wir gingen übers Sandfeld spazieren und unterhielten uns. Er war ganz

begeistert von meinem Einsiedel-Dasein hier hinten zwischen Wald und Meer. Das genieße ich ja auch, doch manchmal ist es schon etwas einsam. Heute früh gab es wieder einen sehr schönen Sonnenaufgang. Vormittags strahlte die Sonne, und die Luft ist sehr mild. Am Neujahrstag waren einige baden. Im vorigen Jahr wütete schon längst der Winter, aber ich bin froh, wenn es nicht so kalt ist. Es ist auch mal ein Erlebnis, im Januar noch von Mücken gestochen zu werden. Nebenher läuft jetzt die Anlage. Da wir ein Sieb herausgenommen haben, läuft sie jetzt doppelt so laut wie vorher. Aber das soll auch noch abgestellt werden.
Dann verkaufe ich nebenher die ausgesiebten Steine an den „Meliorationsbau Bergen" und muß die Lieferscheine dafür ausschreiben. Ein Exemplar habe ich ja schon mal mitgeschickt. Ansonsten lese bzw. schreibe ich. Zur Zeit lese ich Hermann Hesses „Glasperlenspiel". Es ist schon anspruchsvollere Literatur und mitunter gar nicht so leicht zu verstehen. Aber wenn man sich erst einmal eingelesen hat, geht es.
Heute Abend werde ich zu nicht so viel kommen, da ja heute die Urlauber zurückgekehrt sind und da bringt jeder wieder etwas persönliches und individuelles in seinem Inneren mit und dann tut es gut, sich zu unterhalten. Heute kamen viele Urlauber zurück und so strömt doch das bunte Leben in die graue Kaserne. Die letzten Tage hatten wir „frei", d.h. die meisten brauchten nicht auf die Baustelle. Es war mal ganz erholsam. Abends haben wir immer gekocht: Spaghetti, Tomatensuppe, Karlsbader Schnitten etc. Die Tomatensuppe habe ich gekocht und allen rann der Schweiß, so scharf war sie. Liebe Grüße für heute, Euer Stefan.

*

Prora/Rügen, am 09.01.88

Ihr Lieben!

Vielen Dank für die letzten beiden Briefe, über die ich mich sehr freute. Vielleicht sehen wir uns ja bald wieder, eventuell schon nächstes Wochenende. Das Leben hier ist recht unerträglich geworden, ich komme in diesem Zimmer nicht mehr zur Ruhe und genauso durcheinander wie vor Weihnachten geht es jetzt weiter. Ihr müßtet das „Leben" mal kennenlernen. Eigentlich bin ich auf der Baustelle auch nicht gerade mehr glücklich. Den ganzen Tag hocke ich mit einem Arbeiter in der Hütte und der qualmt und frustet herum, denn er soll nur ein paar Lieferscheine

ausschreiben und langweilt sich so, zählt die Minuten, Stunden, Tage bis zum 31.03., da wird er von dem Posten wieder weggesetzt.
Dann ist ja jetzt eigentlich immer noch der Familienvater aus unserem Zimmer mit an der Siebanlage. Aber der hängt ja auch nur rum, jetzt kam er schon gar nicht mehr auf die Baustelle, sondern liegt den ganzen Tag im Bett und schläft sich halbtot und macht zwischendurch Sitzbäder für seinen Hintern. Dann ernährt er sich von Knoblauch, deshalb finde ich es auch gar nicht schade, wenn er nicht mit draußen ist.
Ansonsten will es ja wahrscheinlich Frühling werden, hier fangen schon die Bäume an zu grünen. Es ist absolut unnormal. Heute war wieder der herrlichste Sonnenschein, so daß sich Thomas und ich uns über Mittag in den Dünen sonnen konnten. Schlimm sind nur die riesigen Mücken, die es hier gibt. Ab morgen soll es schon wieder wärmer werden! Bis bald, liebe Grüße, Euer Stefan.

*

Prora, am 13.01.88

Ihr Lieben!

Bis jetzt sieht es so aus, daß ich am Samstag komme. Also legt bitte die Schlüssel auf jeden Fall bereit.
Ich schreibe an unserer Schreibtischplatte am Fenster. Heute rauscht das Meer mal wieder gewaltig und ein klarer Sternenhimmel breitet sich darüber aus. Ab und zu kommt ein frischer Luftzug ins Zimmer, in dem es nach Essen, Zigaretten und Zigarrenrauch riecht. Die anderen liegen auf den Betten, lesen, schlafen und Tom ist Diensthabender. Ich war heute den letzten Tag für diesen Zyklus auf der Baustelle. Das Wetter war herrlich – Sonnenschein, frischer Wind und tobendes Meer. Ich bin nach dem Mittag etwas spazieren gegangen, allerdings heute ohne Thomas. Die Stunde nach dem Mittag ist immer unsere schönste Stunde im Arbeitszyklus, weil wir da die Ruhe und das Meer allein genießen können. Aber heute war er ja nicht auf der Baustelle.
Gestern bei der Rückfahrt tat es einen lauten Knall am W 50, denn es war ein Reifen geplatzt. Wir rutschten nach 30 m an den Rand eines Grabens. Es stank fürchterlich und den Rest mußten wir zu Fuß zurücklegen.
Ansonsten gibt es eigentlich nicht viel Neues. Gestern Abend haben wir mal wieder gekocht, es gab Reis mit Tomatensoße. Heute koche ich meine

Frühlingssuppe. Dann kann ich von zu Hause wieder etwas mitnehmen. Hier das Zeug kann fast keiner mehr sehen, geschweige denn essen. Für heute nun viele liebe Grüße, bis bald, Euer Stefan.

*

Prora/Rügen, am 19.01.88
Ihr Lieben! 99 + h

Heute morgen bin ich gut wieder hier eingetroffen. Zum Frühstück aßen wir gleich eine Packung Früchtebrot-Schnitten. Nach dem Revierreinigen war Ruhe, so daß ich den ganzen Vormittag schlief. Nach dem Mittag erfuhren wir, daß es mit der Theaterfahrt heute Abend nicht klappt. Da waren Thomas und ich zunächst etwas geschockt, doch entschlossen wir uns sogleich, in den Ausgang zu gehen.
Wir standen schon fix und fertig vorn am Tisch, wo wir erfuhren, daß wir gestrichen sind. So waren wir also verurteilt, den Rest des Tages auf dem Bett zu verbringen. Das ist es vielleicht gerade, was hier so gefährlich ist: die Passivität, das Schlafen, das Nicht-in-der-Lage-sein, einen vernünftigen Gedanken zu fassen. Denn schließlich wird man ja durch den ständigen Ärger, der aus den unschönen Überraschungseffekten resultiert, ganz schön bewußt oder unbewußt beeinträchtigt.
So, inzwischen ist es schon ganz finster draußen und in der Nacht rauscht das Meer. Wir haben jetzt die ganze Zeit herumgeblödelt, man ist so „unausgegoren". Heute Abend wollen wir kochen. Meinen Toasttröster haben schon alle bewundert und auch die anderen schönen Sachen, die ich mitbrachte. Wir haben heute den ganzen Tag nur gegessen (denn heute habe ich auch noch Appetit).
Ach, es war zu schön in den 3 Tagen, in einer menschenwürdigen Umgebung leben zu können. Was mir etwas zu schaffen machte gestern Abend war meine Zerstreutheit und Konfusität. Das ist bestimmt schon ein Resultat davon, daß man hier nie an was denken muß. Hoffentlich gibt sich das bald wieder.
Morgen geht's wieder auf die Baustelle, jetzt muß ich zur Zusammenkunft der Arbeitsgruppenführer. Liebe Grüße, Euer Stefan.

*

Prora/Rügen am 21.01.88

Ihr Lieben!

Vielen Dank für den Brief, der heute ankam. Jetzt brauche ich mich wenigstens nicht mehr zu wundern, wo der Kuchen abgeblieben ist. Ich wollte ihn gestern auf den Tisch stellen, fand ihn aber nicht. Schade, daß Du für umsonst noch an den Bahnhof gelaufen bist, liebe Mama.
Diesmal bin ich ganz allein abgefahren, Tim brachte mich bis zur Ampel. Habt Ihr schon erfahren, daß der Zug Leipzig – Stralsund nach mir bei Berlin verunglückt ist? Da ich im 1. Wagen saß, wäre ich wahrscheinlich auch mit betroffen gewesen bei den Toten und Verletzten. Man kann wirklich froh und dankbar sein, daß auf der weiten Strecke noch nichts passiert ist.
Ich habe eigentlich wenig Hoffnung, daß es mit dem Urlaub nächste Woche was wird. Ich habe gestern erst wieder eine Dummheit begangen, indem ich mich zum Märtyrer machte. Ich wollte nicht, daß unser Stubenältester bestraft wird. Es ist der mit den vielen Kopfschmerzen und der will am Wochenende nach Hause fahren. Er hatte nachts die E-Kugel gerollt und ich sagte, dass ich das gewesen sei.
Ansonsten geht es mir recht gut, der Urlaub hat mir wirklich gut getan. Ich genieße das Meer und die Luft und Sonne hier oben. Es ist mir schrecklich, wenn ich daran denke, daß ich bald auch nur noch Kohlenluft atmen muß. Ihr seid ja schon daran gewöhnt und ich muß mich wieder daran gewöhnen. Jetzt habe ich nichts mehr zum Schreiben. Für heute nun viele Grüße, Euer Stefan.

Prora, 01.01.88
– Neujahr –

Hallo Listan!

Ein gutes neues Jahr! Gestern war
ich für den Durchgang nach Binz
zwecks Besuch eines Gottesdienstes
von 18⁰⁰–27⁰⁰ vorgesehen. Ich hatte
davon gar nichts gewusst. Zunächst,
also es gingen wir zu fünft 18⁰⁰
eben los. In dieser Zeitspanne
fuhr natürlich weder ein Bus
noch ein Zug und so ...
13 h nach Binz und ...
... Gottesdienst
... zurück, ...
also ...
Da w... ...
abends ... ...

Pulsschlagader aufgeschnitten.
Wenn e Silvester bei seinen Leuten
sein muss, so macht er eine
Fernseh-Fete, wie er meinte. Was
will man da machen. Jedenfalls
kippte er gestern in Neubertsimm
ab und brauchte unbedingt eine
Rudstel. Zum Glück hatte ich ja so
was noch da und so könnte er
wenigstens auf der Fiktn. Vielleicht
ist e Tabletten-abhängig, es war
jedenfalls schlecht anzusehen.
Um 24⁰⁰ stießen wir im Zimmer
auf's neue Jahr an und draußen
auf den Gängen flippten manche
dicht aus und
schrien in Erlösung.
Tja, es war schon
schön, das Jahr '88
anbrechen zu sehen.

Februar

Auf den milden Januar war ein milder, sonniger Februar gefolgt. Sooft es uns möglich war, verbrachten Thomas und ich die Mittagspause in den umrauschten Dünen der Ostsee. Nahe der rostigen Schienen, auf denen die Fischer morgens ihre Boote ins Wasser schoben, hinter einem kleinen Geräteschuppen mit Wellasbestdach erlebte ich die schönsten Stunden meiner Militärzeit. Von den unten am Strand liegenden alten Booten her zog ein Duft nach Teer, Algen und Schlick zu uns herauf. Links tobte das Meer, rechts rauschte der Kiefernwald, und verdeckt durch die Hütte hatten wir unsere Arbeitsstätte weit hinter uns gelassen. Aneinander gekuschelt lagen wir dort auf nebeneinander gestellten Holzpaletten vor dem weiten Panorama der Prorer Wieck.

Weit entfernt waren die Kasernen und weit weg schien das Militär, an das nur unsere wattierte, aber immerhin bequeme Uniform und ein weißer Kontrollturm etwa fünfhundert Meter vor uns erinnerte. Wie von einer Grenzanlage schien er in die Dünen geraten, und es war nicht auszumachen, ob er besetzt war oder nicht. Egal, ob wir von dort beobachtet wurden, hier genossen wir das, was uns einander so wichtig machte. Hier waren wir ungestört füreinander da. Meist lagen wir einfach still nebeneinander, Arm in Arm, Hand in Hand. Das, was aus der dicken Uniform hervorlugte, war mädchenhaft und zart. Manchmal betrachtete einer den anderen, und wenn er sich satt gesehen hatte, weckte er ihn mit einem abgestorbenen Halm des Dünengrases zu neuem Leben.

Wenn ich meinen Walkman mit herausgeschmuggelt hatte, hörten wir immer und immer wieder Udo Lindenbergs „Hinterm Horizont geht's weiter", mit der schönen Wendung „hinterm Horizont immer weiter, gemeinsam sind wir stark". Dann blinzelte ich gern durch die halb geschlossenen Augen und erkannte in der Ferne die Steilküste, wo ich vor ziemlich genau einem Jahr so sehr gebraucht hätte, was ich nun gefunden hatte. Ab 13 Uhr, wenn mit jeder Minute das Tuckern der Raupe zur Siebanlage zu rufen drohte, empfand ich das kleine Paradies jede Sekunde stärker.

Irgendwann mussten wir uns losreisen, und ich schlenderte über das weite Sandfeld zu meiner Arbeit zurück, die längst zur Routine geworden war. Lange vorüber war die Zeit, da ich im Zyklus arbeitete. Zuverlässig wie ich war, glaubte mein nur wenige Jahre älterer ziviler Meister, nur noch schwer auf mich verzichten zu können.

Manchmal kam mein Meister morgens recht schlecht gelaunt an. Er polterte dann laut zur Hütte hinein, wo ich es mir bis zum Arbeitsstart auf einer Holzbank gemütlich gemacht hatte. In „Sackmanier", wie wir sagten, befahl er mir dies und das. Er war der Herr, ich der Sklave.

Seit Ende 1987 war ich aber nicht mehr allein an meiner Siebanlage. Ich hatte zwei Kollegen, von denen es einem schlech-

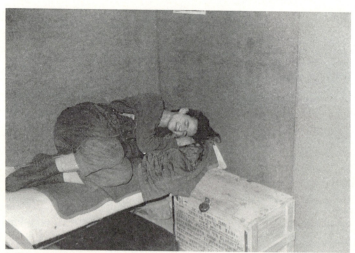

Bank und Kiste waren kleine persönliche Freiheiten.

ter zu gehen schien als dem anderen. Einer von ihnen war der sogenannte Familienvater aus meinem Zimmer. Seitdem er im Dezember so gelitten hatte, war er bedrohlich ruhig geworden. Zuweilen schien er sogar ganz entrückt zu sein. Der andere war ein ziviler Arbeiter, ein Alkoholiker, dem vermutlich im Rahmen der „sozialistischen Hilfe" ein Schonposten an der Siebanlage eingerichtet worden war. Er war kaum in der Lage, sich schnell Richtung Siebanlage zu bewegen. Einmal stürzte er sogar hin, und ich hievte ihn hoch und brachte ihn zu seinem Stühlchen zurück, während das stehen gebliebene Band unter dem Trichter der Siebanlage allmählich im Sand versackte. Eine meiner wesentlichen Aufgaben bestand künftig also darin, meine Kollegen aufzuheitern.
In diesem kleinen „Altenheim" bedauerte ich mich ein wenig um meine vergeudete Jugend. Und das nahm zu, je mehr ich mich an Dinge zurückerinnerte, die es nur im zivilen Leben gab. „Warst Du schon mal in der Disco unten im Palast", fragte mich meine jüngste Schwester in jenen Tagen in einem Brief aus Berlin.

„Da ist es echt sehr schön. Mit Kellner-Bedienung. Echt gutes Essen, auch Eis usw. Die Tanzfläche ist auch lustig. Sie ist rund und dreht sich und geht auch noch ca. 20–30 cm hoch und dann wieder runter. Zuerst ist es ein merkwürdiges Gefühl, vor allem wenn Du was getrunken hast."

Natürlich kannte ich sie noch nicht, diese Diskothek im „Palast der Republik", und deren Schilderung erschien mir zwischen meinen Sandbergen geradezu märchenhaft. Da wollte auch ich hin, sobald Tom und ich ... Ja, was würde eigentlich aus uns beiden werden, wenn diese Zeit hier zu Ende ginge? Mit Sorge beobachtete ich, wie sich Thomas für meine jüngste Schwester zu interessieren begann, so wie es Monate zuvor Christian für meine älteste Schwester getan hatte. Ich kannte das. In der Hoffnung, meine Schwestern seien mir ähnlich, glaubten sich meine Freunde in diese verlieben zu müssen. Unbestreitbar hatten meine Schwestern Vorzüge aufzuweisen, mit denen ich nicht konkurrieren konnte: sie waren nicht so schlaksig und groß wie ich, und sie waren weiblich. Sie waren recht schön und ich kokettierte gern mit ihnen und spielte dabei mit dem Feuer. Thomas hatte ich das Bild von meiner jüngsten Schwester präsentiert, das sich Monate zuvor Markus so gern angeschaut hatte. Ja und Thomas, der bekam sogar Grüße von ihr zurück.

Noch erschien das Ende der Zeit in Prora weit weg. Im Radio, das ich mir in die Hütte an meiner Siebanlage stellen durfte, dudelte auf dem an sich verbotenen Sender NDR 2 neben meinen Lieblingsliedern „Voyage, Voyage", „Wonderful Life" und „Hinterm Horizont geht's weiter" plötzlich das Lied Udo Lindenbergs „Ich lieb' dich überhaupt nicht mehr". Das Vorgängerlied, das war mir lieber.

Dass das freie Leben nicht unbedingt zum Positiven hin veränderte, glaubte ich an Christian erkennen zu müssen. An einem Februarwochenende hatte mich der damalige Student der Theologie besucht und schien in völlig andere Sphären eingetaucht. Das Leben als selbstständig denkender und entscheidender Mensch und das Studium mit seinen ganz eigenen Zwängen und theologischen Konstruktionen konnte ich mir in meiner eng umzäunten Welt auf der einen und der unendlichen Weite auf der anderen Seite kaum vorstellen. Ich fand es damals schade, dass wir uns in den völlig verschiedenen Räumen, in denen wir uns bewegten, innerlich so weit auseinandergelebt hatten. Ähnlich verhielt es sich mit meinem Freundeskreis in Eisenach, insbesondere mit Andreas. Längst waren die Briefe zwischen unseren Welten rarer geworden.

Mich beschäftigte nach wie vor das Einerlei, das Tag für Tag aufs Neue gestaltet sein wollte. Und es lauerten Gefahren, die den Atem stocken ließen. Insgesamt hatte sich die Atmosphäre in unserer Kompanie am Beginn des neuen Jahres verschärft. Etwa um den 5. Februar herum wurde unsere Arbeitsgruppe von einer regelrechten Razzia überrascht, wie ich sie ähnlich im Frühjahr 1987 in der Kaserne von Prora erlebt hatte. Was die Offiziere gesucht haben, ist bis heute ein Rätsel. Ging es wirklich nur darum, Dinge zu beschlagnahmen, die das Leben etwas versüßten, wie Radio, Walkman oder Bücher? Ich sollte damals übrigens eine Holzkiste öffnen, die neben der Bank in meiner Hütte stand. Zitternden Herzens tat ich völlig unbeteiligt, indem ich erklärte, die Kiste gehöre einem zivilen Arbeiter und ich besäße dafür keinen Schlüssel. Gut, dass sie die Kiste nicht mitnahmen. Darin hatte der „Familienvater" einen Rumtopf angesetzt, mit Alkohol, den uns die zivilen Arbeiter besorgt hatten. Genug davon war auf der Baustelle ja im Umlauf.

Wurde bei jener Razzia nicht vielleicht auch politisch brisantes Material gesucht? Dass dieses tatsächlich kursierte, hatte ich wenige Wochen zuvor in meinem Zimmer erfahren. Im Dezember 1987, als ich am Boden zerstört war, hatte mich mein Leipziger Mitbewohner Horst mit großen rollenden, geheimnisvollen Augen getröstet: „Stefan, in zwei Jahren regiert die Straße!" Ich konnte damals damit ebenso wenig anfangen, wie mit den Begriffen „Glasnost" und „Perestroika". In wachsender Geschwindigkeit aber wurden mir seither die Augen geöffnet. Während ich mich süßer Einschlafmusik hingab, beschäftigten unseren Leipziger irgendwelche Schriftstücke, die er mit Taschenlampe unter der Bettdecke las. Das war nicht nur ein schmuddeliger Schmöker von Charles Bukowski, der schon allein wegen seiner westlichen Herkunft verboten war und dementsprechend heimlich von Zimmer zu Zimmer wanderte. Irgendwann einmal sah ich Sven bei seinem Besuch in unserem Zimmer ein Dokument aus dem Stiefel ziehen, das sofort unter Horsts Matratze verschwand. Neugierig bettelte ich, sehen zu dürfen, was das denn sei. Mit der Begründung, ich sei dafür zu jung, wehrte er zunächst ab. Triumphierend steckte er mir das Heft aber dann doch in meinen Strumpf, und unter der Drohung, „lass dich bloß nicht erwischen, das bringt Schwedt", stiefelte ich zur Toilette. Vergewissernd, dass ich allein war, ließ ich mich in einer Kabine nieder und schaute mir die Blätter an, von denen ich nur noch weiß, dass es eine mit Bildern, politischem Witz und sachlichen Informationen gespickte Vervielfältigung war. Manches konnte ich nicht einordnen. Aber ich verstand, welch hochexplosiven Sprengstoff ich da in meinen Händen hielt. Und ich war froh, als ich das Schriftstück Horst wieder zurückgeben konnte. Ich bat auch nicht noch einmal um ein solches Heft. An die Mahnung meines Vaters denkend, besonnen zu bleiben, und in dem Wissen, dass es in der DDR so etwas wie „Sippenhaft" gab, wollte ich mein eigenes Leben und das meiner Familie nicht aufs Spiel setzen.

Die Zahl der im Eigendruck hergestellten und vervielfältigten Schriften war seit 1986 sprunghaft angestiegen. Etwa bis zu zehn Prozent dieser Zeitschriften, Bücher und mehrseitigen Informationsblätter wurden durch das Ministerium für Staatssicherheit (MfS) beschlagnahmt. Es erfüllte mich mit Genugtuung, aber auch mit Angst, dass das Land an einem immer tiefer werdenden Abgrund stand. Es schien mir damals fraglich, ob wir „Dreckschippen", wie wir geringschätzig bezeichnet wurden, den Graben würden füllen müssen oder ob wir nicht selbst darin würden begraben werden.

Im Dezember 1987 hatte mir Horst auch erklärt, wer Stephan Krawczyk und Freya Klier waren, die als Künstlerpaar mit ihren Programmen einen substantiellen Beitrag für die Opposition in der DDR leisteten und damit die Kirchen füllten. Am 17. Januar 1988 waren sie im Zusammenhang mit der Rosa-Luxemburg-Demonstration an der Gedenkstätte der Sozialisten in Berlin-Friedrichsfelde verhaftet worden. Rund 160 Demonstranten waren im Vorfeld jener Kundgebung, bei der oppositionelle Demonstranten Losungen mit den Luxemburg-Zitaten „Die Freiheit ist immer die Freiheit des Andersdenkenden!" und „Der einzige Weg zur Wiedergeburt – breiteste Demokratie" mitführten, festgesetzt worden. Daraufhin fanden in Berlin zahlreiche Solidaritätsgottesdienste mit bis zu 3.000 Menschen statt. In etwa 40 Städten der DDR waren größere Solidaritätsveranstaltungen in Kirchen zustande gekommen. Eine solch hohe Beteiligung an oppositionellen Aktivitäten wurde erst wieder im Herbst 1989 erreicht. Initialwirkung für die sich ausweitende Solidarisierungswelle hatte ein Video, mit dem Freya Klier westdeutsche Künstler erreichen wollte.

Ich erinnere mich, wie groß der Unmut auch in meinem Zimmer war, als Krawczyk und Klier am 2. Februar 1988 aus der Haft in den Westen entlassen wurden. Bis zum 9. Februar gingen weitere Oppositionelle diesen Weg. Nach dieser praktizierten „Endlagerung von gefährlichen Menschen im Ausland" (Rüddenklau, 1992) brach die in der DDR stetig größer gewordene Welle der Solidarisierung zusammen. Ob die erwähnte Razzia auf der Baustelle mit diesem einschneidenden Ereignis in der Geschichte der Opposition in der DDR in irgendeinem Zusammenhang stand? Ich weiß es nicht.

Horsts Vertrauen hatte ich nicht zuletzt durch meine Verwandtschaft mit dem Träger der Berliner Umweltbibliothek, Pfarrer Hans Simon, gewonnen. Die Umweltbibliothek in der Zionskirchgemeinde gehörte zu den oppositionellen Keimzellen in der DDR. Am 24. November 1987 war die Bibliothek vorübergehend vom MfS besetzt worden, um eine Grundsatzerklärung der Arbeitsgruppe „Staatsbürgerschaftsrecht der DDR" zu unterbinden. Diese Arbeitsgruppe, der es um Information und Aufklärung ging und die bald an Öffentlichkeit gewann, hatte sich gerade eben in den Räumen der Umweltbibliothek konstituiert. Als für den 10. Dezember, dem Tag der Menschenrechte, ein Gottesdienst zur Menschenrechtsfrage geplant wurde, an dem sich die Kirchenleitung und neben mehreren Oppositionsgruppen auch die Staatsbürgerschaftsgruppe beteiligte, schlugen die Behörden zu. Die wichtigsten Initiatoren der Gruppe, darunter Günter Jeschonnek, wurden aus der DDR ausgewiesen, und zwar in einer Form, die menschenunwürdigen Deportationen gleichkamen. Von diesen turbulenten Vorgängen im fernen Berlin ahnten Thomas und ich nichts, als wir wenige Stunden nach jenem Tag der Menschenrechte im Wald von Prora unseren eigenen kleinen Frieden fanden.

Auch im Februar peinigten Schikanen seitens der Vorgesetzten. Doch dazwischen, unbemerkt von den Vorgesetzten, kochten wir heimlich unser gemeinsames Süppchen – im übertragenen Sinne und real. Wenn es auf dem Flur ruhig schien, stellten wir unser Bügeleisen umgekehrt unter das Bett vorm Fenster. In dem einzigen Topf, den wir sonst irgendwo versteckt hatten, kochten wir die Speisen. Bei diesen nächtlichen Aktivitäten lebten wir alle auf, und mit diebischer Freude füllten wir des Nachts unsere innere Leere.

Essen und Schlafen wurden zu immer wesentlicheren imaginären Fluchtkomponenten aus dem recht trostlosen Alltag. Und die Angst vor der oft erlebten Willkür der Vorgesetzten, die schlief und die aß immer mit. Auch wenn ich mich hinter dem Horizont nicht mehr allein fühlte, sie drohte mich noch immer aufzufressen.

Prora/Rügen, am 02.02.88

Ihr Lieben!

Nach einer schrecklich langen Zugfahrt bin ich gut wieder hier angekommen. Der Zug ab Leipzig war brechend voll und ich hatte Glück, daß mir ein Mädchen 4 Platzkarten geschenkt hat. So hatten noch ein Armist und ich eine Bank für uns. Später kamen dann noch 2 Armisten (3-jährige), die brauchten nicht viel Platz, denn es schien ihnen Spaß zu machen ziemlich eng umschlungen zu schlafen. Schließlich war ich froh, als ich im Bett lag, und bis zum Mittag schlafen konnte.
Den Nachmittag verbrachten wir fast ausschließlich mit Essen. Manchmal kann man einfach nichts anderes tun als essen und schlafen. Kaffee getrunken haben wir im Klubraum, wo wir nebenbei Vivaldi hörten. (Wir haben doch eine neue Stereoanlage hier.)
Die Pizza habe ich im Grill, den wir uns borgten, aufgebacken und es hat bestimmt keinen von Euch so geschmeckt wie Thomas und mir, da hier die schönen Dinge einen ganz anderen Stellenwert einnehmen. Dann gab es Leberwurst-Brote mit selbstgemachter Leberwurst aus Thomas Dorf und zum Schluß Traumcreme. Zum Glück kann man sich immer gleich hinlegen.
Heute bin ich ausnahmsweise wieder mal im Versorger. Jetzt haben wir den Abwasch hinter uns und warten aufs Auto zur Rückfahrt. Heute früh haben wir einen ganz herrlichen Sonnenaufgang gehabt, aber dann regnete es den ganzen Tag. Eigentlich wollte ich noch am Strand etwas spazieren gehen, aber jetzt werde ich noch duschen. Morgen muß ich dann wieder an die Siebanlage. Ich hoffe Euch geht es gut und grüße Euch herzlich,
Euer Stefan.

*

Prora/Rügen, am 09.02.88

Ihr Lieben!

Inzwischen werdet ihr wohl wieder zu Hause sein. Vielen Dank für die Karte aus Gernrode. Ob da Schnee lag? Ich habe in diesem Jahr noch keinen gesehen. Aber Thomas und ich genießen die Mittagspausen am Meer, in denen schon warm die Sonne scheint. Wir haben uns in einem

geschützten Winkel zwei Liegen gebaut, von denen wir das Meer, die Dünen und den Strand sehen und von der Sonne beschienen werden. Manche Sträucher sind schon grün und die ersten Schwärme von Wildgänsen flogen neulich gackernd über Mukran.
Vor ein paar Tagen war es weniger ruhig auf der Baustelle, und zwar wurde meine Arbeitsgruppe von 6–8 Offizieren aufgesucht, die den Aufenthaltsraum von meinen Leuten durchwühlten. Es wurden rücksichtslos die Spinde geknackt, aus denen sie etliche Bücher, Radio etc. mitnahmen. Thomas nahmen sie den Hebräisch-Kurs ab. Sie hatten einen Durchsuchungsbefehl wohl auch von der anderen „Firma"[3]. Überall standen sie rum, wir konnten kaum mal zu zweit untereinander reden, dann stand schon wieder einer vor uns oder hinter uns. Das alles kam ziemlich überraschend und ich regte mich ziemlich auf, vor allem wegen des unverschämten Tones. Schließlich gibt und gab es mit den Zivilen noch nie Probleme, was auch mein Meister bestätigte.
In der Kaserne wurden wir mit einer Taschenkontrolle empfangen. Abends mußten wir noch mal zum Kompaniechef. Ich weiß nicht, was das alles sollte, nun ist es ja wieder ruhiger. Ansonsten gibt es ja nicht viel Neues zu berichten. Übersteht den Basar gut! Viele liebe Grüße für heute, Euer Stefan.

*

Prora, am 14.02.88

Ihr Lieben zu Hause!

Heute ist Sonntag und ich habe das Zimmer fast allein. Heute haben wir (2 aus dem Nachbarzimmer und 2 aus unserem Zimmer) 2 Stunden gefrühstückt, es gab Karlsbader Schnitten. Die kann man sehr gut mit dem Toaströster machen. Eigentlich wollte ich heute in Hebräisch vorankommen, aber nach den vier Karlsbader Schnitten war ich so müde, daß ich mich aufs Bett legte und erst nach 3 Stunden aufwachte. Ist der viele Schlaf nicht unnormal?
Jetzt geht es gleich zum Mittagessen, danach werde ich erst mal einen Strandspaziergang machen. Draußen scheint nämlich die Sonne, die Luft

---

[3] Gemeint ist die Staatssicherheit.

ist mild. Heute früh hatten wir einen ganz herrlichen Sonnenaufgang. Gestern war ich den ganzen Tag auf der Baustelle zu einem Sondereinsatz. Es mußte oberhalb der Steilküste ein Entwässerungsgraben geschaufelt werden. Bei dem Wetter war das nicht so schlimm. Es erinnerte mich an die Zeit vor einem Jahr, da stand ich ja fast täglich im Graben.
Ihr habt heute Basar und sicherlich viel Streß.
Die Leute im Zimmer beklagen sich über Thomas und mein Geschwatze abends und morgens. Zusammen sollen wir wie eine binäre Waffe sein, einzeln erträglich und zusammen unerträglich. Es ist aber meistens ganz lustig im Zimmer. Gestern Abend gab es Sligths Bacon aus Kalifornien zum Abendbrot. Jemand aus dem Zimmer hat Verwandte in Amerika. Vorgestern gab es eine Frühlingssuppe von mir zum Abendbrot. Die haben der Familienvater, Tom und ich zusammen gekocht und gegessen. Vorher haben wir ein Danklied gesungen. Es ist abends recht gemütlich.
So, nun habe ich genug übers Essen und Schlafen geschrieben. Laßt es Euch gut gehen. Vielen Dank für deinen letzten Brief, lb. Mama! Euer Stefan.

*

Mukran, am 21.02.88

Ihr Lieben zu Hause! 66 + h

Zunächst vielen Dank für den letzten Brief, worüber ich mich sehr freute. Es ist Sonntagnachmittag, eben kamen Thomas und ich von unserem Mittag-Strand-Spaziergang zurück. Jetzt läuft vor der Hütte wieder die Siebanlage. Seit drei Tagen haben wir Frost und es liegt sogar etwas Schnee. Da mußten wir heute morgen wieder den Trichter aufhacken, denn alles war darin gefroren. Aus meinem Zimmer der Familienvater hat sich dabei die Hüfte verrenkt, jetzt schläft er wieder.
Er schläft überhaupt fast nur noch, ist immer müde. Ansonsten liest er in der Bibel und neuerdings baut er an einem großen Holzkreuz als Grabstein. Manchmal ist das Bild, was er abgibt, erschütternd. Er raucht ja viel und manchmal muß er mittendrin die Zigarette ausdrücken, weil ihm schlecht ist. Aber vorgestern kam er mal Tom und mir am Strand entgegen, da war er wie ein anderer Mensch, lachte, und wir balgten uns im Sand. Anschließend hatte er mir sogar vorgeschlagen, spazieren zu gehen, aber

da mußten wir hier ein Band auswechseln und da verfiel er schließlich wieder in seinen Trott.

Dann habe ich hier hinten noch den zivilen Alkoholiker sitzen. Er ist 34 Jahre alt und sieht aus wie 75. Er kann kaum noch laufen und fällt manchmal hin. Ich verstehe ihn meistens schlecht, wenn er redet, aber wir necken uns oft und reden miteinander. Oftmals ist es nur Mist, aber wenn ich nichts sage, dann sitzen alle stumm herum und der Jojo – so nennt man ihn – sieht ganz geistesabwesend aus. So bin ich manchmal vielleicht überdreht, aber anders ist es für mich wohl zu belastend. Jojo lebt auch immer auf, wenn ich mich mit ihm beschäftige. Schließlich bin ich noch jung.

Ich mache ansonsten jeden Tag nebenbei hebräisch. Neuerdings schlafe ich unruhig und träume jede Nacht die schrecklichsten Szenen von der Armee. Heute Nacht träumte ich von der letzten Durchsuchungsaktion hier in meinem Arbeitskommando. Daraufhin bekam übrigens einer 3 Tage Bau [Arrestzelle], weil er Zivilsachen und Fotoapparat hier hatte und einer bekam 1 Tag Bau, weil er mit auf dem Film war. Sie hatten einen Ausflug nach Nord-Rügen im Sommer gemacht und dies fotografiert.

Ansonsten fühle ich mich ganz wohl, ich freue mich, daß ich Thomas habe. Das ist wichtig für mich, einen Menschen zum Reden zu haben. Heute haben wir uns erst wieder schön unterhalten, denn ich berichtete ihm von meinem gestrigen Ausgang mit Christian und dessen Freund. Freitag kam ich übrigens nicht in den Ausgang. Er wurde gestrichen, weil Thomas und ich nach 22 Uhr noch im Zimmer gelacht haben. Wir wurden von den anderen durchgekitzelt. Es war mal ganz lustig, aber lachen ist nicht erlaubt, wie überhaupt fast nichts erlaubt ist.

Thomas hatte ein Mädchen in Binz zu Besuch und durfte auch nicht raus, ich bin noch allen Säcken hinterher gekrochen, ob ich nicht doch rauskomme und ebenso Thomas. Aber es war nichts zu machen, das ist ja nur eine Genugtuung für sie. So verabschiedete ich Christian und Freund vorm Tor und verbrachte den Abend mal wieder mit „Fressen". Nach viel Ärger habe ich neuerdings guten Appetit.

Gestern war ich nun im Ausgang. Wir waren im Café „Möwe" ganz nobel essen und trinken und hatten eine Rechnung von 95 Mark zu dritt. Aber so sehr amüsiert habe ich mich nicht. Christian hat sich wohl ganz schön geändert in dem Jahr, ich konnte in fast nichts mit ihm übereinstimmen und wir bekamen uns fast in die Haare, so diskutierten wir. Er hat oft eigenartige Anschauungen und duldet keinen Widerspruch, sieht alles so absolut und sche(h)rt alles über einen Kamm. Na ja, aber trotzdem war es ganz nett. Ich weiß nicht mehr so genau, ob wir uns weiterhin so gut verstehen. Durch den vielen Wein bin ich heute etwas angeschlagen, letzte Nacht war ich ja auch viel wach. Heute Abend gehe ich ins Kino. Es soll ein guter Film kommen. Wenn alles klappt, bin ich nächstes Wochenende zu Hause. Viele liebe Grüße für heute, Euer Stefan.

März

Trotz einiger Lichtblicke, die den Frühling fühlbar werden ließen, war der März ein recht dunkler Monat. Noch einmal suchte das Militär seine Macht auszuspielen, abermals wurde unsere Psyche mit Füßen getreten. Besonders ins Visier geraten waren Thomas und ich. „Des Menschen Wille ist sein Himmelreich", pflegte meine Erfurter Oma als preußische Weisheit zu verbreiten. „Gehe nie zu deinem Fürst, wenn Du nicht gerufen wirst", mahnte mich ein Mitbewohner aus Sachsen in tradiertem Untertanenwissen. Ich wollte zu viel und eckte damit an.

Wegen einer Vielzahl unaufschiebbarer Ereignisse in meiner Familie sah ich mich geradezu gezwungen, ein Urlaubsgesuch nach dem anderen einzureichen. Genug Urlaubstage besaß ich ja noch. In meinem „Gefängnis" aber ging es nicht darum, Willen zu erfüllen, sondern Willen zu brechen. Der 50. Geburtstag meines Vaters sollte ein besonderer Anlass werden, mich in die Schranken zu weisen; das Schlottern der Ohnmacht in die Beine fahren und den Mund stumm werden zu lassen. Urlaub erhielt ich nicht.

Ich hatte Angst vor dem Kompaniechef. Es konnte im Übrigen fatal sein, ihm plötzlich auf dem Gang zu begegnen. Allein der Anblick eines Bausoldaten konnte bei ihm ein Poltern und eine darauf folgende Bestrafung auslösen. Bei Erscheinen des Kompaniechefs hatte man blitzschnell zu entscheiden, ob es besser war, stehen zu bleiben oder sich flink umzudrehen und langsam aber zielgerichtet in entgegengesetzter Richtung davon zu schlendern. Wir alle wohl hatten Angst vor dem „KC" und das noch acht Wochen vor der Entlassung.

Manchmal schreckte mich später ein „Genosse Bausoldat, bleiben sie stehen" aus dem Schlaf, verbunden mit dem Bild, wie sich der „KC" den langen Gang entlang schleppt, sich an den

BS Walter Stefan   OU 11.03.88
WDA-NR. 78/0043565

Stellungnahme

Am 11.03.88 begab ich mich gleich anschließend an das Mittagessen 13⁴⁰ in den Stab, um ein Gespräch mit Major Heine aufzunehmen. Da mir die Angelegenheit des Gespräches sehr wichtig war konnte ich dies nicht lange verschieben. Durch den OvD wurde mir mitgeteilt, daß ich mich auf der Kompanie aufzuhalten habe. Daher konnte ich mich nicht mehr ins Außenrevier begeben, zumal der Abmarsch dorthin erst 13⁴⁵ erfolgte. Abgemeldet hatte ich mich mündlich bei den Diensthabenden und auch Hptm. Nehrdich war davon in Kenntnis gesetzt, daß ich mich im Stab bzw. auf der Kompanie aufhalte.

                         Stefan Walter

Stress, weil Urlaub beantragt ist. Stellungnahme vom 11. März 1988.

Fensterbrettern entlang hangelnd. Tatsächlich schien auch ihn die finstere Macht erfasst zu haben, die die Beine so schwer werden ließ, dass sie kaum noch gehfähig waren. Ich weiß nicht, was er plötzlich für ein Krankheitsleiden hatte, mir war es auch egal. Für mich war der sich plötzlich auftuende körperliche Verfall ein sichtbares Zeichen der verdorbenen Welt und ein Auswuchs der schlechten Energien, in denen wir uns bewegten.

Mein Urlaubsgesuch zum Geburtstag meines Vaters brachte mich einmal mehr in die gefürchtete Nähe zu diesem Mann, der das Unheil von Prora zu verkörpern schien. Im Wissen um den Halt, den ich in Prora gefunden hatte und in dem nun unübersehbar vor mir stehenden Ende dieser Zeit, gab ich in den Briefen ein recht schonungsloses Zeugnis von dem damals ausgestandenen Kampf.

Der Geburtstag, der die Ehrung meines Vaters als Privat- und als Kirchenmann verband, war ein großes Fest. Es war der vorletzte Geburtstag, den mein Vater gesund begehen konnte. Die Verantwortung für den Betrieb eines Krankenhauses, zweier Alters- und Erholungsheime sowie einiger Gemeindeschwesternstationen im ökonomischen Abwärtsgang der DDR, dazu allerlei politisch gesteuerte Schikanen gegenüber kirchlichen Einrichtungen, rieben die Gesundheit auf. Es war stets eine besondere Ehre für mich, von meinem an der Grenze der Belastbarkeit agierenden Vater einen Brief zu erhalten. Vier Tage nach dem Geburtstag schrieb er:

„Es ist wirklich schade, daß Euch zu guter Letzt das Leben noch so schwer gemacht wird, ich hoffe nur, daß Du noch gut durchhältst und immer besonnen bist. Daß einem das Ganze auf die Nerven gehen kann, kann ich mir gut vorstellen. Wir haben Dich zum Geburtstag sehr vermißt. Ich habe mich riesig über Dein Telegramm gefreut.
Es war ein sehr schöner Tag [...] Um 7 Uhr hat ein Chor bei uns im Treppenhaus gesungen. Um 7.30 Uhr war Andacht im Mutterhaus, zu

der auch die Mama und Silke gegangen sind. Die Andacht hat Pfr. Hundertmark gehalten. Danach haben mich die Schwestern und die Verwaltung gegrüßt und beschenkt. Ich habe einen Geburtstagskalender bekommen, auf dem die Losungen von den bedeutenden Tagen in meinem Leben draufstehen. Die Losungen haben sie sich extra aus Herrnhut schicken lassen. Das war eine gute Idee. Außerdem habe ich eine Schreibtischlampe und einen neuen Schirm für die Stehlampe in meinem Zimmer im Mutterhaus bekommen.
Von 9 Uhr an war dann Möglichkeit zu gratulieren. Die Küche hat ein wunderbares Büfett aufgebaut. Sowohl das Auge, als auch der Gaumen haben sich gefreut. Es waren sehr viele Menschen da. Ich habe nicht mit so viel gerechnet. Ich habe viel zu trinken bekommen, aber auch eine Reihe schöner Bücher.
Am Nachmittag haben wir zu Hause mit der Oma und Frl. Heinzig Kaffee getrunken. Zum Abendbrot kamen dann noch Büchners und Hundertmarks. Um 19.30 war noch einmal im Mutterhaus eine Stunde der Besinnung. Es gab Musik und eine Sprechmotette zu Elia. Danach sind wir wieder nach Hause und haben noch gefeiert."

Eine Ergänzung zu diesen Schilderungen war der tröstende Brief meiner Erfurter Oma. „Lieber Stefan!", schrieb sie,

„wir hatten bis zuletzt gehofft, daß Du noch kommst. Aber dem war nicht so. Sei nicht mehr so traurig, es hat nicht sollen sein. Warum? Das weiß Gott der Herr allein!
Dein Telegramm kam an als wir beim Kaffeetrinken waren. So haben wir laufend an Dich gedacht. Der Vormittag war ganz groß verlaufen mit allen Experten vom Krankenhaus und Mutterhaus, dem Rat des Kreises usw. mit vielen schönen Blumen und Geschenken. Nach einem feudalen Abendbrot gingen wir ins Mutterhaus, wo zu Ehren von Papa ein Abend gestaltet wurde. Es war sehr gemütlich. Das nächste Mal bist Du wieder dabei, lb. Stefan. Du weißt wie schnell die Zeit vergeht."

Die verbliebene Zeit mag nur noch kurz gewesen sein. Im Alltag hinter den Zäunen und Wachanlagen aber hatte ich jegliches Zeitgefühl verloren. Ging es mir gut, so konnten die

Tage verfliegen. In angespannten Situationen, in denen jede Minute eine neue böse Überraschung mit sich bringen konnte, nahmen sich wenige Tage aber oft wie Wochen aus. Der März schien Thomas und mir noch einmal zeigen zu wollen, wie sehr wir unseren Halt brauchten.

Ein Hoffnungsschimmer in dieser Tristesse waren neue Mitbewohner in der Kaserne. Das waren zum einen Matrosen, denen wir gern ab und zu Gesellschaft leisteten, wodurch wir für die Vorgesetzten unserer Kompanie unerreichbar waren. Und das waren zivile Forstarbeiter, die zum Zwecke der Elektrifizierung der Gleisanlage zwischen Bergen und Binz zu Baumfällaktionen in den Proraer Wald gerufen worden waren. Sie bezogen das obere Stockwerk der Kaserne, wo sie ein recht buntes Leben entfalteten. Der Kontakt zu ihnen war untersagt. Ich aber hatte mich einmal dort hinaufgeschlichen und glaubte mit Genugtuung feststellen zu können, dass ihre zivilen Gepflogenheiten die Starre des Militärs zersetzten. Für mich war das eine Horizonterweiterung, die zu der Vorstellung ermutigte, der gesamte Spuk in Prora werde bald vorbei sein.

Prora, am 04.03.88

Ihr Lieben zu Hause! 54 + h

Am Freitagabend möchte ich Euch noch ein paar Zeilen schreiben. Eben sind wir mit kochen fertiggeworden, heute gab es mal wieder Spaghetti. Wir aßen mit den Matrosen zusammen, die über uns wohnen. Zwei Etagen höher sind jetzt 20 Forstarbeiter eingezogen, die woanders keine Bleibe haben. Ihnen wurde nahegelegt, keinen Alkohol zu trinken und nicht zu rauchen. Trotzdem muß es dort ziemlich lustig zugehen. Obwohl es für die nicht schön sein muß als Zivile in der Kaserne zu hausen. Ab heute will es wohl Frühling werden. Es ist jetzt richtig mild draußen und es roch auch ganz nach Frühling. Tagsüber war ich auf der Baustelle. Jojo, der Alkoholiker, war jetzt 2 Tage nicht an der Siebanlage erschienen,

heute kam er wieder. Er ist ca. 30 Jahre und sieht aus und läuft wie ein 75-jähriger Mann. Mein anderer Kollege (aus meinem Zimmer) muß ja nun die Bäder machen, weil er zu viel gelegen hat und das die Knochen nicht mitmachen.
Ich laufe wenigstens über Mittag noch mal den Strand auf und ab. Es ist schon eigenartig, wie viel man hier schläft, aber ich las in einem Buch etwas sehr treffendes. Da hieß es von einem geknechteten Menschen – „er schlief so tief und fest, wie es nur hoffnungslose Menschen tun können."
Wie oft hat man sich hier nach irgendwelchem Ärger oder einer Maßnahme hingelegt und geschlafen, einfach weil es das beste Mittel zum Vergessen und zum Abtöten von Angst ist – und dieses Gefühl – Angst haben – hat man hier fast täglich zu spüren bekommen. Nach 17 Monaten zieht man so langsam Fazit und wir kommen wohl darin überein, daß man sich hier weniger körperlich fertig macht, als vielmehr seelischer Natur. Es ist eine große Mühle hier. Zum Glück aber gibt es noch die Natur, aus der man hier Kraft schöpfen kann.
Nun ist also fast alles gelaufen und Ende April schließen sich die Pforten, und jeder wird mit dem, was aus ihm gemacht worden ist, allein gelassen. Manche sind hier ganz schön heruntergekommen. Vor zwei Wochen ist einer von uns durchgedreht und zwar in seinem letzten Urlaub. Er hat es nicht bis zum Schluß geschafft und sitzt nun in einer Anstalt.
Auf der Baustelle geht es mir ja recht gut, allerdings hat mir heute der Sicherheitsinspektor verboten, hebräisch zu machen. Er ist ein ziviler Sack. Jetzt muß ich immer fürchten, daß er mich wieder erwischt. Hebräisch muß ich auf jeden Fall weiter betreiben. Thomas ist neulich auch erwischt worden, und einen Tag später kam jemand ins Zimmer hereingestürmt und Thomas wurde kreidebleich und mußte sich am Tisch festhalten vor Schreck. Ich weiß gar nicht, ob ihr Euch das vorstellen könnt. Genug dazu.
Von Silke bekam ich gestern einen sehr netten Brief mit einem schönen Büchlein „Romeo und Julia auf den Dorfe". Ich habe schon angefangen, darin zu lesen. Es scheint wirklich schön zu sein.
Vielleicht komme ich nächstes Wochenende nach Hause. So sicher bin ich mir da noch nicht. Aber ich würde mich natürlich sehr freuen. – Laßt es Euch gut gehen, bis zum nächsten Mal, Euer Stefan.

*

Prora, 07.03.88

Ihr Lieben!

Gerade bin ich von der Baustelle gekommen und halte mich nun im Klubraum auf – bei ziemlich lauter Musik. Draußen fällt Schneeregen, es ist ein ungemütliches Wetter. Gestern dagegen schien am Nachmittag ganz herrlich die Sonne und die Insel sah wie verzaubert aus. Thomas und ich gingen gleich spazieren und genossen das so richtig. Das Wetter ist also wie im April. Die Urlauber hier laufen in dicken hochgeschlagenen Jacken und mit Mütze am Strand spazieren, wir arbeiten dagegen mit Pullover oder offener Jacke. Gesten Abend waren wir in einem ganz tollen beeindruckenden Kinofilm „Die Mission". Den müßt ihr Euch auch unbedingt einmal anschauen, wenn er läuft.
Heute wurde die Urlaubsplanung geschrieben, da haben sie mich wieder unter den Tisch fallen lassen für nächstes Wochenende.
Dafür müssen wir aus unserem Zimmer laufend Stellungnahmen für irgendwelche banalen Sachen schreiben. Ich fürchte wir stehen auf dem bewußten Plan mit den Leuten, mit denen man noch was „besonderes" vor hat. Gott sei Dank haben wir nur noch 8 Wochen. Nun werde ich mich morgen wieder wegen dem Urlaubsproblem rumärgern müssen und mich kotzt das alles langsam an. So, das war's für heute. Gleich gibt es Abendbrot, da darf ich nicht fehlen.
Viele liebe Grüße bis hoffentlich bald, Euer Stefan.

PS: Ich rufe noch mal an.

*

Prora, am 11.03.88

Ihr Lieben!

Heute wollte ich in den Urlaub fahren und daraus ist also nichts geworden. Dafür hatte ich einen sehr nervenaufreibenden Tag, da ich natürlich alle Hebel in Bewegung setzen wollte, um doch noch fahren zu können. So reichte ich gestern Abend ein Gesprächsgesuch an den Kommandeur der Baueinheit beim Kompaniechef ein.
Im Laufe des Vormittages hoffte ich auf ein Echo und konnte gar nichts machen. Auf dem Flur gingen die Stiefel auf und ab, Türen auf und zu

und ich dachte jedesmal: „Jetzt ist es soweit." Schließlich nahm ich eine halbe Beruhigungstablette und legte mich schlafen, anders hätte ich diesen Zustand nicht mehr verkraftet.
Dann war Stubendurchgang und ich sprang wieder aus dem Bett und fragte den KC, wie es denn nun aussieht. Aber der belügt einen ja nur und erzählte mir, wie ich es denn verantworten könnte, zu solch einem Anlaß nicht nach Hause zu fahren und meine Urlaubsrate so gelegt habe. Aber es ist ja zwecklos, ihm zu sagen, daß wir die Raten befehlsmäßig bekommen haben.
Jedenfalls habe ich da nichts erreicht, durfte auf der Regimentsstraße aufgeweichtes Papier aus den Pfützen fischen und mich von vorübergehenden Offizieren anschreien lassen, weil ein Knopf an der Jacke auf war etc. Da wird einem so etwas an den Kopf geknallt, wie: „Treten sie weg und putzen die Stiefel, sonst spiele ich mit Ihnen wilde Sau." Dann hat man sich im Laufschritt weg zu bewegen.
Nach dem Mittag ging ich in den Stab, um einen Vertreter des Kommandeurs zu sprechen, der war aber verhindert und ich wurde daraufhin wieder auf die Kompanie bestellt und dort zur Rede gestellt. Die Vorgesetzten waren ganz außer sich und ich hörte mir das an und sagte nur, daß ich mit Ihnen nicht mehr über Urlaub diskutiere. Der KC sagte: „Nehmen Sie das Kaugummi raus, sonst hole ich Dir das persönlich aus dem Mund." Ich bat dann darum, wegtreten zu dürfen und er schrie mir hinterher: „Ja, gehen Sie, auf Wiedersehen, winke, winke ..."
Wie ich dann herausbekommen habe, soll ich am 27.03. fahren. Na ja, ich war jedenfalls ziemlich fix und fertig heute Nachmittag und fühlte mich wie nach dem Abitur. Gebracht hat es mir leider nichts.
Es ist wie ein gefangener Tiger im Käfig, der von Wand zu Wand rennt, sich aufbäumt und dann erschöpft am Boden liegt. Viele liegen hier nur noch am Boden, andere zucken noch etwas. Manche sind richtig aggressiv geworden, andere passiv.
Der Familienvater darf nun doch fahren und freut sich sehr. Er ist richtig aufgelebt und wie ausgewechselt. Er will uns ein Päckchen schicken. Mir wurde heute angeboten, daß ich fahren darf, wenn er hierbleibt. Ich brauche ihn „nur" streichen zu lassen im Urlaubsbuch. Nett nicht? Liebe Grüße, Euer Stefan.

*

Prora, am 15.03.88
43 + h
Ihr Lieben! 1000 h + min

Ich hoffe, daß der Papa mein Telegramm gestern noch erhalten hat. Nachdem ich es aufgegeben habe, versteckte ich mich, weil die anderen noch zum Frühstück waren. Als die anderen dann zurückkamen, ließ uns der Kompaniechef antreten. Tom und ich, wir hatten das schon so im Blut und wollten wegrennen. Aber da merkte ich, daß er uns schon gesehen hat und blieb stehen. Und Tom holte er auch zurück. Er ließ ihn gleich vor die Kompanie stellen und kritisierte seinen Haarschnitt. Thomas sagte aber, daß er seit 4 Wochen nicht mehr im Ausgang und seit 8 Wochen nicht mehr zu Hause war. Auf die Frage, warum er weglaufen wollte, sagte er: „Ich habe Angst vor Ihnen."
Ich hätte wohl gar nichts mehr sagen können, wenn ich da gestanden hätte, denn mir schlotterten die Beine. Dann wurde unser Zimmer als das dreckigste ausgewertet, und das haben sie nur so herausgefunden, weil ich gestern dafür verantwortlich war. Ich mußte eine Stellungnahme schreiben, warum ich nicht dem Reinigen nachkomme. Dann mußte Thomas seinen ganzen Spind ausräumen und alles wurde durchwühlt. Sie fanden den Walki, Kassetten, Bilder ... Wir wissen noch nicht, was kommt.
So, das war alles, bevor wir einen Bissen am Morgen gegessen hatten. Den Rest des Tages fielen wir in einen todesähnlichen Schlaf, nachdem man sich hinterher noch kaputter fühlt als vorher. Gestern Abend war mir dann schrecklich übel und ich war froh, als ich mich wieder ins Bett legen konnte. Es ist einfach nicht mehr normal.
Heute war großes Stuben- und Revierreinigen. Als Tom und ich mit allem fertig waren, fingen wir an, etwas Hebräisch zu machen. Da ging die Tür wieder auf und sie rückten unsere Schränke kreuz und quer ins Zimmer, und wir hatten wieder Arbeit. Unsere Ausgangs- und Urlaubssperre läuft heute aus und Thomas wollte gleich in den Ausgang zum Friseur. Da haben sie beratschlagt und ihn erst die Ausgangsachen anziehen lassen, bevor sie ihm mitgeteilt haben, daß der Ausgang gestrichen ist. Ich gehe nun gar nicht mehr raus, weil ich die Schnauze einfach von allem voll habe.
Nächste Woche haben wir Abschlußuntersuchung und da müssen wir wohl unterschreiben, daß wir gut behandelt wurden und gesund entlassen werden. Ich werde es nicht unterschreiben und auch andere wollen

das nicht tun. Sicher werden sie uns erpressen. Tom hat sich gleich wieder ins Bett gelegt und schläft jetzt fest. Solange man schläft, fühlt man sich ganz wohl. Morgen ist wieder Arbeitszyklus, vielleicht wird es da wieder erträglicher. Nächsten Freizyklus 25./26.03. soll ich nach Hause fahren. Ich bin gespannt. Zu Ostern soll ich herkommen und danach wieder fahren.
Übrigens – während der KC Thomas Spind gefilzt hat, sagte er noch dazu: „Es muß eine Eingebung gewesen sein, Ihren Spind zu kontrollieren. Ich fange doch noch an, an Wunder zu glauben." So ein Zeug redete er bei mir auch schon und ich weiß gar nicht, ob man sich hier ständig Gotteslästerungen anhören muß. Es ist eben nichts mit Religionsfreiheit und Respekt davor. Ich glaube, man darf sich da einfach nichts mehr vormachen lassen. [Unkenntlich gemacht: Auch draußen sieht es wohl nicht besser aus.] Für heute nun viele liebe Grüße, Euer Stefan.

*

Prora/Rügen, 19.03.88
Ihr Lieben! 39 + h
Ganz herzlich danke ich für das so nette Paket, über das ich mich riesig freute!! Das Auspacken war ein Fest. Ich hatte mich gerade nach der Baustelle aufs Bett gelegt, als Horst das Paket auf mein Bett stellte. Alle sahen gespannt beim Auspacken zu und es kamen so viele schöne Sachen zum Vorschein.
Begeistert waren alle von der Ananas, sogar der Vorgesetzte fragte, woher die ist. Der viele Käse ist toll für die Baustelle und der Fisch fürs Abendbrot mit Thomas. Wir essen ja immer alles zusammen. Sehr gefreut habe ich mich auch über die „Guten Geister" und die Salzstangen. Es war wirklich nett und eine Aufheiterung. Thomas bekam nämlich gestern auch mitgeteilt, daß er 3 Tage in den Knast kommt. Seit der letzten Tiefung im Spind, wo sie so einiges gefunden haben, ist er ziemlich mitgenommen.
Heute aber war ein so wunderschöner, sonniger Tag und das genossen wir sehr. Über Mittag lagen wir im Dünengras am leise plätschernden Meer und ließen uns bräunen. Kein Wölkchen war am Himmel und kein Lüftchen wehte. Es war ein richtiges Bilderbuch-Wetter. Ich bin froh, daß wir jetzt wieder auf der Baustelle sind, denn in der Kaserne ist es kaum mehr zu ertragen und draußen in Mukran fühle ich mich doch oft sehr wohl.

Heute Abend haben wir Spaghetti und Tomatensoße gekocht und hinterher Ananas gegessen. Sie wurde in 9 Teile geteilt. Also heute war mal wieder ein recht schöner Tag, für den man dankbar sein kann. Wenn es klappt, bin ich nächste Woche zu Hause. Seid für heute herzlich gegrüßt, von Euerm Stefan.

Entlassungsuntersuchung

Name: Wolter
Vorname: Stefan
PKZ: 2 4 1 0 6 7 4 2 0 0 3 6
Dienststelle: Prora PF 36281
Wehrdienstverhältnis: GWD
Dienstgrad: BS
Dienstalter: 1,5 Jahre
Waffengattung/Dienst: Pio
Datum der Untersuchung: 30.03.88

Ergebnis der letzten RRU:
Datum der Aufnahme:

Krankheiten während der Dienstzeit mit DB[1]:

Unfälle während der Dienstzeit mit DB:

Unfälle während der Dienstzeit ohne DB:

Körpermaße:
Körperhöhe: 188,5 cm
Körpermasse: 65 kg
Brustumfang insp.: 97 cm / exsp.: 84 cm
Halsumfang: 37 cm
Bauchumfang: 75 cm

Laborbefunde:
Urin (Sediment):

Weitere Untersuchungen:

[1] Eintragung erfolgt linksbündig, entsprechend der 9. Revision der IKK
NVA 60 007 Ag 117/I/2 1195-4

April

"Ich habe eigentlich gar keine Lust mehr vor der Entlassung noch einmal nach Hause zu fahren", gestand ich Andreas, dessen Familie inzwischen nach Erfurt gezogen war:

„Das schizophrene Leben, das ‚Leben' hier und das Leben im Urlaub, habe ich satt. Ich hätte vorher nicht gedacht, daß es Schwierigkeiten geben könne, wieder ins normale Leben einzutreten. Aber über ein Jahr lang die Welt von außen zu betrachten, geht eben doch nicht spurlos an einem vorüber und man gehört nicht gleich wieder dazu."

Ich ahnte nicht, wie tief jene Spuren tatsächlich waren. Die Albträume, die in den letzten Tagen von Prora verstärkt aufgetreten waren, blieben nach der Entlassung zunächst zwar aus. Das aber war eher ein Zeichen der Verdrängung als einer Bewältigung. Auch nach der Armeezeit sah ich mich lange Zeit nicht in der Lage, den Erlebnissen auf den Grund zu gehen, sie „aufzuarbeiten". Und dass dies so sein würde, spürte ich deutlich in den letzten Tagen von Prora. Die Hürden des Ausganges nahm ich in dieser Zeit gar nicht mehr auf mich.
Mein künftiger Schwager, der bei den Bausoldaten gewesen war, wünschte mir, dass ich „den Start draußen" gut schaffe. „Komischerweise war es bei mir zumindest nicht nur überschwängliche Freude, sondern auch Spannung und vielleicht auch etwas Angst vor dem, was an Neuem alles kommt, als ich damals raus kam", schrieb er mir aus dem „Zivilverteidigungslager", zu dem im 3. Studienjahr auch die Theologiestudenten gebeten wurden. Nach der Militärzeit ging es in kleinen Happen also ähnlich weiter, wie es zuvor begonnen hatte. Immerhin gab es in diesem „ZV-Lager" auch einen Bautrupp.
Das erste Studienjahr sollte mir eine Fahrt ins Erntelager bescheren, wo wir in blauweiß-karierter Bettwäsche im Doppel-

stockbett schliefen. Ein Kommilitone, der auch bei den Bausoldaten war, ist dort beinahe durchgedreht. Er bekam Weinkrämpfe. Das „Leben" draußen brachte also seine eigenen Herausforderungen mit sich. Für eine Rückschau fehlten nicht nur Kraft und Willen. Es fehlte der Raum für Alternativen.
Die Entlassung aus der Armee schloss die dort gezüchteten Ängste nicht mit ein. Diese fanden auch im Leben „draußen" immer wieder Nährboden. Das Leben erschien dann mitunter fast schlimmer als hinter den Stacheldrahtzäunen, wo sie einen leicht definierbaren Grund und ein konkretes Ziel hatten. In der „Freiheit" konnten sie sich gegen alles und gegen jeden richten, und es gab kaum eine Rückzugsmöglichkeit. Mir sollte genau das passieren, was ich an Christian mit Unverständnis beobachtet hatte, was aber eine typische Reaktion auf das Dasein in einer Zwangsanstalt zu sein scheint: Es zog mich in die Nähe des Ortes des Geschehens zurück. Bis zum Sommer 1989, also innerhalb nur eines Jahres, fuhr ich vier mal an die Ostsee, ganz allein, ohne mir wirklich klar darüber zu werden, was es war, das mich dort nicht losließ. Ich suchte damals Hiddensee auf. Jene beschauliche Insel, die von Rügen weit genug weg war, um mich der Meeresluft und dem weiten Blick hinzugeben, in dem ich mich frei fühlte. Doch Rügen nahe genug, um mich im Schatten meines kleinen Gefängnisses vom diffus verängstigten Erleben im Alltag des größeren Gefängnisses DDR zu erholen.
Einmal traute ich mich hinüber nach Rügen, und ich schlich angstgepeinigt von Lietzow durch den Wald mit den Feuersteinfeldern hinüber zu meiner Siebanlage. Dort angekommen, ergriff mich wieder jener Schrecken, der Magen und Beine schwach werden ließ. Ich schlich damals zurück, wie eine Katze auf dem Sprung, in jedem beggegnenden Menschen einen Offizier witternd, immer bereit, mich im Gebüsch zu verstecken. Einige Jahre nach der friedlichen Revo-

lution suchte ich dann all die Orte auf Rügen nochmals auf, doch erst ein Jahrzehnt nach der Entlassung begann ich, mich mit dem Erlebten allmählich auseinander zu setzen. Währenddessen peinigten mich hin und wieder Träume, ich würde noch einmal nach Prora eingezogen werden – zur Reserve. In diesen Träumen kam ich nach dem ersten Schrecken glücklicherweise immer ganz gut mit der Situation klar. Die Atmosphäre erschien nicht mehr bedrohlich: Auflösungstendenzen. Längst hatte ich intuitiv damit begonnen, mich für Zwangsanstalten, wie Armen-, Zucht- und „Irrenhäuser" zu interessieren. Dieses Thema eignete sich sogar zum Promovieren. Über Prora schreiben zu können dauerte aber nochmals fünf Jahre.

Die sogenannte „Wende" hatte ein Loslassen von dem erlebten Unheil erlaubt. In der größer gewordenen Welt mit ihren ganz neuen Herausforderungen und Chancen schien es keinen Grund mehr zu geben, über Vergangenes zu sinnieren. Doch versperren wir der Vergangenheit den Weg, kommt sie unliebsam zur Hintertür herein. „Die Zeit holt uns alle ein, wenn wir versuchen, uns an ihr vorbeizumogeln", schrieb mir Sven im Jahre 1990. In den Ereignissen um den 40. Jahrestag der DDR war er „ausgebürgert" worden.

Gänzlich unbearbeitet blieb das Erleben mit Thomas. Als wir auf unseren Paletten in den Dünen lagen, war mir immer häufiger schmerzlich bewusst geworden, dass auch dieses Erleben auf jenen Ort beschränkt bleiben würde – und müsse. Einmal hatte ich gefragt: „Was wird aus uns, wenn das hier vorbei ist?" und Thomas gab die erwartete Antwort: „Draußen ist alles anders, da gibt es genügend hübsche Mädchen." Für Thomas, den protestantischen Pfarrerssohn, galten ebenso strenge Prinzipien wie für mich. Für Thomas, der vor seiner Einberufung kleinere Erfahrungen mit Mädchen gesammelt hatte, kam nichts anderes in Frage. Und ich, obgleich ich kei-

ne andere Liebe als diese hier kennen gelernt hatte, schloss mich dieser Meinung an.
Die in Prora kennen gelernten schwulen Vorbilder, andere gab es für uns nicht, erschienen wenig nachahmenswert. In der Gesellschaft fürchteten wir Anfeindungen, die vor dem Raum der Kirche nicht halt machten, obgleich die vielgepredigte, alles überwindende Liebe Gottes besseres lehren könnte. Toleranz scheint häufig erst durch persönliche Erfahrung wachsen zu können.
Geprägt und jung wie wir waren, gaben wir der Gesellschaft recht, und das uns einholende Geschehen der Gegenwart überdeckte auch diese kleine persönliche Geschichte. So, wie das Gras die einst aufgewühlte Baustelle des Fährbahnhofes Mukran. Die Zeit heilt alle Wunden, sagt man. Manchmal aber bleibt eine kleine Narbe zurück. Bisweilen macht sich diese erst im Alter schmerzhaft und sichtbar hässlich bemerkbar.
Die letzten Wochen in Prora lebten wir in einer eigentümlichen Spannung. In einem Paket kamen meine Zivilsachen aus Eisenach zurück. Es waren die, die ich bereits bei der Einberufung getragen hatte. Die Knöchelturnschuhe aus dem Westen aber waren neu und wirklich schick. Ich hatte sie einmal mit auf die Baustelle geschmuggelt und dort an einem der letzten Tagen an meiner Siebanlage heimlich angezogen. Mindestens eine Stunde war ich darin umhergesprungen. Was war das für eine Freude, nachdem ich dort 1 ½ Jahre nur Stiefel getragen hatte. Überhaupt genoss ich in meinen letzten Tagen auf der Baustelle noch einmal das, was dort schön war. Meine beiden erhalten gebliebenen Briefe vom Entlassungsmonat April geben davon Zeugnis.
In dieser Zeit wartete ich drei Tage lang auf Tom. Der war doch tatsächlich in die Arrestzelle gesperrt worden. Als er zurückkam, schien er etwas gezeichnet von diesem Erlebnis allein auf engstem Raum. Den Blick durch ein kleines vergit-

tertes Fenster auf die Straße Richtung Bergen gerichtet, hatte er tagelang auf jede Bequemlichkeit verzichten müssen. Die Pritsche dort wurde am Tag stets hochgeklappt. Das war besonders hart in einer Welt, in der das Bett eine der wenigen Privatsphären bot; in der es zur gedanklichen Flucht verhalf. Inzwischen hatten wir unseren Lieblingsplatz in den Dünen von Mukran eingebüßt. Unsere Tätigkeit im Hafengelände war beendet. Wir warteten in Prora nur noch auf die Entlassung. An einem schönen Frühlingstag schlichen Thomas und ich noch einmal an den Strand. Hier in der Sonne, im warmen Sand der Schmalen Heide, lagen wir nun zum ersten Mal vollständig nackt nebeneinander in der Sonne. Ein wenig mag die Situation an unsere erste Begegnung im Duschsaal erinnert haben. Diesmal aber war ich es, der verschämt nach unten schaute. Ich legte mich auf den Bauch und strich mit einem Finger vorsichtig über die weiche, warme Haut neben mir.

In Prora-Ost befanden sich die Arrestzellen für geringere Vergehen. Aufnahme 2004.

Dabei schien es merkwürdig still um uns herum zu werden. Nach einer kurzen Weile dieser Nähe durchzuckte meinen Körper ein bis dahin nicht gekanntes Erleben. Verstört schickte ich Thomas zum Wasser hinunter.

Die Natur hatte eine Grenze überschritten, die ich mich ebenso wenig zu steuern in der Lage sah, wie die Tatsache, nach Prora gekommen zu sein. Mich quälte die Frage, wer über mich gesiegt hatte: Klaus, der aus mir einen Mann machen wollte oder Jan, der mich mit seinen Zuwendungen in den Bann zu ziehen suchte. Vielleicht beide? Als Thomas zurückkam, fühlte ich mich verändert. Geredet haben wir nicht darüber.

Viel Zeit zum Reden blieb auch nicht mehr. Wie in einem Rausch ging es nun dem Entlassungstag entgegen. Immer häufiger hörte ich Kameraden auf dem Kompanieflur singen: „Alles hat ein Ende nur die Wurst hat zwei, jawoll mein Schatz, es ist vorbei". Andere schrieen: „Entlassung." Die meisten wurden zu Hause von Frau und Kindern erwartet. Was erwartete mich?

Lange träumte ich davon, in Zivil durch die Kaserne spazieren zu können. Doch noch am letzten Tag hatten wir die gewöhnlichen Reviere zu reinigen. Und während die anderen schon ihre Zivilsachen anzogen, wurde ich auf einen kleinen Müllplatz neben der Turnhalle geschickt. Hier, wo ich 1 ½ Jahre zuvor in der Kälte stand, hatte ich nun einen riesigen Berg von Müll und Dreck in die dort bereitgestellten Container zu schaufeln. „Sie werden nicht eher entlassen, bis Sie das geschafft haben", hatte der Hauptmann gesagt, und ich schaufelte und schaufelte. So, als könne ich den gesamten Ballast von Prora in einer Kiste verstauen, die ihrer Entsorgung harrt. Ich habe es damals nicht geschafft. Ein Teil dieses Drecks blieb liegen.

In meiner verschmierten Uniform eilte ich die Treppen hinauf zur Kompanie, wo mir die anderen in ihrer bunten Beklei-

dung entgegenkamen. So hatte ich mir ihn nicht vorgestellt, meinen letzten Tag in Prora. Schnell wusch ich mich und schlüpfte in meine Zivilsachen. „Nuckel" machte es Spaß, mir dabei zu helfen und er sah erstmals traurig aus. „Werde ich ihnen fehlen?", hatte ich provozierend gefragt. Mit verzerrtem Gesicht grinste er mich an. Vor ihm lagen noch knapp acht Jahre.
Ich lief den leeren Gang entlang, mit einem Gefühl, als sei dies alles nicht gewesen. Mit ungewohnter Leichtigkeit sprang ich die Treppen hinab zum letzten Appell auf der Regimentsstraße. Der war fast genau dort, wo wir vor unendlich langen Zeiten aufs Einkleiden gewartet hatten. Danach strömten wir zum KDL, dem Kasernentor, hinauf. Ein letztes Mal bestiegen wir dort die LKWs. Aus gutem Grund karrten uns diese direkt nach Bergen. Bei der Abfahrt ließen wir eine kleine Sammlung von Blechlöffeln aus dem Speisesaal zu Boden fallen. Tobend und lachend fuhren wir zum Tor hinaus. Dann entschwand der „Koloss von Prora" hinterm Horizont.

Mukran-Siebanlage, 15.04.88

Ihr Lieben!

Es ist 16 Uhr und in einer ½ h geht es nach Prora zurück. Heute ist wieder herrlichstes Sonnenschein-Wetter und es ist ziemlich warm. Den ganzen Nachmittag habe ich im Sand gelegen und von da aus den Siebvorgang beobachtet. Ein warmer Wind geht und überall stäubt der Sand, der jetzt schon ziemlich trocken und warm ist. Morgen werden wir baden gehen, es ist schöner Wellengang.
Die Arbeiter wissen eigentlich gar nicht, wie gut es ihnen geht. Morgens holen sie jetzt oft frisch gefangene Fische von den Fischern, die sie selbst räuchern. So habe ich auch vorhin geräucherten Hering direkt aus der Kammer gegessen, er war noch warm und heute früh ist er gefangen worden – hat herrlich und gar nicht nach Fisch geschmeckt. Ein 2 Tage liegengebliebener Fisch ist hier schon „alt".

Übrigens entläßt wahrscheinlich die ganze DDR schon am 22.04. außer Rügen. Es ist wohl der Inselzuschlag die zusätzlichen sechs Tage. Ein bißchen ärgerlich ist das schon. Ich wollte mich erst gar nicht mehr hier einleben nach dem Urlaub und es fiel mir diesmal besonders schwer – ich habe jetzt keine Ausdauer mehr. Außerdem ist es ein komisches Gefühl, daß alles zum letzten Mal sein soll.

Was Prora anbelangt, bin ich da ganz froh, aber die Gegend hier um Mukran hat man doch irgendwo ins Herz geschlossen, vor allem bei dem Wetter jetzt. Im Radio läuft NDR und der Familienvater liegt auf der Bank. Heute Nachmittag haben wir uns gesonnt.

Silke hat mir gestern geschrieben, darüber habe ich mich gefreut. Übrigens müssen wir jetzt schon wieder 4 Uhr aufstehen, das ist echt belastend, denn 21 Uhr ist doch schon Nachtruhe.

Laßt es Euch gut gehen, bis bald, Euer Stefan. 13 Tage.

*

Sonntag, 17.04.88

Ihr Lieben zu Hause!

Heute ist schon wieder Sonntag und eben kommen wir von der Baustelle. Es war jetzt drei Tage das herrlichste Wetter und nachmittags arbeiten wir einfach nicht mehr und sonnen uns und baden. In der intensiven Sonne ist das Arbeiten unerträglich. Ich bin so braun wie ein Neger und es ist im Umlauf, daß etwas bei mir nicht stimmen kann bei den Ahnen. Aber es ist wirklich eigenartig, wie schnell ich hier dunkelbraun werde. Vielleicht hält es etwas an.

Nach zwei Stunden Sonne hielt ich es heute nicht mehr aus und wir beschlossen, auf die 2,5 km lange Mole hinaus ins Meer zu laufen. Es war herrlich, die frische Meeresbrise zu spüren, und ganz nah sahen wir die Schwedenfähre vorüberziehen. Dann kamen wir an einem großen Schiff vorbei, was an der Mole lag, und die Arbeiter tranken gerade Kaffee an Bord und luden uns ein.

Wir stiegen hoch und es war recht lustig, zumal selbstgemachter Apfelwein ausgeschenkt wurde und nach zwei Gläsern fing es langsam an, sich zu drehen. Ich lief dann etwas auf dem Schiff herum, stand an der Reling und sah ins weite Meer und den kreischenden Möwen zu. Der Schiffskoch führte mich im Bauch des Schiffes herum und ich war total begeistert. Danach aß ich Kartoffelkroketten vom Mittag. Es war alles in allem ein sehr schöner Nachmittag, bloß gesiebt haben wir heute nicht. Ich habe jetzt auch keine Lust mehr zum arbeiten, lieber gehe ich noch etwas spazieren – das Meer ist zu schön. 2 x war ich heute auch baden. Vielen Dank für den Brief, über den ich mich sehr freute. Für heute nun viele liebe Grüße, von Euerm Stefan.

Thomas sitzt zur Zeit im Knast, morgen ist seine Zeit herum.

EPILOG

Ich stieg nicht in den Zug nach Stralsund. Ich fuhr nach Schaprode und von dort nach Hiddensee. Thomas hatte sich einmal in einem Ausgang hierher gewagt, und ich wollte das, wovon er so geschwärmt hatte, auch sehen. Hier wollte ich meinen Abschied vom Meer feiern. Schon auf dem Boot dorthin erzählte ich, woher ich kam, und keiner konnte es glauben. Ich selbst konnte es nicht glauben, frei zu sein. Frei wie meine Familie, frei wie meine Freunde, frei wie die Urlauber dort, die am Strand spazieren gingen. Aber ich war es. Jedenfalls schien es so. Ich trug Zivilsachen. Triumphierend lief ich zum Wasser hinab und versuchte mich unter dem schönen Frühlingshimmel an dem zu freuen, was ich sah und erlebte. Es gelang mir nur bedingt. Zu unglaublich war das Erleben des *Danach*.

Ich lief hinter dem malerisch gelegenen Ort Kloster den Dornbusch hinauf und noch im Bann der übermächtigen Insel Rügen warf ich einen Blick hinüber. Dort sah ich Dranske, und die an sich dunkle Erinnerung, wie wir den Ort mit dem LKW bereist hatten, damals als wir einen Soldaten ins Gefängnis brachten, kroch in mir herauf. Außerdem war da noch Thomas. Ich fühlte ein bitteres Gefühl in mir aufsteigen. Es bemächtigte sich Magen und Brustkorb und schlug sich von hier in die Beine nieder. Die wollten nicht mehr stehen. Das war das Grauen. Das war die Ohnmacht, die mich schon einige Male beinahe hingeworfen hatte. Ich fühlte, dass mir der bloße Anblick der Insel Rügen Angst einflößte und dass dies noch eine Weile so bleiben würde. Und ich dachte an Thomas, mit dem ich mich jetzt gern trösten würde. Thomas aber war nicht mehr da.

Bei dem Gedanken, dass Thomas weit weg war und dies für mich auch bleiben würde, stürzte ich ins Gras. Dort lag ich –

ich weiß nicht wie lange – die Hände in den weichen Boden vergrabend. Nun gab es keinen Halt mehr. In der Heimat erwartete mich eine veränderte Welt. Mein Freundeskreis war zerbrochen. Ein Studium stand vor mir, zu dem ich nach all meinen Erlebnissen keine rechte Lust mehr verspürte. Ich wollte nicht mehr funktionieren müssen. Ich war müde.
Ich fühlte mich einsam, und ich fühlte mich bestraft. Bestraft, weil ich vollkommen unschuldig in diese Mühle von Prora geraten war und Überlebensmechanismen kennen gelernt hatte, die doch im wahren Leben nichts zu taugen schienen; weil ich fühlte, etwas verloren zu haben. Dass ich vielleicht auch manches gewonnen hatte, konnte ich nicht sehen. Und weil das so war und ich es nicht besser wusste gab ich Thomas Recht: Das zwischen uns musste ein Geheimnis bleiben, das nur Wind und Wellen kennen. Und tatsächlich sprach ich kaum einmal über diese Freundschaft und über vieles andere, was ich in Prora erlebt und erlitten hatte. Das alles blieb ein Geheimnis – viele Jahre.

„Wir wollten Gerechtigkeit und bekamen den Rechtsstaat"
(Bärbel Bohley)

NACHWORT ZUR DRITTEN AUFLAGE

Es ist fünf Jahre her, da saß ich wieder im „Versorger Mukran" und las aus diesem Buch, das im August 2005 das Licht der Welt erblickt hatte. Es war meine zweite Lesung und sie war aufreibend, denn es saßen ehemalige Offiziere mit in diesem einstigen Speisesaal der Waffenverweigerer. Auch ein damaliger Verantwortlicher für den Hafenbau in Mukran und die heutige Pastorin aus dem Binzer Pfarrhaus waren gekommen, dazu einige Verehrer, die von dem Buch berührt waren und die die Vorhut derer bildeten, die sich bis heute noch immer bei mir melden – und sich bedanken. Überraschend wurde ich für manch einen so etwas wie eine „Leitfigur" des Erinnerns in Bezug auf Prora und sogar auf die NVA – aus der Sicht von unten, des „Sprutz", wie die Neuen in den Waffeneinheiten genannt wurden. An jenem Abend im Oktober wurde fühlbar, dass meine persönliche Aufarbeitung zwar abgeschlossen war, sie für viele aber durch mein Buch gerade erst begonnen hatte. Auch ich selbst wurde nach dem jahrelangen Verschweigen der Geschichte wieder tiefer und tiefer in sie hineingezogen. Denn mit der Veröffentlichung begann der Kampf um Transparenz am realen Ort. Aus meiner therapeutischen Tätigkeit, die mit dem Schreiben begonnen hatte, wurde die des Historikers und schließlich die des Pädagogen. Das alles vollzog sich in einem Kampf gegen ein Netzwerk des Verdrängens, das vielleicht besser mit „Seilschaft" zu umschreiben ist. All diese Nachwehen meiner sehr persönlichen Geschichte boten Stoff für zwei weitere Bücher. Innerhalb von fünf Jahren entstand eine Prora-Trilogie.

„*Der ‚Prinz von Prora' im Spiegel der Kritik – Das Trauma NVA und Wir*" *(2007)* widerspiegelt den Weg der Verbreitung des vorliegenden Buches. Es bündelt erste Lesungen sowie Buchbesprechungen, Meinungen und Analysen, rund 70 an der Zahl, und es lässt etliche meiner Leser und deren Traumata zu Wort kommen. Im Januar 2008 fand das Buch Eingang in den veröffentlichten Habilitationsvortrag von Dr. Holger Zaunstöck (Halle) über „Die Zeit bei der ‚Asche'. Erinnerungen von NVA-Soldaten als Gegenstand und konzeptionelle Herausforderung der zeitgeschichtlichen Forschung", worin der Historiker fragt, „in wie weit und auf welche Weise für die Biografien von 2,5 Millionen heute lebender Männer die Armeeerfahrungen ein Referenzpunkt zur Identitätsmodulation im beginnenden 21. Jahrhundert sind". Dass die Armee einen solchen Referenzpunkt bildet, sah er indirekt durch den weit reichenden Wirkradius des vorliegenden Buches bestätigt:

„… es gab eine solche Fülle an bestätigenden und aufmunternden (u. a. auch durch das von Wolter angesprochene Problem von Armeedienst und Homosexualität), aber auch kritischen und relativierenden Äußerungen, dass Wolter im vergangenen Jahr ein ganzes Buch veröffentlicht hat, das diesen Diskurs dokumentiert und dazu Stellung bezieht. Dies ist bislang ein singulärer Fall."

Mit dieser zweiten Publikation sollte es nun endlich genug sein – hatte ich gehofft. Aber als ich das kleine Werk wiederum vor Ort präsentierte, begann die Auseinandersetzung in der realen Welt – begleitet vom *Virtuellen Museum Proraer Bausoldaten*, das im Sommer 2007 der ehemalige Bausoldat Tobias Bemmann eingerichtet hatte, wiederum aufgrund dieses ersten Buches.

Die Gegend um Block V hatte ihr Antlitz verändert. Inzwischen war ein Zeltplatz dort entstanden, wo wir und wo viele andere Grundwehrdienstleistende, auch Reservisten, durchs Gelände

gejagt oder mit Strafexerzieren gedemütigt wurden. Erinnern wollte hier keiner an das Geschehene. Dieses merkwürdige Verdrängen schien sich im Block V, in dem die Waffenverweigerer eingesperrt waren, fortsetzen zu wollen. Der war für den symbolischen Euro an den Landkreis verkauft worden, und inzwischen war klar geworden, dass hier eine Jugendherberge entstehen wird. Darum hatte ich mich für das Fortschreiben der Geschichte entschieden. Das bot nicht nur die Möglichkeit, die auf mich einströmenden Energien konstruktiv zu verarbeiten, ein solches Buch eignete sich auch zum Wachhalten der Geschehnisse, nachdem ich bereits 2005 die Frage aufgeworfen hatte, warum in Prora bislang keine Dokumentation der Geschichte der Bausoldaten erfolgt ist. Ich hielt es nicht für möglich, dass wir Betroffene es selbst sind, die sich dafür stark machen müssen. Ja, dass unsere Bemühungen um Erinnerung sogar unerwünscht sein könnten. Die Geschichte des Verdrängens rund um Block V begann genau genommen vor rund zehn Jahren: 2003 – es war die Zeit, als mit Guidos Spaßwahlkampf die Spaßkultur ihren Zenit überschritten hatte, war im Rahmen eines großen Jugendevents auf dem beschriebenen Gelände der Bau dieser Jugendherberge ausgerufen worden – im Beisein von angeblich 15.000 Teilnehmern und hoher Politprominenz. Dagegen ist ja nichts zu sagen. Doch im Vorfeld des Jugendevents entfernte man aus dem Kasernengebäude alle Einbauten wie Fenster und Türen, gab es dem Verfall preis und suggerierte der Jugend, es handele sich um eine KdF-Ruine. Zeitgleich wurde der Hubschrauberlandeplatz des Staats- und Parteichefs Erich Honecker zur Festwiese.
Die Zerstörungswut von Jugendlichen und Verantwortlichen schien grenzenlos. Denn unter Denkmalschutz steht seit Mitte der neunziger Jahre lediglich der Baukörper der Liegenschaft Prora – als architektonisches Beispiel des Gebrauchs der Moderne im Nationalsozialismus, wobei allerdings die Megalo-

manie kein Ausdruck spezifischer NS-Architektur ist. Dass der gesamten Anlage nach dem Krieg der Geist des SED-Regimes eingehaucht worden war, die Verkettung der Diktaturen, interessierte niemanden.

Vor allem dieser Block V war bis zum Kriegsende ein Torso geblieben. Fußböden, Zimmer, Türen und Fenster waren Produkte des jungen zweiten deutschen Staates. In diesen Räumen hatte die heimliche Aufrüstung der DDR begonnen, war zwanzig Jahre lang das einzige Fallschirmjägerbataillon der NVA stationiert gewesen. In den achtziger Jahren wurden die Zimmer zu „Brutstätten oppositioneller Gedanken", wie es der Historiker Bernd Eisenfeld ausgedrückt hat. Dieses Alleinstellungsmerkmal des Blocks der künftigen Jugendherberge hat man verkannt. Fortgesetzt wurde die Politik des weißen Flecks, zu dem die DDR diesen einst großen NVA-Stationierungsort des Landes gemacht hatte. Hatte der SED-Staat die KdF-Vorgeschichte tabuisiert, geschah Selbiges nun mit der Geschichte der DDR. Beteiligt an dieser Entwicklung sind die Westsozialisierten, die nach 1990 nach Rügen kamen und allein die monströse Architektur bestaunten. Da konnte es schon mal zur Nebensache werden, dass alle Einrichtungen, Ölsockel, der DDR-typische Kratzputz etc. aus der Nachkriegsphase stammten. Die Ossis hatten sich dem Westen zu fügen – auch hier – und sie taten es offenbar bereitwillig.

Das Ergebnis: War bis Mitte der neunziger Jahre noch allenthalben von der Kaserne zu lesen und zu hören, führen seither Wegweiser ins „ehemalige KdF-Bad". Prora wurde zum Magneten für eine riesige Tourismusindustrie, die Medien im Schlepptau. Damit legte sich ein Mäntelchen des Schweigens über die DDR-Vergangenheit. Das Ganze nahm skurrile Formen an – eine von der Politik, den Bildungsbehörden und Gedenkstättenleuten hingenommenen und begünstigten Entwicklung. Immer häufiger sind im Internet Fotostrecken und Berichte über das „KdF-Bad" zu lesen, die die geräumten und verfallenen Armeeräume ins Bild setzen und die „kasernenartigen Ferienbauten" beschreiben, mit dem Bedauern derer, die darin hätten Urlaub machen sollen.

Vor diesem Hintergrund ist es nicht erstaunlich, dass zum Jugendevent 2006 letzte Merkmale der NVA-Nutzung aus den Lichthöfen verschwanden und der Duschsaal, den ich wegen des Wiedererkennungseffekt für Zehntausende für schützenswert halte, zur graffitigeschmückten Theaterbühne geworden war. Meine Vorstellungen, in der künftigen Jugendherberge bauliche Zeitfenster, Farbschichten, Inschriften etc. aus der Nutzungszeit, ähnlich wie im Reichstagsgebäude in Berlin, zu erhalten, stieß bei den Verantwortlichen auf taube Ohren.

Über all die Jahrzehnte erhalten geblieben war auch der Klubraum mit einem an die Wand gemalten Rügenbildnis. Nach 25 Jahren wies der Raum noch immer den roten Steinholzboden, die rötlich-braunen Deckenunterzüge und eben dieses Gemälde auf, zu dem eine Geschichte erzählt werden kann, die ich bis dahin selbst noch nicht kannte. Einem Puzzle gleich haben wir sie über das Virtuelle Museum zusammengetragen: Die Vorlage für dieses Gemälde lieferte im Winter 1986 ein Politoffizier, der einen Bausoldaten mit der Ausführung zum 1. März, dem Tag der NVA, befehligte. Weil dieser verbotene Botschaften darauf geraten ließ – ein Ichthys-Symbol und Gitterstäbe beim Ort Dranske, wo sich einer der Bausoldatenknaste befand etc. – erhielt er statt dem versprochenen Sonderurlaub Arrest; eine Strafe, die in diesem Falle Arbeitsverrichtungen außer der Reihe wett machen konnten. Die Botschaften wurden unkenntlich gemacht.

Weil man im August 2007 ausgerechnet auf dieser Etage damit begonnen hatte, die Fußböden zu zerstören, besetzte ich den Raum. Deutschlandfunk war damals mit vor Ort und ließ meine Betroffenheit in den pointierten Satz münden: „Opfer benötigen den Platz, um ihre Erlebnisse zu verarbeiten, Täter, um zu bereuen." Es ist hinzuzufügen: Jugendliche, um sich zu bilden. Der Raum wurde versiegelt – immerhin. *„Der Prinz und das Proradies. Vom Kampf gegen das kollektive Verdrängen (2009)"* bündelt den Kampf um die Bewahrung dieser Relikte aus der DDR-Nutzungsphase des Blockes, um die reale Geschichte nicht zu vergessen. Es setzt ein mit dem Jugendevent 2006, in dessen Rahmen ich den Willen äußerte, die DDR-Geschichte möge lebendig bleiben, integriert werden, in die hochfliegenden Pläne, die für den authentischen Ort entstanden waren. Auch beschreibt diese „Streitschrift" die schwierige Gründung des Denk-MAL-Prora e.V. inmitten einer Erinnerungskultur, die ausblendet und tilgt, sowie unter Betroffenen, die meinem Weg von der (Selbst-)therapie zum Historiker und Pädagogen nicht mehr folgen konnten oder wollten. Viele verdrängen noch immer ihre traumatisch erlebte Zeit, andere fühlen sich nicht dazu berufen, sich noch heute mit dieser unfreiwilligen Aus-Zeit aus dem Leben zu beschäftigen. Die Stimmen der Zeitzeugen (weithin eine Auswertung des „Virtuellen Museums", das bis Anfang 2009 zahlreiche Zuschriften nicht nur von Bausoldaten aufwies), machen diesen dritten Band zu einer wichtigen Ergänzung meiner persönlichen Geschichte. Vieles, was verschüttet war, rückte durch die Beschäftigung mit der Thematik auch bei mir wieder in die Erinnerung. Manches in diesem vorliegenden Buch würde ich heute anders schreiben. Insbesondere die oft harmlosen Briefe könnten von den Nachgeborenen anderes gedeutet werden, als jene es vermögen, die sich mit Zensur und Selbstermutigung in einer Zwangssituation auskennen.

Aber auch das lange angekündigte Buch über das „Verlorene Paradies", eine biografische Fortschreibung mit einer Briefsammlung aus der Zeit der politischen Wende, floss in dieses „Kriegstagebuch gegen die bemerkenswert selektive Erinnerungskultur in Mecklenburg-Vorpommern" ein. (Zitat Kieler Nachrichten).

Hätte ich jenes dritte Buch nicht geschrieben, hätte mich das Taktieren des Gegenübers unter stillschweigender Aneignung mancher Ziele schlichtweg irre gemacht. Aber auch so fühlte sich unser Verein regelrecht an die Wand gespielt, zersetzt.

Der *Denk-MAL-Prora e.V.*, ein Verein aus ehemaligen Zeitzeugen, Bausoldaten sowie Grund- und Reservistendienstleistenden, wuchs rasch auf rund 35 Mitglieder an und leistete bis Ende 2009 die alleinige Bildungsarbeit zur DDR-Geschichte auf dem Gelände des Jugendzeltplatzes Prora, etwa mittels einer Informationsbroschüre. Einer der bewegendsten Momente war die erstmalige Präsentation unserer Geschichte am authentischen Ort, in der ehemaligen Turnhalle, die heutige Mehrzweckhalle des Zeltplatzes. Während von Kassette das Lied vom „Friedensnetz" ertönte, fühlten wir die Genugtuung, an diesem Ort, an dem das Gelöbnis erzwungen wurde, endlich mittels einer Ausstellung über die Geschichte der Bausoldaten aufklären zu können. Doch nach sechs Wochen tauschte man unsere Tafeln wieder gegen solche über KdF und Drittes Reich ein. Bezüglich der DDR-Geschichte stand darauf geschrieben, Prora sei in Ostdeutschland „lediglich" als „NVA-Ausbildungsort" bekannt gewesen. Weitere Aufklärung schien die Jugend nicht zu benötigen. Unsere Ausstellung „Briefe von der waffenlosen Front" (Gestalter: Andreas Ilse) hat inzwischen im ehemaligen Versorger Mukran, der heutigen Gaststätte Altsaalfelder, ihren Platz gefunden.

Auch sonst gönnte man unserem Verein keine Erfolgserlebnisse. Die Bearbeitung unserer Anträge auf Denkmalschutz erfolgte schleppend und fragwürdig: Während die Fachbehörde Schwerin für Ausstattungsstücke im Stabs-/Stasitrakt, im zweiten Obergeschoss der künftigen Jugendherberge, Denkmalwürdigkeit und Denkmalfähigkeit bescheinigt hatte, hob die Untere Denkmalbehörde (Landkreis) sämtliche Zugeständnisse wieder auf: Im „KdF-Seebad Prora", heißt es, „sei abschließend kein Denkmalwert für die überlieferten Zeugnisse aus der Bausoldatenzeit festzustellen". Das galt auch für den Klubraum und die Arrestzellen, 2x3 Meter große Zellen mit abklappbarer Pritsche und Türen (ähnlich dem Stasiknast in Hohenschönhausen) in der einstigen Wache, heute Rezeptionsgebäude des Jugendzeltplatzes. Einzig einen Wachturm in Mukran hat man unter Denkmalschutz gestellt. Er scheint weit genug vom „Seebad Prora" mit seinen Verdrängungsmechanismen entfernt zu stehen.

Workshops über „Zivilcourage und Kompromiss am Ostseestrand" mit zahlreichen Aspekten aus der Bausoldaten-Geschichte zum Zweck der Erziehung zu Demokratie und Toleranz verwies die Vorsitzende des DJH-Landesverbandes Mecklenburg-Vorpommern an den Bildungsverein Prora-Zentrum. Es ist dieser Verein, mit der Landrätin (Die LINKE) an der Spitze, der sich vor allem der NS-Geschichte angenommen und dem Tilgen der Spuren zugesehen und über die Landrätin sogar mit betrieben hatte. Inzwischen hat er sich unser Thema mit Fördergeldern angeeignet und darüber eine bislang dürftige Ausstellung fabriziert. Diese Entwicklung zeichnete sich beim Verfassen meines dritten Prora-Buches ab.

Natürlich ist in der Ausstellung von all unserem Bemühen bislang keine Rede. Es gibt auch keinen Hinweis auf das Virtuelle Museum und man verkauft nahezu ausschließlich Literatur zur NS-Zeit.

Dieser Verein erfreut sich der Unterstützung des Gedenkstättenvereins für Mecklenburg Vorpommern „Politisches Memoriale", die rechte Hand des Kultusministeriums. Dass es sogar personelle Verknüpfungen in den Gedenkstättenverein hinein gab, störte noch immer niemanden, als dieser an der Jahreswende 2009/2010 eine Ausschreibung für ein Bildungszentrum am Ort meines besetzen Klubraumes vorbereitete. Schlimmer noch: Auch diese Ausschreibung missachtete die authentischen Räumlichkeiten, indem sie unter Rückgriff auf die einst geplanten KdF-Strukturen ausschließlich von einer „Liegehalle" sprach. Dabei handelt es sich um die Räumlichkeiten der MHO (Militärische Handelsorganisation), des verbotenen Stabes (mit dem Fensterchen, vor dem unter anderem das Telefonieren angemeldet werden musste), darüber die drei Bausoldatenetagen mit dem Klubraum. Unsere Ideen, unser Wissen über diese Räume, spielten keine Rolle. Prora-Zentrum, das die Ausschreibung gewann, beabsichtigt die DDR-Geschichte offenbar überwiegend abstrakt zu vermitteln. Dass ich dennoch ein Bildungsprogramm entwickelte, in dem die gesamte Geschichte von KdF bis DJH etagenweise unter Berücksichtigung der vierzigjährigen realen Nutzungsgeschichte hautnah dargestellt werden könnte, sei wenigstens angemerkt.

Wie halbherzig und unvollkommen unsere Bemühungen institutionalisiert wurden, offenbart der Jugendzeltplatz. Bis heute ist dort nirgendwo öffentlich von der NVA-Nutzung im Allgemeinen und der Bausoldaten-Geschichte im Besonderen zu lesen. Der Informationskatalog zur Jugendherberge, den Prora-Zentrum und der Landesverband des Deutschen Jugendherbergswerkes MV gemeinsam herausgaben, setzt das „ehemalige Seebad Prora" unter Zuhilfenahme von Propagandabildern in Szene. Den Geist und die Friedenszeichen der Bausoldaten sucht man darin vergebens.

Dass es derzeit keinen politischen Willen gibt, Prora als Kaserne auch nur annähernd in Erinnerung zu bewahren wie das geplante, nie zustande gekommene KdF-Bad, zeigt Folgendes: Unser Verein, der angesichts dieser Misserfolge nur noch schwer zusammenzuhalten war, beschloss auf Antrag des Vorstandes hin zum 3. Oktober 2010 seine Auflösung – jedoch nicht ohne eine Spur in Form einer „Erinnerungstafel" zu hinterlassen. Die Anbringung an der ehemaligen Turnhal-

le haben Landkreis und das DJH bis zum heutigen Tag verhindert.
Prora ist auf dem Weg, allein das KdF-Bad dauerhaft im Bewusstsein zu verankern: „Umbau des ehemaligen KdF-Bades Prora" steht an der Jugendherbergsbaustelle geschrieben. Unterstützend wirken die Medien. Was ich in meinem dritten Prora-Band nur vermuten konnte, darf inzwischen wohl Gewissheit sein. Es gibt bestimmte Kräfte in den Agenturen, die aus Prora im Nachhinein ein „früheres Nazi-Bad" machen und Berichterstattungen über die Jugendherberge Prora und den einstigen Ort der Bausoldaten säuberlich trennen. Da macht auch das Fernsehen mit, zuletzt der ZDF-Länderspiegel vom 4. September 2010 (Mediathek). Sowohl bei NDR als auch bei ZDF waren meine Bemühungen groß, die Räume der künftigen Jugendherberge als früheren NVA-Standort ins Bild zu setzen. Mutet das nicht wie ein Schweigekartell von Politik und Medien in Bezug auf den historischen Ort an?
In dieser unlauteren Erinnerungskultur drehten wir uns bis zum letzten Tag im Kreis und bekamen unter allen Beteiligten immer noch einen Gegner hinzu. Ein Erleben, das Prora für mich zum doppelten Trauma werden ließ, und auf das das Eingangszitat Bärbel Bohleys, die Mitbegründerin des Neuen Forums, passen mag. Ein Trost ist mir da der Kommentar auf unsere Vereinsauflösung seitens einer meiner Leser:

„Sie können das Verdienst in Anspruch nehmen, mit Ihren Büchern über Prora einen unauslöschlichen Beitrag zur Erinnerungspolitik und somit ein wertvolles Zeitzeugnis geschaffen zu haben. Darauf dürfen Sie wirklich stolz sein und stehen damit doch erhaben über dieser von bestimmten Kräften betriebenen Ausgrenzungspolitik. Ich verstehe Ihren Frust und Ärger, die große Chance für Aufarbeitung vergangenen Unrechts in Prora nicht nutzen zu können. Aber mit Ihren Büchern haben Sie den Bausoldaten für alle Zeit ein Denkmal gesetzt…"

Wenigstens das. Vieles hat sich in den vergangenen fünf Jahren verändert, was beim Verfassen des vorliegenden Buches optisch noch nachvollziehbar war. Nicht nur in Prora: Die Züge nach Rügen fahren in Stralsund neuerdings nicht mehr von Gleis 1 ab, auch der Bahnhof Lietzow hat sein Gesicht verändert. Das Gelände um Block V in Prora ist kaum noch wiederzuerkennen. Die Wache ist hinter einer Holzverkleidung verschwunden, die Turnhalle getüncht und mit Glas aufgemotzt. Der letzte Winkelbau des Gebäudes, da, wo wir zur Einberufung in die Kleiderkammer verschwanden, ist entsorgt, alle drei Höfe sind inzwischen verputzt, die Aura weg. Und der Prospekt des Deutschen Jugendherbergswerkes, der mit den „weltberühmten Proraer KdF-Bauten" wirbt, verheimlicht, dass man genau jene Lichthöfe des Gebäudes umgebaut hat, die die Bausoldatenkaserne ausmachten. Dabei rückt er ausgerechnet den Grundriss „meiner" Etage – das dritte Obergeschoss – ins Bild. Im ersten Treppenhaus der Jugendherberge, dort, wo sich eine der fensterlosen Kammern für die stinkenden Klamotten der Baustellenkräfte befand, ist inzwischen der Fahrstuhl etabliert. Immer wieder hielt sich dort jemand vor den Vorgesetzten versteckt und auch geheime kleine Andachten wurden in solchen Kammern gehalten. Der Waschraum mit Blick auf den Appellplatz und zum Tor hinüber hat sich in eine Toilette verwandelt. Die Treppe hinab ging es in die verbotenen Hallen des Stabes, vor dem geradeaus links des Flurfensters das einzige Telefon angebracht war. Das Zimmer des OVD im Gang links, ist durch eine eingezogene Wand verdeckt; es befindet sich nun im Bereich des Bildungszentrums.
Im Parterre ging es in den Med.Punkt. Nichts von ihm ist übrig geblieben, nicht mal eine Dokumentation. Wegen der verkleinerten Dimension der Jugendherberge ist im Lichthof rechts des Bildungszentrums der Duschsaal erhalten ge-

blieben. Hervorragend ließe er sich für Ausstellungen verwenden.
Im 3. Obergeschoss habe ich auch mein zunächst bewohntes Zimmer wiederentdeckt. Wegen der jetzt eingebauten Waschgelegenheit ist die Tür wenige Zentimeter nach rechts gerückt. Beim Eintreten in die „Stube" schaut man nun nicht mehr beruhigend direkt aufs Meer, sondern auf das Stück Wand zwischen den Fenstern. Aber sowieso ist der Meeresblick dahin. Zu hoch bewachsen sind die Dünen, in denen ich „meine Birke" wiederentdeckte, in die ich vom Fensterbrett so oft geschaut habe.
Der Knick des Flures mit dem Klubraum an der Ecke ist durch eine eingezogene Wand verdeckt. Dahinter ist wiederum das Bildungszentrum etabliert. Während ich in den ersten beiden Diensthalbjahren hinter der drittletzten Tür Richtung Bildungszentrum untergebracht war, wohnte Thomas fünf Zimmer weiter vorn, dazwischen lag der Fernsehraum. Sven, mit dem es ein Wiedersehen gab, von dem im dritten Prora-Band die Rede ist, war im vorletzten Zimmer einquartiert. In Reaktion auf die Vereinsauflösung schrieb er mir:

„Ich danke Dir ehrlich, und möchte Dich wissen lassen, daß ich es zu wertschätzen weiß, was Du geleistet hast, welche Energien Du hast aufwenden müssen, und meine, zu wissen, wie in etwa Du hast diesen Schritt gehen müssen. Es ist nicht Deine Niederlage, sondern die Wende der Ansichten anderer Mitmenschen, die nicht mit uns gehen können, oder die nicht bereit sind, sich den Wahrheiten 20 Jahre danach stellen zu wollen. Wie auch immer: Jeder wird sich zu gegebener Zeit seiner Vergangenheit bewußt werden, und sich ihr stellen, sich ihr gegenüber verantwortlich zeigen müssen. (...) Bewahre Standhaftigkeit, auch Zweifel, vergiß aber nie die Sehnsucht, die wir in Prora aufgesogen haben, den unabdingbaren Willen zu Wahrheit und Freiheit, vor allem die der Meinung und des eigenen Denkens. Dir in Dank und Zuneigung als (...) der Sven von Prora."

Man stelle sich vor, unsere Bemühungen um das Bewahren der Geschichte hätte es nicht gegeben – die DDR-Geschichte wäre dem Vergessen anheim gefallen, zugunsten eines KdF-Bades, das die Politik offenbar unter neuen Voraussetzungen vollenden möchte. Ist das nicht ein Armutszeugnis für das Land Mecklenburg-Vorpommern? „… ich weiß nicht wirklich, was ich sagen soll, ja Enttäuschung, Wut und ein Gefühl, dass sich Geschichte wiederholt und das macht mir auch Angst", reagiert ein weiterer ehemaliger Bausoldat auf die Auflösung unseres Vereins.

Die Geschichte des „Prinzen von Prora" ist damit zu Ende. Eventuelle späte Erfolge werden sich am Gelände ablesen lassen. Unser aller Ziel muss es bleiben, die Geschichte des Militarismus in der DDR, die damit verbundenen Zwangsmechanismen und die Geschichte der Wehr- und Waffendienstverweigerung in Prora dauerhaft zu verankern, schon als notwendige Ergänzung zu den im NVA-Museum ausgestellten Stücken. Ziel sollte es auch sein, in Prora oder andernorts eine Erinnerungsstätte für jene zu schaffen, die die NVA-Zeit nicht überlebt haben. Allein in Prora, so müssen wir aufgrund des Hörensagens schätzen, dürfte die Zahl in die Hundert gehen. Einer der Wenigen, die sich mit ihrer Armeezeit kritisch auseinandersetzen, geht auf seiner Homepage www.asche-fahne.de von rund 6.000 NVA-Toten aus und fragt: „Hat überhaupt jemand mal die Toten bei der NVA gezählt? *Sind* sie schon gezählt? Wie die 'Mauertoten'? Oder die 'Toten im Stasiknast'?"

„Und da sind viele ‚Unfreiwillige' dabei – im doppelten Sinne. Wenn sie gegen ihren Willen eingezogen wurden, dann ist der Unfalltod unfreiwillig, und wenn sie Suizid gemacht haben, dann ist er es sowieso. Diese Leute, toten Leute, müssen geehrt werden, also bedacht mindestens. Dazu braucht es einen Ort, wo man beten kann und Blumen hinlegen. Dieser Ort muß geschaffen werden. z.B. in Prora neben der Strandskulptur (2 Sportler). Und die hauptamtlichen ‚Aufarbeiter' müssen das in die Hand nehmen. (Nicht ich!) Hinzu kommt – um die Überleitung zu Wolter zu finden – das ‚Trauma NVA', nämlich, daß hier 25 Jahrgänge mal 100.000 ‚Jungs' verletzt wurden. Eine ‚Hypothek', die sich auch im ‚Jammerossi' niederschlägt, auch daran, daß der Osten wirtschaftlich nicht auf die Beine kommt. Daher sind Wolters Bücher wichtig. Er kann das Blatt nicht wenden. Aber seine Initiative wird auf ewig ein Stachel im Fleisch der falschen Versöhnung – nämlich in Unwahrheit – bleiben. Gut gemacht, Stefan!"

Die Tafel des Denk-MAL-Prora e.V.
Den Kampf um die Erinnerung zwischen 2006 und 2010 bündeln die Beiträge in Zeitgeschichte regional 13. Jg. Heft 1 (2009) und 14. Jg. Heft 2 (2010).

Verwendete Literatur

BÜRGERKOMITEE „15. Januar" e.V. (Hrsg.): Horch und Guck, 13. Jahrgang/Heft 46, 2004.

EISENFELD, Bernd: Eine „legale Konzentration feindlich-negativer Kräfte", Zur politischen Wirkung der Bausoldaten in der DDR, in: Deutschland Archiv, 28. Jg. (1995), Heft 3, S. 256–271.

JANNING, Heinz/POKATZKY, Klaus/RÖDER, Hans Jürgen/TOBIASSEN, Peter (Hrsg.): Kriegs-/Ersatzdienst-Verweigerung in Ost und West, Essen 1990.

KOCH, Uwe/ESCHLER, Stephan (Hrsg.): Zähne hoch. Kopf zusammenbeißen. Dokumente zur Wehrdienstverweigerung in der DDR von 1962 – 1990, Kückenshagen, 1994.

KULTURKUNSTSTATT PRORA (HRSG.): NVA-Museum Prora/Rügen, Hüllhorst 1997.

NEUBERT, Ehrhart: Geschichte der Opposition in der DDR 1949 – 1989 (Schriftenreihe der Bundeszentrale für politische Bildung, Bd. 346), Bonn 1997.

PAUSCH, Andreas: Wehrdienstverweigerung in der DDR ... das einzig mögliche und vor dem Volk noch vertretbare Zugeständnis (hrsg. von Uwe Schwabe und Rainer Eckert im Auftrag des Archivs Bürgerbewegung Leipzig e.V.), Norderstedt 2004.

RICHTER, Holger: Güllenbuch. Ein Buch über Bausoldaten, Leipzig 1991.

ROSTOCK, Jürgen/ZADNICEK, Franz: Paradiesruinen. Das KdF-Seebad der Zwanzigtausend auf Rügen, Berlin 2001.

RÜDDENKLAU, Wolfgang: Störenfried – DDR-Opposition 1986 – 1989. Mit Texten aus den „Umweltblättern", Berlin 1992.

Der Autor

Dr. Stefan Wolter

1967 in Eisenach geboren, studierte Geschichte und Theologie. Seit 1999 lebt und arbeitet er in Berlin-Prenzlauer Berg.

Seit 2005 sind folgende Monografien erschienen:

* Geschichte der Allgemeinen Krankenhäuser in der Stadt Eisenach, 2 Bde., 980 Seiten, BoD 2006

* „Für die Kranken ist das Beste gerade gut genug." 100 Jahre Klinikum Quedlinburg, 460 Seiten, Letterado-Verlag Quedlinburg 2007

* „Im Geiste edler, hilfreicher Menschlichkeit. Vom Städtischen Krankenhaus Merseburg zum Saalekreisklinikum", Projekte-Verlag 2009.

* „Der 'Prinz von Prora' im Spiegel der Kritik, Das Trauma NVA und WIR", Projekte-Verlag Cornelius GmbH, 2007

* „Der Prinz und das Proradies", Projekte-Verlag Cornelius GmbH, 2009

* „Welch überwältigender Anblick bietet sich unseren staunenden Augen dar!", Projekte-Verlag Cornelius GmbH, 2008

Stefan Wolter

Der „Prinz von Prora"
im Spiegel der Kritik
Das Trauma NVA und WIR

Viele Leserinnen und Leser berührte die Erzählung eines Jugendlichen, der in Prora/Rügen auf drastische Weise erwachsen wurde. Wolters Geschichte des Andersseins in der DDR regt zum Nachdenken an – und zur Aufarbeitung eigener Traumata. Aufregend ehrlich und fesselnd reflektiert Stefan Wolter in diesem vorliegenden Buch die unterschiedliche Resonanz seines belletristischen Debüts. Abermals dürfen ihn seine Leser anderthalb Jahre begleiten. Diesmal auf einer abenteuerlichen Reise, von der er das Ziel, nicht aber den Weg kannte.

Stimmen zum Buch „Hinterm Horizont allein – Der ‚Prinz' von Prora" am 24. Februar 2006

„Selbstgeschriebene Gedichte und Briefe zeugen von einer tiefen Verletzlichkeit und bewirken Verständnis für das damalige Empfinden. Sprachlich gelingt es dem Autor hervorragend, seine tiefsten Gefühlsregungen zu offenbaren ..."

Nordkurier

„Das eigentliche Problem des Buches ist seine eitel-geschwätzige spätpubertäre Prosa. Viele Briefe und Gedichte wären besser unveröffentlicht geblieben ..."

FAZ

Paperback, 240 Seiten 19,6 x 13,8 cm
Preis: 10,90 Euro ISBN 978-3-86634-370-2

Stefan Wolter

Der Prinz und das Proradies
Vom Kampf gegen das kollektive Verdrängen

"Das kann doch nicht sein, wir leben doch in einem Rechtsstaat!", empört sich eine Dame in einer Diskussionsrunde darüber, was dieses Buch feinfühlig schildert: den Kampf gegen eine Erinnerungskultur in Ostdeutschland, die ausblendet, verdrängt, tilgt. Sie ist der unsichtbare Stacheldraht, nachdem der sichtbare verschwunden ist.
Die Rede ist von Prora, jenem Ort an Rügens Küste, den vierzig Jahre DDR-Militärgeschichte geprägt haben, der aber nach der Wende als "ehemaliges KdF-Bad" ausgegeben worden ist.
Zehntausende Biografien sind durch Prora beeinflusst, zum Teil zerstört worden. Doch Proras reale Geschichte wird weithin verschwiegen und alle machen mit: die Politik, die überregionalen Medien, die bildungsbeauftragten Behörden, die sich vor allem Block V annehmen müssten, in dem die Waffenverweigerer der DDR schikaniert wurden. Der wird jetzt zu einer Jugendherberge umgebaut. Die Bausoldaten, Wegbereiter der friedlichen Revolution, werden ignoriert, diskriminiert. Das ist nicht nur eine Schande. Das ist gefährlich.

Paperback, 394 Seiten　　　　　　　　19,6 cm x 13,8 cm
Preis: 18,50 Euro　　　　　　　ISBN: 978-3-86634-808-0